好扶元气还天地
晚清医隐力钧传

陈碧 著

学苑出版社

图书在版编目（CIP）数据

好扶元气还天地：晚清医隐力钧传 / 陈碧著. —北京：学苑出版社，2024.5
ISBN 978-7-5077-6963-0

Ⅰ．①好… Ⅱ．①陈… Ⅲ．①力钧－传记 Ⅳ．① K826.2

中国国家版本馆 CIP 数据核字 (2024) 第 093231 号

责任编辑：战葆红
出版发行：学苑出版社
社　　址：北京市丰台区南方庄 2 号院 1 号楼
邮政编码：100079
网　　址：www.book001.com
电子信箱：xueyuanpress@163.com
联系电话：010-67601101（销售部）　010-67603091（总编室）
印 刷 厂：北京永诚印刷有限公司
开本尺寸：710 mm × 1000 mm　1/16
印　张：23
字　数：350 千字
版　次：2024 年 5 月第 1 版
印　次：2024 年 5 月第 1 次印刷
定　价：98.00 元

目　录

引子 1

第一章　力氏派衍　5
永福望邑 5
力氏衍传 6
迭返回芹 12

第二章　童蒙与少年　15
幼年濒危 15
孝道递传 18
淡洋从师 23
移家阳岐 32
扁鹊之思 34
医国无人 37
儒医双修 45
转益多师 56

第三章　双镜之庐　63
移家南营 63
药王生日 65
青衿廪生 67
双镜之庐 70

1

不废举业 ··· 73

第四章　马江流亡 ··· 75
　　甲申易枢 ··· 75
　　马江海战 ··· 82
　　左侯化龙 ··· 89

第五章　致用书院 ··· 93
　　瑞华添香 ··· 93
　　西湖书院 ··· 94
　　致用规制 ··· 100
　　山长其人 ··· 102
　　初触西医 ··· 111
　　俶南舒东 ··· 115
　　题名乡试 ··· 120
　　初履京师 ··· 125
　　定交孙氏 ··· 129

第六章　三下南洋 ··· 133
　　荐医南洋 ··· 133
　　侨商侨领 ··· 140
　　南洋行见 ··· 147
　　海外医悟 ··· 152
　　志略存史 ··· 156
　　医国之隐 ··· 160
　　京师鸣技 ··· 165
　　鼠疫纾困 ··· 167

第七章　维新医"隐" ··· 176
　　救亡声潮 ··· 176

设银圆局	180
银局沉浮	189
苍霞精舍	197
东文学堂	205
蚕桑公学	216
维新余绪	218
新政倾轧	225

第八章 "太医"生涯　　236

太后垂青	236
光绪病由	252
把脉龙体	261
庆王疏通	266
"吐血"有计	279
皇帝之死	286

第九章 隐庐耆年　　303

斜街隐庐	303
崇陵病案	309
晋安耆年	316
医隐二代	338
白云招魂	352

后记　　354

宛在水中央	354

引子

道光二十二年（1842）夏，大暑日。土气湿滞，天炎蒸郁。而且这种热又不得透气，使人自感龌龊，又使人想发一通脾气。

不近情理的热，已显异样。果然，大暑第三天傍晚起，永福县境内，黑云笼城，邪风骤起，随着几束利剑般的闪电撕开丧服式肃穆而压抑的黑云裙裾裂口，大雨倾盆而下。

永福县北闽清的广济河，纳了北山的村流，如大洋、凤漈、东溪、蒲溪等，挟塺而南，抵永福县北直奔永福大溪。德化西鄙的双溪自西徂东，也攫向永福县治。

府治上下的险滩号称有三十五滩，此时更是惊涛骇浪。

都说是暴雨不终朝，可是大雨整整持续了一夜还没有停止的迹象。

奔流的溪水大涨。民居淹没，庐舍倒塌，良田淹浸。

一大早，"城门外的大王庙要被冲塌了！"村民惊呼。挟裹着泼天的大雨和偶尔响起的惊雷，从庙里跑出来的乞丐挟着他的包袱和打狗棒，蓬头垢面，躲在庙里时他已接受过暴雨的洗礼，但那是局部的。

大水先是漫浸了县前街的"旌善亭""申明亭"。这是县署大门之外公议民论的所在，原是个极热闹之处，此刻却冷清无人。今天大水，各家尽在家中观察水情，指挥搬移物品，家有年迈老人的，还试图先把老人扶往安全之所。少数几个淡定的人聚集在自家门口，指点、推测水势。娃娃的啼哭和大人的叫喊不时地从各人家家中传出，然而如同滴水入汪洋。还有未曾见过大水的一两个半大小孩，见到家里漫进的水里竟然有小白鱼和通体透明的小河虾，或许此时没有大人看管，也不知凶险，兴奋地拿着小盆蹚在门外水域中，要捞鱼捞虾，被大人呵斥回转。

天要下塌了。

大水涨得意外的快。混着浮叶、鱼虾以及飞落的破瓦、石砾尘埃泥淖的大水涌进县南门和水门，再漫进仪门。

县署的仪门东西两侧是寅宾馆和仓狱。

大水淹进了寅宾馆，西边的仓狱中，一些犯人已经开始摇动着铁栅，大声嘶喊了。

县署大小官吏乍遇这百年大水，一时无措。阴阳学的曾学术此时正一头大汗在衙门东边的幕署和知县等人商议着。艰难地商议完毕，他们匆匆走出。

在县衙前，受命的衙役在头门架梯，然后登梯取下县额。

穿过文昌阁、贞女祠时，明伦堂赶来了几个学生。

一行人抱着永福县额涉水来到县治前左元辅里的溪港，昔日缓缓潺潺、开豁无声的溪港当下也是汹汹巨浸。冒雨祷祝后，几人擎起县额，祭入汪洋之中。俄顷，有声如雷炸开之际，雨竟渐渐收止，水势也开始消退……跟出来的学生中，17岁的力鼎三看得目瞪口呆。

傍晚，走过县前街，力鼎三看见"旌善亭""申明亭"又聚起一小丛人群了，他也稍作驻足，听见人群中纷纷议论起这两日大雨中，谁家里房子倒了，谁家遭灾惨况……灾害就是一种隐喻，他们隐隐觉得，这是政府的错误政策破坏了自然的和谐而招致上天的警告。实际上这也并非是完全的牵强附会。

就在中国东南部这个小城暴灾的1842年7月，整个中国正陷入一个更大的灾难中。

自从1840年鸦片战争启衅，英国远征军在中国的南方取得多次胜利，但所获取的侵略利益还远远未满足侵略者的胃口，因而扬言北上天津，开始了在长江下游发动一轮又一轮的进攻。

进攻要点就是京口镇江。

朝廷原来配备给南北交通大动脉至要关节——镇江城的守军却只有隶属江宁将军下辖的将校50余人，兵丁与作匠共1500余人。没有像样的炮台，副都统海龄因为向朝廷申请铸炮、募兵以及提高将士待遇，被两江总督牛鉴弹劾而得到降级留任的处分。

清廷此时紧急调来山东、四川及湖北4000多援兵，但于事无补。八旗守军与进城英军持续进行了9天战斗后，镇江失守。1000多名八旗兵除了极少数逃跑外，其余全部战斗到最后，以死殉国。

1842年8月，英国军舰"康华丽"号驶抵南京下关江面。江宁城有大胆百姓窥看这艘船身上布有72炮眼。又五日，下关江面又泊了密密的欧式舰船。江宁被炮眼逼视。

两江总督牛鉴的折子和钦差大臣耆英的奏报被催鞭挥响的加急快递送往京城。

患得患失的道光皇帝同意议和了。

北狮子山山麓下，在明成祖朱棣为航海家郑和建筑的静海寺里，双方代表经过四次议约，8月29日，来不及等来"愤懑之至、自恨自愧"的道光皇帝最后圣旨的钦差大臣耆英和伊里布、牛鉴等走上了燕子矶边的"康华丽"号，在礼炮声中，与英方代表正式签订了《南京条约》。条约主要内容是：开放广州、厦门、福州、宁波、上海等五处为通商口岸（史称"五口通商"），准许英国派驻领事，准许英商及其家属自由居住，以及赔款、割地等。

多年以后，力鼎三还会记得这一年的水灾，在他向孩子们讲述他这一段记忆时，他的脑海中总呈现那一片汪洋的汩没。而它只是清朝历史进入一个巨涛惊浪之中的一朵浪花。

第一章　力氏派衍

永福望邑

考察地理和建制，位于中国东南的闽地之见于载籍，自《周礼·职方氏》《山海经》又载：闽在海中。由于山脉地壳运动，陵谷沧桑，武夷山脉、鹫峰山—戴云山—博平岭山脉隆起，闽，成了中国东南的一处僻壤，山峒厄塞。

闽中福州，《禹贡》谓之为扬州之域，上古时代属七闽地。商周之时，福州于天下而言，称为"弹丸黑子之地"并无不妥。秦时为闽中郡。汉初无诸受封为闽越王，建都福州。是为福州建城发端。先是汉武帝徙其江淮之民至闽，又永嘉年间板荡，衣冠南渡，八姓入闽，自此闽地文献渐盛，人才渐出。晋太康中，置"晋安郡"，下辖八县。南朝陈永定初年，升为"闽州"。唐开元年间，定名"福州"。

福州属邑永福的历史也来自渺远的上古。三代时，荆榛塞路，渺无居人。不过土著之民，幽居洞壑而已。地理上位于福州府城西一百二十里，"山川丘陵，地险斯得"，开发不易，建邑比福州晚了近五百年。

唐永泰二年（766），节度使李承昭将福州属邑侯官的西乡、尤溪的东乡分析后再组合，设置永泰县。宋崇宁元年改称永福。

永福县境内万冈屏立,邃谷深壑四布,荆榛塞路。然而天地之气有所钟。虽初肇于草昧,经过数百年开发和文明开化,到清朝康雍乾年间,"都鄙棋列,陂塘渟涵。士秀于学,民力于田",俨然已成望邑。

永福设三乡三十六都。传主力钧的出生地——芹漈村,在永福县城北四十里中和乡新丰里十七都。

力氏衍传

中国姓氏"力"有多种来历。芹漈村中的力姓奉的是汉族祖先,传说其姓源于姬姓,为上古黄帝之臣力牧之后:上古时期的黄帝轩辕氏,在大泽边做了个梦,梦中见到一位大力神民,能拉千钧的弓弩,放牧千群的牛羊。根据梦中启示,他找到了这位天赋异禀的人,为之赐名"力牧",让他协助治理天下。力牧的后代,有的以牧为姓,有的还是姓力。

根据永泰力氏家族的厅堂正栋联语"派衍临安,溯昔日佐牧轩辕陈帝相;支传凤漈,缅当年伊尹牧皮系一宗"推断可知,这一支力氏,即力牧之后。力牧子孙开枝散叶,从籍山西到河南、山东都系永泰力氏远祖一宗。

据族谱,力氏是唐五代时随王审知入闽的。藩镇割据,中原动荡中,由于"宁当开门节度使,不做关门天子"的王审知尊贤爱客,一时有"东浮荆襄,南游吴楚,谓安莫安于闽越,诚莫诚于我公"之誉。同时他还设置了一系列优待他的乡人——河南光州固始人的移民政策,遂使南下入闽者更多,这是"闽人称祖,皆曰光州固始来"的缘由。

北宋末和南宋时期,随着辽金的入侵深入,中原涂炭,北方士族和百姓"不知其几千万",陆续扶依南渡,萃于东南。因此,力氏族人更大规模地入闽,据此正栋联语"派衍临安",应自宋朝始。

流寓福建的力氏最早见于史料的是宋绍圣四年(1097),力齐,跻身于"特奏名进士"（所谓"特奏名"为两宋特有的科举产物，与清朝的"挑选"有相似之处）。因为不是正途进士，两宋由此选拔的进士授职多半指派到乡村。

其后是南宋嘉定十年（1217），力起，以古田籍成进士，后曾任处州府判，史书上称他"有惠政"。

迁永的力氏最早住在永福城外大坪口（今北乡门户清凉镇），搬到更深山更丛岗的芹漈利楼边（今白云乡凤漈村书业厝），也许与骨子里的山西民间喜散居的"有居不近市"习惯有关。至今，永泰（永福县）白云乡还流传一则传说，表达了他们对祖祠白云凤漈龙口里的孺慕之情：

永乐年间，力家已在利楼边住了近百年。一个风雨交加的初夏日，一所破败的民房里，几个人在抢救零落粗笨的一些家庭用具。"猪栏被风刮倒了，母猪跑了！"在喊声中，儿子先帮着父亲收拾屋中四处漏雨的屋顶，父亲找容器来接雨水。又想起屋后的鸡豚，父子俩来到屋后，查检被暴雨刮得七零八落的猪栏。猪圈的围栏摧折倒下，圈中养的两只猪，一只嗷嗷叫着，屹立在风雨之中，另一只怀着猪崽的母猪，不知什么时候跑没影了。父亲快步出来，看到猪栏门楣也已经倾倒，原来贴在猪栏上的"王政畜三五，民利察鸡豚"联子还残挂在柱子上，在风中零落支离，一滴一滴往下滴着水。

因为大雨冲刷泥路，不见猪跑足迹。众人分头寻找。

雨声渐歇，这时候，父亲翻过一座山头，在芹漈溪之北源处乾竹陂山南脚下的一弯畦地，竟然发现了丢失的那头母猪。猪后背拱着，斜卧于地，姿势奇特。猪听到熟悉的主人声音，回过头，猪眼疲惫，但眼神流露出一丝骄傲。父亲走近母猪时，一眼看见，母猪的身下，竟然卧有十来只小猪崽，争相吸吮着母猪奶。

父亲大喜过望。雨不知何时停了。他着急要想给它找点吃的。起身四望，这一块山坳里的小平畴，朝南有几户竹篱人家，雨后尤其静谧安宁，朝北的山头有小块陂田，小山连绵成丘。多好的一片土地！

乡邻们闻讯也都跑来观看。迁到永泰的力氏已历经五世的繁衍，却依然无财少丁。众人惊奇这只怀崽的大母猪翻山越岭跑了数里，到这个无人照顾的地方生崽，而且，产下的猪崽啧啧吸奶憨恬安逸，健壮无恙。难道猪也嫌家贫？

听到了这些议论，父亲特地去集市里问了个卦，卦相得到佳音：此地为母猪窝，猪为富贵象征，产崽为人丁兴旺之意，这是天意神灵所赐，如能在这里安居创业，日后必有大富大贵之前程。

力家的当家人即请地理先生来到此处勘测地形座向，先生的眼睛四望雨后初霁的青山，白云岫出，绿得如油如翠的松林与杉木林层层错错，北望远处的姬岩峰顶上，竟然挂出了几道虹彩。一时，他们似乎见着一只凤凰浴水山间。

罗盘定在这块母猪繁衍之地，风水先生相信，峰峦环缓，这将是一片旺居。

择日动土盖房，全族迁入龙口里，在五世祖力宗灏主持下，制定了鸿基，并立为力氏宗祠（今力钧故居）。洋口里的山坳里，矗起了力氏的屋楼。在上梁的那天，众人皆喜气洋洋。亲友们互送烛炮和蛋面，以示祝贺。

芹漈的力氏供奉入闽的十一世"力三"先祖为永福力氏的创业始祖。

力三和他的祖辈也经历被流窜的土匪抢劫的烦恼。力三生活年代为明中期。彼时，倭寇入闽浙烧杀抢掠，以"白骨露于野，千里无鸡鸣"形容他们的酷虐并不过分，加之官兵无能，东南沿海一地的百姓饱受其害。

芹漈处僻壤穷乡，重峦叠嶂，民生凋敝。不论春夏秋冬，除了倭寇，还有啸聚的山匪，不时起意，肆意劫掠。所谓肆意，也只是针对比他们更贫更穷亦无力防卫的乡民们。豪宅大户筑有高大门墙，并拥有家丁或佃民，自成为小庄寨，劫掠不易。因此，受骚扰的多是仅得温饱或少有存粮的乡民。骚扰尤其厉害的时节是夏秋收成之时。每每打完粮草，天黑风高，山匪便来到村里。进了一家，便点起火把，一些山匪看住一屋瑟瑟发抖、破衣烂衫、满脸愁苦的乡民不许动，其余的人动手搬抢粮食。如果有人敢反抗，难敌众拳，总是饱挨一顿臭打。告到官府，官府也无力管理。

力氏祖先从挨抢中捕捉到一条生存智慧：每年收粮时节，集聚所有劳动力抢割抢收，当天就把稻麦磨成粉浆，并把粉浆糊上木墙。一层一层涂满四壁。这样山匪来了，即使看到想到了，也总不能到处拆墙毁屋，抠墙劫掠，也没有那么方便。

尽管日后每次做饭要去抠墙，但总算保住了大部分的劳动果实。

虽是生存艰难，还好力三既勤又俭，且会经营，因而永福和芹漈的力家产业在他手上时开始达到了一个高度：嘉靖十二年（1533），力三接手了乡里绝户苗米27石的税赋，当然也接手了他们的生场田园，产业坐址芹漈等处，应纳民米四石四斗三升七勺，挂在长孙力天赐户下。其民田土名洋口里、大坽里、高山、上坽、南坑等共计八十二亩五分。除此之外，土名洋口里、大坽里、柴榴、罗洋坂、炉亭等处又有数百亩山场。官府审实给帖存照。

力三还成为朝廷旌奖的耆宾，这个身份多半是因为修桥铺路、捐钱扶贫、帮助乡里而取得的。

力三对此有拳脚施展不开的感觉——在白云的麟峰山、凤漈岭，早已有黄、林、陈、吴四大姓，根基稳，实力雄，在芹漈呼风唤雨。白云的芹漈虽好，却始终只是一方小天地，且交通并不方便。

嘉靖年间福建开始推出万历九年全国推广的"一条鞭法"，核心是"合并编派与征收（赋税和丁役），官收官解，用银缴纳"，百姓要用粮食等换成银子交税。如果株守在芹漈这个山沟沟里，那么物品（粮食或农产品）与银钱就得随征收税款的官员制定，而"过手就是一层皮"，兑换的比价

差就是个不小的数字。

力三想通过经商省却这一道盘剥。他看中了通往永福与福州之间的南屿。由永福县城关乘舟大樟溪，往东南舟行不久，有一处热闹的南屿。此间的市集与阛阓间，屹立着"炉峰石"。

以往，他的粮食、柑橘、苦笋以及家中女人做的竹席、竹笠等产品，部分运往福州售卖，部分在南屿的市集上售卖。

这个市集上，集中了西南各乡的特产，久而久之，自然形成辐辏连翩的大廛市。南屿与永福的风俗、民情、语言都差不多。另外，在南屿区域还流淌着一条蚬江。江中多产蚬，还有很多肉质鲜嫩的鱼、蟹，以及当地特有的单脚蛏。

每次他在市集上完成交易，还喜欢在南屿的饭店小栈里小坐一下，这里的酒是家酿的青红，叫"红老"。一碟蚬子，一杯红老，他在店里与村民、来往的商贩们了解南屿。

"紫姜绿竹供租税，赤蚬银鱼代稻粱""苛圃远携斤斧去，灌田多背桔槔行""山当曲坞蔽千竹，路入半林生一峰""柏树千丛多傍水，梅花到处结为村"……这是后人所描述之南屿，从中可见其丰饶物产。

大樟溪畔南屿的一片沙土沉积区即大元峰。大元峰水路十分方便，既有大樟溪，往东又临闽江。大元峰亦有陆路可直通白云。

但有一个危险，就是水、陆两路都有匪盗，尤其是倭寇海贼——这时候的倭寇和假倭势力猖獗——对商民劫掠的频率很高。

嘉靖四十年至四十六年（1561—1567），饱受倭寇侵扰的大明东南这片土地上，经谭纶、胡宗宪和戚继光、俞大猷等一代名臣名将抵死争取"海波平"的数十次灭倭战斗，终于荡平闽倭。

荡平了闽省的倭寇海贼，也就荡平了力三迁居的障碍。

力三变卖了芹漈的部分田产，引家至大元峰下，开始了新的创业。

第一章 力氏派衍

人事转新花烂漫,客程依旧水潺湲。扶程来往芹漈与南屿、福州,除了汗滴禾下土的艰苦劳作,力三和儿子力继志在较大规模商业萌发的明中晚期开始进入这一产业,很快就崛起于大元峰下的这片绿洲。但由于缺乏相关的文字记载,关于在大元峰力家的财富故事,现在只在民间流传:

一是"大王公前的座次"。旧时永福、侯官的很多乡村都立庙供奉"大王公",大王公有名姓,但各乡不同,生辰亦各异。每年大王公庙前都要举行两次盛典:一次是农历正月十五上元节期间(有的乡村于初七起就开始做元宵);一次是大王公诞辰,各大乡村的大王公接受香火供奉,以及各村所办的"游神"会。

祭典上,燃灯结彩,陈设香案,祭品是鸡、鱼、肉等牲礼。公祭之后,举村入座就席共度良辰。大王庙厅堂的正中央一桌为主桌,左右两侧翼字排开。就座主桌者,代表着其宗族家姓为村中势力最大者,从政治地位到经济地位,还综合考虑了人品、口碑、家风等方面因素。

大元峰里堪称大家族的有三姓:陈、兰、力。村里大王庙,是由三姓共建。庆典上,力氏虽为小姓,人丁也不如前两者众多,居大元峰里的时日也没有二姓久长,但每年的位次座席总是被安排在大王庙的厅堂正中央,左右两侧才是陈、兰之席位,由此可见力家当时在南屿小社会上的势力和地位。

二是"一锣定田山"。有一次力三的儿子力继志与兰家发生田山边界纠纷。故事的来龙去脉都被世人遗忘了,唯有当时力继志说的一句话:"站在大元峰,力家敲锣时,凡是能听到锣声的地方,均为力家的产业。"霸气侧漏,流传至今。

三是"铺路嫁女"。力继志女儿出嫁邻村,到夫家几里的路程为土路,不好走,为了出嫁接亲那天的体面和风光,力家特将土路铺设为石板路。这条石板路的一些部分至今仍在使用。可见当时力家确实财大气粗。大元峰山下的力氏,被乡人们称为"力百万"。大元峰的一座石桥也是力家所建,乡民称之"力百万桥"。

迭返回芹

明朝农民的税役负担很重。明之亡,与天灾有关,加派赋役引起民变更是主因。民变中的"流寇"如李自成之流,或是失业驿卒、弃耕的"逋赋"、逃亡的边兵,民变中的"土寇",则多是没有优免的平民、富人们聚结起佃户和乡民加入的。

普通百姓和地主想要得到减免的途径就是进仕为宦或取得当官资格。取得当官资格,无非经由科考。科考中了县试、乡试与会试,都有不同的待遇。最低的等级,在县试取中秀才的话,就可以得到政治上的优免(如见官不用下跪等);经济上,秀才一名,一户可以免役二丁,免田赋若干,如中举或以上功名,优免的力度更大。明朝之所以土地兼并严重,与这一规定有关系。因为官员缙绅可以有优免政策,很多地主和农民常将人口和田地"寄"在这些人家名下,以减轻赋役。

因此,培养家里的孩子成为有功名的读书人,就成为全国城乡上上下下所追求、所瞩望之要事。

能够在芹漈、大元峰开创家族新局面的力三当然看到了这一点。

明朝的科举从洪武二年(1369)开始兴办官学。主要考录的内容为朱熹的《大学章句》《中庸章句》《论语集注》《孟子集注》四书合刊的《四书集注》,洪武二年(1369),明太祖朱元璋把它钦定为科场程式,"以朱熹等传注为宗",不得随意发挥。朱学成了明清维护统治秩序的精神支柱。进入官学的学生即是后世所称的"秀才"。

"朝为田舍郎,暮登天子堂,将相本无种,男儿当自强……"理想是简单直接的,也是很励志的,力三的四子力继志尝试过,但没有成功。现在力继志的儿子也到了求学之年,按照力继志的经验,没有好的师友交流,是进学的极大障碍。

第一章　力氏派衍

嘉靖五年（1526），怀安县学生龚用卿中进士第一。万历七年（1579），又有怀安翁正春中了状元。1624 年，当他加封太子少保、传车回乡时，他的妈妈百岁，他 70 岁，一时成为全城艳羡的人物。怀安还出过一个太子少保曹学佺。状元的荣誉要归功于多方面，一是自己的努力，二是有好的导师，三是有足够支持他学业的家族背景。但人们往往更注意的是他的老师。从龚用卿开始，怀安县学一时成了福州府学子们第一眼热的学校。

何况朱熹先生在赵汝愚任郡守时为避伪学禁，与赵过从甚密，于闽地多处讲学，其中就有怀安。

为了让后代有个更好的起点，力继志撺掇父亲同去怀安。力三很快做出决定，让力继志一家迁居。明朝末年，孙子力明果然中了秀才，进了怀安县学，后来通过荐辟，到顺昌府任职了。

过眼云烟都是幻，惊心岁月不胜忙；同为造化窝里客，几百千秋梦一场。随着世事的更迭，人事变迁，南屿力氏的父祖辈所拥有的财富衰败了，包括大元峰的产业。财富的消失之快是惊人的。谁也说不出它究竟溃于哪一处，哪个时间，只如大厦倾塌，如大山崩倒，据大元峰力家后人回忆，有说，是因为明末清初的海盗劫掠和起义农民的瓜抢丧。也有人说，以前大元峰力家屋前，有一口池塘，每当潮水涌进时，犹如财源滚滚，为力家带来了繁荣富贵。遗憾的是有一年，一个婢女投塘自尽，玷污了池塘，从此失去了灵气。又有人说，因为大元峰东的闽江岸泛滥，官府要修防洪堤，先是把力家的田地圈入，建成的堤岸防止了洪水，却也让闽江潮水无法涌入。因此力家的风水被破坏，后来渐至破败。

明崇祯十七年（1644），崇祯上吊于煤山。清顺治三年（1646），清兵入闽。改朝换代时已是力明这一代。

尽管在清朝力明这一支出了六位举人（力子俨、力梦霖、力钧、力捷三、力锵、力钟）以及数位监贡生，但在乾嘉时期表现出来的是，力家财富衰败,以至于贫穷到无法再在城里立足生存。

往来天运迭循环。传主力钧的祖父,十七世祖力秉玑于嘉、道年间,又回到了芹漈。在回到芹漈之前,他还完成了一个孝道传奇,这将在后文中叙述。

我们可以看到,咸丰年间至力钧出生的时候,力氏进入闽地约有900年历史,进入永福芹漈大约有500年历史。在这个漫长的时期,力氏家族有胼手胝足的艰苦劳作,也有壮怀雄心的合理安排,还有识世认世处世高超的眼光。他们有的留下了科举业绩,有的留下了奋斗历程,有的留下了孝道、恤贫怜苦的爱心,有的甚至还进入县、府的志书。他们勤力探索不甘人后。但他们和各个时代的传奇一样,和我们每个家族中或多或少都会有的先人一样,被裹挟、被辜负、被成全、被遗落,甚至来不及成为传奇。

第二章 童蒙与少年

幼年濒危

　　1850年，道光皇帝的四子奕詝即位，以次年称咸丰元年。几个月后，广西爆发了太平天国起义。

　　星火燎原。1853年四月始，各地起义不绝。福建亦如是，先是漳州有小刀会众2000多人在同安县灌口誓师起义，随即攻克海澄、石码，破漳州府城，打死兵备道兼摄知府事文秀、总兵曹三祝，并攻下长泰。起义军发展到8000多人。福建的永安、沙县有红钱会起义。继而红钱会、黑钱会又在永春起义，先后攻克德化县城、永春州城，势力发展到南安县。义军所至，开仓济贫，释放监犯，用"洪秀全"名义张贴告示，号召人民起来反清，并一直北行打到延平府。到了七月，乌钱会义军占领了德化县、大田县。八月，仙游黑、白旗会占领了仙游，甚至建立了政权。

　　战乱叠加天灾。同年，永福大旱，全郡绝收。饿殍时见于沟壑。大饥荒引起了米价暴涨。原来四百文每斗的米，这一年竟然卖到九百文到一千七百文。

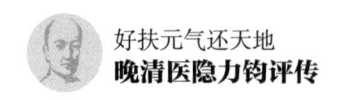

再宏大的历史，不管是战争、死亡，还是繁华急弦的社会改革，也依然有老百姓生活着。他们以渺小的人生，渺小的快乐，延续着人类和历史。

咸丰六年（1856）丙辰四月二十八日，芹漯村力鼎三的妻子蔡氏诞下长男。力鼎三为他取名力钧。

力鼎三，字松龄，一字星垣，国学生。他的父祖辈都有"训导"之类的八品教育官员的职位。

力钧上面已经有一个姐姐。

力钧是力鼎三的大儿子。其后力鼎三又生下力振荣、力锵。最后两个女儿力玉华和力婉轩分别比力钧小十三岁、二十二岁。

力钧出生时身体孱弱。"砻砻粟，粟砻砻，糠养猪，米养人，空粟养鸭姆，鸭姆生卵还主人。主人不在厝，骑牛骑马去上墓，墓上一条葱，屁股顿两空，墓上一条草，屁股顿青垢。"坐在门口的矮凳子上，力鼎三也时时与儿子玩耍，听着孩子快乐的笑声传来，他也开怀。但是令他发愁的是力钧体弱多病。先是1岁时患瘟病，幸好在乡医的草药治疗下，瘟病得到了痊愈。

两岁时，力钧患上了痘疾，即俗称"天花"的病。

在18世纪的欧洲，天花曾夺走欧洲总人口的五分之一，并在另外五分之一人口的脸上留下了"麻子"。

有清时期，天花同样令人闻之色变。宫廷内也不可幸免。如顺治皇帝即死于天花，康熙皇帝则比较侥幸，得了天花也出现急症，但是得到妥善治疗转危为安。在康熙临朝后，设置了较为系统的天花防治系统，如太医院增设痘诊科，北京城内设专门的"查痘章京"，设立了"种痘局"，并以国家力量推广种痘花法。

按有关文献记录，清朝的种痘成功率是很高的。但在康熙的后六世，继承大位的同治皇帝之死，至少在官方的医案记录中也是跟天花有关系的。可见遇上痘症之无措，"不日之间，死生反掌"，极为凶险。

小力钧先是无故发烧，饮食不调，舌苔发黄，大便不下。以为是寻常着凉，寻了一些草药喂服。谁知反而更不好了，发热未退，出现腹胀，身上还虚弱出疹，其形如豆。医生认为"诸疮痛痒，皆属于热"。所以立意先言解毒，开方定用寒凉。力鼎三也不懂医，医生说要"解毒"，他觉得很入耳。谁知道越治越糟糕，小力钧出现了手脚发冷、干呕和泄泻。延续至次年，几近病绝。周围乡村里的医生看遍了，没有看好，不得不设法到远一点的福州投医。

尽管通往福州的路上还有"匪患"——德化的起义军林俊带领农民起义，不久攻陷德化，又往西进攻永福。永福知县刘用锡派了王师俭、张德静带兵勇200名到嵩口防堵，并取得一定成效，甚至还抓住了几个德化县窜扰本县各处"匪侦"的，并斩首示众，接着县中又兴办民团、筑建炮台设防。但一出县城，还是时闻匪患消息，或者被劫被掠，甚或伤害生命。尽管如此，力鼎三还是设法带着病情沉重的儿子到福州求医。

城里的医生认为是痘症，要令它全部发透才是好事。要发透，小孩自身要有足够气血，这样痘才能由内外发。根据这个理论，医生先给他补养，再给他下药。

这一次总算是对症了。

经过治疗和一段时间的疗养，病愈后，满面结痂。力鼎三看到孩子小脸上浅深的痂皮斑痕，心中不免为自己不知医而懊恼。

没过多久，力钧又生了一场大病。症状和2岁时痘症仿佛。发热数天后出现皮疹，开始出现在耳颈部位，一天之内竟然全脸和全身上都长满了。按说，出过天花后就不会再出了，力鼎三着实又惊又慌。又一次送他去福州看医生。医生说这次是出疹子了。力鼎三又急忙和蔡氏赶着去城里福涧麻王庙烧了香，许了愿……

眼见父母劬劳，延宕病床的力钧格外懂事，也因久病，对医术怀有莫名的依恋与神圣感。

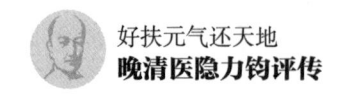

孝道递传

力鼎三和妻子蔡氏也担负起小儿子最早的训蒙教育。从《三字经》始，教他念书识字。

《三字经》"句短而易读，殊便于开蒙"，三字一句，四句一组，隔句有韵，朗朗上口，为蒙学第一书。它的内容既充满了中国传说和历史，也包括了儒家的基本人生哲学。例如，首句"人之初，性本善"，就是儒家最著名的信条之一。

力鼎三受家风影响很深，注重对力钧孝道的教育，这是传统，也是社会的要求。不管是儒家的哪种蒙学，第一条讲究的是"孝悌"。如《三字经》要"首孝悌，次见闻"，《弟子规》说"首孝悌，次谨信"，都一再强调这一条的重要性。《孝经》还以正式的经义，专题讲"孝"为主义的伦理，被列入明清科举考试范围"十三经"。

朝廷对孝道也很关注。毕竟这是维护统治的一个手段。例如，规定"儒童入学考试，初用四书文、孝经论各一。孝经题少，又以性理、太极图说、通书、西铭、正蒙命题"。把《孝经》列入科举考试范围，为孝道理论传承做了一个有力保障。

民间的忠孝观念也不是从天上掉下来的，而是一代一代口传身授传承下来的。

所以我们能够理解，为什么在医学未发达的地区和历史时期，会有那么多的"烈女节妇""孝子贤孙"为侍奉公婆父母，要"割肉和汤"进献给生病的老人，以及种种今人看来不可思议、迹近愚行的举措来书写自己的孝心。

为了加深印象和提高认识，力鼎三还为他讲解了《孝经》中所蕴含的道理。告诉儿子，为什么要孝，孝是什么，孝应该怎么做。"夫孝，德之本也，教之所由生也。""身体发肤，受之父母，不敢毁伤，孝之始也。立身行道，扬名于后世，以显父母，孝之终也。夫孝，始于事亲，中于事君，终于立身。《大雅》云'无念尔祖，聿修厥德。'"

关于孝，力鼎三多次给儿子讲祖父力秉玑的故事。故事反复讲述，多次补充，以至于力钧到年老时都深深记住：

以前，力家住在福州城中。困顿的十七世祖力燮，于乾隆五十四年（1789）末，应邀至一大官署中任幕僚，随往山东就职。他出门的时候45岁，家中留有庶母和妻子，还有两个未成年的儿子力秉文和力秉玑。

他在东昌的生活过得并没有想象中的好，任幕僚没有余钱，在公务之余，他还去人家家里教书。假如没有人请他教书，他也没有钱寄回老家养育老小。

他也想离职回家，可又走不了。因为他写了一篇关于黄河流域治理的规划和方案《河上刍议》。《河上刍议》被幕主和工部的官员看见、激赏，工部的官员就做了主张，把它上奏给朝廷了。

"河上"就是黄河以及大运河。大运河原来可以从杭州直通北京，但经过的黄河段常常发生淤积。黄河的上一次淤积没有疏通好，下一次沉泥就更厉害。这样越积越厚，河床也越变越高，甚至到了后来，有些河段都高过两岸百姓的屋子。

嘉庆元年（1796）开始，黄河泛滥崩溃河床的事经常发生。嘉庆帝在位二十五年间，几乎年年河患，重大患情有十多次。朝廷、河工、重臣都为此疲于奔命。解决好黄河河患的问题，不是一个天天素日袖手谈心性的读书人可以办得到的。

力燮等了几年朝廷却没有回音，初时想回程，认了无功而返的命。但幕主"望切者，若云霓之望"。总是说，年年黄河患灾，今年皇上没看中，或许明年回头又会捡起这份方案呢——假使朝廷批复下来，而再去召回力燮，毕竟当时凭驴马车和双脚，丈量几千里，费时费钱。他的幕主又很难及时向上交代。这么一拖又是几年。耐不住孤寂的力燮在山东东昌娶了一个妾，并生下一子一女，这下回家之路更走不动了，于是就滞留京师和山东一带，算算他离家共有24年。

因为力燮浪漫的求仕，两个儿子付出的代价很惨痛。先是7岁小弟力秉玑跟随兄长秉文读书塾中。人家都有父亲，他也常常向母、兄诘问父亲的所在。母亲听了就斥责他说：你父亲奔走衣食数千里外，你一个数尺童子，不力学图进取，问什么？不要问！

秉玑泣下。然后小人儿自己有了心眼，向别人借了山东路程图，用心抄下、记下，时时展阅。

再几年，母亲患了瘫病，祖母衰老。力燮有时寄钱回来，有时没有寄。在山东混得越不好，两地的通信音问也就更稀少。

力燮有个妹妹力玉娟，小时也进过学，16岁嫁于严氏，严氏少习刑名，在乡里大有名气，每年可得酬劳数百金。力玉娟自己相当节俭，为不给夫家添更多的负担，她宁肯亏待自己，也挤出钱来帮助娘家侄小。此时，她的兄长力燮游幕不归，母亲与嫂子双双亡故，且留下两个侄儿贫无以依。力玉娟一力承担了他们的生活费用，并负责教导他们。分派大侄力秉文学文，小侄力秉玑学艺从商。在姑母殷切期待中，二侄得以长大成人。但没能等到力秉文娶妻，成了1798年力玉娟去世时最大的憾事。（力玉娟曾有诗集，但现在只留下一首绝句《鞭烈妇叶应□》收录在梁章钜的《闽川闺秀诗话》：虽然含笑入泉台，知是伤心百念灰。临诀未曾留一语，断肠尽付杜鹃哀。这份"伤心"也成了她的自拟。）

姑姑照料他们时，秉文很争气，没多久考上了县诸生，授徒于外。秉玑学做生意，帮助补足家里生计所用。

过度的思念、辛酸和劳苦使母亲原来的病日益加剧。少年力秉玑就一个人侍候母亲进汤进药。母亲的病一直没有好转，他学古人，偷偷割下自己臂肉混在米粥里给母亲喝。很奇怪，母亲的病竟然稍稍好转一阵子。但终究是病体早弱透了，不久就和婆婆相继而逝。

姑姑在力抚他们十年后也去世了。力秉文继而娶了妻子，住在妻子家中。

秉玑看到家中没有更多顾虑，就与秉文商量："没有父亲的音信这么多年了，我决定要去找父亲。哥哥你身体文弱，而且家中还需要照料，你留在家。"

秉文哭了："哪有你想的那么容易？这里去山东，间关数千里，你哪有钱？再说，万一找不到，你该怎么办？"

秉玑答道："如果确切知道老爹在哪里，又有钱去，那就无所谓寻找父亲了，那应该叫前往侍奉父亲了。现在我打算前往山东找父亲，第一站就是山东，找得到最好，找不到，我就从山东开始，不止于山东地域，一定找到父亲，我才能停止做这件事。关于旅途费用，我想可以做点买卖养活自己。不过我需要几两银子做本钱。如果实在后面钱不够，我哪怕做乞丐也要继续找父亲。"

秉文一听弟弟的口气是不可挽回的，就向亲友告贷借了几两银子。

接过哥哥手中的银子和千叮万嘱，拜过家中列祖列宗的牌位，取道绍兴，秉玑从福州上路了。

到了浙江境内时，钱用完了。严姑父在力玉娟去世后就返籍浙江了。上门找姑父，不巧姑父一家都出门到外省去了。同住在旅馆里的一个好心人听了他的经历，很感慨，慨然拿出十几两银子相赠。

力秉玑渡过长江，从淮河乘舟北上，从夏天到秋天，凭着一双腿，有时一整天没吃一顿饱饭，晚上没有钱住宿，看到荒郊的无主野庙，他就暮宿其间。不幸的是，晚上有穷民，连他的破衣服都不放过，硬是抢走了。

苦得不能再苦了。这时候，神迹似乎也开始出没在他的漂泊旅程中。他晚上多次做梦，梦中有神示：明天你到了某处，某寺里可以乞火。第二天果然如此，某处某寺里都有人热情款待。

就这样，走啊走，他的脚不是丈量大地，而是丈量他的孝心。

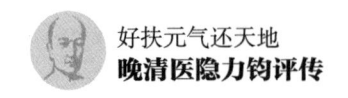

到了山东，辗转找到父亲曾经的幕主，这人早已更换了几个职务。打听了，才知道力燮已经取道直隶、河南、湖广、江西，回家去了。秉玑进退无计，只好踧躟于幕主之门，向之而泣。听到秉玑的哭诉，得知他家中的情况和备尝艰辛的寻父历程，幕主也很动情，为他筹了一笔资金，让他回乡。

本来想使自己孝心得到安放的力秉玑没想到，寻父之举还得到了社会的同情、承认和揄扬。回到福州，同里的一位姓何的长者对他十分看好，把女儿嫁给了他。

力鼎三告诉力钧，这就是他的曾祖与祖父的故事。曾祖即力燮，力氏家谱中名照槐，字在台，国学生。祖父叫力秉玑（1779—1846），谱名文标，字铭于，候选训导，以孝子行迹闻名。当时的大学者陈寿祺、林敬庐都记录了这件事。

小小的力钧听到这个故事，还不知感慨人世艰辛，他稚嫩地向父亲提出："儿子不要爹去京城去山东当官。"

"爹不去。"力鼎三笑道，"那你去不去？"

力钧想了一会儿说："儿以后去京城当官，一定带着爹。"

力钧的话令父母哈哈大笑："要去京城当官，那可得有本事。"

《三字经》学到最后"勤有功，戏无益，戒之哉，宜勉力"时，小力钧指着"力"告诉父亲，"这个力字，就是我姓的'力'"。

父亲笑而称是。告诉儿子，力姓，来自上古传说故事中那个"能拉开千钧的弓，能牧万群的羊"的力牧。"儿啊，你以后也要成长为这样有本事的人好不好？"小力钧使劲地点了点头。

"那要勤学不荒嬉！儿办得到吗？"

小力钧更使劲地点了点头。

才会牙牙学语的弟弟力振棨与力锵也在一旁"嗯嗯"作声，父母皆嘿嘿作笑。和美之家，虽穷陋，却温情四溢。

每天的功课是一早上站在父亲的床前，为父亲背诵一段昨天学习的内容，到 6 岁时，启蒙用的《三字经》《百家姓》《千字文》等字句对力钧来说，已是不费力气了。

力鼎三此时却困于脾病。

可能嫌调养的时间太长，力鼎三听从别人的劝告和经验：吸鸦片以缓解病痛。烟抽起来很贵，一天少则三四钱的银子，多则八九钱。心里想，不过抽几口解下病痛，治病嘛，怎么嫌贵？又不会长抽。果然，一开始吸就有些效果。

淡洋从师

作为一个"国学生"，力鼎三当然希望儿子进入科举功名之列，鱼跃龙门，一朝得到朝廷的器重。"平平仄，仄平平，希望弟子都聪明，一鼓名登龙虎榜，十年身到凤凰池"，这正是他的愿望。当然，退而求其次，如果儿子在功名举业上受阻，那么行医济民，他也是愿意的。所以按照力鼎三的想法，他希望儿子在学习举业时能够兼修医学。这个小孩自幼体弱，倘若能够从学医中得到一些养护，再进一步，能够为十里八乡的乡人看病，既能安身立命，也算是有功德而受人尊敬的善行。

6 岁那年，力钧被送到过山的另一个村去学习了。

相比芹漈纯粹的农户家庭而言，因为在老家还有些田产，力钧这时候没有承担一般孩子那样"放鸭连捞虾，放牛连捡柴，放羊连啼嘛"（方言：哭泣）的体力活，祖居的房屋后面是一座连一座的小山，乾竹陂、上笼隔、老蛇湾、水井笼、"不弄"弯、牛笼里……他也曾跟着父亲和大孩子们上山。山上松柏、毛竹、杉树以及各种杂木灌木中，坟头墓边，阒静里突然蹿出鸦鸟有时会吓人一跳。

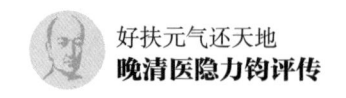

乾竹陂的山上有一座祠，塑着陈六、陈七两位猎神威风凛凛的像。传说他们是汉代人，山居时，母亲被虎吃掉，兄弟追虎，直至大湖，才杀死老虎。永福与闽清一带，林木茂密，芦荻萋萋，常有猛禽野兽出没为害乡间，践踏庄稼，伤人伤畜。一有野兽出没村中消息，村民中猎户以弓弩、钢叉及土铳等四处狩巡。因此奉这二位为神，祈保平安。

翻过这座山，还得走半个时辰才能到淡洋村。

淡洋村的名医刘善曾，字幼轩，祖上从闽清六都迁来，小时候身体素弱，考运尤其不佳，每到考试时总会生病。自觉功名无望，刘善曾踏踏实实地放弃了科举，专心读书，于"小学"有特别修研，又通悉医术，还撰写《热病论》，细述人体脏腑血脉。

在中国古代，文字、音韵、训诂、考证等科目，被称作"小学"。"小学"是学习经史学术的基本功，主要研究的是文字学。

在乾嘉时期，小学得到高度发达。这与当时"乾嘉学派"的崛起是密不可分的。它既是"乾嘉学派"研究的内容之一，也是"乾嘉学派"的"利器"——因乾嘉学派治学方法为"实事求是""无征不信"。其研究范围，以经学为中心而衍及小学、音韵、史学、天算、水地、典章制度、金石校勘、辑佚等。因为研究古史的需要，小学也得到发展。

清朝思想的钳制和大量的文字狱是小学此时得以发展的主要原因。"学者渐惴惴不自保，凡学术之触时讳者，不敢相讲习。然英拔之士，其聪明才力，终不能无所用也。诠释诂训，究索名物，真所谓'于世无患，与人无争'，学者可以自藏焉。"因此，经过改朝换代的许多大学者，尤其是经学方面的学者，有一部分继续与朝廷合作，认同皇帝对经学的解释权专有。更多一部分，埋头学术，专从书本上考证旧学，使清代整理旧学得到大发展，尤其是经学学派，研究的对象上至天文地理，下至各朝规章制度的细节，但总体特点是避免涉及与明、清有直接关系的事物。它主导学坛兴盛百余年。乾嘉学派对于研究、总结、保存传统典籍起到了积极的作用。

乾嘉学派重视客观资料，不以主观想象轻下判断，广泛收集资料，归纳研究，有着细致、专一、锲而不舍等可贵的治学精神。从而使中国学术"日趋于健实有条理"。

清儒于"小学"用力最勤，"久已蔚为大国"。意外地在学术上得到前所未有的致密的条理、方法和研究精神（梁启超称之为"科学的古典学派"）。乾嘉学风，遂由此确立。

曾祖力燮，于音韵方言曾著有《七音汇稿》。他与当时的小学名家林敬庐是亲戚，林与大学者陈寿祺、余耕村等皆在小学上有建树。跟从刘善曾的两年时间，力钧得到小学的初始起蒙，亦因这一学问，培养和陶冶了他从小稳重端方、重事实，也颇能转益多师而成学问的性格。另外，因小学需要考证征引，非有毅力不辍的性格和博学多思不可致其深远，故而，力钧在成年以后，无所不学、寡言沉静常常为其友人所称道。综观力钧在医、史、经学方面的成就，亦基于此、得益于此。

村塾读书，很多情况下，既囿于塾师本人的学问人品，也困于群学孩子中喜厌不同，常常不能得到如意的效果。一般入学也就是为了将来识几个字，看得懂一些告示，识得交往买卖的数字，以及能签下自己的名字，再好一点，无非能读通文章，至于应试科举，就很难取得进展了。有人曾这样描写村塾：很多都是七八岁到十二岁的孩子在一间屋中读书，大家扯开嗓子一喊一天，"漆黑茅柴屋半间，猪窝牛圈浴锅连；牧童八九纵横坐，天地玄黄喊一年"。之所以"喊"，是因为老师常常要参加村中事务、照管家务，管庄稼以及有时趁墟，而不得在书房，只得托邻居等照看儿童、代听读书了没有。

刘善曾性格谨严，不喜交往，故无此俗事，乡里之间，他的学塾有极好的口碑。

力钧幼年时的玩伴无多，同村有吴姓大族，吴氏族里吴礼尊就是一个年纪与他相仿的孩子，也是耕读人家的孩子。家境稍好，难得性格与力钧

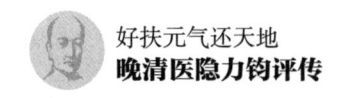

十分投契。刘善曾在收学生前，都会对他们以往的学习有所考察。白云芹漾的两个孩子，一个是力钧，一个是吴礼尊，成了他门下学生。

刘善曾考察了力钧、礼尊的《三字经》，既能熟悉背诵，又能讲得明白字面上的意思，因此，颇觉得满意。二子又勤手快脚，眼力也有，下课时能帮着老师端茶、扫地。这都不是什么大事，但在刘老师眼中，勤能生智，积懒成笨。客人来家里，力钧也会合乎礼仪地与大人谈吐。让他在客人面前问答，他的回答，或者被考校的功课总是让刘老师感到面上生光。

由于自己没有后代，在近两年的相伴中，寝食与共，刘善曾与力钧结下近乎父子的感情。

力钧进学，最喜欢的是刘善曾讲授"小学"。

文与字在古代所指是不同的。简单地说，文是独体，不可分割，字是两个以上文的合体。"文者物象之本，字者言孳乳而寖多。"最原始的象形文字都是具体的东西，如人、动植物或器物。在象形文字的基础上，进一步把有些抽象的概念用文字表达出来，如上、下等。

万物有象，按同象同类的原则，由一般到个别，由已知推未知，以类万物。这是文字发展的规律。天地之象、万物之象与人之象，在中国传统文化中是可以互相对应的。等孩子们对文字有了初步理解，刘善曾再讲文字与中医的关联知识。他讲学的特点是能够用《说文解字》里的字的历史演变和释意来佐证《黄帝内经》。

中医的发展也是建立有象的思维之上。《黄帝内经》的很多内容是以天地来比拟人体，如天有日月，人有两目；地有九州，人有九窍；天有风雨，人有喜怒；天有雷电，人有音声；天有四时，人有四肢……这种类比形象生动，孩子很容易接受。

形象的类比，还出现在古人的药方里。刘善曾给他们讲了一个叶天士的故事。这个故事里，一位叫叶天士的名医遇到一位产妇生不下来孩子，因为梧桐是秋天落叶，叶天士就用梧桐叶催生，即以落叶禀金（秋）气而下降，类比孕妇产子，即是"近取诸身，远取诸象"。这个就是与天地宇宙运行的象（病人何时何季节何地生病等）。虽说一些孩子听说是妇人生子的事都吃吃而笑，但这个故事他们却牢牢地记住了。刘善曾讲课有时直接站在药台上讲。例如藤类，很像人的关节肢体，故多可用于治疗关节疾病，这个叫以象论药……

小力钧居然听后能够表现出融会贯通的意思，问老师：取松树长青不凋，是不是松针松树叶也能让人长寿呢？刘善曾以为力钧的领会有一定的道理。

刘善曾还让力钧等学生背读初入门中医药学的《药性赋》——晚清闽地学习中医的，从陈修园之后，入门大体都是先要学背《三字经》《药性赋》《汤头歌》，《药性赋》，写有248种常用中药，分寒、热、温、平四类，用韵语编写成赋体，言简意赅，朗朗上口，因而一经背诵，常终身不忘。

诵书声在这个偏僻小山村回荡。炊烟袅袅，鸡犬相闻，恍如世外桃源，不知有汉无论魏晋——此时，他们不知北京发生了改写历史的辛酉政变。而那位在政变中夺得政权的新太后，将会在清政坛上执掌权力达48年。谁能想到，若干年之后，壮年力钧将有机会在紫禁城里被她召见，为她把脉、开方，用他极稚嫩的声音背诵过的这些字韵芬芳的药物医治她因过分享乐与追求权欲带来的痛苦……某种意义上也可以说，她是最终使力钧成为"晚清医隐"的最大推手。这里后叙。

鸦片战争前后，近代中国进入三千年未有之转型期，转型之前社会变动缓慢，而鸦片战争之后国外有列强虎视，国内有各地义军起义，几乎每十年就有一次大变。

1860年九月初三，清军与太平天国在安庆交战。安庆清营军帐里，曾国藩接到了恭亲王的咨文，得知皇上銮舆出巡热河，夷氛近京师仅二十里。他为之悲泣，不知何以为计。又不久他的老友胡林翼写信讲述京城"业被

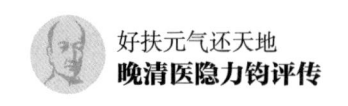

阑入，淀园谈判被焚"，又听说订了《北京条约》，曾氏不觉失声痛哭：阅之不觉呜咽，比之五胡乱华，气象更加难堪。

事实上就是这样令人难堪的：1860年10月北京被英法联军占领。1857年底广州沦陷时，清廷却拒绝委派任何全权代表前往协商解决问题。英法联军沿海路北上，占领天津。燃眉之急下清廷派了以桂良为代表的三名大臣，前往天津谈判。双方反复试探讨价还价，最后签订了《天津条约》。接着英国额尔金勋爵要求继续商谈后续其他问题。眼看后续的条约就要正式签订，清廷再次劝英法代表放弃进入北京签约的念头。英法联军感觉受到了愚弄，遂在天津等来一波援兵后，向北京发起进攻。

桂良再次出马。有赖于他的能言巧舌，英法联军又在天津拖了3个月。怡亲王载垣要求去跟洋人谈判。这时候清廷的"猛将""屠夫"僧格林沁成功地在北京通州张家湾对英法联军进行阻击。奉命前来与清廷会谈的三个英法代表及随员被抓，受到虐待，其中一人丢掉性命。

战争随即爆发。曾扬言要把洋人赶回海里的僧格林沁全军覆没。主战派咸丰皇帝带着大臣和妃嫔太监逃往帝都东北的热河——这一行动，官方的说法是秋围狩猎。谕令留下恭亲王奕䜣办理抚局，"勿庸驻城内"。21岁的恭亲王，刚刚进入理藩院工作，他是咸丰皇帝的弟弟，却也是他心有忌惮的弟弟，代理与洋人议和事宜。

署理九门提督的满大臣文祥和恭亲王送驾"木兰围猎"之后，赶入城。到朝阳门阅视时，才知道守城官兵已多日没领到口粮，守具也毫不足恃。他们即开仓库放钱米，驻守在圆明园。

打到北京城的英法联军抓住了恭亲王奕䜣。奕䜣是桂良的女婿。岳父对洋人的开明态度显然对他是有影响的。洋人对他的谦逊态度表示相当满意。

作为释放奕䜣的条件，被僧格林沁扣留的外交代表被放回。回到英法联军的地盘，当代表讲述自己的遭遇及看到死掉的那个代表的尸体时，英法联军极为不满，额尔金勋爵下令焚烧圆明园。他曾在自己的书中写道："园子里值钱的东西清空后，士兵们有权来到这里进行光荣的瓜分，发泄敌人罪行所引发的愤怒。这并不是单纯的报复。"圆明园附近几座皇家园林也遭波及。英法联军还扬言要烧掉北京城。

恭亲王和文祥用极大的谈判诚意试图消解他们的愤怒。

1860 年 9 月恭亲王在给外交使节的口信中称："主战派的政策已经被抛弃，今后外国人将会受到礼貌而公正的待遇。"10 月，签订了《天津条约》的补充条约——《北京条约》。城下之盟谈何公平？

这个条约最邪恶之处是鸦片的合法化。当年的《南京条约》没有提及鸦片贸易的事，而在厦门签订的《中美望厦条约》中，则是明文规定鸦片是不合法的。

1861 年 8 月 22 日，逃到热河的咸丰驾崩。临死前朱谕令皇长子载淳继位，任命了端华、肃顺等八位皇亲重臣担任顾命，"赞襄一切政务"。又怕大权旁落，将两枚私章"同道堂""御赏"分别给了载淳和东宫慈安。辅政大臣所拟上谕必须加盖两章才能生效。

肃顺等人原本就对咸丰皇帝身边的西宫娘娘——载淳生母慈禧看不顺眼，坊间甚至传闻肃顺用汉武帝对待夫人赵氏钩弋旧事——汉武帝晚年立小儿子刘弗陵为太子，又担心刘弗陵的生母、年轻的钩弋会因子把持刘家的江山，再现吕后垂帘式的女主专政，因此，寻机弄死了赵氏——"教唆"皇帝要处理好后宫的势力，令咸丰皇帝对她也一度惕然。

咸丰皇帝之死，尖锐的矛盾很快不再有任何请客吃饭的温文尔雅——北京与热河之间，一场宫廷的权力之争暗流汹涌。

70 天之后，两宫皇后和曾经被咸丰皇帝冷落一旁的六弟恭亲王奕訢迅速建立同盟，用非常手段把八个顾命大臣抓起，或杀或留。这就是历史上的"辛酉政变"。在这个政变中，有个都察院御史林寿图，帮助奕訢参议筹画，起了重要的作用。当皇帝的灵柩和扶灵的两宫皇太后抵达北京后，

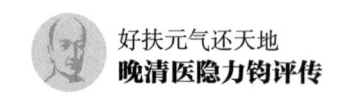

还在路上的肃顺拥兵城外。而年轻的恭亲王奕䜣展示了他极大的政治才华，他组织了科、道、部、寺的官员们商议，并取得他们的支持。因为一旦抓住肃顺一伙，必须以雷霆之势迅速平定整个事件。都察院的林寿图负责起草密疏，陈述端华、肃顺的罪状，并请严办。这使得政变取得了合法依据。

晚清时局因此发生转折。内阁奏请改年号"祺祥"为"同治"后，两宫皇太后正式宣布垂帘听政。

新的政府取年号为"同治"，据说是出自《春秋》的"同归于治"，即恢复天下大治。又说，是太后想"满汉同治"国家的意思。表面上焕然一新的政府、秩序，让全国上下又产生了新的希望、新的热情。

政变后，恭亲王奕䜣也分得很大一块蛋糕：议政施政权。他被太后封为"议政王"，而太后则掌握了审核裁断权。

在淡洋山沟沟的小力钧此时尚无权力概念，他此时心中至尊是村民们共同仰拜的张圣君。

刘善曾和他师徒逢节庆常去附近的医王庙里行香。附近十里八乡设有很多医王庙，这些庙也称为张圣君庙。

不仅是医神，张圣君还是农神。

在背书写字认识草药之类早早完成的夏天晚上，山谷吹来清风，有闲暇的刘善曾会像一位慈父，摇着蒲扇跟孩子们讲遥远的宋朝传说：有个小孩，4岁没了父亲，随母改嫁到了新家。七八岁放牛，十二三岁就扛着锄头去做田。人人都叫他张锄柄。锄柄长大到18岁时，进闾山修习学法修炼，成了一个武艺和法力高强的人，他立志拯民济世，扶正祛邪。有一个贪官暴行乡里，为了惩罚他，玉皇大帝下令让他所在的那个地方干旱，三年不下雨。但这个惩罚实际上是让老百姓受苦了，他们没有收获只能四处流浪。听说张锄柄法力高强，就求他帮助百姓祈雨。先是摆了祈雨台，求雨中，雷公电母告诉他原委，不肯施雨。张锄柄决心亲身犯险，他违反天条进入南天门凌霄宝殿,把玉皇大帝洗笔盂里的水倒向凡间。这样连续下了几天的雨,解了旱情。但是那个雨是黑色的。"为什么呀?""那是洗毛笔的水呀!""后来呢?""后来玉皇大帝看他是为百姓好,是好人,就不治他的罪了,还封他做了监雷的神呢!"

"再讲一个嘛……"孩子们听得津津有味,缠着刘老师再讲一个故事。刘老师就指着门前的一缸睡莲说,这花儿呀,就是张圣君请来给人治病的。有一种病,叫红蝴蝶斑,得病的人身体就会痛得像天天吃麻笋干(挨打),饭都吃不下,皮肤也变得可怕,据说只有天山雪莲可以配药治疗。即使到了天山,雪莲也不是那么好找的。张圣君进深山寻找,在古寺里见到过一种莲花,它跟一般的莲花可不一样。用它配药可以治好病人。人们以为他用的是天山雪莲,张圣君却告诉大家,它是睡莲,长在闾山深山某古寺里,他了解它的药性,用它治过病。雪莲没那么容易得到,这种睡莲配伍其他药,可以代替雪莲功效。后来,闽南起瘟疫,张圣君又用它配药治好了很多人。以后,你们认真学,把本领学好了,看到病就千方百计找到药,像张圣君一样给人治病……

关于纸墨笔,力钧和吴礼尊本就珍惜。尚且年幼的两人"会当家"——为了省纸张费,也怀着敬惜字纸的意思,把用过的旧纸用墨涂黑,然后,用水蘸着在纸上练习写字,竟然可以用好几次。又琢磨出"毛竹片笔":将毛竹一端用柴刀削过打成丝状,又捆成一束,如同竹毛笔,这样可以在地上写字,写秃了,再打成丝状。他们还发明了自制毛笔:剪了家中羊的羊毛、鸡毛,用松香烧热融液滴入小竹筒里,反复试了几次,竟然成功了。鸡毛太软,弃而不用。羊毛扎的毛笔则可以在木壁上、木板上反复蘸水书写。听了张圣君的故事后,二人也以墨汁为神圣,向往其洒向人间的超妙之旨。

只要有时间,刘善曾也常讲些张圣君救火禳灾、开渠引水、开荒造田和施法、施药、治病救人的传说以及丰富妙趣的智慧故事,每每引得小儿或喜或慕,继而起模仿追逐之心。虽是有意无意的引导,但张圣君医、道、

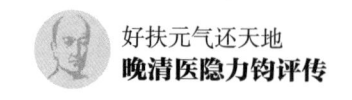

商、慈各方面的事迹，在丰富了孩子们童年生活的同时，还在他们心里逐渐打下济民、向善、多智、多趣的人生底子。多年以后，年近花甲的力钧在京城与幼年玩伴吴礼尊通信中，还会忆及提起。

移家阳岐

同治三年（1864）七月初七，永福又发大水。水田、园地百余处变为深潭。农业看天，眼见庄稼即将收割，碰上这次大水，又有盈千累百的饥民出现。

力鼎三决定改变志业，像先祖一样迁居——将家园迁往阳岐，打算除了买一些田产，再在那里开一间小店过活。同时，也考虑到力钧已长大，长居乡间，没有举业老师，除了一个吴礼尊，没有可以交往讨论的同学，连借书都困难，实在有碍他的成长。

离家的前一天，对刘善曾怀着深厚感情的力钧特地跑去老师的家中告别。刘善曾勉励他继续努力学习，送他出门时，刘善曾叮嘱，从学以来学的《黄帝内经》多是以象论，让他记住这一总纲，"学《易经》也是这样，万物类象。你将来学起来就不难了"。他说，"所做的要记清基本形式，才能掌握它的变化演绎规律。"尽管小力钧此时并不能真正理解他所说的意思。

力钧擦着眼泪离开老师的家。吴礼尊从老师处跑出追上来，拉着他的手，恳切地说：以后你要写信给我。力钧重重点了点头。出了门来，力钧突然发现门口溪边有一块石头，色泽润白，形似砚台，捡起揣在怀中，想作为纪念刘老师的物件，然后快步追逐父亲的脚步。

刘家隔壁的农人正在溪边，看他捡石头，打趣说："呵，捡个什么宝贝？"

力钧边跑边说："牛黄！一块牛黄！"

邻人愕然。

闽江在芋原分流，白龙江自北而东，穿过会城经过南台江，出东峡汇马江入海。乌龙江自西而南，又合侯官以及永福大漳溪等诸溪之水，经过阳岐江螺江，到东峡也汇马江入海。

南屿大元峰东渡闽江，即是阳岐地界。

阳岐有一个渡口，凡江行者，南北必由此而济。元朝时，地方官郑潜在这里设了官路，置舟，又立义田赡养操舟者，乡民称便。继任者丁公，辟了周行有五十余里的渡口；建了两座桥、两座公馆，亭子和徽庐、铺舍，又增加了八条舟。以往从江边到阳岐村里这条古道上荒榛野芒，野兽时现，经此规划整修，福州府十县往来莆阳、漳泉的江行如陆，陆行如市。

渡口的修建带动了商贸往来，莆田、仙游、兴化一带经营南北果杂货和土产品以及海产品的交易商贾，进省城的船只常在这里停泊，然后陆行，北上南下，十分方便。因此码头又被称为兴化道。为祈水上陆上平安，人们在兴化道边的大树下建一小庙坛，奉祀妈祖和陆上神尊——宋时与文天祥齐名的抗元英雄陈文龙。随着民间传说的丰富，陈文龙的英灵也变成了水、陆的保护神。永乐年间，小庙坛移到阳岐凤鸣山，专祠陈文龙。陈文龙被尊为"水陆尊者"，是阳岐的守护神。

成年力钧的朋友、文学家陈衍这样描写过阳岐这片瓜果遍野的土地：溯（螺）江西上为义屿，又西为阳崎。溪山寒碧，树石幽秀，稻田外缭以江橘，间以桃李、荔枝、橄榄、龙眼之属。外临大江，中贯大小二溪。大溪通以二桥，宋时所造；小溪潮落渡以石矼，潮涨唤舟而渡，则六分洲也。弥望皆橘，无他物，溪水瀲瀲时，极似杭州西溪……

阳岐又名陶江，陶江也有很多小山阜，其中最有名的有玉屏山下岐，在阳岐村南，坡陀绵属，闽水数曲，过而注于午桥。流沫成轮，烟波邈然。橘洲竹屿之间，或三五家，或十数家，多以种蛤佃鱼为业。

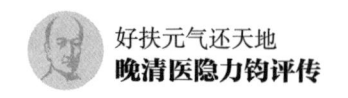

还有上岐的楞岩山、李垞山。李垞山上有松，楞岩有梅。

扁鹊之思

在力鼎三他们搬到阳岐这一年，玉屏山矗起一座山庄。庄园的主人叫叶滋森。叶家是赫赫有名的世家，原来住在福州南后街上。其曾祖叶观国、祖申蔼皆闽中名绅。"一门四十科甲，五世八个翰林。"他将原来在城里法海寺的房子卖掉后，用做官多年的积蓄买下这里的房子和地，不断地整修，三年后终于建成山庄，命名为玉屏山庄。主人十分喜爱，不时邀请文人雅士前来聚会。若干年后，玉屏山庄因为这些人，而成了福州城市中心之外的雅集之地。

阳岐村中有大大小小几十家店铺，其中有书肆，兼卖旧书。力钧每天上山捡完橘皮（晒干做药材），会拐到书肆里翻书看。如果不是家里贫困，一般的读书人是不会把书拿来卖给书肆的。旧书比新书要便宜好些个钱。

这天的收获是发现一本《史记》残本，其中有《扁鹊仓公传》。力钧读了一遍，觉得很喜欢，掏出攒的两文钱购回。回到家，看到父亲在算账，他就回屋里开始学习功课。读完功课，他开始展读扁鹊。读后越来越觉得喜欢。忍不住把书中故事告诉弟弟们。小弟振榮和力锵现在也跟着他认几个字。

"扁鹊是神医。他喝了神药水，能够看见人的五脏六腑，五脏有症结，他一眼就能看得到。全城人的脏腑他都看得到……"他神往地说，"我也想要有神水呢！"

振榮和力锵悠然神往，一个忍不住说："我也要。"

另一个舔着舌头说："哥哥，你得了神水也分一点给我。"

"他到处行医。有时在山东，有时在河北。"

"在晋国时,全国最有权势的大臣赵简子生病了,昏迷了五天都没醒来。国事等着他料理,他手下的官员都怕了,就请扁鹊看,扁鹊让他们不要慌,说以前有这样的病案,等他醒来,他肯定会说一些话。后来果然跟他说的一样,过了两天半赵简子就醒来了。"

"在虢国时,太子突然死了。扁鹊听说了他死的过程,又打听他早上鸡叫时才死的,说可以医治。然后让他学生取针石,给太子扎针。一会儿太子就醒了。""最厉害的是他在齐国时候的事情啦。齐桓侯召见他。他看了看齐桓侯,就说,您有病。现在病还在皮肤上,早点治疗吧,不然病会加深的。齐桓侯不高兴了,说,我有什么病。我没病。等扁鹊走了,齐桓侯跟身边的人说:这个人当了医生,就是想赚钱,没病的人他也想治来换取功劳。过了五天。他们又见面了,这次扁鹊说:你现在的病到血脉里了,不治疗会加重病情啊。齐桓侯冷冷地说:我没病。五天过去,扁鹊说齐桓侯的病到肠胃了。齐桓侯不理他。再过五天,扁鹊见齐桓侯时就不再吭声,告辞退走了。齐桓侯心里觉得好笑,就故意派人问他为什么走掉。扁鹊说,病在皮肤上吃点汤药就可以治好;病到了血脉里,要用针石灸治了;病到了肠胃,用酒醪配方可能治得好;如果病到了骨髓,就是老天爷也救不了了。现在齐桓侯的病已到了骨髓,我治不了了。所以我没话可说。"

"哎呀!这么厉害!然后呢?"弟弟听得肃然起敬,禁不住追问。

"后来齐桓侯真的发病了,派人找他,他逃走了。齐桓侯真的死了。"惊异于神奇的医术,两个弟弟一时都不知道该表达什么。隔了一会儿,才小心翼翼地问哥哥:

"你也学医,以后会不会也像扁鹊喝上神仙药水,像他一样厉害呀!"两个弟弟浮想联翩。

扁鹊的故事说完了,力钧却陷入了沉思,那就是太史公司马迁的议论:"使圣人预知微,能使良医得蚤从事,则疾可已,身可活也。人之所病,病疾多;而医之所病,病道少。故病有六不治:骄恣不论于理,一不治也;

轻身重财，二不治也；衣食不能适，三不治也；阴阳并，藏气不定，四不治也；形羸不能服药，五不治也；信巫不信医，六不治也。有此一者，则重难治也。"

他默默咀嚼着这段话，并不能明白其中深藏的内涵，他只是隐约感到：医生治病，不是什么人都可以去治的。

那又是为什么？这一切要等他长大以后去体验、去领悟。

领悟的尽头是欢悦？是悲凉？还是徒呼负负的空寂？

刚刚搬来不久，小门小户，开了一间杂货店不足以支撑家里的经济。力钧要随父亲上山拾橘皮和柴火，以贴补家用。

李家山山上松林多，枯枝败叶随山皆是。七八岁的力钧除了上山捡橘皮，还常常随父亲力鼎三到李家山山林中捡断柴回家烧饭吃。山下一片葱绿的田垄，都属于当地陈氏家族世传的田地，陈家在这里已聚族住了百年。有一天捡着捡着，力钧眺望山下的玉屏山庄和一大片绿绸一样的稻田，突然指着房子与田地，对力鼎三说："以后我长大了，要能在这里买田置地，那就很满足很快乐了。"

力鼎三是个胆小厚道的读书人，想自己身家单薄，衣食尚未无忧，又想起以前老人谈黄巢，说他小时候5岁时，陪侍父亲和祖父，他们正吟咏《菊花》诗，黄巢随口吟：堪与百花为总首，自然天赐赭黄衣。父亲很惊怪，要打他，祖父连忙劝止，并让他再吟一首。于是黄巢应声吟道："飒飒西风满院栽，蕊寒香冷蝶难来；他年我若为青帝，报与桃花一处开。"后来果然成了叛逆者。力鼎三害怕这样的预感，因此，因为儿子轻嘴薄舌，骂了他一顿。力钧十分委屈，不过他没有与父亲顶嘴，只是心里不服气，因为他觉得这不是什么了不起的愿望。

这天力鼎三算完账，喊小孩出来："你到村西口的某家里把账要回来。"

力钧应声就走。弟弟说:"天要黑了,我陪你去吧。"

他们衣裳简陋破旧,走近那家高门大楼,门房不在,门里的狗先是低哼了两声,见他们走近了,便站起身来狂吼,并冲出门来,伸着猁猁的长舌。力钧拉起小弟的手赶紧跑。狗紧追不舍,力钧站住俯身拾石块,小弟也学样,狗见了就停止脚步,远远地吠几声。几次试过,不能接近那家的门户。这才有人听到狗吠从门里走出,"解救"了两个小孩。

说了要账的事,出了门,狗是拴住了,力钧才发现石块还在身上。力钧恨恨地扔掉石头:"狗眼看人低。我以后要用功读书,有钱了就把这房子给买下来!"

弟弟说:"对,我们买下来!"

看着弟弟的表情,力钧突然又觉得好笑:"别生气了。以后我们各自用功,好好挣钱,看谁能先将它买下来!"

医国无人

童年立志要买房在力父看来是非分之想,这与他长期困窘生活相关,况且,他正陷于烟瘾之中。

19世纪20年代开始,英国有烟贩仔入闽卖鸦片,1832年,烟商的"詹姆西亚号""约翰·比加尔号"洋船进入福建,开始在泉州、福州一带贩卖鸦片。他们以每箱高过广州市价100银圆的价格售出烟土,装回数十万枚叮当响的银圆,这些英国人算是尝到甜头了。英国的烟贩头子查顿决定,增加到福建贩烟的船只,每年只要送给泉州的官员2万银圆,大批走私船就可以在福建沿海明目张胆地从事鸦片贸易。

毒进来银流出。

自从《北京条约》签订后,鸦片的合法化,使大部分县城里都有四五

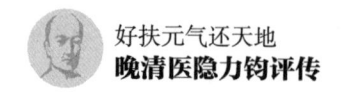

家鸦片烟馆,村里的烟馆也开起来了。

阳岐村位于交通要路,往来人流甚多,其中有一大部分是长途贩运货物的体力劳动者。原来流通于上流社会的鸦片,现在变成全民最重要的"娱乐"方式了。

村里的店铺原先只有一两家鸦片馆,一年一年,越开越多了,好几家原先经营百业的,都改成了鸦片馆。

杂货店的门口支了一张长桌。因为稍有时日了,成了村民聚集的点。他们在这里分享鸦片的等级性能,分享吸食带来的快乐。他们的体验与文人吸食鸦片的经验并没有不同:"一吸而能透于肉筋骨髓之中,一呼又能达于肢体毛皮之秒。遍身内外上下,无处不到。是以食才下咽,自顶至踵,均觉得舒畅。""闷雨沈沈,愁怀渺渺,矮榻短檠对卧递吹,始则精神焕发,头目清利,继之膈顿开,兴致倍佳,久之骨节欲酥。拂枕高卧,万念俱无,但觉梦境迷离,神魂骀宕,真极乐世界也。"

有的人因无聊找刺激而吸上第一口,但也有人,是因为缺医少药,而鸦片对常见疼痛、腹泻、咳嗽、创伤等有奇效。一旦数天按时吸食,就很快掉入鸦片的陷阱深坑。一旦吸上了瘾,鸦片便不能断绝。

常聚谈于此的乡民,今天的话题也由此而起。

邻居帮佣的老苏,不是本地人,走了几个地方,此时在阳岐落脚。他聊起在一些地区,黄童白发,大都吸食鸦片。有的家里很好客,待客就拿出鸦片烟;有的人家生病,不管什么病,先抽鸦片为上法疗病。老苏今天带来的新闻由头是,一户人家婴孩身体不舒适,这家大人竟然也喂哺以烟。

力鼎三也是吸食者。参与、听到这些议论的乡民有的本身也是吸食者,一方面对鸦片的害处大都能讲得头头是道,可是一碰上鸦片又控制不住,因为上瘾后内而脏腑经络,外而耳目手足,必得烟气才能得到安宁。

隔壁的老林插嘴说,他去过广州,见到过一家人,大人吸食者毒瘾深重,因此倾家荡产,卖子卖妻。他亲眼见到这家人的妻子被瘦骨嶙峋的鸦片鬼丈夫拖着出门。然后他与广州的朋友深谈，才知道这种情况不是一户两户，而是比比皆是。不管是因哪种情况而吸上了，到头来吸毒者无不骨瘦如柴，奄奄一息。

还有比吸食者更痛苦的，就是他们的家人。老苏说，他看见过一家妇人，因丈夫吸食鸦片，全家陷入赤贫，丈夫还不能罢吸。面对嗷嗷待哺的几个小儿和衣不蔽体的家中老人苟延残喘，作为丈夫此时已没有廉耻和人伦，打了她一顿，抢走仅存的陪嫁箱子，这个主妇气得在地上滚来滚去痛哭不已。而丈夫昂然带着生鸦片回来，准备熬炼。主妇一口气难以咽下，就抓了一把吞下去。

"那可没救了嘛！"

"也不知道是幸运还是不幸，救过来了！"

"可真的有方子？"

老林说，救治误吞鸦片的验方有，是用木棉花烧了灰加盐，磨成细末，冲水调融了，连灰一起灌下。那个女人就吐泻一番救活了！说完，他还在众人追问下，表示自己藏有几种方子，并骄傲地取来向大家验证。

小力钧此时已经在收集各种单方和民间据传有效验的方子。赶忙把药方记录下来。这些方子连同它们产生的医案故事，有时候都让他琢磨许久。

从芹漈到阳岐，力钧看到、听到种种吸鸦片的故事，印象深刻，在他长大后，开始记录人生时，他把这些印象都记录在《烟海泪痕》中。

话题在乡民口中总是自由切换，谈话的内容会从"今天鲥鱼一斤值千文"讲起，渐至"皇帝、牛、牵去吃麦"。

老谢因这两天隐隐脚疼又发作了。大家猜测这一两天要变天下雨。见有人不解，老谢就讲起他的老腿伤与一段数年前的旧事——他原来是住在南台的小贩，无缘无故被官府打了一顿而致伤痛。这个伤痛一到变天时就发作。

怎么会无缘无故打你呢？还是有人发问。

老谢哗哗地再讲一遍旧事：

广州战事中，两广总督叶名琛不战不和，被英军抓捕。朝廷派了福建籍的官员黄宗汉任两广总督，携带关防督办战事。黄宗汉顺道回里，这一天，从福州南台启程拟赴广州。南台的官员要求民户每家出一丁，取械站列街边为他送行，以示壮观和祝贺。但是直接用"送行"名义于黄宗汉官声影响不好，他们称是海防厅办理团练。有几家不肯照办的，被地方官员怒答数百，并关押了两个人。

这引起了民愤，南台的百姓开始罢市。

"那你是被打的那家人吗？可真倒了霉！"

老谢接着说了后面的事：因为这起罢市和后来的铁钱案发生在一起，所以他这个受害者还被抬到了省里督院中展示，又在纷乱中被踩踏过。故事梳理后是这样的：

清朝的银钱，使用的是"银"和"铜钱"。银和铜钱之间原有一定的比价。因鸦片泛滥，福州，这个地处东南海边，境内又山岭重叠的地区，银日短、钱日贱。起因一是鸦片，二是官府。

太平天国起义，随着战区的扩大，政府收入来源的税课只有原来的一半不到，而开支却成倍增长（银价在外省此时一两值2000钱，而闽腾跃数倍，一两值到十千钱。征税者没法征）。为筹饷，开始大量卖官鬻爵（所谓"捐输"。但实行三年后，"生意"就没以前那么好了）

但这也没有解决问题。

咸丰三年（1853）时福州设了永丰银钱官局。兵饷、捐输进出都由官钱局支给。由于统一了利权，钱铺都相继停业了。市中交易多是用官钱局发行的官票，市面上铜钱一时变少。

为什么铜钱变少了呢？原因一是鸦片战争后，生铜出口太多；二是太平天国战事，道路阻隔，原来铸币用的贵州铜运输不便，因而铜价变高。

再加上有司甚至把已铸的通用铜钱收回融铸，市面产生钱（铜钱）荒。于是民间更加珍惜原来的旧钱，不愿拿出来流通。但小额交易总是要一些铜钱的。因为铜制钱不够，1855年官局添铸了废铜改充的铜钱，还开始改铸铁钱。

废铜改铸钱成色很杂，模式又不规范。民间就有了很多私铸钱。私铸钱民间没法辨识，因此，官局开印官票，设了100文、200文的小票，叫"准钱"。官票越发越多，铁钱发行后，官票一千仅仅"准铁二三百文"。持有官票的百姓，凭空损失钱的70%~80%价值。另外，官钱局铸造的铁钱质量很差，"给乞丐，乞丐都不要"，扔在大路上都没人捡。按道理有关部门要回收，再加以改造成器用。但政府不这么想，反而强行推行铁钱，致使怨声载道。

现实的状况就是官票越贱，银价越来越高，百物昂贵。官以铁钱拿来购物、发饷，强行使铁钱在市场上流转。1855年末，市集上米一石值钱八千、柴一束值钱七八十文。到1856年末，米一石涨到十七千，柴一担要五百。1857年福州周边地区庄稼是个丰收年，百姓盼望日子要比前两年歉收时过得好。但事实却不是这样。春天米价一石十五六千，夏秋时涨到了四十千，到冬天，是六十千。涨到了春天时四倍的价格。而日用杂物更涨了十倍。

官钱局的委员和局伙乘机垄断、操纵银番的价格，倐起倐落。很多百姓因此损失而倾家。

城里的绅士数人出面找黄宗汉，并告以铁钱事。

黄宗汉推诿："这事我也知道中间有很多弊端，可是我不分管这事，不能干预。我也不能帮你跟上级讲，讲了他们也不会听。我现在去广州任职时间又很仓促，不能久留。没办法。要不你们写一个报告来，我帮你们上递。"当时的总督叫王懿德，巡抚叫庆端，社会评价他们是"颠顶醉梦"。黄宗汉也写了封信，加在报告里，转送给督抚。然后想连夜启程，不问

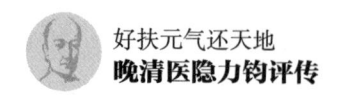

是非。

这事被人们知道了,大家互相转告,气得不行。一起愤然追赶,追了二十里,追上了。把他拖出轿子,数落他:你是我们福建人,现在暴得富贵,却不关心乡人,你还是人吗?而且你还虚言应付我们,夤夜潜逃,对乡里真是有罪的!

越说越气,众拳交下,群殴,把他衣服帽子都剥了去,胡须也快拔完了才放开他。黄宗汉狼狈不堪,找个机会遁去了。

众人集议入城鸣锣于市,先是向巡抚衙门跪香请愿,请罢铁钱。巡抚庆端推诿说:"别的省巡抚主政,但我们这里权归制台。我像一个新媳妇,只有听婆婆指挥,不能自主。你们要向督辕陈诉。"

于是众人就蜂拥到督署衙门。一路上,队伍越来越庞大,人群越集越多,没有加入的人又回家互相通知,通城一时集体罢市。总督王懿德听到消息,惊慌失措,下令紧闭大门二门,并要召中军来弹压群众。

群众已经把辕门拆下了,又取栅栏的木棍在辕门的鸣冤鼓上击打,鼓敲破了,门敲坏了,大家就拥入大堂。王懿德吓得改装跳过短墙逃到马厩里躲着。他的内眷也躲到隔墙的书办吏房中。群众找不到总督,连家丁都没有一个。

这时,有人忽然提起说办铁钱的事最先是由廖鸿荃出的主意(廖鸿荃为嘉庆年间榜眼,官工部尚书,后为太常寺卿,尚书衔,此时73岁,已致仕家居)。

愤怒群众遂分了一半人前往庙巷廖家,把他拉抬出来。大家在他家里搜到铜钱千余贯,于是哗然:"铜现钱都被你们这些家伙藏着,却使百姓受害无穷!"众人把钱都抬到了督署大堂上。把廖鸿荃拉到鼓楼上,从窗口扔下去!头摔破了,手脚摔折了。大家又来到廖家,人群中有位老者有过做刑名的经验,大声告诫同行者千万不能拿取他家一物(按大清律,此时妄取一物即属抢掠)不能持械(操寸铤即属持械),要徒手毁掉他家的一切陈设器皿，准备把房子都给拆了。

事情越闹越大，中军副将、巡捕点兵都找不到一个人。兵也是百姓，也备受铁钱之苦。最后，躲在某乡绅家中的群官中，有个道台灵机一动：如果用兵镇压，会立刻激起民变。据平时的口碑，镇闽的驻防将军东纯是大众推许的，不如请他解围。

东纯将军是满人，科甲出身，为人慈祥。督理海关，商民也很爱戴。他于是各道宪就上门亲往拜请。

东纯原对地方上所作所为并不以为然。听后就慨然单骑来到行辕。百姓如仰星盼月，夹道欢迎。到大堂上据公案坐，老百姓跪满庭中申诉：民等苦于铁钱难用，而铜钱皆为绅富窝藏以取利。我们心里不平，要求见上宪总督，因为不肯接见，后面才演变成这样。

东纯将军笑着说："这事很容易，何必闹成这样呢？既然铁钱不便，明天开始，我们用铜钱就是。"

"真的吗？……将军答应我们了，可以给我们一纸文字吗？"人们几乎不敢相信。

东纯将军即命取粉牌一面，在案上写道，镇闽将军东示谕：铁钱既不便民，于明日起，悉仍用铜钱交易，市上亦概以铜钱作价，如藏有铁钱者，准其以十当一，兑换银洋，市价毋得高抬取利！特示！

将军还答应免了扰嚷衙署的罪。百姓欢呼而散。

这时，王懿德才出来，请将军进内堂相见谢劳。后堂有人问将军："今天将军暂且退众了，可是说明日用铜钱，钱从哪里来？"

东纯将军回答："在别的省这事还真不好办。正好在闽省还好办。第一，我们这里向来通行钱票。现钱不过进出找零用的。一户家里有几十个铜钱，就能通融无滞了。第二，今天我发布这一消息后，有囤积铜钱的，一定也会尽快拿出来。第三，宣布铁钱以十当一，贱到极处了，也没人肯拿来换铜钱了。我们宝福局可以停炉，不用铸铜钱了，铜钱足够用。也要反思以前议用铁钱，真是无益有害。"

一口气说完这事，老谢喝了口水喘气的工夫，就有人急了，追问："那后来怎么样呢？"

后来果然平定一阵子，民心稍有安定，可是没过多久，又是这种状况！本来嘛，东纯将军的办法其实还是没有解决钱、票的问题，只是在平息这起事件中没有把我们当"奸民、莠民"，所以平静了一阵子。亏，不都是让老百姓吃的吗？苦，不都是让老百姓受的吗？钱票后来还是只能兑付百分之十。

老谢又指着另一个默然的乡人："老林，他损失惨重！"我们本来就是穷人，也没有多少质典往来的事，多半是夏天典个棉袍，冬天赎回来，损失有限。可老林家却正好有一项费用，开销是很大的，损失也是大的。

原来老林家住在东门一带，后来进入贩盐这一口。我们看盐贩子只觉得他挣钱多，可是有时候，小盐贩子也是用命搏的。要上上下下跋涉闽江，建宁一带江流那么急，出事的船也多得很。还有去台湾，这海浪也是恶涛。老林前几年还好，挣了些钱。谁知道他还没好几年呢，船就触礁了。他没办法，盐运催得急，只得变卖家产赔偿后去台湾谋生。

本来就是一件很惨的倒霉事，可是碰上更倒霉的是他典赁了一处房屋。

早先他用铜钱1500缗（即1500串，每串1000文）在南街典屋居住，当时房屋的典券上只写钱的数额而未注明是铜钱还是铁钱。

等他的船出事后，他又去台湾了，家里剩下老的老，小的小。这时候房子的典期也到了。房主是个举人老爷。举人老爷逼他们家老人小孩把房子退出来，扔出来1500缗的铁钱。

真是为富不仁啊，原来是一比一的铁钱铜钱，眼下铁钱一千只值铜钱一百。举人老爷只认这个数，在林家飞掷杯碗，摧折几案，咆哮叫嚷，吓得一家老小如同犯人见到悍吏。

最后呢，最后当然是举人老爷赢了。不知道有多少人家因此而倾家荡产呢。

小家大社会。众人皆感慨这个更为不幸的老林，浑然忘却了自家的小伤口。

"这个国家有病了！"

"有病了，为什么不给他医一下？"力钧发问。

乡民们皆为童稚儿语粲然，一笑而散。

力鼎三也喟叹良久，继则一本正经地告诉孩子："医生只能医人，只有读书人，读万卷书，行万里路，学了很多知识，掌握好多本领，治理国家，那叫'医国'。"

这些个清夜的闲谈，谁也说不清对一个小心灵的触动或者隐示有多大。那些大人们也想不到，这个长耳朵的孩子以后也会在福建铸钱史上留下些什么，更不会想到，他在医国、医人中将会经历些什么。

儒医双修

居庙堂之高者，也有着一群苦心孤诣试图"医国"的人。

他们认为作为一个肌体，得的病患有些是肘腋之患，有些是心腹之患。有的病急，有的病是要边治边养边调。

代表清政府与英法签订《北京条约》的奕䜣、桂良和文祥等向朝廷提出，外国侵略者只是清朝的肢体之患或肘腋之忧，而太平天国和捻军才是心腹之患。因此，应当对列强"信义笼络"，以共同对付国内的起义。为了笼络，他们建议设立"总理各国事务衙门"（总理衙门或总署、译署），这个建议得到为"剿匪"而几乎跳水自杀的汉人重臣曾国藩等人的支持。这样，历时30多年的洋务运动开始。这些倡导和主持的官僚，被称为洋务派。1861年1月总理衙门成立，作为处理洋务的中央机关，是个综合机构。

在前线与太平军作战的曾氏，改变了对洋人的认识，"购买外洋船炮，则为今日救时第一要务"。在洋枪队的帮助下，清军收复了常州。勃也倏忽，亡也倏忽的太平天国起义，在1864年，即告消解。镇压起义立了大功的曾国藩等得到了朝廷能给的最高荣誉。太平军的可怕威胁已解除警报，危机过去了，新纪元开始了——"同治中兴"转入正道。

这一场中兴也是清朝的一次自救。

清廷上层以李鸿章、曾国藩、左宗棠为代表的洋务派在镇压太平天国运动中亲眼见识了西方工业革命后的器物，尤其是军工的坚船利炮，令他们对列强的工业技术和商业模式有莫大的兴趣和向学之心。这种师夷的想法得到了曾与皇帝一起逃往热河吃过苦头的慈禧太后，以及通过谈判与洋人建立了一些良好关系的恭亲王的支持。因此，他们很快战胜了一些顽固派，利用官办、官督商办、官商合办等方式发展近代工业，以获得强大的军事装备、增加国库收入、增强国力。同时自通商以后，朝廷鉴于外交挫败，非兴学不足以图强。之前对外交涉的重任都交给只知牟利的"通事"，此时恍然悟到：通事不可恃，要自己培养外交人才。因此，北京设立了京师同文馆，此为近代教育的开端。还有一项人才也在急迫需求之中：那就是洋枪洋炮、船械的制作人才和海陆军士人才。

维护清廷统治的洋务运动轰然开始了。

1866年6月25日，洋务派中流砥柱的人物、时任闽浙总督的左宗棠提出设立福州船政局。朝廷采纳了他的建议。

提请开设船政并得到批准之后，左宗棠却又不能留在福州了。因为，自四年前爆发的西北部陕甘回民起义声势又起，并开始回击陕西。加之1865年1月趁中国内战之际，由英国支持的浩罕国军官阿古柏入侵新疆南部，并在乌鲁木齐建立了政权。同时，北方的沙俄不断征战中亚各汗，对新疆虎视眈眈。朝廷临危，左宗棠遂被任命为陕甘总督前往镇压和反击。

刚被批准成立的船政局怎么办？左宗棠向朝廷推荐了沈葆桢。此时前江西抚臣沈葆桢的父亲去世，按照礼俗，他辞职回乡为父亲守孝。左宗棠要求朝廷对沈葆桢"夺情"，并三次登门请沈出山。

沈葆桢被推到了洋务运动的第一线，出任船政大臣。沈葆桢认为船政的根本在于学堂。上任后除一手建造船厂，另一手抓紧"求是堂艺局"亦即后来的"船政学堂"的筹办与招生。

这一年的夏天，阳岐村口的街头有那么一纸招录船政学堂学生的告示，上面写着公开招收13至16岁的少年。学费、住宿费、伙食费全免不说，每月还发放4两银子，另外学堂三个月一考，成绩一等者可获奖金10元。

这张告示改变了一位阳岐孩子的命运。他叫严传初，14岁时改名严宗光，后来改名叫严复。

严传初的父亲严振先在南台行医，抢救霍乱病人时，不幸染上瘟疫，撒手人寰。因平时豁达好施，常对许多前来就医的穷人不收诊费，加之后来爱上赌博、抽鸦片，所以尽管行医多年，却无积蓄。病逝之后，家里穷得连殡葬费也拿不出来。还是以前那些受过恩惠的病人送些香火钱，大伙七拼八凑，好歹办了一个葬礼。葬礼之后，祖母从南台雇了一只船，带着13岁的严传初从台江苍霞举家迁回阳岐乡下的老屋。那是一个绝望的黑夜。

没有多少值钱的家当，只有那粗笨的家具一起搬上船，严传初因年幼未习坐船的摇簸，伏在船篷下头晕目眩，不时呕吐。十余里的水路，摇摇荡荡地进了阳岐江时，天已经完全黑了。上岸后，一步步往祖家摸索而去，在星光中，朦胧看到不远的老屋。老屋的一半已经被质押给他人了，本来已到了该赎回的时间却没钱，所以被人家占用着。

走进剩下的两间老屋，南墙已经圮塌，头顶上的星光烁烁晃动，而脚下只有光溜溜的黑土。祖母在星光下含泪说："幸而你的祖宗留下了这一间百年老屋，粗略可以让咱母子们有一个屋顶安身，要不然，我们母子可怎么办啊？"

在阳岐的日子，两个妹妹才十一二岁，在父亲去世之前为他娶的妻子王氏也只十四五岁。是母亲在债主的讨债围攻中,在亲族们势利的白眼中接过了生活的重担。白天她接来一批批针线活,然后凭着双手十指一直劳作,从鸡叫做到鬼叫,收入虽然菲薄,但糊口尚可以应付。一灯如豆,传初常常在母亲的暗暗啜泣声中醒来,他知道母亲"泪水作枕头"的苦楚背后,是担忧他的出路。读书人假如考不上科举,基本上就无从进退,没有人生的其他选择了。现在不要说继续延聘塾师继续科举求仕之途,就是家中这嗷嗷待哺的数口人,生存都是个问题,他作为家里唯一的男人得想法减轻母亲的负担,挑起养家的重任。

正当他茫然四顾、急欲寻找出路以摆脱艰难困境时,这一纸公告,恍若春风一缕,撩开了一缝出口,他报考了船政。从船政开始,严复一步步走上了启蒙思想家之路。

但这不是力钧走的路。那一纸招生告示,力鼎三和力钧也曾伫立观看过。但是,这没有引起他们的欲望。有一个在京的同乡曾经向力鼎三讲述过早几年总理各国事务衙门下属的"同文馆",最初只有英文、法文。后来是理番院的俄罗斯文馆也归并而入。同文馆成立后,招不到学生。百姓心中都以为学了洋文便是降了外国。最后奉官调学生入馆。但凡有人情可以请托的学生,谁也不去。而去了同文馆的学生,虽然因为他是小孩没有什么可被鄙视,但他的家庭可就为左邻右舍所瞧不起了。有户人家中一位很好的儿媳妇,本来全家都对她也相当尊重,却因为她弟弟入了同文馆,全家都瞧不起这个媳妇。最后,同文馆以进馆"每月三两,一两年后洋文有成绩,增为十二两"的"利诱"才招到学生(当时小京官年俸也才40两)。

在窘迫的家境中,力鼎三保持了他的"冷静"。"同文馆"设立,尚且被讥讽"孔门弟子,鬼谷先生""未同而言,斯文将丧",他需要保持对洋人、洋学的距离,不能送孩子进"火坑"。不要说力钧年纪尚不及报考年龄,即是及龄,他看到的未来,是力钧进举,再不济是力钧行医。

力钧又被送到阳岐世医陈家继续儒医学业,向儒医陈崇备学习,附居其家。

陈崇备教授以《尔雅》和《诗经》。

陈家世代为医，拥有众多门徒，故还授课《三家本草法》（又名《神农本草经三家注》）与《伤寒论》。

1867年，严复在于山"定光寺"开办的船政学堂念着"伊毗"（AB）"蟹文"时，10岁的力钧也没有辜负时光，他在阳岐山村，陈家的学塾里，在张仲景"上以疗群亲之疾，下以救贫贱之厄，中以保身长全，以养其生"的《伤寒杂病论》中找到终身的皈依。

按照皇甫谧的研究，医道源自炎黄、伊尹（力姓源流祖）。这两位上古的人被称为"至神""元圣"。《神农本草》《汤液》就是伊尹的作品。汉张仲景又为《汤液》做了补充和广括，写了《伤寒杂病论》十数卷。从此以后，医方大备。

"秀才学医，笼中抓鸡"，力钧离秀才还有一段很长的路要走，但是自淡洋刘善曾师习得的文字功底，用以在医书中考据文义，钩玄索隐，或因此而悟彼，或因彼而悟此，使他大得其趣。

学中医与治学一样，有方法有程序。刘善曾给了他正确的路径，虽说走这条路也是充满了汗水，但穿花拂枝行于其间，力钧体会到这种趣味，并一以往之。

陈家既授医、儒，家中储有大量书籍。力钧每到藏书室，便如鱼得水，畅游其间，不知日夕。

由于所涉的经、史、医、药知识已经有相当的储备，少年力钧试图开始写作。

先是利用《春秋左氏传》《春秋外传》和《黄帝内经》等典籍，他开始写《和缓考》。

医和、医缓都是春秋名医，他们的职业生涯都和春秋时期的晋国国君有关。晋国是姬姓，也是力牧的后裔。

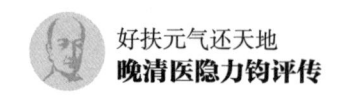

医和是秦国名医，受命为晋国晋平公诊病。晋平公贪图享乐沉湎女色，政务都落在六卿手上。医和诊病后说："病情已经无法治疗了，主要原因是国君贪恋女色，丧失意志，受了迷惑而生了蛊病。就算国君不死，也会失去诸侯的拥护。晋国的良臣也将要死去，上天也不会保佑晋国了，晋国的命运很危险！"

把持政事的国大臣之一赵文子很惊讶，医生看病还要议论国家大事，而且明明是给国君看病，却还能推断出大臣将死，国家将乱。于是忍着一腔怒火问医和："你凭什么这样说，难道你这当医生的还能医治国家不成？"

医和回答说："上医医国，其次疾人，固医官也。"

赵文子又问国君还能活多久，医和回答说顶多不会超过十年。果然，这一年赵文子就死了，不久诸侯都背叛了晋国，十年后晋平公也去世了。晋平公死后不久，晋国被韩、赵、魏三家瓜分。

医和以晋平公之病，看出"三家分晋"的伏笔，是他的敏锐政治眼光。在为晋平公治病时，医和提出的"六气致病学说"——这在中国传统医学上，第一次提出了病因学说。

医和提出了外界的致病因素："天有六气，降生五味，发为五色，征为五声，淫生六疾。六气曰阴、阳、风、雨、晦、明也。分为四时，序为五节，过则为菑。阴淫寒疾，阳淫热疾，风淫末疾，雨淫腹疾，晦淫惑疾，明淫心疾。"认为自然界有阴、阳、风、雨、晦、明六气，如果太过（淫）就会产生六大类疾病。这与《黄帝内经》风、寒、暑、湿、燥、火六淫学说有着较为明显的学术渊源，是六淫学说的"早期版本"[1]。

医缓则服务于另一位国君晋景公。晋景公在历史上算是晋国有作为的国君，为从卿大夫家族手上收回权力，发动"下宫之难"，诛了掌有国中

---

[1] 《黄帝内经》起源有多种说法。此说法依据"非一人所作，非一时所作"说。

实权的赵氏家族。"赵氏孤儿"赵武,就是手指缝里漏掉的赵家唯一后人。得知赵武存活,并长到15岁,晋景公让他与诸将见面,并进攻新的权臣屠岸贾——当年是他带兵诛杀赵氏一家。成功后,恢复了赵武的封地。

不久,晋景公生了重病。晋景公先派人请桑田的巫师来占卜。桑田巫占卜后,认为晋景公的病情是因为有两个被冤杀的鬼魂在作祟,并且断言晋景公将尝不到当年的新麦。此时是5月,景公听了桑田巫之言,心有不甘,听说邻国秦国有良医医缓,于是派人去秦国请医缓。

在医缓前来期间,晋景公有天晚上就做了一个梦,梦见了两个小人(二竖)。一个小人说:"不好了,他们去请名医医缓来收拾我们,医缓是名医,会伤害我们的,我们该躲到哪里去?"另一个小人说:"别怕,别怕,我们躲到膈肌的上面,心脏的下面,那个地方叫作'膏肓',无论他如何用药,都奈何我们不得。"医缓来后,为晋景公诊脉。医缓说:"疾不可为也。在肓之上,膏之下,攻之不可,达之不所及,药不至焉,不可为也。"这话和梦中小儿说的是同个意思:没救了。"病入膏肓"这一成语即来源于此。

尽管很难接受,晋景公还是承认医缓的医术,因为他竟然能说出他梦中的话。医缓得到赏赐并被送回秦国。

六月丙午,新麦成熟了。晋景公想吃新麦。于是煮好了麦饭。突然又想起桑田巫的话,让人把他叫进来,让他看了新麦饭,并杀了他。

戏剧性的是他正要吃新麦饭,突然腹胀肚子痛。上厕所时,发生气陷重症,头晕,掉入粪坑而死[1]。而在《史记》中,晋景公之死,是因为"大业之后不遂者为祟"——因为赵氏家族被错杀,恨意不平,因而化为鬼作祟索命。

力钧用乡间捡来的鹅卵石压住书页,开始一字一字舔笔写下"和缓考"。

---

[1] 《左传》:"将食,胀,如厕,陷而卒。"

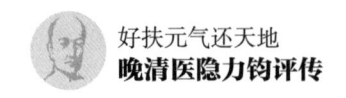

和缓的故事和医事都相对集中，初做文章，力钧还是比较顺手的。力钧得到陈崇备的鼓励，着手做《〈诗经〉药物考》《〈尔雅〉药物考》。

力钧从小生活在山区、河边。

永福的万山上松、杉、桐、楂木四季茂盛。春天竹笋拔节，桃李芳菲。夏季里，稻田麦浪，瓜果如瀑。秋天里，满山有黄花决明的亮和荚槐野菊的艳，挂满枝头的柿子红得耀眼。冬天的红梅白梅树，让人的心气都变得格外高洁。更有一年四季盛开的苇草花英，青蒿子，野草莓，满山满坡。墙根下草缝里总会有的蚁虫、蚂蚱、草蜢，倘若到夏天的菜园里，有苦瓜、菜瓜、丝瓜、葫芦瓜，那些结了瓜的花上，还停留着金龟子、天牛。捉了它们来玩，喂以掐下来时总会流出一些汁液的瓜头。蝉儿总在树上鸣叫，等秋风起来了，上山时总会捡到蝉蜕。

阳岐的江滨有着另外的风景。村子的矮墙围着土坯的院落，某个朝阴的墙面上总是布满了密密麻麻的地衣和苔藓。江边的芦草里有那么多不知倦的蜻蜓，戏着水，点一下野橄榄，点一下花叶芦，又施施然飞走。

清晨时江岸边的蚬子，黄昏时一群群的鹭鸟，三月的江鲫鱼，白露的鳁鱼，伴着幼年的他成长。

等到开始读《诗经》，力钧发现，原来他知道的那些花草虫鱼鸟兽，不仅仅可以是药，还可以是诗。

他拾掇着艾蒿、习蓬，桑、杨，桃花郁李的诗句，比捡起一颗真实的花果的亲切，多了一份诗意，比剥开一个海蛎觉得悠远而味醇。

"诗，可以兴，可以观，可以群，可以怨。迩之事父，远之事君，多识于鸟兽草木之名。"他发现，光是蒿草，《诗经》里就有多种。《尔雅》里也有这些字的训诂和辞解。而这些，在他学习的《本草经》里，也可以一一对应找到。既然如此，何不为《诗经》里可知的药物做一考证，析族分类，振纲分目，又能剔微抉幽，分别治字呢？

他兴致盎然。仅仅是草部植物的"蒿",有艾蒿、茵陈蒿、青蒿、黄花蒿、白蒿、莪蒿等。《诗经》中,蒿类名目就有蓍、蘩、蒌、莪、艾、蔚、苹等。

他学着以经注经。为查一草一义,要翻几本书籍比较,花费大量的时间。因而每得一条新的经注,不啻中一次奖。每天不过只能注上满意的数条。

一日正在注经,有一个同学看见了,就大惊小怪喊起来:《诗经》好好的不读,却去弄这些花草虫鱼,有什么意思?难怪你诗都做不好。

这个同学素日爱好打扮,爱抢风头。在力钧没来之前,常常考试为全班第一。山沟沟里来的力钧起先根本不起眼,谁知道几次考试后,就常常与他分别轮流第一。他心里不满已有时日。但平时力钧不招惹其他人,也不淘气,找不到机会欺负他。这一次可算找着机会了。

力钧反驳:"君子学以致其道。"

同学在边上摇头晃脑:"圣人说,正得失,动天地,感鬼神,莫近于诗。先王以是经夫妇,成孝敬,厚人伦,美教化,移风俗。"

力钧回:"诵《诗》三百,授之以政,不达;使于四方,不能专对。虽多,亦奚以为?"(《论语·子路》)

小小年纪难得的是都还理解这些句子。一个说的是《诗经》的作用,一个反驳的是光背诗有什么用?陈老师听了他们的对白并没有说话。

辩不赢他,同学却不依不饶,就向陈老师告状:"他不专心学您教的《诗经》,诗也没有做好。刚才背诗,他背得并没有那么流利呢。"

陈老师听闻,不理这个同学。同学继续进言:"他这不是不自量力、好高骛远吗?才学多少书,自己就去注经。他有这个水平吗?"

陈老师皱着眉头对这个同学说:"他注他的经。你要是能也可以注呀。他有不允许你注经吗?"

尽管力钧所注《〈诗经〉药物》尚还稚嫩,陈老师却额外允许他借阅

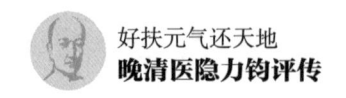

自己的书籍。这是陈老师对他的勤思和好学无言的赞许与嘉奖。

11岁时的创作探索奠定了他以后人生的学术主要创作方向，就是对各类经典的考证、集解、注疏。这无疑脱离不开对文、史、经、医等诸方面的用力。

过了一年，陈崇备觉得力钧如果更专注习举业，他完全可以在举业上取得更大进步。

因了陈老师的建议，12岁的力钧拜在张熙皋公门下习制艺，学《三礼》。所谓"三礼"，即《仪礼》《礼记》《周礼》。从某种意义上讲，礼是通过官制、规制来表达治国方案的著作。

清初实学兴起，倡读古书。而读古书时，如果没有专门治学过是很难看懂礼制的。"礼学"，有琐碎繁复的名物、制度、礼节，如衣饰、饮食、宫室，或是赋役、军制、井田等，以及婚嫁丧祭等细琐之事。

张熙皋精通"六书"。所谓六书，就是文字的造字法。东汉许慎在《说文解字》中对古文字的构成规则概括和归纳为"象形、指事、会意、形声、转注、假借"。象形、指事、会意、形声是造字法，转注、假借指的是后来衍生发展的文字的使用方式。六书所承，也是河洛之学。这些学问，都是研究中国传统文化，尤其是儒家文化的敲门之砖、晋级之阶。

力钧常从《内经》《伤寒》中选取难字，向张师请教。对力钧的主动拓展学习，张熙皋曾赞许说："你能如此制艺，不仅能通晓经书，亦能通悉医术。"但也告诉他，书不仅要读要背，更要领悟。悟经悟道，才知门道。光学不悟，仅识之肤，悟而不透，拉夫凑数。尤其是学医，活人之要，毫厘之差都有性命之险。

张老师收藏有许多章印，还收集一些古印谱。力钧看到其中不止有缪篆入印，还有小篆大篆隶意入印的。印多闲章，力钧读得甚是合乎性情。有时师生二人对着印谱相聊甚欢之余常又手痒心痒。又找来篆刀，临摩刻凿，花费很多时间。张老师见这情形便劝说："篆刻之学，自己操刀，没有师承和家学，难成大器。"又说，"何况这一学问要与文字、书法、绘画、鼎、彝、碑刻、摩崖等相关联，需要足够眼界，才得看见胸怀。实在是易学不易成的事"；"但是为排遣性情，自娱修行，也是一种消磨，只是不宜太过致力于此。"指出他现在应当把精力放在医书和举业上，劝他不要把太多精力分散在这上面。慈师言者谆谆，力钧自然受教如常。

六年多受教三位老师，都是在小学方面卓有研究的儒士，他们的学识、学风奠定了力钧一生向学的勤勉、精益求精。同时他们对医学又有相当的学问，他们把力钧引入儒、医之门，为他后来的成才奠定了最坚实的基础。

其中，刘善曾公，指导从文字学入手，解读《黄帝内经》。而刘公自己著有《热病论》，对人身脏腑血脉言之甚详；陈崇备公，以《三家本草经注》为基础，继而又授以《伤寒论》《铜人图》《内经》《难注》等医经、临床医著，此时开始，力钧始有著述，如上文所提的《和缓考》等；张熙皋公，原是力钧学习科举制艺的老师，力钧从其处得到医经难字的解答，力钧研读古典医经有所创见和发明，张公教以的"六书"与有力焉。

可惜的是，少年时期由于家贫，在张公处，他并没有学习太久。家境困苦中，眼看母亲灯下长做女工，白天又为人作佣，帮洗衣裳，弟妹幼小又时时嗷嗷待哺，作为长子，他辍学了。

力钧又回到家中并开始务农。一步一回头离开张公的医馆和学馆，张公连连叹息声犹在耳畔，张公勉励他自学不辍以及有疑问可以上门予以解答的安慰犹在耳畔。

若干年后，力钧成为晚清名医，纵观其医学成就，对《伤寒》《内经》《难经》的各种版本所进行的收集、整理、研究和辨析，是一项重要成果，而这些成就即发轫于三位先生的教导。

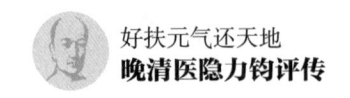

转益多师

蔡氏又怀孕了。

夫妻有点发愁了，眼下已有三个小儿了，食指日繁。这几年全家人勤扒苦作，佃种的薄田数亩，好容易攒下钱买到了几亩陈家的田地。

酥软春雨下起之前，从11岁起力钧要随父母在地的一头平整土地。是时候要下田播种了。

种子是往年留下来的，暖和天气里，用温水浸泡使之发芽，就可以播种。如果遇到倒春寒，那就要烧一大锅的水，经过一宿，用热气把所有的种子都熏热熏软，找一块地里沤着，种子发出芽后，辛苦的劳作就在村里开展了。农人们踩在被雨水浸润过的地里，一手拿着盛放秧苗的竹箩，一手随着赤足的挪移，飞快地把苗布到地里。

秋天不知不觉地尾随着夏天而来，某天似乎一夜过后，地里一片金黄。割稻子也不是一件轻快的活，有时赶上刮台风，下大雨，临时抢收，那劳作结束后，手脚皆酸痛无知了。

他连布鞋都舍不得穿用，该干活时赤足下地去帮助。母亲蔡氏虽身体不便，也强撑着或在家中做通草花等女红以补家用，田里的活，最后还得请了帮工赁耕分收。

没有下地的时候，家里也有做不完的农活。就是给猪喂食，也得先去找猪草，打草，回来煮好，才能给猪吃。所以力钧作为家中长子，此时除了自己读书时辰外，家中举凡樵、汲、碓、舂以及粪种刈获都是主力。

田间的劳作等到夏秋收割时，那一抱一抱金灿灿的稻谷便是从物质到精神最令人愉悦的奖章，力钧从中获得的是精神的丰足，他喜爱田间的劳作，田间起伏的麦浪，池塘里吹沫的小鱼，挥汗时的畅快，与他在书桌前的埋头都构成了他少年时最难忘的画面。他后来的一生也保持着这种身体力行劳作的喜悦。

他的小伙伴有时会到河里抓来鱼虾，在岸边垒上一个小石窝子当灶，石头烧得热烘烘的，把鱼虾往上一贴，就是美味的餐余小食。可是老人们都指责这是游手好闲的一种行为。

阳岐四季常似夏，这种地气极易染上瘴疟。

除禾日当午，汗滴禾下土。12岁这年，因下地劳作辛苦大半个夏天，晚上再读书，颇为辛苦，却也撑下来了。入秋后一天，发热，头痛身倦，目红面赤，家中有解热的淡竹叶，喝下后发烧没有退，还有谵语，到了黄昏，病情更厉害了。找医生诊为瘟病，开服"白虎汤"，非但没治好，寒热反而更重了。

正当全家上下为之忙乱成一团，有人向力鼎三推荐了一个行乞人。

百计无法医治，又眼看这个行乞人给几位乡民吃的方药尽皆有效，力鼎三求治心切，请了这位乞人到家中医治。乞人医生给开了药方，服用三剂后，吐痰数升，很快病愈。力鼎三感激不尽，请教后得知乞人名叫朱若春。在调养的几天中，力钧向朱若春多次请教治疟之法。朱若春说："疟疾与传染病同，所不同的是疟疾鼻尖冷，耳壳极准，施正气散可治。"

转益多师是汝师。中国古代医学家，除了上古时期的神迹，比如最著名的扁鹊，遇到长桑君授"怀中药"，用上池之水饮药，三十天后，给人看病可以尽见五藏症结。上古而来的"神医"们，多半与神仙有关系，医学本就是为解决人生的痛苦，包括肉体和精神上的痛苦而诞生的。因而很多医家带有宗教、仙术的神秘色彩。如安期生、苏耽，还有力钧小时候听说过的张圣君等。力钧幼年、少年学医初始，看到神仙、医仙、医圣的传说都心仪神往，这使得他遇到朱若春时，心里有某些时刻也犹疑过某位神仙以行乞的形象要来渡他、接引他走向仙圣之路。为此，与之相处时，他观察和揣摩朱若春的举止言行，有时觉得若有深意，有时又觉得想得太多。

还有一位牧童也成为他的老师：一位邻居误吞针入腹，一无名的牧童用偏方为之治愈。力钧诧其功效,最后用高价买下求得这味偏方:牛粪捣生虾和酒糟。少年力钧拿到这副偏方以后,究竟后来有没有施用就是一个谜了。毕竟吞针入腹的事很稀有,值得玩味的是这段时间他对收集偏方的认真态度。

15岁时,力钧正式拜郭秋泉为师学医。

郭秋泉为福州世家名医。其父郭有良,字心斋,精断人的寿夭、病之危否,而且"无一过失"。有一次,郭有良路过一位族人家的门口,门里有个小儿在玩耍,郭即询问族人这是谁家的孩子。族人回答是他的表侄。郭有良告诉族人:"这个小孩子脸色非常糟糕。你应当把他送回家。因为过不了几天,这个孩子会生黑痘,治不了的。"后来发生的事果然如其所说。郭家的弟子大都成为省城名医。郭有良有个最好的徒弟,每年生日都会上门趋拜,并为老人诊个脉。郭有良七老八十了,每年诊后,学生总告诉家人说"无虞"。某年诊完后,偷偷告诉郭家人:"老师今年不能过了。"家人问他是什么时候。回答说秋天。这年秋天,郭有良为人上门出诊,雨后刚刚到病人家,檐溜上的积水滴下,溅落在老人的额头上,郭有良满心不快,回家后果然生病去世。

当时尚年幼的郭秋泉(郭永淦),转投向也是名医的姐夫林懋柱(字禹川,1898年陈宝琛有诗:"十年前识禹川翁,谈笑治疫如拨面",称道其医术)求学。弃儒攻医,有名于乡里。

郭秋泉学成后在杨桥巷水流湾附近开医寓并授徒,从师者甚众。力钧需要从乡间阡陌中北行入城,走约二十里地,才能到郭老师家中。

在当时,在福州中医界,郭秋泉是"坐第一把交椅的"(陈遵统言)。

福州的瘟疫几年一发,发生疫情时,常常来势汹汹,"一发重险如伏戎,肢冰额汗脉细促";而且持续时间久——"自夏滋蔓徂秋冬";影响范围广——"褄厉亘村郭";后果严重,中了瘟疫的病人,病情险恶,也许转眼之间,就成新鬼……顺便再提一句:郭秋泉先生后来也是在救治瘟疫病人时受感染而去世的。

16岁那年，家里有两件事颇值得记录。

这是春四月的日子。山上桃李花盛开，早稻抽穗，一番春天的景象。有天傍晚，力鼎三小店还正开着，门口不知什么时候站着个四五岁的娃娃，哭着找妈妈，娃娃说不清楚自己从哪里来的。起先以为是哪个邻居家的孩子，没有在意。因为开店，门口支着张桌椅，让过往者可以休息。因就此安抚好小儿。力鼎三向四邻打听，都不知道是谁家的小孩，等了很久，也没有人上门来领。他就让妻子蔡氏给娃娃吃点糕饼，然后询问得知，小儿是追蝴蝶追到这里来的。后来终于说出来某某当铺这一线索。看看天色已黑，力鼎三决定试着送小孩到当铺看看。

这个当铺在七八里路外的观井路。小孩指着一间门口墙上圆圈子写个"当"字的房屋，说自己家到了。这是一家规模不算很大的当铺。

到了门口，伙计一看到孩子，就跳起来：少爷回来了！

老板出去找孩子了。太太因为回娘家洋下，把孩子带回去，谁知道孩子玩着玩着，竟然跑丢了，太太一路哭着寻回家，此刻正在后院寻死觅活，见到孩子回来，如同天上掉下的宝贝，搂住了便"阿命团阿命团"地喊着，破涕为笑，命伙计快请力鼎三上座、喝茶。

热闹欢喜间门外又进来两个人，衣衫褴褛，原是一对父女，是当铺的顾客，这是来两次了。说是当了四川老家里重要的物件。现在要回乡去，却又赎不起当。力鼎三听着也难免相叹。那个小女孩眼睛圆圆的很机灵的样子，力鼎三就顺口夸了两句。

看着当铺有生意了，力鼎三推辞了老板娘婉留和谢礼，辞别回家。

不承想，第三天，当铺老板上门来致谢，还带来个跟班和一个清秀的小丫头。在力家门口放了一串挂炮，说是感谢力鼎三帮他找到了宝贝儿子，特别是家中老太太，一直念叨要备一份厚礼感谢，儿媳妇解释说那天包了一份谢仪，但力鼎三不肯接受。

"那也得想其他办法感谢人家,不要让人觉得我们家不懂事理!我这个宝贝孙子要是丢了,那我这条老命也就没有了。你们自己看着办。"老太太见孙子有惊无险又回到身边,她对力鼎三的义举打心眼里感激。

当铺老板与力鼎三寒暄一番,见了蔡氏,又解释一番,最后硬是塞给力鼎三一个红包。临出门才假装恍然想起似的说:"这个小丫头,她爸爸把她抵给了我,他已经回四川去了。这个丫头待在当铺两天,很乖巧懂事。我家已有佣人,转送给你们家,当个使唤丫头吧。"

蔡氏自生下力钧三兄弟后,又在1869年生了个女儿,取名力玉华,现在5岁,要是留下这姑娘,倒是正好给小女儿做个伴。只是让人家父女分别,心里有歉然之意。

力鼎三推辞不要,老板见蔡氏似有动心,笑哈哈地道:"你们现在家里有三个公子,以后这孩子好赖也能帮你们洗个衣服做个饭呢,再说这也是成全丫头他们这一家,也是个好事。"巧嘴的老板成功了。

问了这个丫头身世,毕竟才6岁,也说不清楚家在四川的哪个地方。只说是姓杨。在四川时能够记事起就没有看到母亲,父亲带着她一路流浪做点力气活。力家为女孩身世感慨一番,留她下来了。

另有一事,这年力钧又一次病得厉害。这一次,发病急起寒战,壮热持续不退,烦躁不安。找了个大夫,诊为感受山岚瘴气而发一种瘴疟。治疗了一个多月,病情还迁延不好,每日昏沉无力。最后,找了陈崇备老师的儿子陈德明给他诊治。

陈德明仔细把脉,翻看前医所开的方药,认为是误诊。这一次力钧所得的病不是瘴病,而是瘟病。陈德明开出白虎汤加大黄,服后下黑色粪便和血色小便,三日即愈。力钧向陈德明借了《温病条辨》,研读中深受教益。

《温病条辨》是清吴瑭所著书,为温病学派发展到清中期的代表之作。

先是,张仲景的《伤寒论》把太阳病发热而渴,不恶寒者,称为温病。王叔和编次该书时把《内经·热论篇》附于伤寒例中,"中而即病者,名曰伤寒；不即病者，寒毒藏于肌肤，至春变为温病，至夏变为暑病"。把新感急性热病归于伤寒，即无外感温病。宋时医家，如朱肱，虽极为推崇《伤寒论》，但在临床治疗上，认为该书方药不能适应不同种类的热病。金元时，刘河间提出"热病只能作热治，不能从寒医"——但这并未在温病上有突破性成就。明代是瘟疫大流行时代，《明史》记载，1408—1643年间，共暴发大瘟疫19次。明将戚继光，从福建调到蓟州练兵时曾与将士歃血为盟，表示将士一心，其中他的盟誓之辞就有"天灾人祸，瘟疫水火，使全家立死"之毒誓，也说明了瘟疫在当时的肆虐。特别是明崇祯十五年（1642年），疫气流行，山东浙省，南北两直，其病延门阖户，传染猖獗十户九死。"一巷百余家，无一家仅免，一门数十口，无一仅存者"，因为自古以来的医书，从未有专门为瘟疫立论的，或用《伤寒论》方法，或妄用峻攻之剂，来治瘟疫，罔无效验。

明末医学家吴有性身处其时，潜心临症体察，作《温疫论》，从"瘟疫"入手，倡讲温病新说。提出："夫瘟疫之为病，非风非寒，非暑非湿，乃天地间别有一种异气所感。"他认为，从病因病机来讲，瘟疫"非六淫之邪外侵"，而是天地间这种异气（戾气）有很强的传染性，且对人畜有特异性。再者，它的传染途径也不是皮毛而入，而是从口鼻入侵。治则上，以祛邪逐秽为第一要义。这给以后的温病学家提供了极大的启发。"瘟疫一证，从此始有绳墨可守。"

清中叶，有叶天士、薛生白、吴瑭、王孟英称"温病四大家"。叶天士的门人手录其师诊事经验而成《温热论》。这是温病学的重要著述。他首先提出："温邪上受，首先犯肺，逆传心包。肺主气属卫，心主血属营""大凡看法，卫之后方言气，营之后方言血"的新理论。把温病的病理过程，划分为卫、气、营、血四个阶段，以此作为辨证论治的纲领。这一辨证体系创立，标志着温病学的成熟。

吴瑭在前人（伤寒论、温疫论、临证指南医案）的基础上作《温病条

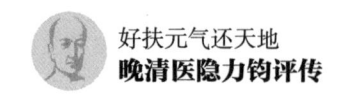

辨》，首次系统介绍温病学说。提出"三焦辨证"统领十一种温病。其治疗原则是"清热养阴，顾存津液"。他从叶天士医案中总结出"桑菊饮、银翘散、清营汤、大小定风珠、三甲复脉汤"等有名方剂，在温病危重阶段及时应用中药"三宝"（即安宫牛黄丸、至宝丹、紫雪丹）等。

温病学这条系统上，幼年时淡洋的刘善曾老师曾著有《热病论》，陈德明亦师亦兄，为力钧治病时，在为他梳理了这一系统的知识之外，还把自己的传染病医案授予力钧参详，借给他《温病条辨》，再到光绪九年（1883年），已有数年行医经验的力钧又得到福建医家林宇村公教授《热病新论》——这些知识和对《内经》《伤寒论》以及《王氏准绳》的研究，使力钧学得了阴阳、气血理论和寒温病的精要，这为他后来救治大面积福建鼠疫的病人，打下了基础。

力钧在医学成名时，回望来路，苍苍横翠微的学习生涯，认定是17岁这一年，他"始知学"。

始知学的灵感，常常来自向学时明确了自己的志向，也来自明确志向后对方法的掌握和应用。

这一年因患瘟病在陈德明先生治愈之后，力钧甚至觉得自己神思顿异，每天可以读书，记背数卷，如得神助。原因一方面来自病愈，另一方面来自困学后的顿悟。

为什么而学？如何学？这种困学心态，学儒学医在某个阶段都会出现。最后能够走出来的，是依靠脚踏实地地学习经典与总结经验。"脚踏实地"是最后胜利的方法论。具体来说，是力钧由此得到启发，注重学习方法。

第三章 双镜之庐

移家南营

19世纪70年代，英、美等国在福建省或设立银行，或开办新闻报纸，或设立医院。而来自清政府方面的动作之一是在教育方面，继19世纪60年代设立正谊书院后，又设立了与旧书院课程不同、章程不同的致用书院。洋务派设立船政学堂后，丁雨生中丞又在福州开办了福州电气学堂（电报学堂）。学堂专收生童学习电气及电信。另外，在福州的南台，开始有了商人创办的机器砖茶厂。此为福建最早的民族资本主义机器工业。

城市格局以及教育、经济布局的变化引发了有能力的乡民向城市移动。

力钧19岁时，力鼎三把家从阳岐搬到城里安泰河畔的南营寓居。起因与前几年福州府学的"文运"再兴有那么一点关系。

唐大历（766—779）时，福州府学移至城南兴贤坊，因而此处又称"府学里"。明成化年间，知府大修府学和大成殿、明伦堂。在府学凿了泮池。康熙十一年（1672），庙学又一次大修。疏浚泮池，下通城市的三元沟。池南为大门，池东建"奎光阁"祀五文昌帝君（即魁斗星君、文衡帝君、梓潼帝君、纯阳帝君、朱衣神君），供学员们祈求考运亨通，池西建"常衮祠"，祀唐时增设学校的常衮。雍正年间因为飓风刮过福州，府学的明伦堂塌圮，

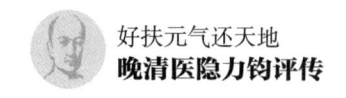

乾隆时再圮再修。

府学的泮池底，有地沟曲折东出，随安泰河潮夕出入，注入东海，吐纳着福州城主城区的气息。随着时间的流水汩汩流淌，清中期以后，三元沟逐渐湮塞流阻。继而奎光阁倒塌，与三元沟都沉寂于民居之下。

有位比力钧年长一辈的乡贤，叫郭柏苍（1815—1890），他是位博物学家、堪舆家和乡邦文献学家，突然发现了一个城市的文脉秘密。秘密就在阁与碑里。作为名绅，他倡议修理城市下水道。"福州南城有沟道二，一为七星沟，沟九曲七湾，泄城中之浊水，由重闉曲出，西达于濠（护城河），相传以为主省城财运；三元沟引海潮，穿南城根而注入府学（今文庙）之泮池，相传以为关通省之文风。"郭氏精于堪舆，又因为他的哥哥，曾署湖广总督、任过鳌峰书院山长的郭柏荫在十年前捐资修复火灾后的文庙，使他有机会向大府进言，极力论证水法与文运之关联。

同治丙寅（1866）十一月，进入冬天的福州开始萧瑟。某日，城南失火，建在三元沟上的民房都被烧毁。为起盖南城，郭柏苍顺请镇闽将军英桂，将城墙雉堞掘开二丈，使三元沟水由城根下循旧道入外城濠，以通于河，"使沟水与潮汐自行进出"；又请开南门板桥以东河道至教场（今五一广场）边，板桥以西河道至洗马桥。由安泰河上溯找到一处濠渠，濠渠旁正是三元沟沟口。由此，府学的泮池得到浚深，使之受纳潮汐，城市肺底的浊气可以排吐了。一年后，沟道完竣。

工程竣后四年这一届会试连试，福州突然高中了45名进士。这是福州科举史上前所未有的成绩。

郭柏苍在后来（1890年《葭柎草堂》）曾撰文历数开河开沟以后的人文奇迹：一是数量上，"进士之额倍于从前"。二是所出人才的"质量"高。如王仁堪中了状元，林天龄、叶大焯、陈宝琛、邵积诚、王仁堪、陈琇莹、陈懋侯等，先后以学使简放乡、会试差。三是除了文科人才，还有武科人才，后几年里，状元、探花、会元都曾出现。他还论证福州城优良的水法与人才出世的关系是密不可分的,城市的文脉文运是与城市的水道密切相连的。

仔细想来,郭柏苍所谓的文运,实际上并不意指城市人写得一手好诗文,它最主要的指向是一个城市能够高中多少举人、进士,进翰林,任考官,从而在朝廷上获得一定的发言权。尤其是学政学使,掌握了文官的出题权和考试权,从而掌握了教育权和未来人才选拔的权力。在中国社会,师生关系也是人伦关系重要的一环,这也意味着任学政学使的官职将会拥有更广泛的未来社会中坚力量的关系。谈起文运、文脉,我们常常会觉得是件浪漫玄妙的事,但一经分析,便会觉得它是很现实的。

坊间关于文运、文脉的传说,也是让力鼎三择居于此的原因之一。住处位于南营。

对力钧吸引力最大的是城里书肆,南营新家离南后街仅隔南街一街。南后街北段,杨桥巷口聚成堂是福州最有名的古旧书肆,聚成堂老板精于鉴别字画碑帖,于书无所不收。坊巷里住着许多世家。有时候,哪户人家家道中落,旧家藏书常常都付卖给聚成堂。聚成堂有个好处,就是老板并不贪心,经常是贱价收书,亦贱价出书,不甚苛索。因此,力钧往往徜徉其间,乐不知返。

药王生日

城南一带,以南门大街为中心,西有侯官县学,东有文庙、府学,再东为闽县学,还有提督福建学院署三座学宫(明伦堂)、两座县衙等,均在福州朱紫坊一带。

朱紫坊北临安泰河。河北向的一条支流上有座桥,这座桥叫钓鲈桥。桥北为"贞寿坊"。坊口是古代停泊船只的营地。因为坊临城的南门,所以,

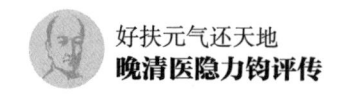

贞寿坊的名字被"南营"所取代。

南营所处的周边四通八达，巷弄错综。南营里住过清初学者郑开极。曾主纂《福建通志》六十四卷。他所住的楼称为塔影楼，这座楼的左边木板有一个裂开的缝隙，太阳升到正中的时候，缝隙中会倒映出整个塔。

力鼎三寓居的家就在塔影楼附近。住了一段时间，力钧才知道小时候所听故事中的人物——"廖鸿荃"的家原来就在附近，当然，这时候，力钧更多获知的是早年钱案中，廖尚书无辜躺枪的真相。又获知他曾向往的陈修园先生，也一度寓居于此。可惜此时陈先生已辞世，无缘见面交流。

在南营这里，力钧度过19岁到47岁，挥斥方遒到风华正茂的岁月。中间一度买下阳岐的玉屏山庄，但这个居处，他一直居住，直至1903年离闽晋京。

移家至南营时是四月。月末这天是力钧生日，家人出游乌山。

唐诗人周朴所言"万里重山绕福州"。城外有旗山、鼓山，分立左右，为会城门户。会城之内有九山，以乌石山为最奇最大。这座名山上，有汉九仙射乌的传说和遗迹，也是山名所来。山上有梁时王霸坐石，还有唐李阳冰篆书刻石。宋时程师孟改名之为"道山"，建道山亭，唐宋八大家之一的曾巩为之作记，因此乌山之名益显益彰。再后来，朱熹等大儒先后在此归隐讲学，山之地也越有神灵。元明后，贤人逸士占胜结宅，释子羽流创寺建庵，兴替互有。乌石山南麓三皇庙就是其间之一。

胜日寻芳，往来游客如织。

三皇庙香客尤盛。香客们或携带一束香烛，或在道旁随购纸帛，庙前的焚炉里氤氤氲氲，人影幢幢。

民间却称这座庙为"药王庙"。

从香客口中得知，当天是药王生日。力钧心中一动。只听到大弟力振荣拉着父亲的手，疑问道：原来我哥哥是跟药王一天生日呀。转头咬着力钧耳朵:"哥哥,你看你会不会是药王转世啊。"

说着这句话时,突然想起搬离阳岐时,父亲力鼎三已经在力钧的监督下,每天依照哥哥收集的林文忠公的戒烟方进行戒烟。现在出门半天,父亲也没有任何犯瘾的样子。看样子,哥哥所说,父亲已成功戒除烟瘾真实不虚,振榮念头至此,不由分说,拉住哥哥的手要进殿:"你快快进殿去,要拜拜药王爷呀。"庙里祀的是太昊伏羲氏、炎帝神农氏、黄帝有熊氏。一个是万世文字之祖;神农、黄帝二圣为医道之祖。庙貌威严,三皇俨若。

在像前,力钧双手合什作揖下跪,心中暗暗默祷。

回家后,力钧为自己刻了一方印:"我与药王同生日"。

小时,父亲为他取名"钧",意味钧和天下。但年纪近成年,朋友之间不能再直接叫他的名了。他曾为自己取了一个字,叫"轩举"。少年意气,挥斥方遒,我心轩举,扛鼎人间。

朋友、学伴们用福州话喊他"轩举"时,总是喊成"香雨"。"香雨"也是他喜欢的。让人想起《维摩诘经》中的那位天女,"见诸大人,闻所说法,便现其身,即以天华散诸菩萨、大弟子上,华至诸菩萨即皆堕落,至大弟子便著不堕。一切弟子神力去华,不能令去"。香雨,不就是香花吗?

青衿廪生

居于阳岐时,力钧已经学习完"四书""五经"诸书,还遍观了家中祖传下来的藏书。

每日摹写晋唐名帖,以及他从幼年开始就喜欢的"金石"——古代镌刻在钟鼎碑碣上的文字。

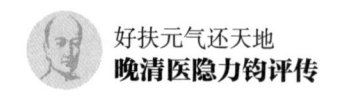

力鼎三为糊口,加入盐商的队伍,奔走四方,力钧领着弟弟振棨和力锵,守在阳岐乡间,每天早早温读经书,白天有空厘清家事,傍晚,治金石文字和考据。灯火荧然之下,弟兄们比舍攻读,常常读到深夜,烛火燃尽,摩挲倦眼,十个黑指头把自己都染成黑眼圈,相顾而笑,也自得其乐。

这是一个人到了要参加仕途必经的初级考试——县试的时候了。县试取中后,还要回福州参加府试与院试,三场大考结束,才意味着一个读书人有了"秀才"的身份。尽管这个身份,还没有得到入仕的资格,但已经有了一些礼免。按照父亲的意思,他的两个弟弟也将步他后尘,走上同一条路。

1877年春二月,力钧回乡参加县学考试。

考生要在原籍的县城参加第一次考试,主考官是知县。没有次数限制,也没有年龄界限。从理论上讲,这是对所有人免费开放的。但很多人在审查后并没有得到资格,有很多人因为"冷籍"而失去报名机会。所谓冷籍,即考生虽身家清白,但祖上三代无人参与考试,或三代以内不曾有人中过秀才、举人之类的家族,就被认为是冷籍。或者是祖父先人已读书应试而子孙未能相继,隔数十年复有后裔出而应试者,也会被认为是冷籍。晚清的实业状元张謇就是因为冷籍冒名其他人,陷入长达5年的被诈骗惨局之中。

不仅仅是科举考试,就是同治年起开办的新式学堂如马尾船政,严复在报名时也因冷籍而受到反复折腾,最后由岳父家出面担保才过了报名这一关。

这也就可以解释读书人家保持书香门第的一个理由。报名参加县试,以及府、院试的童生,要由该县廪生担保其身家,盖印承认,这叫"认保",其后县学学官(学正)又会派其他廪生查看属实,这叫"派保"。

1877年,这一年的年考按惯例,县试依旧是县官主持。永福县县令郑宗瑞于一月出示考日,开考日期设在二月。投考的学生先是到县衙门"礼

第三章　双镜之庐

房"报名，填写"姓名、籍贯、年岁并父母、祖父母"等履历。

按照成例，考试分五场。每日考一场，"黎明前点（名）入，限即日交卷"。

第一场内容为四书文二篇、五言六韵诗一首，题目、文、诗皆有一定格式，文须点句，一般不得超过七百字。头场考完发榜，第一名称"案首"。前十名为"前列"。排在倒数的童生将被刷掉一批，没有资格参加下一场考试。第二场考时文、五经、诗。第三场考八股文、史论、诗各一。县试取中，力钧入选童生前列。

通过县试后，还要经过知府主持的"府试"和学使主持的"院试"，才能转为秀才的正式身份。这样，力钧又回到了福州。

院试入场，只见学使端坐场中，各县的廪保排立两行，仪式隆重。考试两天后出榜。出榜时考院开正门，放三炮、奏乐，吹打送榜。榜单贴于考院照墙。

出场时，在拥挤的人群中，有几个人在散发一本册子。他们多是住在白塔寺附近教会的差会助手，是受过洗礼的开始奉信洋教的福州人。他们用谦卑诚恳的态度向考生发放《圣经》和宣传小册子。很多学生接过了这些书籍，也有极少的人拒绝接受。

发到力钧跟前，他也接过了书。开卷是否有益，总是要开卷看了才知道。他心里想。

21岁的力钧顺利通过了县试、府试、院试三关考试。其后，由于在岁试中成绩突出，被选拔为廪生。作为廪生，每年可以得到政府补贴的廪米、廪银若干。同时得到廪生的资格，就有为其他童生做保试具结的资格，很多廪生还会因此每年得到一笔可观的保费。当然，廪生的资格也不是固定的，每年还要经过县学岁试、年试的考核。考核不过，自然取消了这个资格。

成了新进的秀才，慎重地穿着襕衫，先是回到白云乡里祭过祖先，到

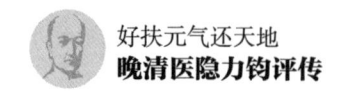

坟地里与三代祖父叩了头。一家人聚在一起吃了一顿热闹喜气的饭。

进入县学，正式拜见教谕，受到一番勉励和刺激。教谕告诉他，县学现在跟以前自己拜师进的学舍讲课不一样了。以前教学内容以朱熹等理学家们所注的"四书""五经"为主，尤重"四书"。以前学舍讲课，大体上就是会讲、覆讲、上书、覆背，每个月三回，周而复始。日摹晋唐名帖数百字，要交助教批晰，初一十五要呈堂查验。

现在，自己去摹写字帖，自己去背书会讲。县学堂里只分两斋。一种经主，一种治事。

学经主的，或专治一经，或兼他经，务取《御纂折中》《传说》诸书，探其原本，讲明人伦日用之理。治事者如历代典礼、赋役、律令、边防、水利、天官、河渠、算法之类。或专治一事，或兼治数事，务穷究其源流利弊。考试时，必以经术湛深，通达事理，验稽古爱民之识。

这种变动，是从光绪朝开始的改革。从县学的课程上来看，也有了向经济致用的方向转变的取向。

最后，他选了《礼》为本经，又兼修了《尚书》学，至于赋役、边防、天官之类，他向老师请教，有什么书对这些学问有帮助？教谕看他受教的样子，说"《皇朝经世文编》这部实学的书，里面选的都是有名的奏议，还有官家的文书，不管是吏治礼治兵治刑名工政，全是治国的至理。"

去了一趟聚成堂，力钧矫舌。《经世文编》有一百多卷。哪里一下子买得起来。只得一段时间零星地买一些。

双镜之庐

中了秀才后，立即就有媒人说亲。1877年，力钧与林氏结缡。

除了一年六石廪米和四两纹银，力钧选择安身立命的职业是设馆教学生。其中，有一位邓姓学生很得他的喜欢。邓生名叫鸥予（1872—1961），字仪中（后因避宣统讳改宜中），这个学生也几乎是力钧看着成长的。邓生是开酱园主人邓长椿的儿子。老邓是竹屿人，乡里生计不好，他就借了点钱到福州开酱园，腌制一些菜脯子（腌萝卜）白菜，还有兼卖醋酱等。邓生很小的年纪，父亲出门送货，他就会帮助父亲站柜台。孩子很朴素，天资聪敏，又很踏实。力钧也对他的学业悉心照顾。力鼎三看他聪明，也十分喜爱，几乎把邓生当成自己的儿子一样看待，常常下了课还留他吃饭，让力钧多跟他讲学。这个开酱园的老邓自然常常会与自己的主顾们谈起令自己骄傲的孩子，又很热心地指点有需要找老师的人去找儿子的塾师。

但力钧刚刚中秀才，在城里没有根基、没有人脉，招生也不容易。不久，力钧就受聘去城中一位金姓人家任教。

金家的老人，有一天饭后淋雨受凉得了病。寻医到水流湾的郭秋泉医馆，郭医生用"荆防败毒散"治疗，并不见效。力钧仔细研究了病情，根据老人的身体状况，用"麻沸汤"助以稀米汤，服后汗出病除。病人得知力钧曾为其父力鼎三开过药，也信之不疑——力钧人生的第一个方子是为父亲力鼎三开出来的。因体弱，父亲服用高丽参，却病症久积，无法消化药物。力钧正式开始开方：用参芦块茎焙灰，和小承气汤胶黏愈。他的道理是参芦救治痰涎壅塞胸膈、食积阻于胃脘等症极有效。力钧的药使父亲很快康复。

这一次对金家的用药经验虽不能说明他青出于蓝而胜于蓝，但在方药的实践上，看好了病就是硬道理。郭秋泉得知后，把他找来，探讨此方的原理，对他大为赞赏。老一辈医家的虚怀大度也让力钧心生敬佩。二人越来越投机，之后，在他们周围也有几位老中医开始小范围研究医案医理以及药物的性能。在郭氏的支持下，力钧有幸与郭氏合著《伤寒论问答》。

郭省三曾用半夏治疗一位产妇产后不寐，先用半夏一两，没效力，再用二两，得熟寐，又减一两仍不寐，又加至二两又得寐，又减又不得寐；

于是竟用二两，服了七八帖后，以他方收功。一日交流病案，二人又互相启发，遂合著《论半夏效用》。这是力钧关于医、药实践和研究的早期作品。

中秀才虽未能改变经济状况，但这一身份使力钧在向福州名医求学时有便利之处。

他又向城中名医朱良仙求授王肯堂所著的《证治准绳》（又称《六科准绳》，意在使不明医理的人也可以此作为准绳，故名）。《证治准绳》分为杂病、类方、伤寒、疡疾、幼科、女科。其中"列证最详、论治最精"，后世三百来承学之士奉以为宝山玉海。

王肯堂（约1552—1638）早年由于母病而涉医学，后又因救治了垂危的妹妹而广有医名。但他的父亲认为学医会移心移志，妨废科举，禁止王肯堂从医。他后来中过进士，任过翰林检讨。身为官宦，王肯堂还多才多艺，除了在医学有建树，对天文历算、书画、禅学均有造诣。尤其值得一提的是，他曾与意大利传教士利玛窦论过历算。

他的《六治准绳·疡医》中对许多外科疾病的记载和认识，与利玛窦对他的影响不无关系。后人认为，王肯堂对人体骨骼形状和数目的描述就是在西洋解剖学的影响下写成的。

因为学习《六治准绳》，力钧又读到其撰写的《医镜》与蒋仪用所著《药镜》，两本镜书，有泽物之仁，有辨物之智。为君之道，为相之术，与佛道教及百工传世，皆本于"欲行泽物事，先施辨物才"。用药必先明药性始，朱医生强调书中"用药"说：用药者像用兵，病者，像敌人，药者，是拒敌之兵。赤堇、乌头，譬如是骄悍的兵勇；参苓、耆术，像心怀慈厚的兵丁。去猛寇必须选猛将，欲福民，必须兼福将。这是辨证施治的关键一环。在朱师指导、引领中，他对两本镜书更着力下功。为此，在南营，他将自己的住处命名为"双镜庐"。其中深意想必是效仿二位医学大家，以施技人间为乐。

于此，他撰写了《铜人图正误》，考辨唐以来已成为独立学科的针灸学中的经络与腧穴，又辑录《历代医官沿革考》。二书都须至精的训诂学问加以不辞案形劳瘁的勤力才得以完成。

不废举业

朱良仙医师像张熙皋一样，激励他在举业上不要荒废。

早年间，福州名宦陈若霖（宣统皇帝太傅陈宝琛的祖父）小时家贫，跟从族中诸父学"五经"和注疏之学，20岁时，父亲病重，派人往城里找一个名望很高的医生，但医生非要他亲身前往迎接，结果往返数十里，等与医生一起来到家中时，父亲已经谢世。后来读书于九仙山馆，但考童子试时一直没能考过，家中生计益绌。就有很多人劝他改业治生。陈若霖也请求母亲允许他去改业。但母亲十分坚定：你父亲期盼你已十几年了，现在说因为贫困废学，你让我以后怎么面对你父亲？过了两年，陈母把手镯脱掉偿还债务，全家又贫又病。这样在陈父去世后，坚持了7年，终于科试士学第一，补县诸生第二。次年中举，再过一年会试23名，殿试三甲18名。

老师用这样活生生的事例激励力钧。力钧心知深意，不由得心底感愧，把举业也正式当成一件生涯中不可或缺的事业来追求。

九月里，在帮着校补姐夫陈声骏曾祖陈庚焕的《惕园全集》时，力钧就又有这种感慨。

陈庚焕是闽中大儒，举业身份上是一名岁贡生。晚年的时候被推选贤良方正，却坚持不接受。他与力燮大约是同时代人，少年时即承家学立志，以古贤儒操行敦笃。留下几十部渊博内容的著作，以及对经义考订等大量

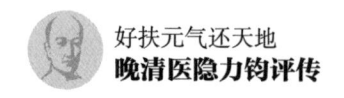

的著作，这些著作言以足志，文以足言。一生以教职终老，却备受学子尊崇。

在鳌峰坊的陈家小园里，看着堆在一起的近百本未刊的手稿，力钧与姐夫陈声骏闭门却客，翻开祖宗的旧手泽，焚香朗诵，掩卷沉吟。校到会意之处，力钧为先贤激叹而感慨。陈庚焕自叙作文，"吾为文章，盖百姓日用而不知者，此特其自道。道在人生日用之常，伦纪之昭列，事物之应接，庸言必信，庸行必谨，无所为奇且异也"。总在庸常的生活中，一点一点地撷拾、感悟，却处处体现了陆王学的致良知和知行合一。力钧感慨，他如果有功名在身，影响力应当更为广泛深远。

整理旧稿，让力钧有"抚前修而莫绍"的无力感和迷茫感，也有"予怀耿耿，溯去日而苦多"的惆怅。只能与姐夫互相安慰，不可荒芜岁月，以刘琨、祖逖相喻，慰勉闻鸡起舞，百炼成钢。

每每夜色阑珊，朱紫坊两岸灯红酒绿。而力钧却在一街之隔的寒室里攻读或作文。灯下，林氏和杨姑娘一边做女红，一边听着力钧在翻书、磨墨、吟诗、写字、作文，日子潺湲。

1885 年初度，算起来是要而立了。忽忽人生虽说没有荒度，但究竟没有成就感。既稼既穑，哪有不问收获的超脱呢？但是这个时代，没有举业成就，没有敲门砖，真的很难大有作为。

第四章　马江流亡

甲申易枢

1882年七夕，这是一个多情的日子。一早起来，林氏还煮了一锅五香蚕豆，家里准备要分送四邻结缘，婆婆蔡氏看她身子沉重，令她静养休息，自己到灶下烧煮了一顿。白天的时候，果然就有邻人上门送豆，婆媳俩就把自己的香豆回赠。品尝各家的不同配方做法煮的蚕豆，大家互相祝贺着，聊着天。到傍晚，林氏开始肚子疼了。家人连忙找了个稳婆为她助产。力钧待在院子里，谛听着，等着房间里婴儿诞生的动静。天色近暮，云卷云舒，纤云弄巧，往来于初上弦月的周遭。屋中一声婴儿啼哭的声音给院子里的家人带来一阵激动。稳婆出来，向他道喜，添了一位千金。

这个长女，力钧为她取名力织云。新生命的诞生为家里增添了一些喜气。

女婴粉嫩可爱，全家喜之不尽。尤其力钧的妹妹玉华、婉轩，成了姑姑了。还有杨姑娘，伺候林氏的同时，也不时逗弄着女孩子。

社会重男轻女表现尤甚，民众愚昧麻木，家庭如林纾《闽中新乐府》中的《水无情》所述冷血的事件为社会常态。刚出生的女儿"脐上胞衣血尚殷，眼前咫尺鬼门关"，为人父母思考的则是："女儿原是赔钱货，安知

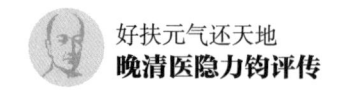

不做门楣贺。阿爷心计忧盐米,苦无家业贻兄弟。再费钱财制嫁衣,诸男娶女当何时""阿娘别有皱眉事,乳汁朝朝苦累伊""还要将来再费钱,何如下手此时先"……竟然狠心用盆清水,甚至是用马桶,溺死新生女儿!但力家不这样。前代既有祖姑力玉娟义姑之行,家中的女儿,分外地珍重养育,并教导以学。

家累日重,林氏又是家中长媳,每天俗务纠纷都由她处理。又添了一个女儿,原本自己身体素弱,呻吟床榻,苦痛不能诉诸别人分担,现在只有负担更重。力钧此时需要顶门立户,接过老父生活的重担。据学者研究,彼时在科举路上要中一个举人,需要普通人家相当于7个劳动力生产所得的资金才供应得上。而他从秀才走到举人还要经过近十年的努力才能最终实现。尽管实现时,他已不再把举业当作他的前行方向。

他设馆教学,又行医、贩盐,风尘仆仆,劳作不休,也还是不免于困乏。家中食指浩繁,生计日绌,力钧又常外出行医,无奈言别离,林氏虽然心疼却也没有办法厮守,这更增添了她的愁苦。

疲于奔命的两年,力钧的两个弟弟转眼也到了要投考的年纪,林氏因婆婆生病,也只得扶病侍奉,每次有医生来诊病,她总唯恐漏听医嘱细节,反复详问,然后一心一意依嘱而行,这样又把自己累得生病。好在这一年力钧辞了馆,相对在家时日多些,一家人亲亲和和,虽穷一点,也还是没有太大的风浪和波折,平静度日。

而国家却又一次因人事而大动荡。

光绪年间,外国列强加紧在华扩张。此时的欧洲,正经历物质主义一代,并受到民族主义和宗教狂热、资本主义以及社会达尔文主义的推动。英国、法国、德国、意大利和美国等国实现工业化,引发了对原料和市场的需求。日本和德国也加入了帝国主义的行列。对中国,列强个个是食指大动。觊觎是从中国的各个边疆和藩属国开始。北有俄国窥视新疆和东北,东有日本从19世纪70年代初,先是1871—1874年侵略台湾,继而灭琉球设冲绳，对朝鲜也意欲染指。西南部的朝贡国缅甸和越南，也被英、法有所图谋。

越南是清的藩属国。第二次鸦片战争中，法国侵略越南，意在印度支那建立远东据点，达到独占远东利益的目的。1882年春，法国第三次发动战争。越南国王阮福时强烈要求清朝出兵。

迫于国内舆论的压力，朝廷终于命令广西巡抚徐延旭兵出镇南关，配合黑旗军，又拨了一大笔军费。然而，前线战事非常糟糕。张佩纶、陈宝琛所荐的唐炯、徐延旭二位竟然临阵脱逃，当他们逃到昆明时，枢廷以失地论罪，将二人拿问。

1884年，法国步步进逼，先是攻克山西，又攻克北宁，占领太原。战事失利，保荐唐、徐的清流派和军机处受到了指责。接着，朝廷在主和派李鸿章的极力劝言之下，打算与法国和谈。

双方代表在上海谈判以解决争端，谈判未有结果。

主战派先是受到指责，舆论越来越升级，直到最后，竟演变成了"甲申易枢"的政坛大动荡，成为晚清一大政治事件，也改写了洋务派其后的走向，同时亦为甲午海战失败埋下了伏笔。

"甲申易枢"，很多人把它视为慈禧利用清流派之失误打击对手恭亲王的政治斗争结果。

同治末年，随着国内政局的相对稳定，高层分裂出"后党"和"新党"。

当年靠着恭亲王奕䜣的帮助，两宫皇后慈安与慈禧终于摆脱了"八王顾命"的政治危机，使同治皇帝顺利即位。朝廷上，两宫对奕䜣也多有倚赖。奕䜣是较有开明意识的，在"同治中兴"中做出了相当大的贡献。

同治朝开始，慈安、慈禧太后先是垂帘听政。慈禧本来就有极强权欲，一经尝到权力的好处，就紧紧抓住不肯放手。渐渐与恭亲王有了分野，暗地里，人们把恭王的人叫"新党"，主要是军机处的大员；把太后的人叫"后党"。光绪朝开始，因儿子被立为光绪皇帝的醇亲王也有了自己的势力，

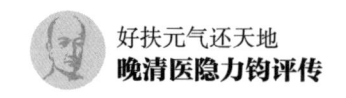

他的势力叫"醇邸之党",大致也归于后党之列。

"新党"的总代表是奕訢。他有理想有抱负,甚至被诛杀的顾命大臣肃顺看重、起用过的汉人重臣也成了他的追随者。在其主政下,平定了长达14年的太平天国起义,稳定了国家秩序。

政局稳定后,慈禧对恭亲王奕訢的态度由原来的合作者变成猜忌者:

早在道光选储时,六阿哥奕訢机敏能干,远远胜过诸皇子,也优于他的四阿哥奕詝(咸丰皇帝)。只是在最后一次的"考验"中,四阿哥的师傅杜受田授计,教他在那次皇家木兰围猎中,以母兽怀孕不忍伤为由不猎不杀,得到道光皇帝的赞许。奕詝的母亲孝全成皇后早死,与奕訢一同受抚于奕訢的母亲静贵妃。静贵妃在储位问题上为表示谦让也为咸丰加词,这才让奕訢失去机会。

四阿哥咸丰即位后,因为忌惮着奕訢,虽封六弟为军机大臣上行走,派充宗人府、阅兵大臣,但因细故,又生嫌隙,奕訢被解职,被冷藏了一段时间。

在咸丰逃往热河时,英法联军大败清兵于八里桥,直逼京师,咸丰这才起用恭亲王为钦差"便宜行事大臣"全权"督办和局"。

"督办和局"实际上是一件棘手的事。最后奕訢还是办成了。这次督办,也让他对西方有了直观的认识。他赏识洋人的工作精神、态度。

洋人对他也有很高的支持度。对外虽说倡洋务,朝廷上,他与清流党关系也不错。清流们以"李鸿藻为青牛头,张之洞、张佩纶为青牛角,用以触人,陈宝琛为青牛尾,宝廷为青牛鞭……其余牛皮牛毛甚多"。"清流之盛也,李文正公鸿藻实主之",李鸿藻是同治第一位帝师,又任吏部尚书、军机大臣,"皇帝乐从,诚不可或离左右""帝于诸师中最亲之"。这也是李鸿藻的底气之一。大乱初夷,群有致治之望。恭王与李鸿藻之间一直有着和谐的亲密关系,恭王多次称"李公爱我",李公门生故友广布中外,所以翰林们多与他有千丝万缕的关系。

作为"后党"的灵魂,其实慈禧是孤独的。她的队伍里起先有作为命运共同体的慈安太后,有一个受天命的儿子。她在垂帘听政中,一方面得到权力的快意,另一方面在参与决策朝政中,也得到了政治上的磨砺。现在,亲儿子皇帝去世多年,慈安也暴病去世。慈禧需要一股力量支持她的主张、用人、行政。恭王的声誉日隆,让她的垂帘感到一种威胁的存在,毕竟"垂帘听政"是违反祖制的权宜之计。

她的从政生涯至此,有过与奕訢联手成功的过往,也有过与奕訢两度交手的历史:在她第一次结束垂帘、还政给同治皇帝时,曾议修圆明园,却遭到了"新党"的一致反对。另外,她的亲信太监安德海,奉她的慈命出宫采办同治皇帝的婚礼用品,被一帮清流设计,以太监违反祖制出宫为由,在济南处死。以上种种,都让慈禧太后感到了卧榻之畔的他人鼾睡。

慈禧第一次利用谏言对付恭亲王,是垂帘第四年的一天,翰林蔡寿祺奏参曾国藩、李鸿章,认为他们都是恭王私党。因为这两人都在镇压捻军前线,慈禧留中这份奏折。过了十天,他又一次"风闻言事"(没有实锤的举报),弹劾恭亲王,"贪墨""骄盈""揽权""徇私","臣愚以为议政王若于此时引为己过,归政朝廷,退居藩邸,请别择懿亲议政,多任老成,参赞密勿,方可保全名位,永荷天眷"。

在得知蔡寿祺弹劾后,恭王没有立即谢罪,反而要对蔡寿祺加以逮问。慈禧大怒,亲笔写了一张错别字很多的懿旨,试图用迅雷不及掩耳之势,剥夺恭亲王的一切权利。

她的懿旨引起了大动荡,翰、詹、科、道和王公大臣纷纷为恭王不平。其中,御史孙翼谋(他就是后文中将提到的力钧至友孙葆瑨的父亲)直上一疏,他说:"今外难尚未尽平,民气尚未尽复,帑藏之度尚未尽裕,善后之事宜尚未尽筹。言用人,则是非议论,或无定评;言行政,则通变之权宜,非拘常例。诗曰:'发言盈庭,谁敢执其咎。'无一专任之人,此后之执咎者谁耶?"这是从国内国际形势的分析入手,说明处理奕䜣要极为慎重。他恳请对奕䜣"可否酌赏录用,以观后效"。"部院各大臣每日预备召见,而进趋不过片时,对答不过数语,即章疏敷奏,或亦未能率臆尽陈,寝假而左右近习,挟其私爱私憎,试其小忠小信,要结荣宠,荧惑圣聪,必至朝野之气中隔,上下之信不孚;或和光以取声名,或模棱以保富贵,虽深宫听政自有权衡,意外之虞万不致此,而其渐不可不防也!"直指慈禧太后要注意身边人干政与调唆。

其后,在包括惇亲王(道光皇帝在世的最大的儿子)、醇王(因为担心蔡氏所指的"另择懿亲议政"会让人误会是因为他要抢议政王之位职)在内的王公大臣的求情和解释下,恭亲王的罪名得到洗刷,又在众人的调解下,恭亲王无奈上了谢恩折(认错书),慈禧最后还是恢复了他的职务,但议政王的称号被剥夺了。

1884年,清在中法战后失去越南藩属国,全民皆切齿,开始目标还只是临阵脱逃的徐、唐二人,接着舆论攻击的目标就转向任命他们的军机处。从窃窃私语议论唐炯是张之洞的妻兄,徐延旭是鹿传霖的亲家,同时,鹿传霖又是张之洞的姐夫这种关系开始,继有御史正式向朝廷提出,当初推荐他们两个,从道员超擢破格提拔为藩司、巡抚级别,这种破格合不合体制?然后又被言论起底,唐、徐二人以前政声不好到了被人称"拼命扒钱"的地步,为什么得到提升?

前方的败绩作为理由,以左庶子盛昱劾枢臣迨职的奏折为引子,这是太后收拾恭亲王的好机会:1884年4月,吏部尚书、军机大臣李鸿藻,因提拔越法前线的统兵将领被劾,洋务新政的倡导者、支持者恭王奕䜣,当然也难逃责任。全体军机处人马罢黜下课,恭亲王被责令居家养病。班子成员宝廷原品休致,勒令退休,李鸿藻等降级使用。这三人都是朝廷20多年的重臣,一旦废置,毫不手软。

搞掉了这班人,换上一班人。这次慈禧找的盟友是醇亲王奕譞和李鸿章。奕譞是恭王的七弟。1874年同治去世，慈禧令奕譞的儿子载湉继承大统，成为光绪皇帝。十年时间，太后看准了奕譞是个谨小慎微的驯服之人，绝不像奕䜣那样有胆识、有主意。当慈禧宣布这一消息时，因各种复杂的感情，奕譞哭倒在朝廷之上。当天夜里，奕譞的儿子载湉犹在睡梦之中时，被抱入皇宫，成了姨妈兼伯母的儿子。

醇亲王奕譞是光绪皇帝的父亲，同时他还是慈禧的妹夫。当奕䜣为执政王时，虽然奕譞有羡慕妒忌，但才能与威望都不足与之匹敌。到光绪上位，奕譞的势力开始增长，趋附在他身边的人也越来越多。但他是光绪皇帝的父亲，按制要有所回避。因此，由礼王世铎主持军机，庆郡王奕劻主持总理衙门，但要向醇亲王请示汇报

这次权力更替，史称"甲申易枢"，时人讥讽"易中枢以驽马，代芦服以柴胡"，以喻新进王公的庸劣。恭亲王被罢，奕譞因为自己是光绪的父亲，作为太上皇要避嫌，不能直接进入军机枢府秉政，遂援引了自己小时候的蒙师孙毓汶为军机大臣。"醇党多小人，稍通贿赂"，新军机的人员，在识见、威望、能力和人品上远不及原军机处。他们不知国际事务，不懂国内政情。只知道对太后唯命是从。从辛酉政变到甲申易枢，太后专权统治确立。

法越之战，是中法战争的前一阶段，结局就是：在国际上，中国失去了对越南的宗主权。法国开始了对越南的殖民。1884年初夏时，中法战争从西南战场转移到中国东南，从陆路移到海路。

此时的我们依然看不到政局变动与草野小民力钧有任何可以关联之处。但历史在"甲申易枢"后安排了醇王和庆王上位，直至后来庆王取代了恭王的位置。若干年之后，在因缘际会间，力钧又因为得到庆王的赏识而有了其后一系列新的传奇。

至于那个瘦小的、半夜被抱进皇宫的孩子载湉，大家都称他为光绪皇帝，其后一生在惊悸中长大。若干年后，力钧为他治疗，甚至在他去世后，

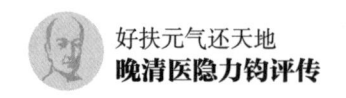

参与了他的陵墓建设。在一些遗老苦苦不能相忘光绪皇帝之时，隐在民间农舍花田中的力钧，为他写下了《崇陵病案》。这是什么样的机缘啊！

马江海战

军机王大臣全部换人，恭王也被踢出局。清流们的日子起先似乎并不受影响。陈宝琛与张佩纶向来言事激昂，张佩纶甚至用"阋墙外御"的话当面讽刺新上位的醇亲王奕譞。即使这样大胆冒犯，他们三位还是被分别外派去了南北洋和福建任海疆的会办。陈宝琛派去会办南洋事宜，此时，南洋大臣、两江总督是曾国荃，吴大澂会办北洋事宜，北洋大臣、直隶总督是李鸿章。36岁的张佩纶也派出去，以三品卿衔会办福建海疆事宜，闽浙总督是何璟。

这样明面上对这三个清流而言是一种升迁。从朝廷中枢指派各省，有时候是求之不得的，有时候就是一种贬斥。他们并非没有这种敏感。

福建海疆事宜主要集中在马江。闽江穿越城市分流开叉成白龙江和乌龙江，又在马江合汇入海，至入海口一段，称马江，又叫马尾，为入东海的咽喉。马江两岸重山夹峙，江流与海潮冲击其下，怒涛和江帆并时而起伏。如明人谢在杭所咏的：孤舟出海门，豁然乾坤白。浪花三千尺，石马不可见。

自林则徐起，清朝将领就在两岸险要处设置了炮台。江中心一座小山，山中建塔，叫罗星塔，又名中国塔，是国际航标。这里港阔水深，可泊巨舰，建有著名的马尾港，距离省城福州仅百里，又是福建的重要屏障，有重要战略地位。

贯穿整个越法战争，清政府一直处于是战是和的纠结中，这种情绪一直延续到马江海战爆发。

第四章 马江流亡

法国一边谈判，一边将它在中国和越南的舰队合成远东舰队，到台湾海峡后分成两路，一路于闰五月二十二，法国船舰入马江；一路于六月十五，进犯台湾基隆，轰损炮台四座。

此时，闽省和马尾船政主政的人员，除了闽浙总督何璟外，还有督办船政何如璋、福建巡抚张兆栋、福州将军穆图善。这一个多月里，这些督抚们很乐意地把张佩纶推在前头，故意抬举张佩纶，张佩纶的资历其实远远不及这几位封疆大吏。但是每次议事，大家都恭敬地称他为"幼翁"，会议中都让他坐主位，决策上也由他主持大事。做惯了指点别人的御史台人物，踌躇满志的张佩纶也坦然受之，不以为有什么不对劲。

法军军舰在孤拔的率领下进入了马江军港时，张佩纶立即发电请示，指法人实有占据要害、先发制人之意。请求朝廷决意，请于机先预授机宜，并称马江船政军可以首尾相击，水陆并举，较为得计。

收到他的请示，清廷明明知道法军军舰来者不善，但还是严令福建水师"不准先行开炮，违者虽胜也斩"。"彼若不动，我亦不发"。在这样的命令之下，福建水师官兵只能眼睁睁看着法国军舰做好各种战斗准备。军机处一方面不同意我方先发制人，另一方面又训令张佩纶"法人如有蠢动，即行攻击"，不可放法舰出闽江。

中法两军这样的对峙僵持了一个多月。这一个多月里，入港的法舰从2艘到5艘，再到11艘，还有10艘悬挂其他国旗的船舰，实际上也是法舰。我方虽不知，但日增日多的法舰这样气势汹汹而来，谁都看出来战事已经引弦待发了。

从法舰入港后，大家似乎都在等待和谈，又似乎在等待第一声炮响。特别是两岸的居民，他们并不相信来自政府的自信，他们有这种预感。很多居民已经开始纷纷逃离。

力钧正在备考这一科的举业，但无论如何，战氛所造成的困扰挥之不去。身在战区之中，哪里有一张安静的书桌安放？他不时受到这种消息和传闻的刺激与干扰。在与同学作诗聚会中他毫无兴趣，同学间谈起的话题或者时事的动向，都让这个青年学子焦虑。

到六月二十一日他去杨桥巷的书局看书，一位同学过来招呼他，并且带给他一条街头新闻，说是在来的路上看见一大群乡民向总督衙门而去。从他们的穿着、肤色和神情，一眼望去，便知是乡民。打听一下，果然是马江下游三十里的尚干乡民。尚干乡众聚集数万人，要上书何璟请战。

"请战书由万人签字，派了精壮能说的代表来城里上书"，同学说，"我倒是早听说不会打，朝廷有和议的想法"。

"这要开战了，对尚干乡民来说，是家门口的侵略。"同学说，"只怕省里想的跟我们百姓不一样。通常官员们会安抚一下他们的情绪，应该也不会出什么乱子吧"。尚干乡民们一向以强悍精勇著称，家里常常备有军器火药、鸟枪巨炮，又精通武艺，不怕死。往常的日子乡民也有聚众斗殴，死了人也不报官，官也不过问。

力钧瞧完了书，又买了几本闽墨纸张，回家路上，却遇上这些怒气冲冲的乡民。

原来，这些乡民只三人被允许进了督府。向书办上递了请愿书后，三人当场表示乡民愿意自备粮食，跟法国人打。如果有杀死法人，到时候，官府再给奖赏。何制军没有露面，他的书办看完了请愿书向他报告以后，他就非常生气。本来已交代让书办处理，此时他想想又怕书办说话没有杀气，就出来见面。

见了面不是大家想象中和颜悦色的安抚和鼓励。只见何璟拍桌大怒，把请愿书扔在地上，指骂一顿，并扬言要派官兵下乡镇压。还当场指令书办发告示，要乡民不得乱动，谁要是与法人厮杀，将以军法处置。说完这些怒气冲冲地回到内衙去了。

满怀激情想助政府一臂之力的乡民们被痛骂一顿，觉得十分窝囊。这个态度是他们事先没有想到的，因此一时不知怎么应答。只得怀着明月照沟渠的无趣和满肚子的怒气走了。走在路上又商议，何璟既不许他们战，他们就去马江找船政会办的张佩纶，总有一个头脑清楚的官员吧。

眼见尚干乡民匆匆而行，力钧心中百感交集，自己深为一介书生感到无力。到了晚间，却陆陆续续听说，张佩纶倒是好颜色地接见了他们，却不知道该如何处置，因此既不拒绝他们，也不同意他们的做法。

六月三十，台风来了。福州城内外狂风烈雨，倾盆而下，马江上更是江水和海水颠涌，怒涛百尺。过往船只都避进港湾。

趁着台风天，法军头领孤拔向闽省总督行辕下了一封战书。而总督何璟早听说了孤拔病重的谣言，行辕人员又不懂西文，所以这封信连拆都没拆开。

七月初三，洋务局一位官员听说洋人送了信到督署来，而连日里督署毫无动静，心中诧异，趁着一件公事来督署之机，请求看一下这封来信。一看之下，才知是法军下的战书，决战时间定在七月初三中午。

听到洋务局官员所翻译的内容，督署顿时大乱。好在幕僚不少，很快镇静下来，并出了一个主意：派出翻译向法军要求延期交战。于是派了译事人员和洋务人员等急急登船驰赴法军战船请求推迟。

台风已持续了两天。早晨，法舰就挂出信号旗，表明在中午开战，并知会远近江面的各国商船和兵舰回避。有人看见，在当时清军水师的船上，水手们还在甲板上谈笑如故。

近午的江面上，有船从清军营中向法军驰去。这是张佩纶找的翻译向法军再次请求延期开战的船。当张佩纶接到洋务局从督署得到开战的消息时，立即找到船政毕业的、留法学习造船的工程师魏瀚，命他立即乘船向法国方斡旋，再次要求延期交战。但显然已经来不及了，法人拒绝延期。

未刻初（下午 1 点到 3 点），准确时间是 1 点 56 分，停泊在闽江的法军舰"窝尔达"发出第一发炮弹，落在中国军舰中。清军船舰大小 11 艘与战，实际上或能开数炮，或不开炮，逃者逃，走者走，被法军击沉 9 艘。

85

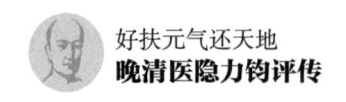

其中最大的为扬武舰。船政门首有巨炮四尊,只开两炮,开炮的士兵就散走了。

半个小时之内,战争胜负已决。

这一战管驾官死难4人,兵亡600多人,中国已败。四人分别是"振威号"管驾许寿山、"福星号"管驾陈英、"福胜号"管驾叶琛和"建胜号"管驾林森林。"四个管驾都是福州世家读书子弟。唯其读书明大义,故能见危受命如此。"他们都是马尾船政学堂毕业的精英。海军将士,由马尾船政毕业参战的有25人,阵亡殉国18人。在战前,他们都写下遗书,如"男儿食禄,当以死报。今日之事,有进无退"。碧血千秋,忠昭华夏。

法炮继续轰击船政局,一直到中宵才停止。船政局的造船设备以及技术,都是从法国引进的。早年开设船政局,法国人充当洋教员,自然对船政局情况十分了解。

自从法舰入港,警觉的马尾村民就开始逃亡,恐慌的情绪蔓延到城里。有消息的士绅都相继离开城市,寻找安全托身之处。战争打响后,普通人家也开始得到消息,或往西逃,或往南逃。万一法军真的打进城,普通百姓也不能幸免被劫掠搜刮甚至凌辱。

力钧一家也全家避难入山——他们去的方向是祖先坟茔埋藏的洪塘。那里是闽江上游的拐折处,交通很便利。

初七,力钧所乘小舟,从水流湾放船上溯,往洪山桥驶去。在洪塘那里,他们有祖坟和祭地,洪塘附近的妙峰山等也是避险的去处。

在西门,他们上岸时看到城门外张贴着画图。这是当地人以洋布绘各官图,悬钉在城内外。一张是何璟,左手执高王经,右手擎洋药一盒;一张是某中丞右手批阅墨卷,左手挽绳一条;一张是布政使身倚银库;一张是盐道,左提爱妾右抱幼子;一张是粮道,身坐仓库中;一张是福州将军穆图善执着一个法人要杀,边上何璟跪求勿杀,张兆栋在一旁怒目而视……闽人最恨的是何璟,军事上不做预备,所筑炮台又不固,百姓请战又不许，认为他一定是私通法人。

舟行到洪山桥时，停舟入桥侧的一肆店中吃饭，步行过康亲王祠，祠前石坊峨峨，上有题额"孝贞节烈"，旁边还勒着对联：帝有恩言，勒之贞石，示亿万祀；国所矜式，号曰礼宗，凡五千人。云云。

又上船，当时薄霭欲作，江声含凄，乘流而上，过黄店，到小金山。江水如碧，夹岸远如黛，近山或赭或翠，杂以荔树绿荫，江有小舟如黑豆，大夏天竟然萧寥荒迥，四顾紫烟。扬帆中流，旗山摩空苍凝。可以见到空江之上小寺伶仃，一塔孤耸。

船上有同行避难的人，指着小金山，兀然说起这里曾经是明代都御史张经的读书之处。当年张经专讨倭寇，选将练兵，为捣巢计，与阉党赵文华不协，赵劾张经糜饷殃民，畏敌失机，诏逮张经，论死。天下人冤之。后在隆庆年间张经才追复原官。

七月初七晚，力钧停驻竹岐。三舅父蔡虚舟也护送一家来到竹岐。蔡舅有很多好友在船政，又带来很多消息。他告诉力鼎三，福建巡抚张兆栋还算有点良心。在二十日确知法军已开衅基隆的消息时，他曾告诉何璟，若不先发制人，将受制于法军，何璟却百般阻挠。

蔡舅提及，在南洋任会办的陈宝琛，闰五月底，他请假回乡为祖父去世守制，母亲又生病，所以待在乡间。陈与张佩纶为世交，螺洲离马尾也不远，他与张佩纶保持着密切联系。陈宝琛也深深忧虑法舰入港，他的幕客董元亮（后为力钧儿女亲家）建议借北洋兵舰，会合南洋舰队，乘法人率舰闯出闽口，与闽省陆军内外合击之，可期取胜。但陈宝琛发出两张电文，如石沉海底，都没有得到南、北洋主持者曾国荃和李鸿章的一纸回复。

夜深了，奔波一天的家人大都沉沉睡去，小女儿才2岁，因舟船颠簸，啼哭不已。力钧抬望屋外，江上空阔开朗，新月如钩，白日的茫然以及无尽的喧嚣随着夜色的降临都归于沉寂，但心灵与思绪是不能平息的。

这也是他人生第一次感受到逃亡的滋味，他对时局的了解，对百姓渺小的努力生存又有一番新的理解。医人，可以治一个人两个人，或者是百人千人；医国，才是万人敌。国家之疾患已深，但真的没有疗治的办法吗？作为一个小秀才思考这些，他自知可笑，即便有方有药，谁肯听你的？他曾听说过有个名医，年轻时就有很好的医术，但是名声不大，尽管他爱给人看病，而且看的病是很准的，甚至会主动为病人家去药店抓药，熬好，让病人喝，但总有一些人不愿意接受治疗，或者更愿意接受完全不同的治疗，结果贻误病情造成不可挽回之局。这位名医苦心孤诣，却无人识得，直到他晚年有机会为某些王公大人治病，才得以成名，才得到认可，这时候他才能说出年轻时期的委屈，别人也才能理解他的医者仁心。名位，或许是不重要的，但是没有名位，就没有办法实现自己的理想。

然而有了名位，真的可以疗国吗？像张佩纶、陈宝琛这样，已经身居高位，在各种掣肘之下一样也是无能为力。中国历史往来这么多清流浊流，对外交涉或强硬或软弱，在这样纷扰的时局中真正能裨补国事吗？

因为避乱，这一年下半年，力钧在苦难中自我安求，受洪塘乡一家王姓人家邀聘，留在王家教书。这里离城远，所谓"田家桑麻鸡犬皆仙，始知人间真有桃源也"，正是在历经奔波惊魂初定时的感觉。

教习生活不废苦读，力钧还继续他的辑书和注书生活。主人不俗，偶尔也能谈起世事与一点诗书。

村里不时传来消息。有进城的乡民告诉他们，法军曾经也有小部队进入城中，但是很快被劝阻了。在村里时有看到牧童玩戏，他们还拍手唱着俚语小调：福州真没福，法人原无法。两何没奈何，两张没主张。制台不要头，抚台不要脚（言一个拜佛磕头，一个跑腿问消息）……童言无忌，让人怅然。

马江海战，使力钧亲身感受到国家染病的切肤之痛。

也因马江海战，陈宝琛由枢臣成了乡绅，在乡间蛰居20年。

力钧后来得以与这位乡绅的领袖过从。无论是后文中提及弹劾过张佩纶的潘炳年，还是孙葆瑨、王仁东以及王仁堪的儿子王孝绳，以及在南台大桥头拦住左宗棠大轿的林纾，他们将一起在福建教育实践中得到共事的机会，并缔结了终生的深厚友情。这是后话。

左侯化龙

在李鸿章与法人签订和约的同时，左宗棠上《时务说帖》，力劝开战，并表示要亲自去战场领兵作战。此时，左宗棠成了朝廷主持军事的第一人选。朝廷遂命左宗棠为钦差，督办福建军务，同时令他查明海战的真相和各位官员的真实表现。福州将军穆图善、漕运总督杨昌濬帮办军务。下令张佩纶以会办署船政大臣，革三品卿衔，交部议处。令何如璋来京、何璟即行革职，张兆栋交部严议。

左宗棠于1884年9月15日离京，旱路水路换了几次，先到了福建闽江上游的水口，团练大臣林寿图带领福州首县及水口所属的德化县令前来迎接。彼此都是熟人，左宗棠见到他，此时只有感慨：颖叔，当年我参劾你而罢职，现在你奔走几百里从福州跑来迎接我，真是路遥知马力啊！——林寿图在江西时因为筹饷问题与左宗棠有过矛盾，以至于被劾去职。

林寿图回答：其实我也并不想来的。

众人都瞪眼屏息。知道他们曾经有过节的更是深深为他捏了一把汗。

"可是福州百姓盼大人来，如同孤儿盼父母。我是为百姓来的。"林寿图的转折一下让大家放了心，"马江一役之后，百姓流离，日夜提心吊胆，担心法夷上岸攻城。一户人家后院里树有木头劈柴，一天柴垛突然倒下来，这家人以为炮响，全家裸足而奔，引得四邻惶惶。朝廷明发上谕，说左大人前来督办，福州人奔走相告，翘首以待。是以，下官私情上有憾于大人当日之无情，公义上诚盼左大人早日驾临。"

这一番不亢不卑、明恨暗赞的言语，令左宗棠乐得直拍林寿图的肩膀："还像以前一样，不饶人的嘴。"

说说笑笑间，于12月14日抵达洪山桥。接官亭里早已有穆图善带着司道官员等候迎接了。

此时的左宗棠已是白发白须。与20年前不同的是，除了黑发已苍，他还穿着一身黄马褂，这身亮黄，让他格外精神。

路面两侧，原是要回避的。但由于左宗棠的宽容，并未驱赶人群。路边百姓聚着无数，街坊的店铺家家燃香、放炮、磕头。有人在议论"今亮"（左宗棠自称）的经纬大才来闽，洵全闽之福也。他听不见，但他看见了无数热切的目光，激动的和表示欢迎的笑脸，含着一种期盼。这种眼光他在各地都看见过，他明白他们的意思。

对于左宗棠而言，重回福州也是一段百感交集的经历。

——时间过得这么快啊，只差一天，就是他20年前第一次进入福建追歼最后一批太平军的日子。

继而在18年前，他心怀宏愿，要建立一支中国的海军，要把福州建设成一个大型造船中心，如今他规划的大业远未完成，又遭大劫，福州船政局已几成废墟。那是他谋创的海军、造船厂，他在西北征战的那些年里，一直关注着这里的进展。这件事，他谈了18年，写了几百份奏章，而中国海军的现状，还是和太平天国灭亡时一样，多年的努力付之流水。徒劳，也许会压垮很多人，但压不倒左宗棠。尽忠职守本身就是目的，与后来的事情成败无关。所以他也能找到慰藉。

一阵喧哗打断了他的回想和联想。

他拉开轿帘子，看见一群他的恪靖士兵们围住了几个读书人模样的青年。他的老眼不那么管用了，他的耳朵听力也不好，只看见他们激动的身形轮廓，似乎是有难遏的愤慨，也听不见他们说什么。

他的士兵呵斥开群众，不让这些青年走到左大人跟前。但他示意了一下，下属就把这些人带到一边听他们细说。原来这几个人，就是致用书院的学生林纾和他的同学周长庚等人。是来请求查办当初谎报军情、掩盖损失的军务官员。

次日，他就登舰沿江巡视。在长门炮台时，一艘法舰向海口驶来。左宗棠让守军放它进来。法舰走得犹疑，有试探之意。等它到了长门山下，左宗棠下令："娃子们，拿出本事给我打！"法舰突遇大炮，猝不及防，掉头就跑。

左宗棠对炮台官兵说："夷人也不是三头六臂。阿古柏、俄国人，他们都爱打，打就要打怕他。他要打，你不敢，他就更欺你；他要打，你敢打，他就怕你。有左某在福州，以后有法舰来，你们开炮就是。左某负这个责。"

其后，他安排军伍驻扎各个要口，如长门、金牌、连江、东岱、梅花等处。又根据地形，在闽江口上竖立铁桩，用铁索拦江连接，而铁索沉没于江中，前后有机器拖带，只许本国船只通过，吩咐法船进口，即拉起铁索拦截，令穆图善坐镇于此。择了林浦、魁岐等处，垒石填塞，建了炮台。经此布置，海防力量得到增强。

连续奔波十几天，加上之前长途跋涉，左宗棠头晕犯病了。在众人劝说下，只得在署中安静休养。但哪能安静呢？

这之后，孤拔又在台湾采取了规模有限的行动，却没占到什么便宜。法国陆军在东京湾周边地区跟人数相对占优的黑旗军和清朝正规军打了几次仗，反倒还吃了亏。清朝和法国的战争就这么持续着。后来，其他西方国家的在华商人终于坐不住了，因为战争毕竟给他们造成了巨大的损失。这些人纷纷通过各自的渠道给战争双方施加压力，要求恢复和平。

于是，东京湾周边的战火还在燃烧，清朝和法国的代表却在海关总税务司罗伯特·赫德爵士的斡旋下开始了谈判。1885年6月，李鸿章和法国

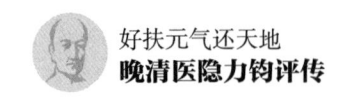

代表签订《中法新约》。清朝实际承认法国对越南的保护权。

其后不久，在闽的左宗棠要求批准他回乡探亲养病，但他最终没能启程。这一程来闽，除了守海疆，左宗棠负有另一项重大的责任是调查马江海战失败的功过。这也是那几个学生拦路的原因。经过调查和权衡，左宗棠的调查终于完成了。查奏到京后，谕旨下来：张佩纶着发往军台效力赎罪，何如璋从重发往军台效力赎罪……同时，朝廷因为接到太多的弹劾船政高级官员的奏折，也看穿了左宗棠、杨昌濬"奏覆语多含糊，于张佩纶等处分，意存袒护开脱"，对左宗棠"着传旨申饬"。

左宗棠埋头整理他的恩人林则徐的部分书稿，并不在意于朝廷的贬褒。

1885年9月5日晚上的一阵雷鸣声中，福州南门的城墙坍塌了一角。有人看见一条飞龙从城墙处先飞到北门，环绕一周后，从皇华馆上空上天去。同时，左侯薨逝的消息从福州城北门的皇华馆钦差行辕中传出。

北京接到噩耗后，加恩追赠太傅，照大学士例赐恤谥文襄，入祀昭忠祠、贤良祠，于原籍和立功省建专祠，政绩宣付史馆……

这个月聚集在一起的文会文课，每每话题总是要推论到左侯。谈到这位身无半亩心忧天下的左公，必又与曾国藩的功业做一番比较。他们皆起于国家动荡之际，学生们算是亲眼所见那样一个人，使他们相信"书生典兵"也并非都是纸上传说。

第五章　致用书院

瑞华添香

避乱后回到福州，又开始埋头读书和授徒的生涯。林氏又生下一个女儿，取名力绣纹。年且而立，膝下依然没有儿子。林氏的身体不好，里外亲戚应酬，带两个小女孩，和杨姑娘做家务，白天忙了一天，晚上哄孩子睡下，她甚至晚上抽点空，还能在煤油灯下做些针线活，糊一些火柴盒子补贴家用。

力钧也是睁眼伊始，就要面对一大摊家庭琐事，还有各种应酬。有时读书刚刚进入状态，又会被唤去做事。诸葛武侯说，非静无以成学。可是怎么静？力钧心中很是苦恼。把这番心思在林氏面前讲了，林氏也很自忍，同意他去找个僻静之处读书。已长成健壮能干模样的杨姑娘把力钧视为长兄，听到他的想法，也极力表示在家中会多照顾林氏，让他腾出时间专心致志去攻读。

新的一年开始时，林氏又生病了。一天晚上母亲走进书房与他商量，考虑力钧膝下还没男孩，要把杨姑娘纳为妾室，这种考虑也基于杨姑娘现在已经20岁，到了婚龄。作为丫头，这个年龄主人也必须为她寻一个丈夫。在家中已经共同生活这么久，猛然要把她嫁出去或者卖出去，母亲觉得还不如纳她为偏室。

母亲告诉他这件事已经跟林氏商量过了,她没有反对。问杨姑娘,她只低着头不说话,看起来也是愿意的。

力钧是看着杨姑娘长大的,他比她大16岁,当年当铺老板把她送上门时,那双滴溜溜的眼睛流露的灵气他还记得。刚来时有时候淘气,也会学自己的小妹悄悄在身后捂住他的双眼,笑声咯咯的。在蔡氏的教导下,性格又温柔又坚强,凡是家里的大小事情,也总是照应得很好。尤其是这一两年,长得也如同一朵要盛开的花,身材修长苗条,有时候在他身边走过,不期然有一股香气,让他一时心乱意迷。尽管约之以礼,他其实对杨姑娘也有一些绮思。

两好相凑,按照一定的礼数,两人成婚了。新婚蜜语,絮絮说起旧事,特别是杨氏记忆中最深远的童年,越发缠绵。想到杨姑娘的身世,从6岁开始依附力家,无父无母,力钧对她越发怜惜,为她取了个名字叫瑞华。这一天是三月十五,财神爷的诞辰,力钧以为,杨氏既然不知自己生日,建议她不妨把婚礼这天视同生日,以后,年年按此初度庆生。多情的安排,让杨氏立即含笑应允。

1885年力钧参加秋试落榜。但他考入了此时省城著名的致用书院,在书院8年,他陶冶经业,终于在小学及经史上得到若干成就。更神奇的是,若干年后,书院随着时代的前行或跌宕而没落,而他,将在书院旧址上,与同人们建起一座新式学堂,并使之成为近代福建教育史上的一座丰碑。

西湖书院

中国的书院,早在汉唐时期就已出现。彼时的书院基本上是名人学者的书斋,或为"修书之地"。宋、明时的书院,也基本上是学者官员们聚众讲授、研究学问的会所，并不是为应试考试所敷设，不承担应试教育功能。

宋以来，很多家书院是因为朱熹而得名的，朱熹讲学的内容，主要是对儒家经典和程（程颐、程颢）周（周敦颐）以及张（张载）的学说的理解与发挥。讲学的主要目的并不是为了应试，而是培养人的道德水平，是使人成为"圣贤"——他编辑《礼记》中的文字，而《大学》的首篇开宗明义：大学之道，在明明德，在亲民，在止于至善。而如岳麓书院的张栻，白鹿洞书院的陆九渊，东林书院的高攀龙、顾宪成等人的讲学，也是以品评政策及经学学术思想研讨为主要内容。

至清朝，鉴于明代东林书院的议政引发朝廷大动荡，书院被政府纳入官方教育体系，成为官家的学校，书院承担了部分教育职责——它们的开办经费除了部分政府拨款，多是富人或学者、官员的筹款。书院成为官方学校的一部分、教育机构的构成部分。从此，它主要执行的是科举考试的"辅导班"功能，协助各级官学办好举业大计。

19世纪中期之前半官方的书院就已遍布全国。太平天国起义期间，大量书院、藏书楼遭到洗劫。

为了能够保住国家和文脉，学者们投笔从戎的例子不在少数。例如，曾国藩、李鸿章、左宗棠、沈葆桢、龚易图等莫不如此。

太平天国起义被镇压后，重建国家急需人才。一些汉臣名宦，如曾国藩、左宗棠因军功开始有了一些建议权。曾国藩提出"行政之要，首在得人"，这是要德才兼备之人。左宗棠提出了发展公共道德，需要人才，为了造就人才，需要学校。甚至有御史提出：虽然旗人面临许多困难，但读书比衣食更重要。

这些认识得到政府的支持，在战火纷飞中一度沉寂的书院，在同治年间，在政府的指挥棒之下，得到前所未有之普及。这种强烈的反弹，给今天留下极为丰富的史料。

1873年的一天，福州会城西关外的西湖晴空一碧，春光潋滟，杨柳

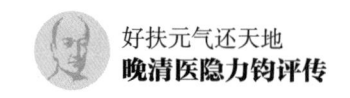

婆娑水间，沿湖滨一群官员拥簇着走向一处旧书院。这个旧书院，是建于康熙年间的西湖书院，更早以前，是个"淫祠"——供祭妖巫之党安塑的三四辈小神、土偶。当时的知府迟维城把土偶另埋，在这里设了朱子祠。又经过一个多世纪，这座书院殿宇颓圮，基址仅存。

走在前列正中的官员是福建巡抚王凯泰。随行的有张启煊观察、赵均太守，还有丁忧在乡的山西官员林寿图等。王凯泰指着一片大好西湖："我老家在宝应，东边有射阳湖，西边有白马湖。现在又到福州西湖，这里可是辛稼轩所谓'烟雨偏宜晴更好，约略西子未嫁'的三山西湖。大概我是跟湖有缘吧！"众官员纷纷凑趣随着笑起来。"我看你们找的这个地儿好，又伴湖，又靠近繁华，又远离尘嚣，场地也够敞亮，很适合读书讲学。"

"要修墙，大门里，右侧设个亭，左侧建屋让院西居守。规制上，中为讲堂，后为文昌阁，阁里还是设祀朱子的。院子左立书屋，右立山长院吧。书斋规划20间……"王凯泰兴致很高，他拉着张启煊和赵均，说让他俩负责完成这个修整工程。"我们抚署的致用堂实在是地方小，每月一课，学子都挤得满满当当，这里修好了，他们学习环境就大大改善了，闽省的文运又会大兴的。"

人群中的林寿图长得短小精干，双目炯炯有神。在众声随附中，林寿图的建议是增筑藏书楼，添两个景点，一处叫望湖亭，一处叫景贤堂，并得到了巡抚的认可。他在北京时与王凯泰就颇有交往，两人互相倾慕对方的学问、人品。

大家也纷纷回应，大赞巡抚关心教育，"辛未年仲夏，大人设的致用堂，虽然只是在抚署的一处，因陋就简，这么两年下来，又费尽心思筹议经费，让优秀学子都有膏火享受，真是为闽地人才造福！"

的确，王凯泰关心教育，不是从这一刻开始的。他也是读书出身，50岁的人生中，曾从曾国藩入幕，但对教育却深怀感情。

王凯泰（1823—1875），江苏宝应人。14岁开始应江南省试，直至

1850年成为进士。其中1845年参加顺天乡试，原来拟定他的卷子为"南卷第一"，发榜时移置为"江南第二"。会试时原来拟定为第一名，过了几天发榜却又变成第二名，非常令他遗憾。他的家族有个状元：他的五世伯祖王式丹，号楼村，曾久困名场，年五十九，是康熙年间的会元及状元，为殿撰。楼村伯祖在家中曾筑十三本梅花书屋，与名卿耆宿、渊雅博洽之士唱和，是当时的坛坫雅事。这种名满天下的"元"，王凯泰是向往的。他曾感叹"科名自是三生定"，但自己错失南元、会元、状元的遗憾，他还是在各种机会中找补。自己没当成"元"，在他有机会管理地方教育的时候，他总是想用顶好的师资、环境、条件来培养当地人才。当不成状元，当状元的恩师也是好的呀！

1870年，任广东布政使的王凯泰，在越秀山上选址菊坡书院旁，开办"应元书院"。书院落成时，他就去应元宫求签，得了一个"柳汁染衣"上上签，签的典故是唐书生李固言应试科考前因被柳树神用柳汁染过衣而中状元的传奇。

应元书院第二年就迎来会试之年，不负所望，书院中了9名进士，5位入翰林，而最让王凯泰高兴的是，其中的梁耀枢在廷试中获第一，成了举国瞩目的状元。

梁耀枢中状元的成绩公之于世时，王凯泰已调任福建巡抚。

王凯泰担任福建巡抚，在历史上得到的评价是"多善政，尤以教士为首务"。这与他倡办西湖—致用书院有最要紧的关系。

王凯泰莅闽后发现，福建书院共有470所以上。每个县甚至一些大村落几乎都有书院的存在。如同大多数书院一样，福建的各书院除一部分仍保持教学与切磋学术外，多数成为附庸，以学习八股文写作为主课。

省会福州的书院也不少，其中有三个书院为全省性的。1707年，康熙年间理学家张伯行为复兴闽学而成立的鳌峰书院最为著名，其次为凤池书院、正谊书院。其中，鳌峰书院和凤池书院是课生员及童生，正谊书院是课举人贡士的。

存续198年的鳌峰书院中，诞生了大学者理学家如蔡世远、孟超然、郑光策等，政治家如林则徐等，学问家如陈寿祺、梁章钜等，以及"清初四子"之一的诗人张际亮等。再世俗一点的数据如中进士250多人，举人1300多个……堪称"海峤文薮"。

凤池书院创办于1817年，由当时的闽浙总督汪志伊、盐法道孙尔准所立。正谊书院则是闽浙总督左宗棠于1866年所创办。其意取汉董仲舒语："正其谊不谋其利，明其道不计其功。"

这三大书院课士以八股为主，五言试帖和词赋为辅，基本为科名服务。至于经史致用之书罕有过问。王凯泰经考察，以为闽省原有的三书院虽然规划井井，程试多方，然而还没有专门研究经史的书院。他的主意是集合全省优秀分子，专精讲肄，使成为明体达用人才，以备国家之用。

为"补救时艺之偏"，改变"唯科举功名是从"的教育风气，王凯泰上奏朝廷，参照浙江诂经精舍、广东广州学海堂的规制，取"学以致用"和"能经致用"之义作为宗旨，在闽设立一所专习经史、古文的书院，以达到推崇实学、振兴文教、培养学问名家的目的。

一时没有经费，打造一所理想的办学院舍也费踌躇，王凯泰先在抚署里设了"致用堂"，"月立一课""专考经史"。每月招集生员士子考一次功课。以前福建省里仿学两淮、广东的做法，筹有专款用来生息，以津贴闽省科甲出身的都门旅费，后来用途停止。王凯泰就将此款移作书院之用。他将所提存款银两万两，交给新泰厚、阜康两家银号，各一万两，按月行息一分。闰月照加，这样，每年可得息银二千四百两，闰年得二千六百两。由布政使钩稽存案，分别核查，永为致用堂经费，并订定书院章程，以垂永远。

西湖书院观址定址之后，领导重视，很快粉刷一新搬入新舍。

七月诸事初备。新书院仍然命名为旧称西湖书院。

书院内，正中榜以"致用"二字（鳌峰书院四斋中一名致用，现在取以名学院，以表明设院宗旨，在于养成有用人才）。大门上王凯泰署写对联："览胜溯前游，惯向长湖看柳色；传家留故事，又从福地种梅花。"书院内部构造和应元书院一样，院子中间为讲堂，后为文昌阁，左为书屋，这是书院的藏书室所在。上悬"十三本梅花书屋"门额，门额的字是林寿图题写的。书屋的门联出自王凯泰的亲笔："成名繇积善，致用在通经。"书院书院，没有书就不成话了。没有经费，他首倡并向各位官员提出，要给书院或捐或买图书，兼饬正谊等三书院监院，三院中所有藏书，均准致用堂生随时借阅，以广研究。除了向外联络其他书院的图书，在他的倡导下，大批官员积极捐书。其中有"将军文"，即福州将军文煜，捐4种286册；"制宪李"，即闽浙总督李鹤年，捐2种1346册；"抚宪王"，即他自己，捐了3种193册；"藩宪葆"，即福建按察使兼署布政使葆亨，捐了3种300册；"盐宪陆"，即总督李鹤年幕僚陆心源（清四大藏书家之一），时任福建盐法道（正四品），捐书33种64册；"院长林"，即首任山长林寿图捐经史子集类及地方名人所撰文献138种1131册，其中有《黄石斋九种》《黄漳浦全集》《陈恭甫左海全集》等；"监院林"，即书院教官兼监院官林星炳，捐书（《正谊堂全书》《福建通志》）2种400册。这些赠书，有的还钤印图章，如"同治十三年，署福建布政使葆，捐置西湖书院致用堂""寿图之印""欧斋庋致用堂"……书院中很快就册籍琳琅。书屋后有方塘一区，旁莳花树，右为山长院。

书院设东西书斋二十间。

斋后堂前，下有西湖水。在书院的空地上，督抚和山长以及学生亲手种植了十三本梅花。王凯泰的伯祖王式丹家的书斋就是这种格局，因此王凯泰照搬到西湖这里。在广东，他在应元书院里也种过十三本梅花。这个用意他申明过几次，一以纪念先德，一以祈望诸生。"若梅花为吾家故事，往岁在粤创建应元书院，手植十三株，艺林传为佳话。""致用落成，种梅如之，犹粤志也。"此时的西湖书院又因这十三本梅花添了花香文韵。

可惜的是，这一块书院建在城市的低洼地，每一涨潮水或大雨侵袭，都会受到侵蚀损坏。

光绪元年（1875）年五月十九，溪涨四昼夜，西湖书院与致用堂在西湖水的猛涨中，长久浸蚀，建筑的基础因为地底是西湖的泥淤，逐渐坍圮。而此时王凯泰，在同治十三年（1874）时因沈葆桢奏请移巡驻台以协理外交之故，渡台处理台湾事务，于光绪元年（1875）因积劳及瘴疠侵袭病故。

1878年书院移至乌石山南麓，在那里建立了"致用书院"。从"致用堂"到"致用书院"，学院的地址两迁三处：1871—1873年在抚署；1873—1878年在西湖；1878年以后新的布政使史葆亨迁书院至乌石山，直至1905年书院与东文学堂等并入闽师范学堂。

尽管在力钧的人生中，没有与王凯泰直接接触，但他所立的致用书院，以其鲜明的办学宗旨、方向、方式，以及山长们的良好学风、学术，培养了力钧和他那一代人的致用实学精神。

致用规制

1873年，福建致用堂正式开办的消息传遍全省上下。各个县学、州学、府学里都贴上了致用学堂招生的消息。规定不招童生外，"无论举贡生监，均准与考。至实缺官员，并现任教职，及出仕回籍者，均无庸与考。如入考，察出扣名。""外省举贡生监不得与考，察出扣名。"外府县人士，并可以住在书院。

致用堂大局初定。王凯泰提出聘请山长条件："今致用堂专为研究经史而设，拟定延请先达，博今通古，品正学纯者。"

历来福建各大书院掌教或曰山长，皆是由乡先达退宦者担任。选拔山长，虽论辈分、科分，但更重视品学。

任山长的报酬大致是：鳌峰书院800两，凤池书院600两，越山书院240两，正谊书院800两。致用书院也是800两，有时还有1000两。这在全国书院中算是比较优厚的。

因此，能够被选任为山长，确实需要很好的学问和人品。第一任山长林寿图当得起"博今通古，品正学纯"——他是正途出身，在诗坛、政坛、学坛上均占一席之地。又遴选出了监院林星炳，以司院中事务。

书院初创，时值咸、同时期，晚清八股文已到风气最坏的时候，士子除研读近科闱墨、仿制模拟之外，举凡经史百家，常常束之高阁。

针对这种文风和学风，林寿图等人制定致用书用的学习日程："为学最忌进锐退速，一曝十寒……按日所读经史、古文等，照式填写课程簿，每逢十日，汇呈讲堂，山长面加考验。"

其他书院每月两课（考），一官课，一师课。各书院官课为八股文试帖诗。因清代官员，多由科第出身，凡科第出身的，都能通晓八股试帖，否则幕府中也有能代阅的人，因而并无太大学问上的价值。

致用书院每月只有一次考课，每月初八为考课日，不考官课，只考师课。考课以经史为主，以经解策论为辅。一年十课，考试由山长主持，评定甲乙，发交监院官榜示。以定内外课的录取名次。另外，每年二月上旬，由督、抚两院亲监"甄别考"。经史经解及策论需要长期训练，非专业致力者无法过问、批改和遴选。这样，当任老师尤其是山长的学养、见识、人品、能力等的水平尤显珍贵。

书院制定了膏伙银（奖学金及生活补贴）发给方法：书院内分内外课，内课10名，每名月给银四两；外课20名，月给银每名三两。附课30名（后来肄业生众多，不限额数）不给。月课列10名内的，更加奖赏，自一两至四钱。

致用书院是兼课举、贡、生员。虽是最末成立的书院，但因为办学目

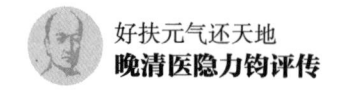

标不一样，致用书院在晚清学术界的影响，比前三大书院来得为大。

山长其人

林寿图作为第一任致用书院山长，虽然只有两年时间（在正式得到山长任命之前，从1871年起，他实际上就一直在履行山长职责），但他对书院的贡献和影响甚深甚巨。

林寿图（1821—1897），福州人，字恭三，又字颖叔，号黄鹄山人。初名英奇——据说是母亲怀孕时梦见有人持泥金帖到跟前，上写"英奇"。林寿图祖父官至江宁府督粮同知；父亲林士锬未曾应举，在林寿图12岁时即去世，靠母亲张氏做女红抚养长大。母亲通经知文章，是宋儒南轩先生（张栻，与朱熹、吕祖谦并称"东南三贤"的理学家）的后代。小时生活贫困到了极点，苦到几乎要自杀。（"尝谋自尽，为其舅所救。""饥则取拾野田弃蔬以食，寒则取谷皮爇以取暖"）。但即使如此，也无废课读。母亲苦节抚孤，搜罗家中破簏残书，授《论语》时口占："入学志读书，书亦无多字。有若似圣人，孝悌根本备。卜子为经师，君亲身力致。时习即习此，三章通一义。"学作文时母亲又口占赠句："之乎者也矣焉哉，必要用心去学来。此字文中不可少，欲求端要自童孩。"母亲授他《毛诗》《尔雅》及制举文，一灯课读。读的声音偶然中断，母亲便用竹条打他，然而总是每次打完孩子，自己就哭了。孩子也哭着请求母亲的原谅。

这样相对哭泣几次，林寿图就知道用功的方向和目标了。数月之后，文体已立。做母亲的写了这样的句子勉励他："学到能贫殊不易，士无自贱乃为高。"

当官后，陕甘大饥时，作为布政使的林寿图督办赈务。太夫人知道他办差，特意叫他到跟前交代说，当年福州饥荒，里胥衙役都向百姓勒索。

我们家虽然贫困到极点却得不到一点赈粮，那一年你13岁。现在你一定要亲自办理，力求不要有弊情，还要有所宽额。他在这一任上，陕西有"老林来，老林来，粥鼎开，食无灾"的民谣颂其德政。当陕西关中书院遭毁，太夫人也嘱咐他，如果没有鳌峰书院和越山书院，你就没有今天。这件事你一定要尽心办理……1870年他的母亲去世，林寿图扶棺返闽，丁忧守制。这才有任致用堂山长之事。

在书院的经史斋中，林寿图题写了楹联："博学虽未能，审问、慎思、明辨、笃行，期与诸君共勉；格物于何极，正心、修身、齐家、治国，推之天下可平。"

上联化用了《中庸》中的名句：博学之，审问之，慎思之，明辨之，笃行之。这是儒家自古学习的五法。不管是学习书本知识也好，学习某种技能也好，都得经过反复训练才能完成。学、问、思、辨、行，无一不要求一以贯之……圣人认为，即使一个人或者比较笨，或者性格柔弱，只要坚持不懈依照这种韧劲，到后来也会"虽愚必明，虽柔必强"。

至于下联，则化自《大学》的八目。儒家的理想和理想的实现途径是由格物致知开始，然后正心诚意，齐家治国以至平天下。

他主讲致用时，定立学规为"正心术，稽学业；择经籍，严课规"；"经学不可不明，小学不可不讲，史学不可不广，文学不可不富"。

在林寿图的引导下，书院有良好的学术和研究氛围。他本人贯通各学，诗文又足名一家，因此向他求教学问的学子有疑便问，而他则有问便答，有令学子"枵腹而来，满载而去"之称。学问的研究风气极盛，学术也因而有蒸蒸日上欣欣向荣之象。每月初八考课，他都亲自主持，并对卷子进行审阅，评定等次，再交给监院官榜示。这是书院学生成绩评定以领取奖学金等次的依据。每月的课考中他还选出优秀的卷，在书卷上标明"录送"，由监院另录送呈再汇刊成帙，各衙门分送一部，在院者亦各给一部。

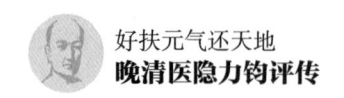

林寿图所著如《春秋浅说》《论语证故》《经余赘记》等学术手稿，可惜1901年光绪辛丑年书楼失火焚毁。在诗学上，他倾向于诗人之诗与学人之诗融合，留下已刊的《黄鹄山人诗钞》。

林寿图任山长其后两年，致用书院科举取得很好成绩。除了1873年之外，1875年恩科中，乡试获中有15人，1876年有10人。会试中，1874年有3人中进士，1876年有7人中进士……

1876年守制期满，林寿图回京。林寿图之外，后续正式继任的是郑世恭，之后是谢章铤。

郑世恭（约1822—1895），成进士后入职户部授主事。咸丰时期连年战争，财政困难，户部的官俸低廉无法养家，如果没有外放的机会，以官俸生活，是坐守愁城。1866年，左宗棠在闽任督抚时，延请他回乡任凤池书院山长。

郑世恭任致用山长，领会王凯泰、林寿图《学规》所定的教育宗旨及课程要求，在教学上采取循序渐进的方法。对经学课程，他主张"治一经毕，乃易一经"，详细计划一年中所要读的经书；治史、治"小学"课程，皆按照卷次顺序，并选择其中疑义，加以解惑。入主致用书院第一天，郑世恭对诸生"申明"，谦称自身于经史一门所学甚浅，希望能与诸生一起研究、共同进步，"以为教者、学者由此可以相长"。当时饰智矜愚者或讥诮之，而郑世恭坚守自己的教学目标和课程设计，不恤人言。他在致用任职十年，师生所学皆多有可观之处。

力钧在致用书院的大部分时间是受教于谢章铤的。谢章铤（1820—1903），字枚如。生于书香长乐江田的谢氏家族。曾祖谢世南、祖父谢黉孝、父谢鹏年，都是县学生。他的高祖谢云美曾是盐商，家境富有，是当地的六大阀门之一。但到了谢章铤出世时候，家境已沦落。30岁那年，谢章铤终于中了副车（副榜举人）。次年，主讲漳州丹霞、芝山两书院。

谢章铤的青壮年时期是清朝被坚船利炮轰开国门的时期，山河沦落，鸦片盛行，又因战事寇氛，社会底层的生活更是民不聊生。到 1856 年，第二次鸦片战争爆发，面对列强的蹂躏，他慷慨地写成巨帙《东南兵事策》，提出四项强国建议：减兵、选将、严赏罚、府县久任。好友吴观礼评说：振笔直书，大气包举，名论不刊，后必有行之者。君文早言之，若行于当时，何待募勇乎？

十年之后，应同乡、山西学使林天龄之邀，帮忙校阅试卷。在山西，他创作了大量古风，诗宗李白，是他诗歌艺术走向成熟的重要时期。50 岁时，他应同乡赵新（时任兵备道）聘到幕府处理文牍。曾在丰登书院、丹霞书院、芝山书院、白鹿洞书院等处授学。

光绪二年（1876），他挂名礼部。在京时，林寿图把他的文稿给当世的大家孙衣言看。孙衣言高度评论他的文稿：天资笔力，皆近韩退之，而其嫖姚夭矫有意子长，详切浓至有意孟坚，此才殆非宋以后文家所能囿也。

用了三个汉唐名学者比喻：韩愈、司马迁、班固。

谢章铤还曾进入左宗棠的幕僚队伍，颇为左公所赏识。

1887 年起，经林寿图推荐，主讲福州致用书院 16 年。

谢章铤主持时，因为西湖致用堂经常遭受水患，墙角日久浸蚀，堂倒圮了。致用书院移至乌石山麓，新址设在范公祠下的积翠楼和附近一带。

新的书院设立了高大的讲堂，书院后建了藏书楼，还是命名为"十三本梅花书屋"。依然种了十三株梅，只是乌石山的致用书院规模要小于西湖时期。书院里没有学舍。为了纪念王凯泰，书院一旁还立了他的祠堂。

乌石山致用书院开学后的某一天，在书院的空地上，尊长和生徒欢聚钦馔。前任的林寿图山长也来到祝贺。

桌子上有一道菜，煮番薯叶。用水焯过后，加点蒜头。林寿图问学生：你们知道这道菜名吗？我称之为"中丞菜"。"中丞"，意指王凯泰。众生皆点头含笑。当日，林寿图兴致盎然，向学生讲起当年王凯泰请他吃饭，米饭是脱粟饭，菜就是这个番薯叶。"我也仿照王公的做法，做过这些饭

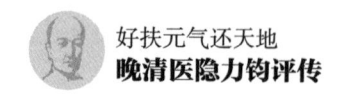

菜给致用堂的诸生同用，13年过去了，现在在书院还有没有昔日学生呢？还记得这个事吗？"

林寿图一笑，力钧看到他的口中正如传闻中所说的"没有门牙"，尽露齿龈，因而笑得似乎有点嫣然——那是林寿图小时在风雪中赴市买米，因为又冷又饿，手脚僵冻摔倒磕在石头上，摔坏了两颗门牙。

力钧看到有同学站起示意。林寿图果然很高兴："有，我想也是应该有。能记忆否？当时我还以这个题目向同学征诗、征文，这些诗文收在王公的《湖上弦歌集》里，有兴趣的同学可以找来看一看。"

林寿图讲得极兴奋，他还就地取材，向学生指点，为什么种梅——王公的旧事，以及王公种梅，梅者，俗称为"魁"，以此诱学的深意经他点拨，众生皆默然立志。

"王公是世家，王氏学问世代都是以经术显，"林寿图眼光明亮，扫向学生，"我们做学问学经术，科名不是最终目的，而是一时的进身之阶。要论措施于国家，治理国家措施或纯或驳，则是要看真正的学问经术，而不是用以讨好朝廷，取得个人的私利"。他摸了摸自己短短的胡子，"论学问，汉策贤良方正学，要以董仲舒、公孙宏为前首。但是，公孙宏有学问，却是曲学阿世。为当世人所不齿，为后世人所讥（经学史上董、公孙宏二人同治《春秋》。但董氏的春秋学自成体系，为时人誉为"群儒宗"；公孙宏四十岁始治《春秋》，其学问精深不如董氏。可是公孙宏善于揣摩汉武帝的心思，把所有的学问和解数都用在为皇帝的行为找"合理性"（习文法吏事，缘饰以儒术）。汉武帝本是一个"内多欲而外施仁义"的皇帝。会为他各种粉饰的马屁精公孙弘自然得到重用。而董仲舒虽然罢黜百家独尊儒术的主张为皇帝采用，但实际上本人并没有得到重用。但公孙弘行止被人看不起，辕固生就出语谏讽过。辕固生为景帝时博士，汉武帝征召贤良方正时已近90岁，他对公孙弘说：公孙子，务正学以言，无曲学以阿世！）想来你们都读过这些事。我要说的是，学问要用之以正途，用以为天地立心，为生民立命，为往圣继绝学，为万世开太平……"

"你们看今天书院的梅花这般种植，左右分列，若翼以趋，你们又知道是为什么吗？"

众生摇头说不知。

"这是王公依照朝廷廷对时仪礼的样式，特意做此安排。你们以后要是上廷对，要记得端正方向，来告慰王公之灵啊。"

"时不可留，物无不朽，"林寿图慨然说，"譬如这花若干年后未知其终所，独遗爱之在人心，即使事过境迁，也还是相引无尽！"这一番训教说得令人动容。"当年开学，我们几位和学生都用这十三本梅花做题，做了文，你们有空可以找来读一读，想一想。以后成了名当了官，也不要忘记，务要正学以言。"

与林寿图山长对比，山长谢章铤教学另有道理。

他的学问极博，无论何学，有问便答。无论何书，得他提纲挈领之后，加上深思默识，久久定可豁然贯通。但不思考、不提问的学生，他也没有提供路径。他的考课命题宽泛，所以学生常向他请益求教的，考课可以多得利便，浅学与疏远的学生，则不但学问不容易得到门径，而且考课题目出来后，即使临时翻书，也常常茫无头绪。

在书院，回答门人"为学大旨"时，谢氏说：学择汉宋之要，人以狂狷为归。这大抵是他的学术思想和道德主张。

在经学上，谢章铤是主张汉宋合一的。他生平最服膺顾亭林先生的话：穷经宗许、郑，制行准程、朱。

官方的朱子理学、经学和在野的汉学在明末清初分野越来越大。这种分歧也称为宋学和汉学的分歧。乾嘉时期是汉学学派极鼎盛的时期。但从汉学本身看，"由声音文字以求训诂，由训诂以求义理""非有义理出于训诂之外"的治学方法片面性的局限使许多汉学家一生疲于文字。有的人甚至一生只证得几个字，这个弊端就是"毕世治经无一言及于道，无一念及

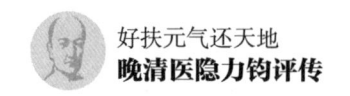

于用""经世先王之志衰,锢天下聪明知慧,使尽出于无用之一途"。

面对内忧外患,这使学者们包括一些名臣们,开始反思这种学术与治理国家的隔裂。过分强调方法,湮没了原来要研究的目的。曾国藩说:"若能通词章,则于古人之文格文气,开合黑白,渐渐开悟,而后人之硬腔滑调之习可改。""苟通于义理之学,而经济该乎其中矣""究经必专一经,不可泛鹜。读经以研寻义理为本,考据名物为末,兄之私意,以为义理之学最大,义理明则躬行有要,而经济有本,词章之学,亦所以发挥义理也。"

就连汉学大家段玉裁也说:今日大病,在弃洛闽关中之学,谓之庸腐,而立身苟,气节败,政事芜。专言汉学,不治宋学,乃真人心世道之忧。甚至为自己早年"喜言训诂考核,寻其枝叶,略其根本",忽视义理而"老大无成"追悔。阮元,主张崇宋学之性道,而以汉儒经义实之。同时,强调致用,推崇顾炎武"博学于文"而又留心于经世之务。主张稽古之学与政事之学结合,以鉴古而资治。

经过几代反思,很多关心政治的学者开始调节汉、宋学的关系。其中最突出的就是冯桂芬提出"以中国伦常名教为原本,辅以诸国富强之术"(《校邠庐抗议》)援西入儒的思想。反映在社会现实之中,曾国藩借用上海租借地的洋枪队帮助湘军淮军打败了太平天国,这被后世视为中体西用的雏形。

谢章铤曾代陈宝琛写《校邠庐抗议》书序。中有"且夫四夷之于中国,常若不及,而不胜者也,乃彼则既富既强,夫亦恃有法耳。吾闻其所为书有曰《万国公法》者,彼能以法约束其民,彼且将以法钳制人国。我不立法自强,彼以其法肆然于我法之上,智穷能索我,且折入彼法……"可知,他身处那个时代,对西方文化和世界文明的态度是进步的,而且在师夷的目的上,没有偏移过"制夷"的目的。

对于传统文化中宝贵的"经",谢氏认为,谁不欲立大功建大名?这不仅仅是专恃才学可以办到,还有一部分是时运的因素。一个学子即使是只当一官一邑，都有分配财物的权利，将来会得到大用小用，要看他的造化与运气。但通往好造化的路径一定是在多历练、多读书。所以，现在在书院，一是要多读经，养其心术；二是要多读史，来扩展识量。在谢章铤看来读史更为重要。"古今之变故，事理之机械，无一不具于乙部之中。"年代越近，则利弊形势大略多同。近人时务之说，更当博观约取。

学生中很多人专心致力于时文，所谓的时文，基本上就是应制考试的范文。谢章铤认为这是士子进身之阶。不宜腐烂，亦不宜太高古。其要在"不趋时、不背时"。还列举以当下的眼光回看明成化年间以来的作品，气格很高，但在当时，这些作品也是时文。所以他在讲课中，经常谈到，不要刻意去揣摩风气，于时文求时文。

对于史，他这样告诫学生："不知古，无所法，不知今，无所守"。又说，"（学术）而统归于知人情。情，非欲之谓也。私于己者，谓之欲，公于人者，谓之情。《礼》曰，人情以为田。不通达人情，又安能通达治体。欲立，立人；欲达，达人。尽己之谓忠，推己及人之谓恕。故居心贵厚，而处事贵谅。古来绝大之经济，要不外读书、明理而已。不近人情，虽经术湛深，不足以为治也。"

对于文，他认为古人以道为文，后人因文见道，"言之无文，行之不远"。他一生中最重要的作品是《赌棋山庄词话》，其中词作及词论成就最高。其词寄托遥深，悱恻蕴藉。论词则主张主性情、重音律、宜雅趣三要旨，尤其是"词主性情"说，在当时词坛颇具影响，且为词论家所称道。他还有整理乡邦文献、纠正词书之失、训释俗语僻典等方面的突出贡献。

书院的注重经史，带动了社会风气。当时所谓的"经、史"，由省城以至于各府，凡是读书人，几乎人手一编。

山长是书院的灵魂。有好的山长，书院学风也很好，学生们明了"然（功名）得不得曰有命，别无所营谋，亦绝不至匪懈也。世人以颜子为不学而致，吾则以为当日之书院生，未尝不知箪瓢之乐也。"

力钧于谢氏山长学问处理解到，想要得到"理明、辞当、气昌"，必溯源经典"十三经"，以及切究宋、元诸儒之说，另外，不能仅仅依靠时文，还要有三代及唐宋的文韵。

要在书院里取得内课生资格，也不是一件容易的事。考入书院的人本来就不多，而且，大多数并非富家子弟。多是兼在教学的寒士，像力钧一样行医教学的人也不少。比如郑篯，他是长乐人，也习医术岐黄，为人风趣。他的《周易》很好，有时聚会，爱给人算卦。周景涛，侯官人，世医出身。力钧入书院外课一段时间犹未能考入内课。周景涛性格温良，私下多次劝他，进不进内课没有关系，只要用心，何处不能勤学用功呢？周景涛跟力钧同年中举（后来周考取进士入翰林院，在江南任职，医术也很有独到之处。力钧辞去皇室供奉的医职之外，周景涛也被两江总督端方推荐去给皇帝看病。在光绪帝大渐之后，周景涛被瓜葛降职，抑郁而终）。

还有一位性格温和的陈鸿章，也因为母亲年老多病，跟从郭永淦潜心医理，也得到真传。他与力钧中了同科的举人，后来就以医学为职业，授徒行医。

此时，书院中有林纾、陈衍、王元穉、陈鸿章、方家澍、林应霖、周景涛、黄增、董元亮、黄彦鸿、周长庚、丁芸、陈祖新、高凤谦、沈翊清等人成为新旧同学。这些同学都后来成为福建经、史、文学以及经济、学术界名流。

在这些同学中，力钧与丁芸交情最好。

丁芸，字耕岭、晴芗，比力钧小三岁，家住朱紫坊。他的哥哥丁菁是林寿图的女婿。所以对林寿图所知甚详。因此，力钧对林寿图心怀敬意，了知前山长的各种旧事。

丁芸还是谢章铤的表侄。谢章铤的母亲是丁芸的祖姑。丁家跟谢家，原来都是富有的盐商。因此，小时他就受业谢章铤。到1887年谢章铤来到致用书院负责讲席，丁芸敬羡谢章铤的为人和学问，便跟从考学进入致用书院。

在书院中，丁芸是好脾气的一位。他跟同学说话，从来都是和颜悦色。从不会冒犯他人或者故意为难。虽然性格很好，但在大事上，一旦拿定了主意，别人很难使他去做他不愿做的事。

丁家从高祖辈开始都是读书人，而且都有所著述。丁芸开始留心穷搜密访，或全篇或零句，有见必录。

对他的这一举动，谢章铤很是赞赏：你所做的，是一家文献所系，可惜天下像你这样的有心人太少了。从一家而一邦，至于本地乡土，无景仰便无历史。

丁芸家中富有藏书，力钧从丁芸手中借到谢章铤的许多藏书，其中有若干是刘芑川等乡贤未刊的作品。丁芸自己家中也富有藏书，还有一些是古鼎铭文和稀见笔帖。手录笔抄，甚至请人代钞。

丁芸后来著有《柏衙诗话》《历代闽川闺秀诗话》《闽川闺秀诗话续编》《历代闽画记》等。其中，《历代闽川闺秀诗话》是由力钧为他校注的。

丁芸也是他此时吐露怀抱的挚友。小到家里的困境，大到对国家、海内外形势的思考，在书院内外，常常可以看见两人对谈不倦的身影。

这一时期，力钧还参与一些诗会，但几次厕身吟局，自己作完诗，再读其他如林纾、陈汉章等人才华横溢的诗，又互相评点，自觉有挫败之感。几次吟局参加下来，剩下的似乎只有创惩。以后他便自觉得必须有所割舍，放弃诗的琢磨，以便集中精神做举业和习医。

初触西医

1883年力钧跟从林宇村老师学热病治疗时，接触到《西药略释》。这是美国北长老会传教医师嘉约翰口述、中国人笔译的书。卷首有总论，内

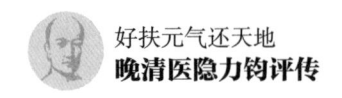

容有泻药论、吐药论、补药论、平脉平脑论四卷。力钧把书中所提西药与《本草经》比较，又与《伤寒论》诸经方比较，辨其异同。

后世称道力钧是中西医结合治疗的先驱，他的西药研究是从这里开始的。

致用书院的"致用"的宗旨也给予学生很大的学习自由。很多同学在书院内开始自学如《算式集要》等西方现代科学著作。力钧在致用生涯中，也开始自学《全体阐微》等西方医学著作。

近代西方医学在中国的传播，以传教士的医务传道活动，构成近代西医在华实践的主体。第一次鸦片战争以前，1835年美国新教公理会的传教士伯驾（Peter Parker）在广州创办十三行内的新豆栏街眼科医局即为传道传医代表。1838年伯驾等人在广州成立以传教士为主的"中国医务传道会"，提出，中国医学的现状急需革新。例如，中国的医书作者鼓吹"神秘的单方"的效用；几乎都是通过把脉以及阴阳五行理论来诊治疾病；上层社会的人士相信占星术；等等。连中国人也"承认自己对医学无知，特别是在外科学和解剖学方面"，对血液循环也一无所知。

传教士们带着崇尚科学、文明进步的观念和对异教文化的鄙视，带着救世的傲慢与优越，也带着普世的关怀以及上帝的使命，在对中国医学的现状评判之后，决定：应增进已有的机会，与其他民族分享通过将化学和自然及逻辑、科学应用于健康方面，进行疾病的原因、症状以及治疗方法的研究。中国医务传道会的一个使命是"革新中国人错误的体系"。

传道会拟定了先在中国人中展示慈善和人道的德行，再行传教。传教医士将他们的医务活动与宗教、哲学、医药、化学等方面结合起来，用医学科学来教导中国的青年，最后达到基督传教的目的。

因此，鸦片战争前后一段时间内，在开放口岸城市中，开办教会医院各地皆有。晚清福建，教会先后创办了30所医院。

最早出现在福州的西方医院是英国人1849年创建的海港医院（1866

年，改办为"福州塔亭医院"）。医院设址在万寿桥头的南台中洲岛。仓山是英、美等17国领事馆和外国商行所在地，海港医院主要是为外籍侨民和英军服务的。

福建省最早的教会医院则是1860年美国中华基督教会在福州于山西麓太平街创办的圣教医院。

19世纪70年代初期，福州圣教医院来了一位Osgood博士。

Osgood 1845年出生于美国。他的身份是美国新教公理会的传教士。由于出身贫寒，他早年没有受过完整的大学教育，只是在纽约一所不出名的医学校获得医学文凭。他随两个舅舅习医，很早就得到全科医师的资质。他的一个表舅早年赴印度孟买行医，遥远而古老的东方，异国神秘而陌生的传说，带给他很多遐想与开启的愿望。他先抵达中国广州，进入传教士伯驾开设的博济医院工作。

在博济医院中，Osgood又听说，在中国另一个口岸城市福州，西医是当地人所不熟悉的医术。抱着"解救中国人所受的苦难，年复一年无辜消逝的生命"，用医学来为中国进行"启蒙"的念头，他从广州北上福州。1870年1月22日，到福州后，Osgood进入城内一所教堂，辟出单间，办起小医院。尽管条件简陋，但"兼治男妇小儿内外科等症，凡就诊者，医药均给付，不取分文"。入乡随俗，因势赋能，Osgood为了能与当地民众加深联系，竟然费尽心思，学习起人称鸟语、呕哑拗口的福州方言。

他不仅通闽语，还识华文，很快与当地医学人士有所联系。当时有位中医叫林鼎文，与Osgood交往密切，称他"讲论医学，辄终日不倦，诚好学之君子也"，对他备极赞赏。此时，Osgood已为自己取了个中文名字叫柯为良。

柯为良的医馆开办次年，写了一本中文报告《医馆略述》，记述了设院以来的医学救治成果——共诊约3000症。其中有外科手术33例，包括白内障手术、兔唇缝补、肿瘤切除、截肢术。到1875年，他的报告单数

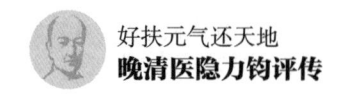

据显然成倍增长，单年共诊治 6439 例新病人，接待复诊病人 1814 例。

1878 年，柯为良作为全科医生工作了 8 年。教会方面也注意到他的成绩，因而他得到教会资助，在福州保福山扩建了医院。医院全称为保福山圣教医馆。除了西医门诊，也请来了福州本地名医，设立中医门诊，代售中草药，圣教医馆是近代福州第一个中西医结合性质的医院。

柯为良在行医的同时，还以医院为依托创办医学堂，系统传授西医理论和技术。此举受到社会瞩目。医馆的主要经济来源不是诊察费或销售药品，而是由闽省的部、院的总督、将军及布政使、按察使等各级要员及西侨和商界的慷慨捐款。医馆的经费去向是购买中西药和雇用中国工友。社会上层的支持使圣教医馆得到迅速发展。后来随着美部会（美国公理会差会的简称）的宣传中心由保福山迁至于山太平街，命名为圣教医院。再至民国后与美以美会（即卫理公会）的马高爱医院合并，成为今天的福建省协和医院。

1878 年美部会成立了中国民间第三个反吸食鸦片会，会址就设在保福山圣教医馆。新建设有 70 张病床的医院，旧建筑被用作戒烟所。

戒烟、毒也是西方传教医生试图在中国展开的一个医学课题。柯为良吸收欧美医学界的最新戒毒成果，采用"集中、隔离"，直到戒毒者完全停吸鸦片。同时，早、晚让戒毒者服用以颠茄提取物、龙胆、缬草和奎宁、生姜合制成的药片，另外他的处方中还有溴化钾等镇静剂——这种镇静剂，据说在 19 世纪 70 年代以后，美国才开始广泛使用。

至 1886 年，十年间有 2000 人在圣教医院戒烟成功。

柯为良对医学更大的贡献是在福州期间撰写了一本解剖教材《全体阐微》。

柯为良在经过与福州中医的广泛接触，认为中国传统医书中对骨骼、经络、脏腑的论述不完整甚至是错误的。因此，他开始把向中国社会介绍西方解剖学当作与传教一样重要的工作。

就在力钧一心扑在《王氏准绳》时，1877年，柯为良开始埋头进行以《格氏解剖学》为重要底本的中文翻译，意译了其中部分内容，并荟萃了近年英美所出版的相关书籍，翻译成函，以反映近几十年西方医学的最新成果，取名《全体阐微》。全书共计6卷，论述骨骼、皮肤、血液与体液，肌肉与膈膜，心脏与血液循环系统，人脑与神经系统，内脏及生殖系统，五官等构造和功能。插图260多幅。"实部位之大成，为医学之根本。俾学医者由此入门，明部位而究病源"。为中国读者提供了更为全面的人体生理学读本。

刚刚完成译书不久，这年的夏天，柯为良因中暑而殁，年仅35岁，被葬于福州仓山石厝礼拜堂附近的美国公墓之地。葬礼上，接受过他医治之惠的福州民众要求在墓前刻上中文墓志，以示崇敬和哀悼。

一年后，《全体阐微》正式出版，后又多次复镌。

力钧读到这本书以后对全新西方医学知识有猛然的会意，也有不尽相同的见解。在披读、检记时，力钧常常与之神会，对比中西医理之异同，他在书间留下了很多疑问，也批注了自己的心得。读完之后，他很想前去圣教医馆。拜访柯医生之前，他猜想了这个"番仔"的样子，想来和街上那些洋人无异，令他难以分辨，这样一个番仔，不远万里来到中国，为传播西医，居然还去学了中国官话、福州话，他心下甚是佩服，可见洋人中也有好心人。当得知十年前柯医生已蒙主宠召时，为之叹息扼腕。

柯医生这本西医论述对他影响深远，以致在皇宫里为皇上治病时，多次提到那些被柯医生翻译的名词，并正式记在他的医案中。

俶南舒东

1887年，因妻妾均有身孕。想要到厦门一带远游的念头就打消了。7月，

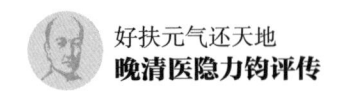

林氏生下了长子力嘉禾，力钧自然有一份添丁的欣喜。林氏虚弱地靠着他，力钧握着她的手，为她捡去落在脸上汗湿的头发。林氏说："给孩子想好名字了吗？"

力钧轻轻点头，他最近正埋头延治《毛诗》，著《毛诗释例》。

他读《毛诗》正注释到《小雅》，这几天，《诗经·小雅·大田》反复揣摩，他曾在田中选种播种，除草除虫，大田丰收，祭祀祈福，反反复复若干年，都是少年时最辛苦、也最欣慰为父母分忧解劳的岁月。农人之子，没有更多的运气与奥援，只有适时选种，春耕秋敛，害必务去尽，利必使有余，所以竭在下者之力，才能有丰收之庆。

他在床头为林氏念道，"大田多稼，既种既戒，既备乃事。以我覃耜，俶载南亩。播厥百谷，既庭且硕……以其骍黑，与其黍稷，以享以祀，以介景福"，又为林氏解释一番，然后说，为儿子取的名是"嘉禾"，字俶南。他在林氏手心写下这两个字。林氏一笑："你起的，必是好的。这个俶载南亩，我前阵子听你在书房里给学生讲学，仿佛不是这几句。"

力钧想了想，前阵子讲的是千字文，另有"治本于农，务兹稼穑。俶载南亩，我艺黍稷"一节。

全家快乐欢喜之中还有一些不能解去的忧愁，就是林氏生产之后，身体一直不能恢复。

9月，杨瑞华生下次子。力钧为他取名树萱。

像力钧这样研究小学的人，对取名自有理解。自古以来，取名被视为人生一等大事。在他自己那一代，父母为他取的名字跟五行有关，而两个孩子的名字，却可谓他当时的"明志"之旨趣了。他正在研究"树萱堂"出版的顾亭林的《天下郡国利病书》。书的内容除地理舆志，还有赋役、水利、屯垦及漕运等国计民生，以讲究郡国利弊为线，其中尤其对全国各地形势险要、兵力、粮草、屯田等，无不详细备录。

力树萱的取字，与哥哥嘉禾有所对应，叫舒东，又叫啸东、啸皋。他一直喜欢陶渊明的《归去来兮辞》。因为境况颇与陶氏相类：家贫，耕植不足以自给。幼稚盈室，瓶无储粟，生生所资，未见其术。性情与陶氏一样：质性自然，非矫励所得。饥冻虽切，违己交病。尝从人事，皆口腹自役。

他也有过受邀任幕的经历，但终究没有去。在他内心深处放着一首诗，但为了现实，他舍弃了"临清流而赋诗"的从容闲逸，不能不有所憾然。困境中，也唯余"登东皋以舒啸"的旷达。

爱我者多死，中年何乐只堪哀。像陶渊明妹妹去世促使他写下"归去来"，力钧这几年，也历经几次生死离别。一位是阳岐时受教数年的周老师，赍志而殁。一位是他的亲弟弟振荣。

1887年他正在选录梁章钜的《退庵随笔》时，父亲派了人来，通知他前往仙游，说是大弟力振荣病重。匆忙上路南奔，前往探视，到了当地旅店，弟弟躺在床上，瘦骨支离，已在垂危，父亲焦灼不安，神色委顿，向他诉说急病的前后和医生诊治的前后。弟弟后来弃学，是因为家中没有经济，为了成全他的学业，自愿与父亲提出，帮父亲一起行商贩盐。贩盐除了大盐商和官府可以坐享厚利，其实小盐商只赚着一点点小钱，还受各方面的气，担着各种风险。力钧曾经也跟随父亲做过这些买卖，那些低头求人的难堪一直横于心上……握着弟弟的手，往日性情温和的大弟与他友爱的旧事一幕幕涌上心头。当天夜里，力振荣竟然在旅店去世了。原来想会一生一世厮守的兄弟，却不料他半途撒手。无计回天，力钧号啕大哭，哭的是弟弟，又何尝不是哭自己的无力？匆匆为弟弟归葬，又要忍痛劝慰垂老哀痛的双亲。

生育后的林氏断断续续已经生病一年多了。儿子力嘉禾只得由杨瑞华哺乳。杨瑞华身体健康又年轻，哺育两个男孩之余，却也没有空闲处理太多家事。

这一年他本来打算南游漳州、厦门一带，半是访友，半是学医。但妻妾们的生育及林氏的生病拖住了他行走的脚步。所以开始整理乡贤梁章钜

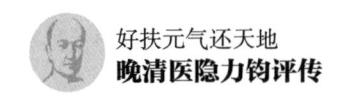

的《退庵笔记》，梁章钜是历代督抚中作品最多的一位。力钧读过他诸多的笔记，林氏的病让他想起梁氏笔下的叶天士，"天医星"叶天士给别人看病多是药到病除。一次他的80岁老母生病高热不退，他精心诊治却仍未能治愈。叶天士为此忧心不已坐卧难安。一天夜里，他独自在庭院徘徊思索该用什么药方，"若是他人母，定用白虎汤"。但白虎汤主要是由石膏、知母、甘草、粳米组成，清气热泻胃火，适于高热等病症，属于大寒下剂，病人又是年迈的老母，平时体弱，若是下此重药，母亲的身体承受不了。这是他用不寒不燥的药治疗母亲的原因。他的药治不好母亲，最后不得已只得悬赏请人来医治母病。有一天，他出诊回来，却发现母亲大愈了。家中的小徒回答他，刚才老太太病得很重，我把脉后觉得要用白虎汤，就熬了让她喝，之后她就可以下床了。

叶天士感慨良久。医者父母心，当医生的要救死扶伤，但至亲生病，自己却乱了方寸，只是因为没把母亲当作一个普通病人看待。

力钧感同身受。尽管知道这个道理，依旧踌躇不能下笔开方。"真的是自己人不敢医自己人。"他搁笔自叹。因此为林氏延医，成了日常，成了牵绊。只有在她稍好的时候，乘闲入于山或乌山的静寺里，闭户攻读。寺僧也很安静，很少出言交谈。

马上又要面临科考了。乡试为国家抡才之大典，士子进身之始基。凡想官场生涯，揣摩风气，熏心富贵，锐志功名者，莫不服其牵割，受其牢笼。其身束缚，奔走颠倒跌仆于蹶场中而不之悔。此固非个中人不能知，亦非个中人不能言也。能知之、能言者，大都述其情志之昏迷，筋力之困顿，文字之纰缪，情状之痴呆，作为取笑之资，作为剧谈之柄。尽管科举有种种可笑，但在当时作为社会阶层几乎唯一的突破途径，它相对公平。但还是有人破坏这种公平，那就是科场作弊。

这月的"策问"课，力钧写了《条列闽中试场弊端及剔除之法》。概括了闽中试场的"怀挟""枪替""传递"的三个弊端及剔除六法，即"绝怀挟则宜言搜检，绝枪替则宜严认保，绝传递则宜严肩鑰，三者之外则以禁院役，辨草稿，慎覆试"。

1888年，力钧又一次乡试落榜。和他一起参加科考的好友、妹夫黄宝瑛和丁芸等中举了。在向他们致贺的时候，他坦然而不以为意的状态，让这两个好友没法说出安慰他的话。

中秋节后，林氏身体倒有所好转，于是力钧南游终于成行，但这一次不是访学，而是往厦门漳州帮助父亲卖盐。卖盐的事，对力钧不是一件美好的回忆，他的行盐生涯自己从来没有做过笔记提及。

一说到盐务，我们便不由得想起摇钱树。事实上晚清的盐务很复杂，盐运在清代经济、政治中都产生了巨大影响。史称"（盐务）专商积弊与清代相终始"。特别是两江总督陶澍改革盐政后，依旧无法纠正弊政，反而生了新的花样。有的人被迫进盐务局，反致家破人亡，而有的人却发了大财，例如我们在电视剧里看到的红顶商人胡雪岩。

清代盐政，先是承袭明制——官督商销制。雍乾年间，弊政丛生，沿海本来乐业的贫民竟无生路，也被迫走上贩卖私盐之路。道光年间福州也实行"票法"制——盐商运销食盐，必须向盐运使衙门交纳盐课银，领取盐引（运销食盐的凭证），然后才可以到指定的产盐地区向灶户买盐，贩往指定的行盐地区销售。但领取盐引则须凭引窝（又称窝根、根窝）票据。盐商为了得到这种特权，须向政府主管部门认窝。认窝时，要交纳巨额银两。在这种制度下，官视商为利薮，商视官为护符，官商勾结，因循苟且，以此消解改革。以福州为例，"私盐贩子"有的拉班结派，飞款同事，这叫"好帮呆帮"；有的越境占销，这叫"割草"；有的异域私运，这叫"采花"；有的移课他人，叫"长代短代"……不一而足。同时，因为取得"票引"要行贿，正经经理盐商的成本更高了。有的士农硬被推举为盐务商人，但因为不熟悉商业规则，致使家中田园荒芜，家破人散。经营盐务还要处理方方面面的关系，如19世纪50年代，福州曾有一位著名的盐商魏杰，从农民出身被举为盐务商人,一方面运气好,另一方面为人实诚,勤扒苦作,终于成了富商,在桂香街一带建了大片新房,引发了官商妒忌,被当局以盐务不清的名义,抓进禁署。在禁署,至少度过了两年,过了四十八堂的严刑,最后表示愿意向政府献出全部家产才获释。

小盐商的生涯自然潜伏着各种危险和求告,这是他避之不及、却无处藏身、唯有迎面而上的家计。

题名乡试

1889 年,4 岁时即位的光绪皇帝此时已经 19 岁。按章法,早两年就应该是他大婚的时间。大婚后即可亲政,垂帘就得从殿堂撤去。慈禧太后一直借口没有选择好日子,拖到此时无可推托。3 月,盛大的庆典在紫禁城里举办。大婚典礼由殿撰王仁堪主持。

由于这是普天同庆的好事,作为加恩,1889 年全国待考的士子有了一次同沾雨露的恩科考试。去年是逢子、午、卯、酉年中的"午"年,三年一次的正科。

1889 年八月,乡试时间到了。

初一,要报考的学子都各自填写了籍贯、祖宗三代有科举功名的及家庭有受过矜奖的情况等。这一科乡试士子经层层上报,共计 8000 余人。省里的闱卷备送 8400 余本。

外地的学子则提早数天来福州,找贡院附近的房子租住下来。因此几天之前,贡院附近便开始热闹起来。因为本届应秋闱者人少,贡院一带虽仍店铺如林,然生意十分清寥,远不及前科之盛。

乡试的考场在贡院,考室是一人一间,因为每间都有编号,称为考舍、号房。贡院有号房近万间。当然每间号房面积很小,宽 3 尺、深 3 尺半,三面是墙，无窗无门。号房内安置了两块长木板，一块作为书案，一块可坐可卧。

贡院建有两道围墙，围墙相隔 2 丈远，中间的道路供士兵巡逻，防止内外串通舞弊。每场考试中大门不但紧锁，还要贴上封条。乡试共考 3 场，每场 3 天。在这 3 天里，参加考试的生员除了带好文房四宝，还要准备好生活必需品，包括睡觉用的铺盖等物。

本届的正考官为徐致祥（1838—1899），号霭如，嘉定人。是咸丰十年（1860）的会元（会试第一），后中进士，改庶吉士，散馆任翰林编修，官至内阁学士兼礼部侍郎。徐氏出自嘉定望族，他的叔父徐郙是同治元年（1862）的状元，曾任礼部、吏部左侍郎，尚书，协办大学士，朝廷上有直臣之名。另徐致祥居官清廉，尤喜周恤寒士，凡登门拜谒者，哪怕是一介寒儒也必热情接见，并寻找机会奖掖荐举，帮谋职位，因此门生济济。

所有场中执事各员监临，示至公堂下，有红门监守、弥封官、誊录、内收掌官、外收掌官、收卷官等。除有朝廷派来的正副主考官主持，在福州的全省最高官员如闽浙总督、福建巡抚都亲临现场协助。

初七，考生检场具、食物等放入提篮准备入场之用。家住附近的，抓紧时间睡个好午觉。到傍晚就开始出门，等着进贡院。因为人太多，担心届时太挤，因此晚上的贡院附近，坐满待考的考生和陪同他们的亲友。

入考场的次序是按福州府、兴化府、泉州府、漳州府、延平府、建宁府、邵武府、汀州府、福宁府、台湾府、永春州、龙岩州的顺序，一拨一拨入考场的。按时辰进场。

福州府的学生是第一拨入场的，时间为"寅正"，即早晨 4~5 点。唱名之后定了号舍，然后搜检全身，包括鞋袜，入考场，找各自的考舍。

当晚就住在考舍里等次日的点名。

初八一早点名。坐在号舍里，自己做饭吃。可想而知，福州八月初八，天气炎热异常。再加上各个号舍生火做饭，熊熊火光，烘人焦躁欲死。到

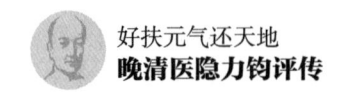

了日中，太阳光直射进考棚，更是让人坐立不安。到傍晚，煮饭又开始了。这一天夜里，执事委员来各号舍，查对人头、盖戳表示验明正身。有的学生已睡下，叫起来，盖了章又躺下。梦中听到鼓楼传来的谯鼓声，不到三更，天已经亮了。三更之前，第一场考卷题目一定要出来。

力钧有过数次考试经验，因此还能镇定以对。接过题，这届乡试首场题：第一题是"务民之义，敬鬼神而远之"。考题出自"四书"中的《论语》：樊迟问知。子曰：务民之义，敬鬼神而远之，可谓知矣。次题是"故君子内省不疚无恶于志"。考题出自《中庸》。第三题出自《孟子》，题目为"去圣人之世若此其未远也近圣人之居若此其甚也"。所考诗题为：赋得"年丰廉让多"得多字五言余韵。考舍里学生看到考题表情各异。有的手足无措，有的嗒然若丧，有的则面色凝重，有的似有喜悦。

要做完这些文章，有初九、初十两天时间。

力钧煮粥吃完，食已，天复狂热，几乎不能运思。摄了心神，开始想第一题。到了下午开始举笔写下。

可是当天下午，考场发生一阵骚动。力钧只隐隐看到外面有数人匆匆走动。

这骚动是考场上有惠安籍的一个考生和闽县一个考生倒毙场中。按考场规例，他们不能从贡院大门被抬出。经委员禀报监临后，尸身从闱墙吊出。

初十早上，把文章用久经习练的书法誊写到卷子上。汗如雨滴，还得仔细着不把汗滴在卷子上，以免被视为涂污考卷。

初十，第一场试考毕，这才启开贡院门。门口都安排鸣炮奏乐以示祝贺。

力钧和几位同学相继出考场。回到家洗脸喝水，躺下休息。

第一场拼不过体力的就有人倒下了。

初十这天一开门，因患病扶出者为数甚多。又有甲乙两生甫交卷即立足不定，倒仆通道。还有一个既出贡院，神色大变，溘然而逝。

首场另外还有五六十人被贴，是因为他们在考场中有不规范的行为。

因此，第二场考试少了很多人，其中还有年力就衰或体素羸弱者，皆相率不肯入场。据有心人目测，至少去数百人。

第二场重新安排考舍。白天的时候，考生们可以互相往来。大家多是在一起聚谈前场得失。一些平时作文好的同学会被其他人要求诵出考作，然后评论。力钧的考舍有人表示，考后不讲卷，以免互相影响心情。

十一日晚，试题发到。这场多是考"五经"中内容。十三日开门。

十四日再行进入新的考舍，第三场考策问。

第三场力钧很快做完，第二天就抄上考卷，上交考官。外帘委员却不肯收卷。到近傍晚才收卷开门。

这一天是中元节。

家中已经备好饭菜，全家围坐聚饮。林氏卧床不能起，也勉力强撑着和力钧说了几句话。温言数语后，力钧才上桌共聚。力钧经这几天下来，疲累不堪，而且晚上睡的都是号板，觉得全身发痛。身体累极思维却极兴奋，睡不着。于是中夜披衣，圆月在天，仿佛无限慈悲。不远处塔影楼的飞檐上镶着明月，院中空地里栽着芥菜、丝瓜，虫鸣唧唧，倚窗独立，接思千载。

一个月后，九月十四，文闱揭晓。

本年的乡试正取112名，另有副榜17人。解元陈懋鼎，系出陈宝琛家，陈家还有陈成侯81名、陈元凯103名。第二、三名为陈云霖、周景涛。还有陈鸿章名为前列。沈翊清为第25名，郑叔忱为37名，力钧为第100名。正科取122名。王元穉和陈寿彭、沈瑶庆都在副榜上。

致用书院的学生录取的比例极高。

力钧在致用书院待了约有8年。三明学院（致用书院的后身之一）现

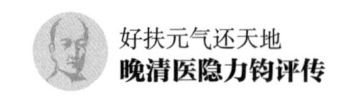

存的《致用书院课艺》中，共录有他18篇的课艺，内容涉及《礼》《诗》《尚书》等经解以及文字学研究多篇。

"课艺录"先是书院为鼓励学生，留存优秀样本特别辑录的。自从谢章铤入主书院后，每一年亲自从学生的作文中选择若干篇，凡是能刊登到课艺录中的文章，每篇都有相当的奖励金，更重要的是刊刻之后，通过书院传播，各家大小书院或文人学者，多会购置作为参考资料和经策文的补充。作者之名，也会随文章优劣得到更多读者认识。因而书院学生虽是寒士橐笔，如果文章被选，相当于有了"认证"，会因此而被聘为塾师。

考成归来，迎接他的是林氏的笑脸。能够让他欣慰的也只有这一点：当喜报来临家门时，家人争相传告，报告林氏，她的开心竟然使其后几天仿佛有疾愈的模样。"不枉了你的勤力"，林氏说，"我这几年身体耽误了你的学问……"力钧捂住她的嘴："几年里没有你，谁帮我撑着家？我跟谁说我的苦？你为我费心太多。若非你激励，我为谁而努力？往后，你一定要好好将养，我们还有很长的日子要走呢！"

大雪节气之后，林氏陷入深病状态，日趋衰落。她这次病已经两年了。看着生命的气息一点一点从她身上消去，却无力救治。迁延到冬至那天凌晨，力钧发现她昏迷过去，含泪握住临终前林氏的手，却终不能挽回她的生命。

力钧在林氏去世后，为友人的亡妻致哀辞中提到，自己"读书泥古，不通于用，为世诟病"，亲友之间这时候的交往并非很密切。又责备自己愚戆愤激，在为林氏延医视药时没有做到无微不至。贫贱夫妻，百事可哀。当然这也是为告慰逝者才会如此深深自责。

林氏是一个晚清时代普通人家的普通女性，能够得到丈夫为自己专门写下一篇文字，记录她的辛劳而没有享受的人生，大概也算是一种礼遇。可惜的是，力钧在妻子去世后写的回忆文字，连同力钧请求好朋友丁耕岭为她写的墓志哀辞，因为他的《双镜庐文存》卷三不存，只存有目录，而正文佚失。

乡举中式，一直都是大事。而且身份的变化令人有些不能适应。林氏暂厝，力钧觉得应酬的疲惫，遂又起南行的念头。带上以前整理的一部分医药学资料，再次踏上行程。归程时已到十二月，整理完毕了《福建药物考》。

初履京师

几位友人开始相约着赴庚寅年春天的礼部会试。他们打算早些到京，熟悉环境，因恩科加试，这连续两年有会试，去年落第的，和今年新到的举人，一定会很挤。

这是力钧第一次出省的行游。自福州通商后的二三十年，轮船早成了连通南北的主要交通工具。这些北上入京的，先从福州马江乘船到上海，再船到天津，最后从天津入京。少则数日，多则十多日即可到达，比之前走陆路的要省十几二十天时间。

经营轮船航运的是太古怡和等几家外国公司及官商合办的轮船招商局。轮船船体宽敞，可坐可卧，又有餐饮供应，如果不晕船，很是舒适方便。

天津码头上岸换陆路畜力车，五百里的路，黎明即起，晓行夜宿，路上黄尘卷地，暝不见人。石板路崎岖，车板震得肩痛如脱，骨震欲裂，疲乏不胜。有的人不吃晚餐就睡去了。

骡车抵达京城时，大家已经坐了两天的车。眼前的道路年久失修，有路人牵引车马，则是一脚高一脚低，不小心就踩在浑浊的泥里。两边的人行道坑坑洼洼，没有三尺平路。干燥的路面上则是厚厚的一层浮土，一脚踩下浮土能没过脚面。有车辆和马匹经过的时候，行人要躲着走，因为马蹄和车轮扬起的灰尘，如一条黄龙弄得人满身是土。这已经是接近傍晚的

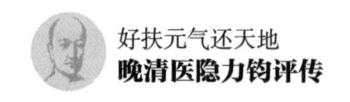

光阴。又刮起一阵风,顿时,沙土弥漫,扬尘迷眼。

借着路边四合院人家小小的窗户发出的暗光,他们一行人将至福州会馆下榻。三月的北京天气极冷。幸好都是同年或同学,畅聊学问、掌故,一路也颇不寂寞。

同乡会馆"以敦亲睦之谊,以叙桑梓之乐,虽异地宛若同乡",是明中叶后,产生的地方性同乡组织。有两种类型,一种是与文化政治有关系。全国入京考会试、殿试,考期中各省举人大多数都会来京参加。有的来自边远省份偏僻小县,交通不便,几千里上万里,虽说是"公车",即公家提供一些交通工具,但自己也是要花很多钱的。往返考试路费时间都是问题,如果不中,等考下次,住处又成问题。会馆就是便于这些举人赶考而建的类似的招待所。所以有的同乡会馆,直接称为"试馆"。另一种是与商业经济有关系。它是为工商业者开会议事、存货、订立行规等事宜而设,故又称"行馆"。

会馆的单间,来京会试的举人可住,考不中的也可住,单身小京官也可住。有供应开水,不收房租,住多久都可以,但不能携带家眷。

福州府,在京有福州会馆和福州新馆。福州会馆在南下洼子。力钧就入住于此。

入城后,从西单走过菜市口,进入丞相胡同、南横街、官菜园,才能到达此处。

次日,他们便赴陶然亭游玩。南横街上,坑坑洼洼的土路两旁是矮小的店铺,马车咔嗒咔嗒地响着,街上尽是驴马的粪便。过南横街不远处,有一座小城门楼似的建筑,它的两边有不少寺庙是停棺之处。过了小城门,有一条土路,路西是官菜园,有围墙围着,里面还真种了菜,路东是坟头摞坟头的乱葬岗子。狐鼬出没,满目凄凉,一些腐朽的棺木甚至露出地表,荒草中常可见到白骨。这一带,人们称"陶然亭"或"南下洼子"。进入南下洼子弯曲的土路后,远远见着的路是斜着弯着,向西南方向逶迤而下,走不远，可以看见高台上的荒凉古庙。春天的槐树抽了新叶，残冬里那些在寒风中瑟瑟的干枯枝丫上的新绿，让这一片荒凉因新生命的点缀而显得诗意。顺着台阶高坡走上去，只见坐西朝东的大门上横着江郎中所写的"陶然"大匾额。此时再回望所来路上，令人觉得荒凉不尽——不过同行的朋友告诉他，过了春天，道旁芦苇长高了，便遮住这些土坟，唯有秋天，芦花摇曳，穿行其中，便甚得寥廓萧疏之意。

老早就听人谈起这里。康熙年间的福建人江藻是工部郎中。时任窑厂的监督，他在窑台西南处荒废的慈悲庵中修了几间有轩窗的房子。因可以乘凉、看山、喝茶，遂起了个名字叫"陶然"，文人雅士称为江亭，不想后来三百年间江亭会成为最负盛名的宣南名胜，江藻也因之名垂艺苑。

力钧在致用书院期间，借抄了谢章铤的好多书。谢章铤好友魏子安写的《花月痕》，就是从陶然亭开始的："京师繁华靡丽，甲于天下。独城之东南有一锦秋墩，上有亭，名陶然亭，百年前水部郎江藻所建。四围远眺，数十里城池村落，尽在目前，别有潇洒出尘之致。亭左近花神庙，编竹为墙，亦有小亭，亭外孤坟三尺，春时葬花于此，或传某校书埋玉之所，那年春闱榜后，朝议兴行鸿词科，因此各道公车，迟留观望不尽出都。"以此开始，引出一大段才子佳人的故事。

一行人席地痛饮，畅谈眼前景与闽人旧事。

从陶然亭、江藻讲起，又谈到魏子安。魏子安治宋学甚为深邃。少年时他所作诗词骈俪很多，他中过福建乡举的解元，后入京会试不中，就应邀在太原知府保眠琴家中专门为其子弟课诗。因为每门课都分别聘请不同的老师，所以上课时间并不多。魏子安就开始创作小说，刚写不久，一天保知府到他书房看见了，读而喜之，就约他继续往下写。十天写一回，张宴设乐慰劳他。这是写《花月痕》的经过。可惜的是，魏子安真正的学术思想作品《石经考》《咄咄集》《订顾录》《陔南诗话》没有产生大影响，唯独《花月痕》倒是脍炙人口。

魏子安在王庆云（王仁堪祖父）的幕府节署期间，把四方文报、名奏章、时事、文传，并时政得失，罗列成编，其中有洋务、海寇、太平军、捻军等诸事。他后来主讲成都时，大地尘氛，乡问不至。父、弟相继下世，继而一年数病，又遭母丧，不久就哀毁身亡。

谢章铤夫子曾经哭悼这位好友：忧乐兼家国，千夫气不如。乱离垂死地，功罪敢言书？将母情初尽，还山愿岂虚。幽光终待发，试看百年余。

"幽光终待发，试看百年余"，说得多么好，力钧在心底摩挲着这个句子，良久叹惋。

因提早来京，这些人还要去住所周围和贡院附近踏看地形和考场。接着去熟悉京城的贡院。贡院在东城墙观象台北，本是元代礼部的旧址。明时改建为贡院，经过明清多次重修扩建，分为内外两部。贡院的大门前有大牌楼，匾额上分别是天开文运，明经取士，为国求贤。四周是高高的砖墙。

进大门不远就是二门。二门外为外帘，内为内帘，即考官办公的堂址、阅卷官的房舍以及誊录人员的房舍。最大的部分是考舍，二门内的考舍按省、府分别编号，大院中有上万个小房子，洋洋大观。

一间间隔成的"闱号"，因为也要像乡举考试一样，一场得考两夜三天。考试时，二门的门是锁起来的。二门内还在楼亭多处，有士兵看守和戒备。力钧他们此时已多是中年人了，不由得感慨，这几百年来绝大部分的官吏学者诗人，都是由这里考出来的。

然后又相约去宣武门外的琉璃厂逛书店古玩，这是力钧最为欢欣鼓舞的乐事。琉璃厂是京都雅游之所。宣外有很多会馆，官员与各省举子聚集于此，阅读书籍，各地书贾也在这里设摊出售大量藏书、字画、古玩以及文房四宝。

行过的路上，看见外地人多住东单一带胡同的空房，多贴着"状元吉屋"以赁考寓。

到了下雨天，道路就更难行了，满街泥泞，一脚踩下去陷了半尺深，拔出来非常费劲，弄不好鞋也粘掉了。时人形容，北京的大街是无风三尺土，有雨一身泥。

这年春末，礼部试，力钧报罢，心情失落是难免的。在京居福州会馆，时与友人访陶然亭，席地痛饮，畅谈时事，时常去琉璃厂淘买明版医书，便把失落之意一扫而去。归程，又走海路，要在天津、上海等转口城市逗留数天等待船期，住在租界客栈中，看看这些通商口岸城市与福州的区别，有什么特别的西洋景。此时与启程进京来时的状态相比，这一批福建举子中，第一次出远门的人，不再呆头呆脑形状可笑了——因为上一次刚刚到上海，他们同逛大马路日升楼，倚阑久久，这里华夷杂沓，车马纷阗，是上海最热闹繁华之处。有人看见茶座中往来人中竟有男女同座，惊讶得都拿不住筷子，神色局促忸怩。经这一回在京城交往、应酬，大家自然在回程中已更为从容。但更重要的是，这些西洋镜没有吸引住力钧，吸引他的是两个城市里各大书市的新书和洋书，尤其是医学著作。他掏出余钱，兴致勃勃又若有所憾——把所有想买的书都买下来，那是不可能的。

定交孙氏

从1877年中秀才开始到现在，力钧已经积有近十年的教馆教学经验了。早年收下邓仪中时，只有几个穷孩子在他那里上学。后来，来了几个当地望族的孙家御史孙翼谋的子侄，如孙葆琦等人。他们此时才开蒙，功课比较浅。过了一段时间，孙家就与力钧商量设馆孙家。

任教馆并没有什么社会地位，郑板桥对此曾自嘲曰："教馆从来最下流，傍人门户度春秋。半饥半饱清闲客，无枷无锁自在囚。"在以前的馆教生涯中，力钧也曾感同身受。但幸而孙家是读书人家出身，对待力钧也

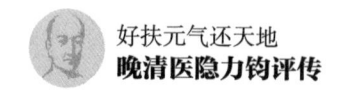

尊重以礼。孙家的学塾开办后，附近与孙家颇有渊源往来的几户绅士也一起把孩子送过来求学。其中一位是家住在三官堂的施滋卿的孩子。施家不是官绅，是一个行商南洋的富贾。

中了举人以后，孙家的第七个公子孙葆瑨更是常常邀他共赴吟局。孙葆瑨脸瘦身长，虽然比力钧小两岁，却早在1882年那一科就中了举人。此后赴京会试，也是屡试未中，父荫之下，便考了个内阁中书，有时滞留京城，有时行迹上海，对洋务的事情十分在心。孙葆瑨的原配是王仁堪的妹妹，过门不久就去世了。但孙、王两家并没有因此关系疏离，反而走得更近了。1882年，孙葆瑨在京城时，就由王仁堪和林天龄的儿子林贻书（他也是王仁堪的妹婿）为他保媒，又娶了协办大学士徐郙的女儿为妻。徐郙也是状元出身，孙葆瑨从状元的妹婿又成为状元的女婿。他捐了个候补知府，指派浙江，但依然没有出缺，反正他也不急于此道，因此常常访名家走高户，交流一些真迹名帖和字画。孙葆瑨虽是公子哥，可是对洋务经济有相当的热衷，既有头脑又有相当广泛的社会关系，因此也经营着一些政府采购的业务。聊起时局，力钧时时可以从他那里得到很多未知的信息。孙葆瑨有一次嘱他帮助开拟一份公务文件，弄到很晚，又因为几处不合意，要重新抄录，力钧也毫无轻慢，依旧仔细。葆瑨由此对他更加器重。他们的交情始于此。但孙葆瑨在家时间时断时续，听说了力钧对闽侯妹妹的治疗理念以及几个医案后，更与回来的力钧亲密了。除了孙家的家人医事托付给他，还给他介绍了几位亲友，都疗效甚佳。这一扬播，连同力钧的同年，都开始嘱托他家人的医事。

孙家的大院是新修不久的，位于坊之南侧，后门即是大光里。

力钧却更喜欢孙家的另一处，就是书房，在这里藏书数百卷，孙翼谋是很有名的藏书人家，并著有《看云馆书目》。

八月盛夏的一天，孙葆瑨在家聊起白天看到的《申报》新闻，说是"八月十一薛福辰在籍病故，代递遗折。薛前以通晓医理召令来京当差，洊擢京卿，克勤厥职，加恩着赏五百两治丧并致祭"。力钧并不知道薛氏是谁，孙葆瑨向他备述1880年开始，太后违和，太医院为她看病几无效验，因此让地方官员推荐名医，薛氏以候补道的身份被李鸿章荐举，给太后看病，颇得效验，从此供奉内廷三年。在这期间，每制一方覃思孤诣。多次与太医院权威争执药方，有一次争执声音太大了，被屋内的太后听到，太后说，这是薛福辰吗？何憨也！太后为他写了"职业修明"的匾额，另外赏赐无数。光绪九年（1883），他被任命为直隶通永道，赏头品顶戴，备极荣耀。后来担任顺天府尹、宗人府丞、都察院左副都御史，此时在家乡无锡去世。"可惜你窝在这个小地方，依我看，要是在京城，你的医术会有很大机会可以表现。"孙葆瑨突然联想到力钧身上，"如果在京城生活一段时间，也是说不准有一些机会……"

1890年10月，以慈禧为核心的帝国政治班子中，奕譞发病薨逝。

当年西太后突然宣布以载湉继统时，奕譞骤聆之下，吓得昏迷倒地。当时朝廷内外的私议是因为他知道西太后手段毒辣，以后切身危机，以及儿子载湉的命运实难揣测。尽管他从此以后小心翼翼，如履薄冰，仰承意旨讨得慈禧的信任，但慈禧的积威总如悬在头顶的一把利剑，不知何时会突然飞落，令他难以安枕。慈禧又极善拉拢，正像她当初拉拢恭亲王，把恭亲王的女儿认为己女，封为固伦公主；她对奕譞拉拢，把妹妹嫁为醇王福晋，还赐给他内务府的秀女颜礼氏为庶妻侧福晋，种种恩威并施的手段，使醇王更是战战兢兢，处处表示安分守己和忠诚无限之意。

1886年，醇亲王和慈禧太后身边的一号太监李莲英巡阅了李鸿章的北洋水师后，醇王提出"添置船舰，慎固陆防，推广学堂"的建议，得到朝廷的认可。

1887年皇帝已满17岁，慈禧太后表示她想归政交权。事实上，包括醇亲王在内的王公大臣，都知道她权欲极盛，因此以醇王为首的王公大臣们"苦苦哀求",呼吁太后再"训政"两年。等两年后,光绪完成大婚,再行交权。慈禧顺水推舟接受了。

太后有执政多年的辛苦,以皇帝和他亲生父亲奕譞为代表的朝廷方面,为表示对太后的尊敬和酬劳,修建清漪园(修成改名为颐和园)和三海(北海、中海、南海)就作为酬庸被提出。户部尚书军机大臣阎敬铭、尚书黄体芳、御史王仁堪等因国库空虚,反对修园,其后都受到打压。

醇亲王就通过李鸿章,向沿海省份的督抚等要员授意筹款,孝敬太后。但慈禧太后觉得这样名声不好听,最后醇亲王以海军的名义筹款260万两,重修了颐和园。(历史上,梁启超出于舆论宣传的需要,说这一笔700万两银子修的园子,经费是从北洋海军挪用的。语见1899年《瓜分危言》。从此醇亲王、李鸿章、庆王奕劻一直背负着挪用军费孝敬太后的骂名。经现当代历史学家考证,260万两银子并非是海军经费,且260万两银子没有用完的部分,还投入铁路建设中。)

而北洋水师从1861年筹建到1888年成军,清政府共投入海军经费一亿两白银。

不料,光绪皇帝亲政才不到两年,醇亲王就突然去世。享年51岁,谥贤,配享太庙。"醇贤亲王尊为本生亲,乾乾翼翼,靡间初终",醇王一死,朝廷上,近支王公大都已淡出政治中心,包括恭亲王此时早已没有角逐政坛之志,庆王奕劻成了取代醇王位置的第一人选,他成了军机处的主管和总理衙门的一号。

第六章　三下南洋

荐医南洋

施滋卿从南洋归来，数位老友多次相聚，他带来的南洋异闻、物产让朋友们惊异而新鲜。

正月春酒，轮番设宴。这日集于孙家聚会。聚会中还招待众人观看了一出当时新创的曲本《紫玉钗》，是根据唐本传奇《霍小玉传》改编的。唐宗室公子和霍家小女霍小玉相恋，李益得官后，他母亲替他别娶卢氏。卢家为望族，李益终负心，弃了小玉。小玉积思成疾。后来李益再到长安，有黄衫客挟他重见小玉，小玉一恸而绝。曲终收拨当心画，四弦一声如裂帛。众人听得痴了。

曲本是长乐的邱琴舫改编的。"情辞之美，《西厢》也不能再专美了。"同年何孝廉说："李益是否负情，我倒有一见解，李益诗'水纹珍簟思悠悠，千里佳期一日休。从此无心爱良夜，任它明月下西楼。'俯仰之间，有无限情思，薄幸之人，岂能出此。"王元稚多情甚，看得双目含泪，听到议论，则说："不然，李益以宗室出身，文名广著。唐五代，中原人士最重门第，中南方以王谢家族为最，北方以崔卢家族为冠。唐文宗曾感慨：吾家公主下嫁，在民间，反而还不如卢谢家族那样被百姓看重呢！"施滋卿则陶醉

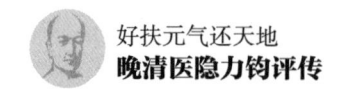

于唱作。感叹赞叹之余便谈了一件正事。

施滋卿这次回来要继续在上海贸易。同时他还负有一个荐医的任务。槟榔屿的一位富商吴寿珍，老父生病许久，吴寿珍拜托很多人请一位靠得住的中医前往诊治。

施滋卿说："吴寿珍虽然富甲一方，现在却也一身烦恼。他的父亲年老得了失心症，种种失心，全家上下无不困扰棘手。"又列举了吴父在家所造的种种令人啼笑皆非、欲哭无泪的情状。"也多方寻医看了，收效甚微，因此嘱我这次回来如有合适人选便替他张罗一个名医。待遇是很丰厚的。"

听了施滋卿的话，王元稺就指着力钧说："轩举兄就是靠得住的人。只是你问他，可有这个心思前往南洋？他刚刚还编了《庚寅医案》，十分精彩。"

王元稺所说的《庚寅医案》是力钧编辑整理的1890年的医案。

当年5月，力钧从京师回到福州家中，因为信息不通，父亲寄出的信，一直没收到。一到家就听说女儿力绣纹生病已经一个月了，找了很多个医生来看，都没有看好。

仆仆风尘的力钧调匀了气息，来到女儿床前。5岁的女儿病得气息微弱，小脸烧得通红。医生开的是柴葛汤，已经吃了数剂，没有效果。力钧把脉，觉得脉数大有力，这是邪在里不在表。又问家人知孩子每天口渴、谵语以及傍晚发热，已经7天不通大便，这些都是阳明燥结的症象。力钧开出"白虎汤"，白虎汤就是叶天士曾要为自己母亲开方不敢下笔的那一方药。以白虎命名，传统的医家认为它是大寒之攻药。力鼎三不放心，要力钧把这个药方拿到亡妻林氏的灵前占卜。全家各种忐忑。力钧听从父命，把药方放在灵前，燃香祷祝之后，请求亡灵对他所开的药方给予启示，此方是否合乎女儿病情，取了一对杯筊，施礼后恭恭敬敬地往灵前卜下。杯筊一翻一覆，这是个吉兆。煎药给绣纹服用。连服四剂，力绣纹大泻，泻完一次就精神了。全家大喜，尤其是奶奶觉得她已经好几天没吃东西，虽然力钧嘱咐只能吃点粥，但还是给她吃了一些饭菜。这下又病了。好在力钧细心，晚上回家又为她把脉，很快发现不对，这时病尚轻，脉无力。这是因为胃气受伤不能受食。又开了"竹茹、炊荷叶、川贝、五谷虫、甘草"，服药后，再以粳米汩助之。吃了两天，才真正痊愈。

这是五月间的事。

女儿绣纹病的这几天，力钧接到了妹婿黄宝瑛从南屿捎来的信。妹妹力玉华刚刚生产，产完却有不好的症状。接信看，黄宝瑛说是力玉华病重。力鼎三夫妇大为惊慌，立刻让力钧前往探问。力钧诧异，因为之前只说妹妹是产后服补中益气不效，又服了柴、葛、芩、连，又不效。

此时城内外又发大水，想到妹妹的安危，接信后，力钧立即涉水坐车直驱乡间三四十里，前往黄家。

到了黄家，只见妹妹的病榻前方案上积有满满的一沓子药方。这是黄家前面请过的医生们开的药方。妹妹自述是口渴、身热。看起来像是火象；再诊脉，左手滑、弱，右手浮、滑、急，且两尺脉的脉象都无力，力钧告诉宝瑛，这并不是火象，而是寒多热少；再有，病人隔天发作是湿疟。另外，像舌滑、腹胀、便溏，这些都是湿象。渴了想喝水，喝水就想吐，这是体内水湿不畅，导致脾虚失去运化功能。因此开了"二陈汤"，加茵陈、草果。服一剂后，力玉华大吐，吐的多是痰。力玉华问他，为什么服热燥的药有痰，服润剂的药没痰，力钧说，饮停胸膈，就像雪积在地窖中，遇到雨则凝，遇到日则消。次日脉象就缓和了，已是热多寒少，因此又连服两剂，病就好了。

嫁给陈幼荷的长姐也生病了。她的病症是脾虚泄泻，泄泻厉害，一年里她就骨瘦如柴，最后躺倒。力钧看到姐姐，异常之处是她的两目有卧蚕之形，症状是胸腹胀满，不思食，欲得饮，但是饮也是很有限的，不能多。前面为她诊过的医生认为她是"木气不舒"，力钧诊她的脉象是"右滑，左弱"，两寸脉"微洪"，虚阳外炽，所以有舌燥咽干的症状。真阴内竭，

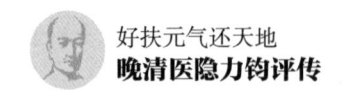

故而有筋挛结秘等症。始服二陈汤病情小减,继服六君子汤又减轻。这时力钧拟进干姜甘草汤。姐姐一听说干姜,连连摇头,福州民间都说干姜是会引起上火的。力钧并不勉强,改用小健中汤,让中焦有暖气,上焦微有燥象。姐姐不敢再服了。停服十天后,旧疾泄泻复发。还好这次脉象有神,不像上次那样滑弱。力钧用人参养荣汤,去掉其中的黄芪给开药。病症很快消失,为了调节,力钧用"逍遥散"。姐姐完全痊愈。

  一天,姐姐派人来让他给外甥女看病。正是暑天,虽已近夜深,天已黑,到陈家后力钧还是出了一身汗。一问病情,听说是下午,16岁的女孩口渴,桌子上正有一杯早上泡的花茶。拿起来咕噜噜喝了一大杯。谁知道喝完后肚子一直冷痛,而且,她正好在月经期中,发现自己月经从肚痛后就不来了。知道这一原因,力钧告诉她,花茶味苦性寒,冷饮更是如此。老人如果体弱,往往会因此引起痰疾而且还会肚子发胀。少年人火旺,所以冷茶能直接进入胃中与热气相聚,因冷热交战,血气为此受阻。因为这时已经夜深,药店都关门了,没有地方买药。力钧灵机一动,用病人的落发一握,茶叶一杯,焙灰存性。然后用滚水煮了七沸,让她服用。喝完之后,大泻一次。次日来告,经已调好。这个方是从李时珍《本草经》上得到的启发,由自己心悟而发挥的,效果却令他自己相当满意。

  力钧次子力舒东才3岁,肺燥,舌绛唇焦,数日不大便。睡时痰漉漉有声。力钧认为这是孩子胆气不足。胆为中正之官,清静之府。用温胆汤加蒌贝调梨汁,吃了两次也就好了。

  几番连试均让亲人早占勿药之喜,亲友互传讯息,扩大了力钧行医范围。

  学生邓仪中患了便秘,力钧发现他的脉急,有寒、实象。开了竹、枳、蒌、贝等方。服后大便通畅,可以进食了。但过二十天,又犯病了,而且热比上次更重,兼口渴、舌黄燥,脉微细。力钧沉吟,告诉他:按症应该用石膏方,但你的脉象,则应该用附子方。因你原本脾胃弱,用下法通便,或会伤了胃气。现在原病未愈，你上次便秘，不能食的状况只有两天，这次却已经三天多了，比上一次更重。脉微细，属于少阴症，但你的症状上看是阳明病。不能再用下法，也不能再妄补肾阳，要观察。

力钧推敲，想起张仲景的治病以治胃气为主，在治太阳病时让病人啜食稀粥，以养胃气，助正气抗邪气，以防止病从太阳病向阳明病发展。另外，阳明病常用方中的白虎汤用粳米，也是同理。这么推敲后，力钧让邓家用粳米半升，熬成浓稠米汤服用。吃了两餐后，果然便下。到了第三天，用了三升粳米，病也就好了。

有一位孟姓友人的妻子，误服了胶、地、参、归等补物，结果寒湿内陷，变成了阴阳症：上身自汗发热，面带赤色；腰以下不出汗，冷如水寒。盖厚被子也不能暖和。力钧说，应当用枳朴（枳壳厚朴）治其药积，痰湿开了上下就通畅了，那么下冷上热症就可以不治而愈。当时有一位孟家亲戚郑某也在座，郑某意见则不然，说，必定要用葛根、连翘、赤豆、淡竹。力钧问他药理是什么。郑某不能回答。力钧就向他解释她这个病担心的不是上焦之热，而是下焦之寒。病人服用了力钧开的药后，当天晚上整夜睡不着，但次日胸膈之间感觉畅快宽松，饮食也多进了。郑某仍然持前议，并以病人睡不着为由，一直在孟姓友人面前反复劝说改服别药。孟姓友人听信了，找了医生，最后服了郑姓所说的药方十余剂。隔了几天，没有请诊，力钧也便没有再上门。后几天偶然得知病人还没好，仔细询问才知有这个反复。而病人此时"其上身亦冷，饮食不能进"，堪发一叹。

除了至亲之外，医名也开始在同年之间广为传扬。像同年胡谦侯、陈灼三、周景涛，祖籍也是永泰白云的黄芸淑等，家人有寻医找药的，也都上门求诊。这一本医案中，力钧记录整理下来的接诊医案有70余例。另有一本《警医录》，总结行医初始的得失。

施滋卿听后也认为力钧是十分合适的。便详细告诉力钧，托他找医生的吴寿珍，是诏安人。其父叫吴秀水，早期移民新加坡，克勤克俭。早在

20多年前，就创立了万安号商行，经营锡业和锯木业，更拥有7艘小汽船，来往于新加坡和荷属东印度和马来半岛间，经营土产锡矿、橡胶进出口，业务很兴旺。

他又问询力钧对南洋行医的意向，同时表示此事时间很紧，要是愿意，本月就需动身。对新加坡一带的医业情况，施滋卿称，当地习中医的，很多也是中国人浮海而去，多是因为贫迫交织，医学庸劣。在海外行医，因陋就简，对类方任意加减，寒凉补泻常常混乱施用。"唯利是视，巧伪多则真不见。"也有一些西医，华人看得并不太多。

王元穉说："这两年在下虽然橐笔所至，币聘争迎，比往年安逸。但如是在下处于香雨兄境况的话，可能会趁着年轻，多去见识一下。说起来这人生，我特别后悔的是少壮时，有两次本来可以作大西洋之游。一次是受命于沈文肃公（沈葆桢），船政派遣人员去西洋，还有一次是应郭筠仙（郭嵩焘）侍郎之聘，都已入都了。两次都因为情况有变不得出行。"王元穉好遗憾："你们看，跟郭侍郎出去的李丹崖、黎纯斋两位观察，现在都在海外持节了！"

众人此时已想不起当年郭嵩焘身处被视同"汉奸"的窘迫之境，只是连声为王元穉可惜。"你现在还是壮年！年富力强。"

王元穉笑道："如果是从政嘛，这个年纪还可以，但是我一个教书的，现在这就算是为天所弃了，槁项蓬庐，穷愁著书，毫无作为。再者你现在不是已经开始研究西医，如此，正好可以增进西医了解，也去看看海外是怎么样治病的。"

力钧听了也是怦然心动。对中医的研究，尤其是在《内经难经》上的研究已花了二十几年。至于西医，去年在上海购买的译本资料《全体阐微》，一年时间阅读后，上面写满了他的批注、问题以及想法。在异国他乡，他可以有密切接触西医并与之交流的机会，这未始不是一件值得尝试的体验。

1891年正月，还没过完春节，力钧从马尾启程，经香港到达新加坡。

第六章 三下南洋

东南亚地区资源丰富，地理条件优越，自古以来就是中国和印度两大文明古国的海上交通要道。唐朝时就有中国人旅居海外，从事商贸和宗教活动。至郑和下西洋时，访问的 30 多个国家与地区中，有 14 个在南洋。鸦片战争之前，因闽、粤两省破产农民以及手工业者和商人冒险出洋寻找生机，南洋诸国的华侨开始大增。因为西方工业革命后寻找市场和殖民地，到 19 世纪末，南洋地区除泰国之外，都成为西方的殖民地。为掠夺东方的财富，他们需要大批廉价而又有较高技能的中国劳动者，《北京条约》签订后，清政府被迫废除海禁。这使西方国家诱引中国东南沿海的青壮年去南洋当华工合法化。这样便有不少闽粤人横心抛家，前往南洋。

力钧行前翻检了在京津沪购买的一箱子书。特别是在上海，他惊叹书坊里江南局译馆的译书真是琳琅满目，范围涉及天文地理、兵学、医学及工程声光电学等近代科学和政治、外交等现代社会科学门类。还有出洋留学或者外交人员写的关于南洋诸国的地理书。

他对于异域的认识来自《瀛环志略》。这是由曾任福建布政使、福建巡抚的徐继畬所著。徐继畬在闽抚任内，军台犯官逃脱未报，被议处罢官，其《瀛环志略》因此在中国不甚流行；徐氏著书 20 年之后，清朝经第二次鸦片战争的挫败以及与西方列强各国谈判破裂，开始知道与世界割裂的痛处。徐氏再次被起用，任过通商大臣、总理衙门行走兼总理同文馆。此时，总理衙门重印了《瀛环志略》，并定为同文馆的教科书，因而成为当时国人了解世界的必读书。第一位出使西洋的郭嵩焘，目睹了西方世界的实际情况，印证书中对外部世界的所言不虚，曾在给国内的信中感叹说："徐先生未历西土，所言乃确实如是，且早吾辈二十余年，非深谋远虑加人一等者乎？"

这本书是赴京路过上海时买的。还买了几本《瀛环考略》中所提到的书籍，以及当时出使西洋的留学生如陈季同兄弟的《使西纪略》《槟榔屿纪略》等。南洋之行，他携书而行，准备一一验证。

行道迟迟，中心摇摇。为排除这种怅惘，在海上的行程中，他把自己埋在了书堆里，这颇解了不少的心闷。间或走上甲板，海天苍茫，海风猎猎，对这一趟南洋之行，有数种遐思与迷茫。会怎么样，总是要去了才知道。

侨商侨领

到了新国，吴寿珍亲自来码头接迎。吴寿珍也叫吴世奇，甫一见面，力钧见到他浓眉大眼，长期被海风吹晒的脸上，有着一种豪爽之气，他与力钧同年出生。握手道久仰，道路途辛苦，又彼此问询了一些生活习惯，力钧被迎到吴寿珍的家中居住。他家在直落亚逸街，经过万安号商行时，他指给力钧看，这是他们家的商行。

他们家就住在附近一栋洋楼里。

其父吴秀水，字淡如，当年也是不顾生死从乡间前往南洋寻找生机的一个普通百姓。他生于诏安小渔村，村中十姓杂姓聚居，生活贫困。虽然勤勉，但渔业却也要凭老天赏饭吃。迫于生计、天灾，又逢政府签订《中英条约》允许华工出国，吴秀水就是在这一时期前往新加坡谋生的。

尽管"新加坡贸易之盛，岁值至千余万元，土产有锡、铅、蔗糖、槟榔、胡椒、椰子、沙藤、紫菜、甘蜜、犀角、象牙、降香、苏木；江瑶柱、燕窝、翠羽、螺蚌、文贝之属"，还有"开采锡矿者十余万人，富至百万者数"。但初来时，他没有资本，只得靠出卖体力，像大部分来马来半岛的华人一样，吴秀水从进入英人开设的锡矿当采矿工做起，白手起家。

吴秀水不仅肯出力，还会动脑筋。白手起家后不久，看准当地物产，加上自己有挖锡矿的经历，开始经营起锡业和锯木业。在新加坡直落亚逸街福建人集中的源顺段创立了安和号，运锡和木材销往异国。在经营之中，发现此地商贸离不开海上物流，往来的富人大多拥有自己的航船。

吴寿珍解释说，洋人称这里为"远东的十字路口""东方的直布罗陀海峡"，是无可替代的交通要道。力钧翻阅过地理书籍，自然知道，早在公元4世纪，阿拉伯商人就开辟了从印度洋穿过马六甲海峡，经过南海到达中国的航线。1407年，郑和的船队第一次到达该海峡，在他七下西洋的壮行中，有五次都停泊在这一片海域。

吴寿珍继续介绍他父亲的创业史。吴秀水从事贸易后一段时间，积攒了一些资本，又借了钱陆续买下了7艘小轮船，来往穿梭于新加坡荷属东印度与马来半岛之间，经营土产出入口，业务蒸蒸日上。"经营到现在，算是小有资产。"吴秀水成了当地颇有名气的富商。

"1819年莱佛士登陆新加坡时，岛上华人才150多人。深具大眼光的莱佛士因其地理位置之殊胜，即计划把它发展成商业中心，加上当时社会也需求大量劳工。因此大批移民（以华人为主）前来，这里就有一些中医也随移民潮而流入。不过当时的中医都只局限于一般的儒医和祖传的，以及一些被称先生妈的祖传妇儿科中医。1867年，约有6万之众的华人移民，其中有一些是私塾老师、文员书记和避难的政客、短暂来访的文人，但大部分是劳工，赤贫之辈，一旦有病，无法及时就医，因此，乡人就合资创建了医院，免费施医赠药的。但时间久了，捐资很快告尽，医院管理也陷于疲沓之中。"

"我的父亲在商业有成后，因赈捐有功朝廷赏了官。至于现在凡国内有难，他都踊跃设法筹谋图赈。我们这里的华人商会众多，说起来，也是亲帮亲，富帮穷。没有办法，谁教我们都是华人呢！家父在前些年，还在此地筹捐华人首家医院。他当时做主，宴请新加坡诸多华商，宴上劝捐，共筹得洋银9万元。这里面除有父亲自捐4000元外，还有陈若锦、章芳琳各5000元，吴新科、颜永成各3000元……以后有机会，我会带你认识现在管理医院的人员。"

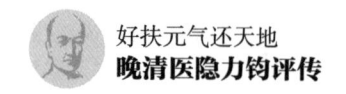

好扶元气还天地
晚清医隐力钧评传

"在那以后，新加坡的士民很多人都认识了我父亲，连同洋人的管事、朝廷派来的领事诸人，也有更多往来。有一年，有消息说皖省先水灾后大旱，灾民流离，因而父亲又捐了4000元。"吴寿珍说，"你看堂屋里挂的那块'乐善为怀'匾，就是捐款后，两江总督曾国荃亲笔写赠，父亲还获赏了道台衔，新加坡的商家都很骄傲，说也是一时羡谈。"新加坡的华人，为了光宗耀祖，提高社会地位和美化领袖形象，常向清廷捐官，蔚为习尚。当时能够花得起这笔巨款并愿意花的人，屈指可数。

"去年，因为赈捐有力，朝廷赏了父亲盐运使衔。谁知道，这之后父亲就得了病。前头找了几个医生，说是失心症，按说家父平时为人豪爽，真是不知道为什么得了这个病。"

吴寿珍聪敏沉稳，成年后前往新加坡协助其父打理生意。经过20年，商场经验日渐丰富。遇父生病也一筹莫展，1891年吴秀水得了"失心之症"日益沉绵。此即中医上所说的狂症，症状为登高而歌、弃衣而走、打骂毁物、不避亲疏等，不一而足。得了这种病，因为病人已陷于狂，其本人不觉得痛苦，唯亲人不胜其扰。力钧甚是理解他的苦恼与愁闷，魏晋时有个名士殷仲堪，他的父亲得了这个病，当被人问起这病如何症状时，他痛哭流涕，说是自己"进退维谷"——因为不好启齿。他衣不解带侍奉父亲，一年后，父亲终于去世。

这是一个棘手的病，力钧细心辨证，用心为他调理。因吴秀水的狂病已久，时而反复。形体消瘦，唇干舌燥。3个月里，力钧精心为吴秀水治病，其病大有起色。

吴寿珍的家如同华人的一处活动中心，力钧的医术一经从此揄扬，在新加坡的很多华侨华商都找上门，延请看病。

吴寿珍家对面是一处偌大的宅第，门饰辉煌，吴寿珍告诉他，那里是"南生园"，屋主是首任新加坡领事胡璇的次子胡心存。胡先生曾宦游英俄奥日诸国，所以各国的珍宝购置不少，均收藏在他们家的南生园中。不多久，力钧就和领事左子兴等人一起参观了南生园。胡先生原来是专为法船过新加坡时的"供亿"（按需供给），每年单此项收入就有几千金。但是甲申年马江之战后，和局决裂，胡心存先生宁可失掉这笔可观的生意也再不与法人合作、为他们服务。力钧感慨，海防戒严时海外华侨向祖国慷慨乐输，已经很了不起了，而胡先生此举，更是独为其难的。从中可见，经商海外的侨胞，忠君爱国之心，哪里是传说中商人只知有利不知有义的那种！

暂寓的吴家，常常往来新加坡华侨，与力钧便也熟识了。从他们口中，再次验证向来所读过的关于南洋一带的舆志。"马来半岛和苏门答腊岛是海蚌的两扇蚌壳，那新加坡就像这蚌壳中间夹着一颗明珠，"一位客人打了个很形象的比方，"华人称之为星岛。可是一颗珍珠总是蚌痛苦嗷吐出来的心血。我们华人到底是到别人地盘里，活得没有那么容易。"

"刚刚来时，我们父辈的那一代，国内对他们出洋承工的总是看不过眼。过了十几年，才变鄙弃的态度为承认。后来秘鲁西班牙的华工受到骇人听闻的迫害，朝廷派员去交涉，这才开始设领事保侨。"

"南洋华侨，向来是一有洋人殖民增税，二有土著社会高压。除了新加坡，还有很多国家如小吕宋没有设领事，朝廷派王荣和总兵来筹办捐船护商事宜。到新加坡，看到所有实业，华人居其八，洋人仅得其二。每年往来的华官又很多。英国人在这里设有华民政务司，专门处理华人的事务，算是较为公允的。只是与中国衙门没有联络。王总兵亲眼看见这里招工各馆，有作奸欺瞒的无从禁止，也无从保护。我们这些侨民，也只能靠自我联络互相保全。假如我们侨民在海外不能安居，便得回归内地。而中国无数沿海的游民该怎么办？所以应尽力就地保护侨民，最简单的办法是设立领事，加意抚循，这样我们侨民自然心向故土，心向朝廷，同时只要侨民人心固结，也无形间成为朝廷在南洋的屏障。"

从他们的口中，力钧也知道他们每一个人身上都有创业的艰辛和不易。

世外无桃源，没有过捉襟见肘的生涯，没有过深夜无眠辗转的困扰，没有过独自咽泪的日子，谁的创业是可以轻易成功的？好在有乡会党，有可以说话拼醉的亲友，才挨得过最苦最难的日子。走得远了，回望故乡，回望祖地，便引起了深深的乡愁与诉不尽的衷肠。

一日，几位侨民聚坐从容聊天。吴寿珍曾经请力钧为所住的楼命名。当时力钧脱口而出，名之为"夏楼"。

这天，又有诗茶酒之会，假于吴家而举办。客人皆入座，问起何以请柬上所写的地址为"夏楼"？又有座中一客问，这是取用夏变夷之意乎？"是的。"力钧说，"最近与世奇兄相处，已有两三个月。来吴家的客人也多，有洋人，有当地人，很多人都改穿洋服，世奇兄一直是非中国之衣冠不敢服，兢兢然只守着先王之制和礼俗的。"客人说："用夏变夷，是要世奇兄改变这个地方的社会风化吗？"

"转移风化自然另有应该负这一责任的人，我现在还不敢用这个来期望吴兄。也许以后，给吴兄以舞台和空间，出任转移风化的职责人员，那时，他用夏变夷，也是意中的事。再说，我们华夏古人季札听到秦声，说，'能夏则大'，那些以外夷学习中国的都能做到。何况居住在新加坡的都是华夏人呢。"

客人听后默默无语，久在异国，已对那些礼仪和生活习惯淡漠了很多，所以觉得他的话令人深思。

在新加坡，力钧还结交了新加坡领事左秉隆（左子兴）。左秉隆，广州人，12岁开始学习古文诗赋，15岁入广州同文馆，后任驻英公使曾纪泽的翻译官。

1877年，郭嵩焘上奏新加坡设立领事片，清遂任命新国侨领胡璇泽为中国驻扎新加坡领事官，在新国设立第一个领事馆，"以资弹压"侨民，领事是"迁就英人之意而立"。

曾纪泽任英国大臣后对新加坡十分关注，对设置领事的目的和必要性有更宏大的认识，新加坡"万国通衢，五方杂处，英人既竭力经营，而华民之经商寄寓于该处者，辐辏往来，日臻繁盛。该处领事馆实有联络邦交、保护商民之责，必得精明强干之员，方足以膺兹剧任。"推荐左秉隆任领事，在领事馆门口正式挂上"大清国领事府"铭牌。

1881年左秉隆出任中国直接派遣的驻新加坡第一任领事。上任后，左秉隆注重文教，为新加坡文化启蒙、华文教育做了很多事。

在他上任之前，新加坡虽已有崇文阁、萃英书院等学校，教导学生"读孔孟之书，究洛闽之奥"，但当地华人总体文化水平较低，读书人亦处于群龙无首状态。左秉隆莅任后，一方面倡办义塾，另一方面又倡设文会，以振兴华人文教为己任。在他的推动下，前后创办的义塾有培兰书室、毓兰书室、乐英书室、养正书室等。他还倡设了会贤社、会吟社、雄辩会等文化团体。

除了雄辩会以海外侨生为对象外，其余的都以振兴华人文教为目标。尤其是会贤社，活动最多，每月都有"月课"，由左秉隆出题课士。题目大多与儒家思想有关，有的直接出自"四书"，也有评论中国历史人物的，如"武侯论"等。左秉隆还将自己的薪俸捐作奖学金，并亲自评改学生的课艺。会贤社的活动对于当地士子研读儒家经典、普及儒学和中华传统文化有很大的组织和推动作用。在他的倡导下，新加坡已"稍稍有文风矣"。除自己创会外，他还鼓励闽人创办乐善社、粤人办同善社，通过宣讲圣谕，传播儒家传统价值观。因此在新国，他有"海表文宗"的美誉，新加坡著名学者陈育崧甚至将他的新加坡之行，比之于"韩（愈）之于潮，苏（轼）之于琼，朱（熹）之于漳"。

因为在华人名流圈中的扬名，力钧也成了左领事的座上宾。就是在第一次见面时，左秉隆示阅自己著成的《海南群岛纪略》。这是一本介绍东南亚地区的书，一翻阅之下，力钧发觉其中择精语详，与他之前所读的海南群岛书都不太一样。左秉隆手上也没有多余的书相赠，因此，力钧就向

他借来，抄写了数帙。

在借书、还书、宴游中，与左领事结成好友。他们谈经义，谈医理，谈抱负，谈中华文化，他们还探讨世界形势、国家局势和人生走向，虽然时日甚短，却彼此有相知倾盖的莫逆在心。

与力钧交往相知后，对其学问、志趣和人生观也相当倾慕和认同，左秉隆因此邀请他同阅会贤社学生课文。力钧为课文能做中肯的评价。

这年六月十七日，为左领事的母亲姜氏84岁寿辰。这时候，左领事将要去香港担任领事。因为他要离任，大家觉得此一别，以后再聚首是很难的了，所以趁太夫人生日一起为她举办寿辰纪念。

寿宴上，左秉隆讲起母亲早年的辛苦和大义。

太夫人也是孝女，嫁给左父左达瑜先生，因为没赶上侍奉公婆，心里常觉得是件憾事。因此祭祀时供品都要加意丰盛、洁净，对丈夫治儒业也辅助许多。左秉隆1岁多时，父亲去世了。在抚养左秉隆过程中，母亲慈严并加。咸丰年间太平天国起义，广州几乎沦陷时。有人劝太夫人躲起来，她指刀发誓：我要与广州共存亡。并吩咐大儿子、举人左毅卿拼命杀敌，不要以身家为念。

这让力钧想起了他的林寿图老师和当年在江西广信誓井的沈葆桢夫人林普晴。

当下，他便接话说："自古伟人得母教者多。我朝尤多。我国以孝治天下，所以有这忠孝常得存的缘故。我在福建时，就听到乡贤先生们的旧事。当年沈文肃公因母老乞养回籍，朝廷又想用他，以为邻省便于迎养，所以把他安排在江西。朝廷对孝子的体恤，也会使这些孝子激发出忠义。话说沈文肃公的夫人，是林文忠的女儿。受其姑之命，从福州前往广信襄助沈文肃，沈文肃奉命出城筹饷，不想城被太平军围困。一城士兵皆要逃往山间，他们见沈夫人怀孕，也不忍独自逃亡，所以力请她同往后山避敌。沈夫人却绝不肯，谓'丈夫所托，誓死不辱使命。太守为天子守广信，他不负天子，我不负太守'。真是名门之奇女！空城之中，沈夫人还想起少年所读的《左传》，遂写了一封血书向邻城饶将军乞援。果然得到饶将军的援兵。而沈文肃接信后亦返程。在广信城保卫战中，沈夫人亲自做饭慰劳官兵，出城的乡绅为官军捐物捐粮，沈夫人亲自登记。广信之战后，沈文肃才得受知大用。

"我跟沈公的孙子沈翊清同师同年，也常一起学游。所以听说过这事。我与翊清兄还共同受教于欧斋先生，林先生旧事也颇可记……"

"他们亲养母亲的孝，我们虽然没有亲眼见过，却早已听得很熟悉。领事之事太夫人，我们可是亲眼看见了。"他们的对话引起在座很多人的共鸣，并且各人都回忆母教，为寿宴增兴。

这一番交谈得到大家共同的认可，大家一致推举力钧为左太夫人之寿写一篇贺寿之词。

南洋行见

到了六月底，已治愈吴父，又医愈富商多人，新加坡之外的吉隆和槟榔屿华人也纷纷邀请他一游。

在福建的时候，力钧就听说过南洋一带的数位侨民，比如，王元穉的不曾谋面只有书信往来的朋友李丕耀，比如邱忠波。在吉隆埠结识邱忠波带给力钧强烈震撼。

邱忠波，原名邱波，又名松龄，字如松，谥荫圃，厦门海沧人，15岁左右即下南洋谋生，到达槟榔屿。"中国人购轮船自君（邱忠波）始"，商务涉及范围包括新加坡、槟榔屿、香港、汕头、厦门、宁波、上海等地。此后半生传奇，广泛流传于华侨们口中。

19世纪中期，伴随着移民潮，为了维护自身的利益，新加坡的华人有七成以上参加了会党。他们插手华人社会中的大小事务。"建德堂"（也称"大伯公"）就是其中影响较大的一个会党。其主要成员是侨生福建人。邱忠波是这一福建会党的第二号人物。第一号大哥是邱天德，槟榔屿英籍华人，当地最大的苦力经纪人。

邱忠波有一艘大驳船"金协成"，往来槟榔屿与泰国之间航运，1862年3月的一天触礁在一个叫浮罗交怡岛的海面时，被当地的皇族同马来人劫掠。船上既有锡货，又有乘客，共有3万多银圆的钱货被抢。邱忠波一方面向英政府提出诉讼，要求归还财物；另一方面请皇族另一权贵出面帮助索回，并允以索回物一半的酬金。最终通过协商取回财物。

1863年，建德堂与和胜馆发生了武力冲突。此时，邱忠波因为经济地位的提升希望获得英国国籍，以便在后来生意与日常活动中得到庇护。因这场冲突，入籍证尚未到手的邱忠波为免去麻烦和障碍，在报纸上申明自己已退出大伯公会。因而很快得到入籍证书。

1867年建德堂再次与其他帮会义兴会爆发了海峡殖民地史上最为血腥的帮会械斗。这次械斗，丧生人数多达四五百，烧毁房屋千间以上。邱忠波被认为是建德堂帮会的首领，与义兴会的首领梅耀广都是煽动者，二人同时被英国总督下令流放外地。

1869年被递解出境的义兴会梅耀广又偷回到槟榔屿。因而邱忠波以英籍民身份被逐的案件也再度受到瞩目。检察官认为对邱的驱逐是不合法的，最后撤销了两项指令，并当面告诉他们：只要你们喜欢，随时可以回槟榔屿，但必须学会如何自我约束。

邱忠波曾经在会党中得到兄弟般的温情友谊，会党也曾为他的生意提供保护。但经过这一次械斗和处置，他的兄弟们与他产生了矛盾，同时外部压力也迫使他离开了这个曾经为之骄傲的组织，过起了"隐姓埋名"的生活——他在会党时期，原名叫邱波。从这一年开始，槟榔屿再无邱波的活动轨迹。从19世纪70年代开始，他以邱忠波的名字开始在商界活动。

航运业是早期华侨在东南亚经营的主要行业之一。无论是经营土特产进出口贸易，还是华侨在各国之间的往来，都要靠海上运输。邱忠波也是由此商业王国起步。

1874年，他的万兴公司成为槟榔屿船东的新加坡代理。其主要业务之一是运送苦力。

1875年，他购置客轮"漳福建""漳海澄"航行于厦门与新加坡之间。再过三年，他成了万兴公司的唯一股东，同时又购下四艘轮船的全部股权。

在航运业中获得丰厚利润之余，邱忠波开始从事税收饷码——英国殖民政府困于当地的征税工作，因此把一些税收如鸦片、酒类、赌博、典当等征收权力以投标方式拍卖。租金高昂，因为租期一般为二到三年，因此非财力雄厚的公司没办法拍到。以鸦片饷为例，1868年为355000元，到1888年，则需缴银1344000元。

邱忠波和邱天保（邱天德的弟弟）、王明德（建德堂执委王文庆的儿子）、辜祯辉（其祖上是槟榔屿首任华人甲必丹辜礼欢）等合作，于1880—1882年击败了新加坡承包商章芳琳、辛迪加的"叻帮"，成为新晋承包商。这是屿帮第一次进驻新加坡烟酒承包局。

此时，他更认识到与体制合作的好处和意义，因此常出面为政府做事、出力。如1886年代表槟榔屿华商主办宴会，宴请执行总督和柔佛的苏丹。在同济医院的重修中，他也捐了1200元，等等。1890年他预先为自己立的墓碑上，注明是正四品中宪大夫。

力钧所见到的邱忠波没有让他失望，且大慰所望。早在福州时，他就听说海外商务之大，邱忠波数第一人。虽然邱忠波此时生病躺在病床上已经数月，但依然声若洪钟，目光炯炯。座上一行人坐得满满的，但凡有客人向他提问，他都随问随答，毫不踌躇。再到他的办公之处，每天来往的书札有一堆数寸高，他在桌前支着张床榻，随时展阅，没有疲态。力钧深深佩服其生命力之强，干劲之高。此时邱忠波依然是新加坡烟承包局股东，年岁已大，不再担任公司职位。但因为公司业务极繁重，又是国际贸易，涉及地区诸如中国上海、宁波、厦门等地，又有满剌加、槟榔屿诸埠，业务上有吉隆和白腊地区的锡矿、西贡（越南）仰光的舂米机器和轮船航运。他还是尽力出主意。力钧称他是"受腹心之寄，任指臂之劳"，公司上下四五千人，及他们各自的家庭，皆仰公司生意为生。病中的邱忠波，足不下楼，却分派井井，擘画规划，都极有预见。就是当世所推崇有物望的人士，到了邱忠波面前，也常有局促之相。

邱忠波又是一个大忙人。有时他们正在畅聊，有属员向邱忠波汇报工作，邱忠波总是一语中的，直接抵达问题的要害。

在邱忠波身上，力钧看到了他担当与慷慨的一面，也看到他对自己相当节俭，自奉甚薄的一面。碰上善举，或是海防赈捐或是水灾旱灾，他无不慷慨出资报效国家。

至于货财交涉之事，邱忠波更是以"一诺立决"的豪气闻名。不只是中国人看重他，连洋人也对他的重然诺颇为敬服。

邱忠波礼数极为周到，几天没有相见，就派人来相招。到了邱家，邱忠波常常要留住力钧不让回去，盛情之至。

当力钧要离开前往吉隆时，邱忠波还给各个岛屿上的熟友写了几封信为力钧推介，先行派人发送。从这一点上，力钧感受到他的见识之远、性情之厚。这些关系网络，也对力钧深入考察槟榔屿有了很好的参考和帮助。

欢娱的时间总是短促的。临行，力钧发自肺腑地向同行的人说，我虽然南北行走只有两万多里，但在我之前所有认识的人里面，若论起见识远、待人深厚，邱是第一个。

等力钧忙完医事，到吉隆的第五天，邱忠波的侄子邱德修邀请力钧同往新修的一处园子。此时，邱德修正经营锡矿业务。在他的矿务公司，雇有1500多人，是个体量较大的公司。

园子在福山的半山腰，这也是矿区的一处。通往园子的路上，车辚辚，都是运矿的。这时回望走来的路，才发觉，路已远远在山脚下，而矿区还在更高的山上。

邱德修带他参观园中各景，"园子原来是荒废的了，我把它买下来，自己带人芟草斩艾，又修了路。"他介绍，"晚上你在此留宿，我们也可以畅快多聊聊"。力钧晚宿此园，闲坐倚栏，一榻花香，四围山色。不禁默颂"万物静观皆自得"，神为之怡。

力钧在吉隆的时候，邱德修正在募建福建会馆。

吉隆也如南洋的多个岛屿一样，很多华人万里萍踪漂洋过海，经过前一代人不知倦困的奋斗，终于使一处处荒墟渐成乐土。但背井离乡的旅怀始终无法完全排遣，榕海云烟，鹭门风月，都成了梦中萦回百转的心事，建一所会馆成了大家共同的心愿。

1887年，先是侨民赵士祝开始举建。后因为经费不足，辍然而止。于是大家又推举邱德修接着修建。邱德修也像这些同乡侨民一样，希望能够在这里分一瓣祖地的香火继续以慰对祖宗、神明之敬。另外，随着南洋的开发，越来越多的华人越洋而来，还可解决短期旅游到此的乡人的下榻问题，所谓一则泯思归之叹，一则恤行路之难。

在邱家住的时候，力钧和邱德修以及朋友们多次聊到这件事，力钧为他起草了一份募建福建会馆启。

邱德修尽管事务缠身还是常来陪同谈天。他的新园子想用自己的字"德修"命名，只是不知这样会不会让人觉得不妥。力钧立刻接口：有何不妥？古人用自己的字命名园子的，多了去了。以前孔子和弟子同游舞雩，樊迟问夫子就问的"修德"的问题。这园子有舞雩的意味吧！这一说，把"德修"意境与"舞雩"之乐关联起来，如是贴切心腑的话，让邱德修心安了。

更阑人散。园内还有灯火星星，此时的吉隆，万籁俱寂，看着自己身影长长地映在月光之下,虽是夏日,却也有凛然帝天之感。回屋睡下,直至东方既白,披衣起坐,神清气爽,耳聪目明。

回想这三个月时间里,人车隔绝,心无渣滓,洞洞空空,突然觉得时间流逝太快。像这样的园子,闭户十年,车马不喧,琴书自适,或可窥舞雩修德的意趣吧。他心里想着,继而又哂笑,虽然自己爱读书,但还真不是一个只能待在屋子里读书的人。如果说书本典籍是一种知识来源,那么自己行走和见闻也是一种来源,而对这两种不同来源的知识的思考,既是结果,也是新的源泉。

海外医悟

力钧在南洋游历了新加坡、吉隆、槟城、苏门答腊等埠,途中亦对华人诸埠的教育和卫生医疗情况有进一步的了解。

力钧行前读过好友陈寿彭的《槟榔屿纪略》,其中有"英设义学42所,教华文者一,教英文者五,教巫来由文者32,共学生三千三百零九名"。

来到实地,又经与槟城华人密切往来,出于对中华文化的关心和热心,他仔细考察了设在平章会馆的槟城闽义学。此时槟榔屿英设义学42所,中国设的有3所。力钧认为,福建原为海滨荒地,宋朱熹以来才有闽学振兴,而其道统渊源又和关濂、伊洛相媲美。因而他对闽学传承的主持教化者寄予深望。槟城闽义学是福建海澄华侨李道熙先生创设的。李先生也是以货殖起家,积有十数万金的财产,捐设了海澄吾贯社学,他家的大门上悬着榜匾,上写着李氏家塾。他曾任中书科中书,于《礼》颇有研究。他办义学提出"欲衍中原之圣教,开荒岛之文风",以延师讲学为先导。

李道熙不仅关心教育,对医疗卫生也很着意,在他的家庙前院,还有三楹堂室,门屏一如中国制式,这就是南华医院,为闽粤人施医地。

南华医院设于1872年夏天。这个堂室规模一如在中国，由于是共同的利益，侨民纷纷出钱出力。可贵的是，捐钱后不到一个月，医院就成立。从此拯疾病惠贫困，赠药赠医，凡是能做到的，医院都尽力为乡民服务。这样过了两年，创建经费及所有用项，捐题人、规条、来医等一一登记在册，并刊印分送，这是为着对捐赠的负责和昭信。到1884年稍为完备时，李先生提出自己退出总理医院的职务，医院的总理要每年公举，届期交代……此后，医院由总理陈俪琴等12人共同管理院务。因地点适中，管理妥善，医治者日众，院誉日隆。后来除正院外，还增设了两处分院。

这是东南亚中医医院用现代西方公司制来管理的开端。

力钧为南华医院留下两副楹联，写得风神具足，道明了自己医学学术的来源与去向，更表达了壮年的力钧风华正茂时的心声和抱负，对联如下：

不为相而为医，诸君痛痒相关，好扶元气还天地；

以用兵譬用药，满目疮痍未复，休蹙生机咎鬼神。

灵枢、素问、汤液，本草非完书，即真正脉经，尚经校勘；

易水、丹溪、河间，东垣多异说，奉先师仲景，便得依归。

联句不离医家本色，却言外有音，直入传统文化的精神内核和正源。

医理上力钧尊崇经典医学，但也不惟典籍，如"本草非完书，即真正脉经，尚须校勘"句，可以看出他的钻研精神和质疑精神。"不为相而为医，诸君痛痒相关，好扶元气还天地"则道明了学术走向以及家国情怀。他还默默记录下义学的建制学规条略，摘录了医院的历年征信录。等这份体悟化为实践，要至五年后，他与同人合办苍霞精舍与东文学堂时，才显示出来。

在南洋一带行医，尽管医治了很多人，但他的经验其实很沉痛——时至今天，距离力钧在南洋行医已经130多年过去了，但借鉴来观察历史中中医之式微，甚至是传统文化的失落，力钧的感受依然是那么一针见血，直指人心。

他感慨："医不易为，海外为医尤不易。限于医，限于药，亦限于病者。"

所谓"限于医"，指南洋华人医界的入行门槛低，行医人员的从业水平良莠不齐。医生中有庸劣的，有巧伪的，有委琐的和党同伐异的，种种类型不一而足，其中任何一种，对医学发展和病人救治而言都是伤害。

新加坡同济医社、槟榔屿南华医院这样的医学团体中有懂得医学真谛、真诚为医的人，但在南洋环境下，还常有各种过失。这个主要原因倒不在医生，而在"限于药"。

"限于药"有几类，第一种限于中药制作的形质，有散，有丸，有露，有胶，有麹，有酱，有饼，有膏……种种。古人之所以要炮制这么如许法的药的形式，本来都自有深意在内。例如，上焦的药最好用"散"，中焦的适合用"丸药"；不同的药，如花类的药，制成"露"，效果更好，如果是皮类的药，要制成"胶"能固存它的本性，像桑葚类的果，制成"膏"疗效与保存都更适宜。

第二种限于药表现在药材的炮制上。药材之所以要"炮制"，是因为要去除药材中一些自然的毒性。有些药炮制后利于储存，使四气五味升降浮沉，各归其经。例如，经盐炒多入肾经，土炒则入脾经。所以就有不同的制法，方便医生采用，发挥其功效。

第三种限于药的情况是药性受产地的制约。"道地药材"的缺乏而不得不用其他地方的药来替代，但不同的地域，含有不同的地气，所培育的药物其性材也不一样；不同时节采摘的，也有不一样的效用。比如上党的人参、雅州的连翘，都有其他产地同名药材所不具备的特殊性。

第四种限于药，指出要明辨药物，像川贝与浙贝药性就不一样。中药材中这种情况很多，比如，同一根当归，它的头养血、身补血、须破血，药性截然不同甚至相反；麻黄，是解表发汗的，但麻黄根是收涩敛含的，等等。药名虽同而实质各异，这是做医生不能不知道的，但卖药的人知道吗？病人自己知道吗？

力钧还提到，卖药抓药时，药没有单独分包，一帖抓在一起，有一些贵重的药，像真珠、琥珀，就分量减少，而便宜的药像山楂、麦蘖多一些凑齐分量，病家怎么可能再去过秤？药的分量不足，当然起不到效用。还有就是医生写药方太过随便，如枳壳，只写成只壳，借方字多歧义，药品易乱。他曾亲眼看见有病人带来前面医生写的方子，上面的桑白皮只写丹皮，忍冬花以款冬代。中药讲究性味合象，性味异那么它所归的经也是不同的，当然药效不显。

南洋本草药物在异国水土中生长而成，服法、物性、炮制方法均不与中国本土相同，行医开方时往往不能使药尽其药效。

比起医的局限和药的局限，病人的思维方式和常识水平是影响中医发展的最关键一环。这就是"限于病"。

在槟城行医中，让力钧深感"医不易为"的最重要原因在于病人。中医所谓的医药治病，是以病人个体为中心的。中药的药性是与生命发生的一个"合相"，没有生命参与的时候，你没法衡量这个"药"的走向和纠偏的状态。必须要有"人"参与的时候，这个合象才会产生，药物的性气功能才发生出来。而当地的病人首先有其风俗土历。很多华侨是来自中国南方，南人好鬼巫，闽粤的尤其明显。有病的时候，便求神问佛，降头符药，而庵公的神丹，大多是燥烈之性，易伤精液。跳大神的在病人面前刻意中喧呶跳掷，易摄魂魄。还有，本来南洋的地理就是近赤道，时多夏令，汗后濯水，醉后吃冰，饭后吃果，茶后乘凉，最容易引发的是风湿和痰涎症。

这里地属英国管辖，西俗渐进，偶尔有病，常用重药。看医生时又不依赖医生，常常这边在用药，那边又请另外一个医生施药。各家的药互相牵掣。

就在书写、总结此行行医感悟时，收到远在福州的家信，得知母亲背上生了个疮痈，天涯游子心中忽忽，无可着落，遂起回乡之情。

值得一说的是，力钧的这个感慨在几十年后，为光绪皇帝治疗中得到

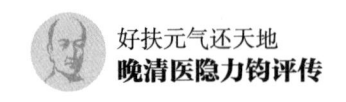

惨痛的验证。一直到进入21世纪的当下，他的这些论断仍有现实意义。

志略存史

1891年底回到福州南营。亲人久别，此时自然是分外思念之情得到慰藉。随后力钧开始埋头整理南洋行的笔记。这一年所著的书稿很多，存世的有两本特别值得一说。

一本是舆志类的《槟榔屿志略》，一本是《双镜庐文存》。

第一次下南洋，力钧最先感受到的是必须要先过语言一关。

"中西关键，全在南洋"。南洋居于关键的地理门户，所需的外交人员自然要熟知当地的语言，而现实情况是总理衙门派出的外交人员，经常因为语言不通，在当地不能更好地推行政策。

力钧精于小学，对语音的规律颇有研究。南洋地方的语言以巫来由（马来语）为通用语言。欧洲和东洋人到这里行商，没有不学巫来由语的。同时，在南洋群岛，共有百万华人居住，他们在当地买田买地，生育子孙，现在很多后代都不通中国言语了。朝廷派人经理南洋，总不外是"抚流寓"和"化土著"。文化的根在文字语言，如果不通语言，一切"示之、施之、喻之、范之"的想法和措施都无法实现。力钧仿照《日本寄语》《朝鲜方言》的体例，将《华夷通语》《华夷融语》删改编修，辑成二卷本《巫来由方言》，希望对留心洋务的当事者有所资助。

由于在异域不受困于语言，力钧在当地收集资料得心应手。

而他的重要作品《槟榔屿志略》纂作的一个重要原因就是忧心国事——在清廷上下为造颐和园，并准备开办所谓的"昆明湖海军学堂"，在力钧开始收集整理槟榔屿志的资料之时，正是各国军备竞争和加紧对华侵略的时节。欧洲列强此时已完成了非洲殖民地的瓜分，开始在亚洲加速殖民和征服。如果没有出国远行，力钧可能也不会有这么深刻的、迫切的感受。

槟榔屿，海中孤岛耳，本来无所谓形势。但自从英国在东南亚诸岛殖民后，把槟榔屿、新加坡、吉隆等地联贯起来，海门全境已扼其要，况且英国自斯里兰卡（锡兰）而来，现在已俨然东道主的姿势。因此，槟榔屿"不得谓非形势所在也"。英国已经在印度一带修得完备的铁路，倘若再在东南亚群岛铁路修筑成功，那几个岛屿一通如常山之蛇，首尾相应。槟榔屿居中而策之，岂西伯利亚之万里黄沙所可同日语哉。这也是力钧要花费心血写《槟榔屿志略》的拳拳爱国之心，"备述之以质知兵者"。

"千古文章心自得，五洲形势掌中收。头衔何必劳人问，一笑功名付马牛。"书中不仅对海道往来、古今战守的军事要道作了记载，对泰西一日千里的商业发展形势作了分析。让力钧痛心的是，"夫商务非经世之良谟，固救时之先著"。世人都说西国富强，而不知其所谓富者，公司、机器、埠头、饷款耳。所谓强者，轮船、水战、枪炮、火器耳。但是力钧认为，西方虽然军事强大，但诸国内乱频发，人民贫不聊生。另外，此时日本自60年代推行明治维新，但维新并不是和平的。前后经过多次战争才推翻了幕府的政权。战后新建立的全盘西化的国家，除了天皇位置外，不同于封邦建国的武家天下。

《槟榔屿志略》编写的灵感来自左秉隆的《海南群岛纪略》。因为借钞过程中，发现许多新知如珠玉在侧，不愿轻弃，便以抄写的数帙作为先路，在南洋时便留心这类材料的收集。所以每到一处，参以采访和当地知识者的见闻，条记件系。到年底归程时，已是积稿满箧。此时对材料的整理毫不困难，略为删补就编辑成册。其中编有《槟榔屿志略》《南游杂录》《满剌加考》《吉德纪行》《柔佛小志》等书数种，其中尤以《槟榔屿志略》最为头绪清晰。

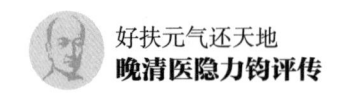

南洋这些小岛都是屿地，方圆不过数百里，开辟的历史也不久，多是百余年的历史。因为历史短，对岛屿的了解和现存文献自然不是那么充分，即使如英国自嘉庆年间开始在新加坡设置商务处，涉及槟榔屿一地的论述也还是缺失的。本国人亲自漂洋过海而著书的也很少。力钧的这些著作为中西文化交流、为东南亚华侨历史留下了一份珍贵的史料。

从这部最初成书于1891年的《槟榔屿志略》中可以看到，力钧比清政府实施新政要早了十年，看到了发展民族工商业，立足点是国民。他还用地缘政治的眼光，认识到发展国家的思路要点在于致力亚欧非大陆及附近海洋的互联互通和沿线各国的发展。

尽管是以自然地理和舆志的形式而非长篇鸿论的论述，字里行间，却透露出他对世界文明、发展趋势有着较同时代人更为深刻的观察。

完成《槟榔屿志略》稿件时已是残冬腊月。书成之后，不胜欣喜。他想着抄录十几份就正几位前辈，或者同好，但想想请人抄书的费用，就罢了这一念头。用集字版排印了几份分送出去，心想，先请教一些熟悉兵事、海事的朋友。这只能是与福建马尾船政有关、在外务部门工作过的人才可以从技术上为他指点。其中有个人选就是陈寿彭。

住在乌山脚下，修葺一新的陈家"黛韵楼"里，陈寿彭手上正批注着这一部书。，他知道这是力钧的心血。陈寿彭游历了大半个地球，从东洋到西洋，游学英法，可谓学贯中西。尤其是在欧洲学习与翻译时，他搜罗了号称"三十六国"语言的600多部经典、图集，并带回中国。后来在宁波储才学堂讲授中、西学。课余，忧报时艰的他收集国外资料，开始辑录、翻译《中国江海险要图志》(China Sea Directory)。现在已经成书，交予报社译馆，正在商谈版税的事宜。

见到力钧的书后，他的总体看法是"学问原以参观为上""历观全书十已得九，所谓一分者，即如大序中所云，体例未定耳"。

在卷二地舆志"《梁书》扶南以南，入海中为顿逊国……"一段，批

注：旧史中外国纪多简略附会，所译国名模糊，影响莫可究，核所言道里微特远近莫征，即使可征，而山川陵谷迁徙无常，谁能步步随之，征文考献耶。《海国图志》失之芜杂，《寰球志略》失之简略。其中考究诸书，附会之处皆同也。今为海外修志当去旧说，免却许多牵强，方见生新，成一家言，勿傍他人门户，切了。槟榔屿之始不过一荒岛而已，即有居人，钓水樵山，蓁蓁莽莽，未闻有开国者，即使开国者，即使开国地不过百里，民不及十万，成何国势。如以屿中产槟榔，足证旧说，不知槟榔之产宜赤道热地，南洋各岛，无处不有，皆谓干随利……故岛屿与洲名目迥异，不得概为一例。若即《梁书》本语考之下句，有干随利之西南，为海中狮子国，而干随利但云在南海洲上。则此洲字之义，未必明指为岛屿也。若果岛屿则当如狮子国明指在海中，何必于南海下加'洲上'二字乎？《梁书》非《新唐书》，好作俭语之比。但须细察其意，不必穿凿字义也。……"

由此可以看出，陈寿彭是非常认真且真心地为他作注的。

最后，他还提议"凡志不离图"，如果力钧能设法找到英文槟榔屿的图，他非常乐意为力钧效劳帮助测绘并译之——这些都是他的专业特长。

三年三次下南洋，力钧反复对《槟榔屿志略》进行修改和补充。今天我们能看到的《槟榔屿志略》至少有三种以上版本。这是力钧在其后两年，再次游历南洋时所做的补充。最后成书大约是1894年底。《槟榔屿志略》全书条目清晰，结构合理，按语评论，言之有据，是当时对槟榔屿较为完备的记述，对当地贸易史、槟城华人社会及经济生活、自然与人文环境、华人社会组织及其机构、华人精神生活都有第一手资料，极具史料和学术研究价值。

《槟榔屿志略》影响范围很广，1895年，郑孝胥在上海时，施滋卿为他带来了这本书。读到该书，这个眼高于顶的解元郎，在日记中对此书也作"颇可观"的评价。郑孝胥还携带此书到北京。宴游之后朋友送他回馆时，向他借了《槟榔屿志略》。这些细微的记录也从侧面反映此书的传播广泛和影响力深刻以及书本身独特的内容价值。

医国之隐

与《槟榔屿志略》一样，《双镜庐文存》一书中也体现着从青年到中年时期的力钧有着强烈的报国之志和对国家命运、走向的深切思考。

《双镜庐文存》中收录了一些文友通信。其中有一封他与丁耕邻的信件，这封信大约写于1890年以前，足可证明他对国家命运的长久关心——自1883年，清帝国与法国军队激战东南亚，致使清帝国失去了藩属越南，南洋海面从此无险可守，帝国大门洞开。又加上力钧下南洋的行医策足，观察到"远东"的地理、军事情形，而担忧更甚。这一封信，也可以看成力钧作为知识分子，对个人出路的思考，对国家出路的思考，对中国文化的思考，以及对国际形势的思考和判断。

1887年，日本军方制定了《清国征讨方略》。这个方略中，认为清国"自尊傲慢成风，自称中国，发生一事件，内心实恐惧，表面却伪装成豪壮不挠之态"，虚张声势的外交策略，"常酿成纠葛，又屡招致失败"。"当权者处事迟钝，中途多变；而无知愚昧之人民，多不知爱国为何物。"日本的目标是攻占台湾，吞并琉球和朝鲜，继而进军清国，最后征服亚洲。日本人则在明治政府的改革下，为发展海军，全体国民踊跃捐款，连天皇都拿出自己的私房钱。募集来的资金，他们在欧洲采购军舰，在长崎等地修造船厂，建造铁甲军舰。到了1889年，日本已拥有千代田、吉野、秋津洲等军舰。而此时，清朝尚"未购一舰"。日军"吉野舰"为当时世界最快的巡洋舰，时速为23海里，得知这个情报后，李鸿章立即绕道通过智利海军向英国订购相同型号的舰只，只是因为太后忙于庆生，暂停了军舰采购。

在信中，他谈到国家形势和天下形势。认为人口日多而财源竭极、社会风气伪巧日盛，不仅是我朝面临的困境，也是世界性的问题。五大洲中，只有非洲和欧洲各岛中稍微能有办法。而分据荒地最多的俄国沙漠太大，不能耕种，但是如果修建好铁路作为通商务的先导，那么俄国的商业崛起必然会让南洋各国的商务衰败。

国家的出路一是修铁路；二是移民东三省、西南诸省垦荒；三是开通西学、开办艺局。

他这样设想铁路建设：

当下中国的急务是南北两条铁路最为要紧。北路虽然已创，但需时日，朝廷因为财政不够现在有了中止的意思，但他们不知道俄国人得尺则尺得寸则寸吗？这哪能慢慢来呀！洪钦使中俄交界图从西人旧图译出，西人舆地之学，甚精。换约时能据此图与之争，于大局不无少补（写信之时，力钧没有想到，这张由奉命出使俄、法、荷、奥四国的钦使洪钧在俄国购得的《中俄界图》，回国后，经校勘，刻印后交给朝廷作为参考。由于不懂外文，将帕米尔地区的许多卡哨画出在中国国界外。因而俄国借此出兵入侵帕米尔，强占了两万多平方公里的中国土地）。

南边的铁路是亚洲边界，英国设铁路，5年后将要全部通车。暹罗、缅甸、柔佛、吉德诸国将如凫鱼笼鸟。

中国被撤南服的屏藩，不只是法国占领西贡，还有印度也被英国、俄国争据，看不出来最后会落入谁的手中。

如此，力钧的设想是：西部南部地区，应该从云贵一条铁路通到西藏、广西等地，除了在表面是可以夺其权利，实质上还能断绝消弭兵衅。而中国内部形势中，铁路被国人诟病很久了，修铁路常常会被猛烈抨击。如果说在内地或许有这样或那样的顾虑，在边境修铁路则没有这些顾虑。边境

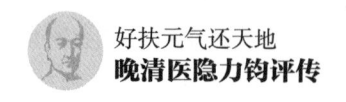

多荒地，如果有火车，那么往返容易转运，这种收效要大大快于农政、矿政，对运兵、运饷、防啸聚、杜外侮，人人所共知。政府如果加意于此，这将大开中国财源。

关于移民实边，力钧的设想是先从东三省试点。黑龙江将军曾奏请荒地开禁招垦，御史奏请山东灾民资送东三省垦荒，这两事都是救时急务。如果仿照两地，再推行到西南各省，本来也是一条很好的策略，当事者却认为这有碍旗兵生计，著毋庸议。所以西南几百万游民饥寒交迫，因而思乱，另外滋生教案等种种祸根。

对于中国面临的生存之窘迫，力钧以"大户人家家道中落"打了一个比方：旧的大户人家家道中落，他的宫室园囿，只得任其荒弃，他的珍宝货币任其腐朽，信任会巧言令色的家丁，而真正能干的杰士不得见。事势穷蹙，就对别人说，我念家里人口日多，财源日匮，各项开支都不能裁减，原有的居处不能改造。这是守着祖宗的财产不动。他们不知道哪怕是旧屋子收拾清楚也可以租给别人，卖掉珍宝货币用以经营得息。更有打发聪明的子弟游学四方，有所成就，门户必振之计……

在信中力钧还谈到中国未来的教育大计：要投入世界潮流中，要通西学。像电学化学算学，西人竭数十年之力创办一个学说，又合几十个人学说写成一本书，实在有超迈古今的感受。清朝国民在国外的，精通于此的还不少，因为文字语言已经学成，加上每天与西人往来，耳濡目染，教育自然容易。所以在南洋各岛开设艺圃，一技之长的人收录进来，能制器的授以官，然后让他们教授中国艺童。中国完全可以模仿这个成例。在中国，学堂所养人才有限，而社会上穷苦的学生不可胜数。如果使他们掌握技术，那于国于社会于个人都是好事。

……

这封信在力钧的同年中广泛流传。力钧不是随口感悟的，其后在他办银元而得到"第一桶金"后便慨然办起中西文、东文教育、职业教育，在新政中成为工艺局首脑,而真正把理想付诸实践。

李鸿章筹办北洋时,有广集船政建设的意见。同年沈翊清,是沈葆桢的嫡长孙,早年承袭一等轻车都尉,入了马尾船政当差。在马江海战后,张佩纶被处分,临行前向朝廷举荐沈翊清担任船政总稽查。沈翊清中举后次年因三届出洋学生期满,以功奏保为免选同知、以知府尽先选用并加三品衔。

沈翊清因力钧在南洋行游的经历,以及对他的学识了解,请他代笔写下《上李相书》,信中,力钧对朝廷上下"在在认真"的氛围中,谈论了以"中西关键全在南洋"的核心观点,又以具体人事,列举"振兴文教、采访轶事、讲求形势、体察民情"四条治理南洋华人社区的合理举措。

他的策议,包括对侨商侨民义举进行表彰,凸显中华人心世道的关系。授予有功的侨商虚衔增强荣誉感,又能使他们感激既深,力图报效等,又如振兴文教倡办海外义学等。

《双镜庐文存》还收录了他在致用书院中的课艺作品一卷,从课艺作品中可见他所涉颇广,尤其以文字学研究和"五经"研究为重。还有一部分是读书札记或随记。可惜本文存所留的部分章节文字佚失。

《双镜庐文存》完稿后是由妹婿黄宝瑛校售的。黄宝瑛读后,忍不住击节。回想当日同窗连榻,共读经书的往事,力钧的勤奋画面纷至沓来。特别是中举以后二人同赴公车,力钧无论在船上还是在车上,手不释卷。尤其是力钧的知识面是广泛的,不仅经学史集,他还"留心当世事,如海道往来之要,古今战守之宜,无不讲求详尽",然而这一年回国,力钧却告诉他不打算再去考科举,选择医学。他当时是多么不了解。

"为什么叫双镜庐呢?"他曾经这样问力钧。力钧却笑而不答,现在黄宝瑛知道了,力钧想要的不仅是知道患了什么病,还要知道用什么药。

现在他多想拍着力兄的肩膀,告诉他自己对"医隐"的理解,因为力

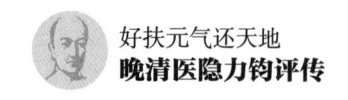

钩要"医"的是国的"隐"疾。为他作校作序时，黄宝瑛自言自语，仿佛力钧就在自己眼前——可是此时，他应邀再度赴南洋行医了。

二下南洋，因为面临南洋缺乏地道中药材的困境，力钧开始向西医靠近取经，当地西医给他几种西药，有止痛祛风、杀虫解痒、生肌化毒等作用，经过试验，疗效甚好。从此，他开始兼用西药。求医者络绎不绝，每日车马塞户。而后为增进对西药的了解，他开始积累中西医药物兼用的临床经验。从《西药略释》《全体阐微》开始接触西医，到此时开出西药方，援西入中，力钧对西医不仅未存芥蒂，且具海纳百川、包容和虚心的态度。这正是他其后作为一代名医、成为中西医结合治疗的先行者条件。

二下南洋期间，力钧写下他重要的医学理论作品《难经古注校补》校补整理系列。

《难经古注校补》是《黄帝内经》的专题注解本，是《灵枢》《素问》之后医经的正宗。有人甚至将其与《内经》等位齐观。苏东坡曾盛赞它"句句皆理，字字皆法"。

他在《难经古注校补》上研究下力25年，前后从各地，特别是上海、天津、北京，收集了《难经古注校补》的注家十多本。

在保留原书体例不变情况下，对其进行较大规模的校补。对原书注释精当的部分，力钧给予保留；对旧注内容以为或可发挥之处，重加注释。

这一系列的《难经古注校补》整理医著包括四本用以实证的有书目和医经，以及海外传本，秉承汉学之风。此书证实了《难经古注校补》一书的历史成书源于东汉，辑复了唐本《难经古注校补》12篇。评定了难经各本，质疑原书之误、漏、错多处。

力钧的中西医实践，以及在这一段时间著作的医学作品，显示了在医学书籍收藏上，医学思想和评论的道路上，力钧已策其高足，走在了时代的前列。

值得一提的是，从《槟榔屿志略》一书开始，力钧在南营的"双镜庐"开始采用集字排版，为自己印刷书籍。在其书籍的印刷、销售中，妹夫黄宝瑛也有参与。

1893年，力钧第三次应槟城侨商之邀，在刚刚创设的中西医药研究社主持事务。但不久，力钧因染上疾病而归国。一边准备再度进京科考，一边编写《病榻杂记》《槟城医话》等书。

京师鸣技

因为太后的生日，1894年举办了一场恩科会试。黄宝瑛生怕今年力钧又不去应试，这一天早早来到力家，力钧果然在温习医书。力钧原也做了一些应试准备，二人决定一起再去会试。

力钧到京后，照例拜访乡举座师徐致祥，得知徐致祥这一年得了恩典，外放到浙江担任学政。力钧敬上了已经刊出的《槟榔屿志略》等书籍。一时无事，就在会馆中备考，或赴同乡聚会。

本届会试的正考官是礼部尚书李鸿藻，副考官是左都御史徐郙等人。会试有钦命"四书"题"达巷党人曰大哉孔子"等。春闱放榜，力钧报罢。

不过，徐致祥因阅读了他的文集，喜他学业的长进，因表示，如果他愿意，考后从浙江走，留上一阵，可以担任浙江襄校乡试（同考官）。回到会馆，与黄宝瑛谈起，黄宝瑛赞成这个主意，"如果中了会试，自然不必说，还须精心准备殿考。万一不得，这也是一个很不错的机会"，黄宝瑛对他得到的这次机会表示羡慕，的确，这是一次挺好的机会，当上同考官，也是一种官场资历。力钧却回答再看看——因为他有点担心，徐致祥老师思维方式似乎跟他不一样。

考试结束本应收拾行李回家，不想才考完就被住在上斜街的孙葆瑨找

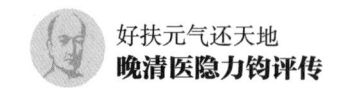

了去帮忙看病，原来是他的岳父徐郙病了，请了几个医生没有看好。徐郙是徐致祥的叔父，但却因为是庶室所生，所以叔侄年纪只相差2岁。因此，力钧给徐致祥写了一封信，告诉他不能前去浙江。

徐家是嘉定的望族。徐郙字寿蘅，又字汝亭，号颂阁，是同治元年的状元。任过学政、侍读、侍讲，现在正任左都御史，春正月，因为慈禧的寿典大赏王公近臣，他刚刚被赏加太子少保衔。

徐郙的一小女许配给李鸿章的小儿李经进。虽未成婚但已有定约。世家望族就是这样，联姻使他们在政治上更密切协作，也构成社会、文化乃至经济等方方面面的独特风景。这种风景可能不只是中国有，世界各国也有此风，只是于斯为盛罢了。

早在力钧上次进京参加科考就拜见过他，他告诉力钧自己有阳虚的症状，力钧为他诊治，认为从他脉象上看，身体先天的禀赋很好，现在所患的病，不是阳虚，而是阴虚。但当时徐御史并不相信力钧说得对。力钧对他不讲卫生，长月不洗沐也提出了婉转的劝告。阴虚调养，这花了力钧一段时间。

真正要调养的还有徐家的三公子。得了淋症，被医生们误以为血淋，大用苦寒之药治了几个月，病得卧床不能起了。力钧持意须进人参、菟丝丸等补药，以固心肾。

徐郙精于书法，擅长山水画。其字秀雅如赵孟頫。因雅好收藏，家中有大量金石拓片，力钧在这里得以看到宋拓的《乙瑛碑》，明拓的《张迁碑》《史晨碑》以及绍兴米帖的南宋拓本，都是绝好，非常开眼。

通过徐郙的介绍，见到了翁同龢等显要，力钧向他们赠送了医著和《槟榔屿志略》，这使力钧的医名开始在京城传播，在京短短数月，很多显要开始邀请力钧为他们治病。

先是为廖寿恒看病，廖寿恒是徐郙的嘉定同乡，字仲山，是同治年间的进士，后晋为侍读、侍讲。自1884年甲申易枢后，为总理衙门行走，后任兵部侍郎、礼部侍郎、吏部侍郎。廖家祖上是福建龙岩人，其家族中有廖鸿荃的子孙就住在南营一带，所以说起来，天下真的也是很小的呀。廖寿恒的长子廖世荫，是二品荫生，工部候补主事，分发试用道，过继给了廖寿恒的哥哥、时为浙江巡抚的廖寿丰。二子廖世雍也是位荫生，这一天，力钧为廖世雍看病，世雍也没有什么大毛病，就是世家子弟，补养太多而致积食，胃口不开，又懒厌药苦药味，力钧见他补养多属人参，便想起福州民间的一个方子：萝卜汤。用萝卜熬汤，喝起来又顺口清爽，一物降一物，世雍病也很快治好。

时任工部尚书的许应骙，得了头晕目眩和肝气痛的病。力钧用柴胡大黄汤治好。

时间过得很快，入京转眼都三四个月了。中原的五月热火扑面，这天上了趟琉璃厂，又应约去看一家贵人差后劳复，开了一个方子里面用了栀子。等傍晚回到住处，竟然有微微中暑的感觉。此时力钧不禁想起南方的五月，过了立夏，朱紫坊南营附近卖花的声音也多起来，栀子花开得水灵灵的，又野又香。

正在这么想时，会馆的门房替他取了同乡捎来的家书。打开一看是父母亲双双生病。

听说他要回去，京城附近一些官员劝他不如留在京师开医馆诊病。但此时力钧归心似箭，终于离京踏上回程。

鼠疫纾困

甲午年春尽时回到福州，在台江上了岸。一下船，便迎面感受到这个城市这个岸口的商业气氛。工人们忙着装卸货，晒得黑黝黝的臂膊，肩头搭的汗巾，传递着赚钱谋生的辛苦。力钧这次北上没几个月，不知怎么心

里却感觉隔了许久似的。

从码头上岸,他找到了一辆客店的车,急急地往城里而去。

路过南台的苍霞一带,穿行在摩肩的人群中,力钧观察街市边几家医馆都有很多病人等候。

力钧诧异病人这么多。"可不是,最近有鼠疫,是从闽南惠安传来的,"车夫说,"台江医馆多,这里方便——病人多,买药也方便。中西药大药房多在这里。"

南台自"五口通商"以来,因其地理位置特殊,商船往来,人流量急剧增加。以苍霞为中心的南台地区经济繁荣,成了福州的商业中心。听到"鼠疫",力钧便不禁打听城里情况怎么样?

"四里八乡都有,由苍霞到茶亭、南门兜、鼓楼前,时常听说有人病死去的咧。"车夫说,城市里有人是很害怕,可是真正要靠力气做事挣钱等米下锅的,也无从怕起,不然,一家几口人的嘴都要挂在"猪母场"上了。穷人凭命,鼠疫也好,瘟疫也好,都一样得出来做工。

"死老鼠很多咧。听说某日,西门街某甲家中偶见死鼠。某甲奇怪,这只老鼠慌慌张张从厨房的暗处跑出来到厅堂,某甲正坐在椅子上抽着水烟,老鼠也怪了,身子摇摇晃晃,浑身潮湿,看见他,瞪着眼看,似乎想站着,又想往门外跑,却低低吱了一声,倒地不起了。某甲瞧着,心里十分别扭,踢了一脚,才起身去拿扫把扫到房角。谁知道这样就感触疫气,过几天就染疫而亡了"。

"还有一天,通商局的洋人差役,亦扫出死鼠数十只。是在那时候,才有好事者就在街头遍粘告白。"车夫说,告白说,去年广东起了这个时症,也是因死鼠而起,请各家如遇死鼠即当收埋,勿任抛掷街面,致人传染。

一路谈话,尽是关于鼠疫在福州的各种传闻。到南营时,见附近人家,原来家门常常洞开,现在却家家大门紧闭。见到父母,却喜父亲只是寻常的病症,经调养已瘥。

才回家一天，便有很多朋友听说他的归来，还有老病人请他出诊。家人都劝阻不去：时疫太甚。现在城里城外，一时都大惊小怪，无不思先事防维，这时候出诊是不是太危险？

力钧说，哪有不看病的医生呢？取了药箱即随去看症。

福州开埠以来，城市的人口增长迅速，但是城市建设未能及时跟上，因此，民间的居住条件很差，一般小市民人家里空间小，空气流通不畅，而社会公共空间如街巷，常常污水淤积。对于卫生之道，市民们缺乏常识。而且，每年的夏秋之季台风过境，闽江便洪水泛滥。等洪水退去，因为没有及时防疫，城乡瘟疫就常常随之而至。医学不发达时期，疗治无方传染更快。

根据时人所记，这场鼠疫，"此证初起热渴痛痹，一时并见，重病也，重症而用轻药，必无望矣，且死人甚速；亦急证也，急证而事缓服，亦无望矣！故法用急追多服，所以因其势也，况重急之症，古亦有日二夜一，日三夜二服法。急追多服，并非自创，尤要初起即急服药。盖此时元气未弱，病根亦浅，药力易行，病势易除，一二日间，能追至七八服，则热毒或从汗解，或瘀从嗽出，或从下行，或下瘀血或下黑粪。如仍未效，第三日仍追数服，无不见效者。盖病在上焦故易治也，且病愈而人不弱，倘迟服误时，至四日传入中焦，纵能治愈，病久人弱，财费忧深，生者病者，已受无穷苦累也。倘再误至七日传入下焦，则病人愈弱，病势愈危，纵遇明医，恐难得半，所以治病亦贵乘势因时也。三焦传变大概如是，虽然亦有无定者，死人不必定在下焦，三焦皆有热证，病重药误，纵不即死，亦有一二日即传中焦，二三日即传下焦者。病机之变幻无常，病情之反复无定，有由表而入里，由里而出表者，总视其脉证如何，以定其疾病所在。"

福州疫气最厉害的时候，在力钧南营家附近的一家邻居，一家共11口，最终死了12人。原来是家中有病人又有死人时，一位亲戚上门致唁，才一进门就觉得头疼，后暂在他家堂屋中躺一下，谁知就此一躺不起。疫病

而死亡的，就是这么快速。

在这种险恶情形之下，力钧每天依然和当时的一些名医一起坚持为病家看病治疗。为病人治病，医生不慎被传染而去世的事件时有发生。

关于力钧在这一场鼠疫中的表现，陈衍所著的《福建通志》为其所写的人物传中，有"以大青汤疗愈多人"的记载。而《福建省志·人物志》中记录他治愈数百人，而在一些民间传说中，他曾疗愈千人。

另外，据《福建省志卫生志》"中医—临床内科"中，提到"杰出名医力钧……于光绪二十年（1894）回归故里，时值福州鼠疫大流行，力氏善用大青龙汤治疗许多人，影响甚大"。所提到的力钧用药则为"大青龙汤"——这是《伤寒论》中有名的方子，其中主药麻黄用到 6 两 [1]。

陈宝琛有个弟弟叫陈宝瑄，这一年是与力钧一同赴京会试的。回到螺洲，不幸感染了当时流行的时疫，因被医生误诊很快病故。陈宝琛还有一个优秀学生李景先中疫，初九得病，初十身亡，陈曾为之挽道："疗疫岂无方，沴气侵陵偏汝早；树人庸有几，俊才摧折奈天何。"

这一场人与自然的战斗中，为在危境中城乡民众纾难解困，力钧和一批中医总结了广东人吴宣崇的《鼠疫证治》、石城的罗芝园《鼠疫汇编》，提出了各种防疫法。如个人保护，不坐卧贴地、做好家庭卫生，通风透气，不居住在黑湿地。另用生石灰、硫黄合剂除湿、消毒。如果出门则将袖口裤脚口扎紧，头脸用棉布包住。对传染源尸体先用生石灰撒，继用桐油涂布的油布包裹，两头扎紧，深埋郊外等。

---

[1] 关于力钧在施治时用大青汤或大青龙汤，与《伤寒论》中大青龙汤、《肘后备急方》的大青汤两方剂有何异同、增减仍为存疑。施治中该汤方是提早介入早期患者的诊治，还是预防药剂也存疑。据毕业于福建卫校的黄以胜介绍，南下干部、原莆田地区卫生局副局长、地区防疫站站长李作舜与原福清卫校办公室主任赵培华回忆：解放初期，接管干部在集中培训时，上级首长特意找负责接管福州地区医疗卫生的干部，告知清末时期福州名医力钧利用大青汤防治鼠疫流行，收到很好的防治效果，抗战时期福州沦陷前，1941 年日军 191 部队在福州投放鼠疫杆菌，造成传播流行，当年我地下党曾积极寻找大青汤配方，你们到福州后，一定要全力寻找这个配方。他们也曾受上级嘱托寻找配方，但迄今依然未果。

这一年，力钧撰写的医学文章中两篇是《释瘟》、《释温》(今佚)，从文题上来看，与流行病疫或有密切关联。

在力钧离京返乡这一段时间，一场影响着清朝命运的战斗在中国渤海湾附近打响。

当年6月5日，朝廷应朝鲜国王请求，派出直隶提督叶志超、聂士成率军赴朝鲜，并根据天津会议专条，照会日本政府。

日本在接到照会之前已在国内下达出兵侵占朝鲜的动员令。因此，在清军发兵的同时，日本成立了战时大本营，以护送公使、侨民为借口，派出万余人(是清兵力量的8倍多)占领了朝鲜战略要地，包围了牙山的驻守清兵。国内舆论要求清廷再派援兵。舆论早视取胜利如探囊。如《申报》1894年7月9日刊《攘日议》：此次日本乘朝鲜东学党作乱，朝调师船，夕筹兵饷，名为保护商人，实则怀觊觎之心，更以八款要挟中国，皆系中国所必不能行之事。此说各西报亦多记载。本馆以其违情蔑理藐视中国太甚，故第总括其词，登诸报端。诚不欲扬日人之气而损中国之名也。近日迭接各处消息，有谓日本兵船之泊朝鲜海面者，已将桅杆放下。船面整理一清。一若旦夕将有战事者，有谓寓沪日本商人接日本电信，令其停止贸易。合前后以参观，而知日本之必欲以兵戎相见也。夫朝鲜为中国藩属，岁时贡献未尝失礼。则中国之所以保护之者，自非寻常可比。朝鲜之尺土寸壤，断不容他人之攘夺。区区日本不度德不量力，狃于琉球台湾诸役，谓公论不足恤，情理不足顾，辄敢肆行无忌，驯驯乎有轻视中国之心，不知今日之中国已非往日可比。各省设立局厂，岁费巨款，制造兵船，日异而月新。枪炮皆系新式，摧坚命中，足备御侮之用，正可及锋而试。勋臣宿将，身经百战，叱咤生风，指挥若定，大可与日本从事于疆场，伸历年之积怨，快薄海之人心。且使觎国者知中国大有人在，不敢存轻量之心。挽回大局在此一举。在日本之所以敢于兴师者，岂不谓今岁恭遇皇太后六旬万寿。皇上率天下臣民胪欢祝嘏，不欲轻开兵衅，故敢多方要挟，迫以不得不战之势。不知中国地大物博，财力充盈，士气奋发，一面举行庆典，一面命将遄征，并行不悖，固绰绰然有余裕。正当出其不意，卷甲长驱，智者不为人所料并能出人之所不料。中国之气一振，日本之技立穷。况中国食毛践土之人，咸有忠君爱国之志，一闻日本窥伺朝鲜，藐视中国，人人瞋目切齿，以同仇敌忾为念。故中国为朝鲜事必当与日本力争，断不可稍有退让。上可保全国体，中可绥辑藩邦，下可俯顺民情，一举而数善备。诚何必迟疑审顾乎。……若中国毅然决策声罪致讨，已足寒其胆而破其谋，何况以大制小，以直制曲，更有胜算可操。天戈所指捷报时闻，圣天子于深宫侍膳时可以上博慈颜之欢笑，三军士卒，奏凯而还，野老欢呼史臣颂德，此诚千载一时之会也。时哉，弗可失已！

次日又刊《论战事将成》：日本近在东瀛，按其幅员仅抵中国二三省，固一蕞尔小国也。然其跋扈飞扬，志高气盛，几于不可遏止，而恒有轻我中国之心，我中国以大度包容之，已非一次。则宜如何感恩怀惠，以后讲信修睦，益致辑和，无诈无虞不侵不贰，以期两国共享升平。亚洲之兴，可计日而待。……要之日之习俗，恃才而狡，好勇而狂。今以仿效西法，意有所恃，意气矜扬，不可复制，自以其强可与泰西诸国抗衡，并欲一试其锋。不知地小民贫，财殚力痡。区区之国，不知量也。朝鲜一国密迩辽东，我之在所必争。且保固藩属镇抚小邦，亦行我所当行而已。何预日事？……

又《战必胜说》中有：中国于守、战、和三者果皆确有把握，不致临事张皇乎。曰，秉国者已筹之熟矣。何待我杞忧。为我中国自仿行西法以来，凡事皆一洗因循之习，沿江沿海各口岸炮台林列，巩固坚牢，北洋所练水师，直与泰西无异。南洋及粤闽诸省铁船钢舰其大倍于日本，其数亦多于日本，而又设机器局以制造枪械设武备学堂以习练戎机，十余年来，旧观顿改……

因慈禧太后六十大寿，朝廷寄望于列强调停，未果。7月27日，日本三艘战舰在牙山附近遭遇了清朝派援的战舰镇远号、广乙号，护卫舰操江号以及雇来的英国商船高升号。双方交火，高升号上的1500名士兵中幸存的只有40人，镇远号撤退，广乙号及六艘运输船逃脱。这是日本海军蓄谋已久的示威演习。

同一天，日本陆军4000余人进犯牙山。牙山之战，聂士成登山远望，得出日本兵力三万人。因存了敌众我寡之念，战斗中，便以退为进，退到公州。公州的守将叶志超却拒不救援，反而自率其部退往平壤。聂部无奈，只得沿路收集残部，跟从叶志超北走平壤。

在日本国内因胜利而举国欢庆时，清廷也因此战而欢欣鼓舞——因为，传回国内的消息是我军取得了胜利，宣称杀敌千人。朝廷上下，为之蒙蔽而充满了笑声。

国人的舆论都在督促政府与日本宣战。在这一情况之下，老太后也相信清海军是世界八强海军之一，打不过红毛番，至少打得过东洋鬼。所以她老人家倒没有李鸿章那样怯懦。

阴历七月初一，即公历8月1日，皇帝发布上谕，正式对日宣战。

面对日军大规模的军事力量，以及朝中来自光绪皇帝的严责，李鸿章调集军队，以卫汝贵、马玉昆、左宝贵等为将，分南北路进入朝鲜，支援在朝的清军。下旬至达平壤。逃到平壤的叶志超虚报战功，此时因"获胜"被传旨嘉奖，任清军驻平壤各路总指挥。夸官置酒，不知今夕何夕的宴会摆了一场又一场。

而日本宣战后，由天皇亲自坐镇大本营。日军分四路扑向平壤。几场激战后，平壤保卫战以清兵的战败结束。

陆战已得利，日本大本营寻找着与北洋舰队主力会战的机会。16日，海军提督丁汝昌率大小舰18艘护送陆军4000人来至朝鲜大东沟。17日士兵平安登陆。正准备开午饭，哨兵发现大队日舰驶来。

当日黄海交战。清方的海战主力是：铁甲舰定远、镇远，巡洋舰靖远、致远、经远、平远、超勇、扬威等十舰，炮舰镇南镇中两艘和鱼雷艇四艘

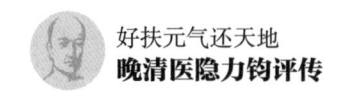

加入战斗。

而日舰的总排水量、时速、火炮及速射炮和机炮的数量、鱼雷发射管数量，以及总兵力均超过北洋舰队了。

定远号有提督丁汝昌、右翼总兵刘步蟾。交战伊始，定远号的桅楼即遭击毁，丁汝昌被抛坠舰面，身受重伤。包扎伤口后坐在甲板之上以振军心。刘步蟾代为督战，指挥进退。战中与靖远夹攻，日舰比叡号、赤城号被击，挂出"本舰火灾退出战列"，仓皇南逃。

扬威号和超勇号是舰龄老化的木质包铁旧式兵船，超勇管带黄建勋落水后拒绝救援，沉海牺牲。扬威号战到各炮均毁，无法再战，只得驶离，但不幸触礁搁浅，管带林履中愤而投海自尽。

在接下来的战斗中，致远号管带邓世昌以副将补用，加总兵衔。邓世昌"有古烈士风"，置生死于度外。激战中，致远号中弹屡屡，邓世昌对船上将士高呼：倭舰专恃"吉野"，苟沉是船，则我军可以集事。大副陈金揆遂开足马力，直扑吉野，准备与之同归于尽。吉野号集中所有炮火，全力轰击，致远舰不幸被鱼雷击中要害，锅炉爆炸，舰体倾覆。在船沉之前，邓世昌拒绝亲兵的救生圈，爱狗衔他欲救，但邓世昌将其摁入水中，自己随之沉海。全舰官兵除少数获救，大部分壮烈牺牲，完成了邓所说过的志愿："吾辈从军卫国，早置生死于度外，今日之事，有死而已！"

镇远舰管带、左翼总兵林泰曾，福建侯官人，船政学堂驾驶班一期毕业生，后赴英国学习海军。

经远号管带林永升，侯官人，船政驾驶班毕业，与刘步蟾等曾赴英国学习海军，归国任中军右营副将，统率经远。林永升待兵体恤，其船舰官兵都愿为之所用。林永升一舰敌四舰，战斗中不幸头部中弹，当场牺牲。经远舰在日军火炮和鱼雷攻击下，全舰碎裂，270名官兵除16人被救，全部殉国。

济远号管带方伯谦挂出本舰负重伤旗号快速退去。济远号的撤退客观上吸引了一些日军的兵力,但是战场上,战友的离场,使广甲舰的管带吴敬荣也心慌跟随,因慌不择路,船舰在大连湾触礁搁浅,吴敬荣纵火登岸逃归。后广甲被日舰击沉。方伯谦和济远号在次日凌晨单独返回旅顺。

黄海决战,持续了5个小时,北洋舰队以弱敌强,损失四舰。但主力舰尚在,其余各舰经修整仍可投入战斗。他们重创了日舰松岛、吉野、浪速等,可惜未能击沉一艘。

经此一役,北洋大臣李鸿章痛惜一手缔造的北洋事业的巨大损失,在上报时,对日舰实力大加吹嘘。而严令北洋舰队退守基地,不得出洋入战。由此消极防守的策略终于造成次年威海卫的全军覆灭。

这一年秋闱,力家有族叔力捷三和胞弟力锵中举,按常例,他们需要回乡祭祖。这已经是过了秋凉似水的中秋了。

在白云的祖祠业经修葺,力钧和力捷三合题了祖祠中的楹联:家声大振光宗学(力钧),文运恒钟辅国才(力捷三)。这是美好的词句,带着虔诚子孙的热望、祝福和祈祷。但是,理想和现实要走多远的路才能走到呢?

白云的鸡笼里山下,祖祠虽小,一家人聚在烛火之下,在喧嚣的腾腾的烟火早已散入蓝田青山之后,一轮惨淡的晚秋太阳落在远山之外,天黑了。

山野阒静一刹那间就来了。秋意已深,这些力家新进的英才却在门外的空地上犹自谈着国事,那些个秋心如海复如潮的国事,那些个不可招魂的白云乡的旧友老戚。远远的山风中传来哭声,那不能止歇的痛苦,仿佛长夜没有曙色,力捷三长叹说,那是黄家吧,在超勇号的黄建勋管带兄弟和他们的一个林姓亲家,也是管带的林履中,在黄海战役中殉国身亡了,舰上还有多少本家亲戚……

山中的寒露来了,夜更深了……

正是一场孤注闽才尽,横海楼船泣水犀。

第七章 维新医"隐"

救亡声潮

回到福州也是笼在一片愁云惨雾之中。

1895年1月19日，日军调动了几乎全部力量，25艘军舰水陆夹攻，侵犯威海卫。随着沿岸炮台的失守，北洋舰队被困港中。2月8日，退守在刘公岛的各舰弹尽粮绝，而北洋舰队军心动摇，定远号副管驾泰莱和洋教习德人瑞乃尔、总教习英人马格禄和美国人浩威，以及一些中国将士，对丁汝昌积极劝降。为免舰入敌手，丁汝昌下令炸沉搁浅的定远、靖远等舰。最后，在哗变的呐喊声中，丁汝昌饮鸦片自杀，而其前，刘步蟾在定远炸毁时已经自杀，实现自己"苟丧舰，将自裁"的诺言。在他们以死报国之后，叛乱者推举护理左翼总兵、镇远署理管带杨用霖主持投降，杨当场拒绝，且抗声"人生自古谁无死，留取丹心照汗青"，转回舰舱，引枪自击，慨然殉国……

由于中国船政的发端是在1866年由左宗棠与沈葆桢创办的马尾船政学堂，海军人才多出于此，投奔于这些将领的乡人亲属也将之视为大好前景，因此，参加海战的有很多福州人，阵亡的也不少。就在南后街上，可以看见这种惨状。作家冰心（其父谢葆璋也参与此战，为来远舰枪炮官）

的文中这样记录母亲的转述：今天是这家糊上了白纸的门联，明天又是那家糊上了白纸门联。许多人家的妇女，都备了鸦片烟膏，藏在身上，准备一旦家中的男人阵亡消息传来，就服毒以殉。

沉默和悲哀就这样笼在街上、家中。就在这场战争中，刘步蟾、林泰曾、林永升、黄建勋与堂弟黄乃钊、杨用霖等，都是福州人，甚至连临阵脱逃（后世有争议）、最后死于朝廷正法之下的方伯谦也是。刘步蟾、林泰曾都住在南后街一带，方伯谦住在朱紫坊，林永升和黄建勋是姻亲，而黄建勋兄弟出自永泰白云的麟峰黄氏家族，与刘步蟾也是姻亲。

17日，日军正式占领威海卫。

甲午海战的失败，而且失败之惨，屈辱之深，是有清一代200年所未见。究竟是为什么，一个蕞尔小国让中兴几十年，甚至还试图重建盛世王朝的泱泱大国立即陷入这样神州陆沉、亡国灭种之危境之中？从事30多年的"自强""求富"的洋务运动此时被证明全面失败，证明李鸿章苦心经营的北洋舰队不堪一击，尽管北洋水师学堂的学生"为国死绥者殆半"。

后世的研究者认为，甲午之战败有各种原因，不能全归罪之于洋务新政，比如中国向来睦邻敦邦，从未对小岛国日本的崛起有过疑心因而没有战争准备，而日本在几十年间派遣大量间谍四处侦探中国情形，为战争早做了准备……种种原因。

中国战败于蕞尔小国，真是天崩地裂。

接着政府便谋求和谈了。3月，"裱糊匠"李鸿章受命与日本谈判要求停战，遭到日本主战派青年丰太郎的行刺。事件发生后，国际舆论进行干涉。《马关条约》几经谈判，在急于扩张远东势力的俄、德、法、英的干涉下，日方放弃了割让辽东半岛的要求，得到了台湾岛及附属岛屿和澎湖列岛，赔款2亿两和"赎回辽东"款3000万。

好扶元气还天地
晚清医隐力钧评传

在山东到辽宁一带开战的这年春天，力家叔侄兄弟结伴北上，参加会试。

1895年，当中日和谈刚开始时，正是全国举人在京师备战一场正科会试时间。据茅海建《戊戌变法史事考二集》档案文献的再次检视：这一时期与议和、条约相关的奏折从二月二十七到四月二十一，共有154件次。加入的人数为2464人次。其中有宗室皇亲、翰詹科道、部院司员的大规模联名上书反对议和。还有各省封疆大吏的奏电，也显示疆臣对此和谈反对者过半。还有举人们的上书共31次，1555人次。

光绪皇帝一道上谕对签订和约的无奈做了解释，也承认战败是由于历来"将少宿选，兵非素练，纷纭召集，不殊乌合，以致水陆交绥，战无一胜"。既然战败，只得接受屈辱的条件；至于"废约决战"，更是祸患无穷。上谕多少说出了清廷左右为难的实情，进而发出改革的信号，号召臣民卧薪尝胆、奋发图强，"务期事事核实，以收自强之效"。当然，是否能真正实现自强，仍取决于朝野上下的认同和努力。

为了这道上谕，太后和皇帝不知哭过多少回（西太后告刘坤一，甲午时"我每闻军前失利，我哭，皇帝亦哭，母子对哭"），与最高统治者新亭之泣遥遥相和的是国民的哭声和不屈的斗争。特别是被割让土地的台湾，自日军登陆台北，一直到掌握台南，台湾义军的反抗持续了半年之久。侵台的六万日军，取得了台湾的城池，代价是他们中一半人的生命。而与他们作战的，起先还有台湾巡抚唐景崧和台湾布政使陈季同，不过，战争刚开始，他们便丢盔弃甲逃离了台湾。只剩下台湾的子民百姓，为自己的家园，不分男女投入惨烈的史诗一样的战争。

签订和约的"汉奸李二（李鸿章）"，起先得到朝野的痛责。但很多人发现，败给西人，已不是自古说的"奸臣误国"那么简单痛快的一件事。

痛定思痛，上下开始思索为什么。不少历史学家认为，至少从1895

年开始,中国大概很少有全然闭目塞听之人。

报馆的设立和译著的翻译,是其时思想传播的主要途径。

发出先声的是1894年启蒙思想家郑观应出版的《盛世危言》,主张立宪,主张变法,主张商战。又于1895年增订新编十四卷本。

另一位思想启蒙家严复,他是马尾船政的首批优秀学生,又曾在北洋水师学堂执教过,其同窗、弟子,葬送在甲申、甲午之中,切肤之痛的刺激下,他写下《论世变之亟》《原强》《辟韩》《救亡决论》,诸作登布在了天津的《直报》。后来又在自己创办的《国闻报》刊出惊雷之作《天演论》等。

马关条约签订半个月之内,5月1日至8日,《直报》刊《救亡决论》。"昨者,有友相遇,慨然曰,'华风之敝,八字尽之:始于作伪,终于无耻。'四千年文物,九万里中原,所以至斯极者,其教化学术非也……"

如同生命在高崖上疾呼,他清晰的思想以及无可抑制的强烈情感,巨浪似的扑面而来,冲击着读者的心灵。他用铿锵的语言,回肠的气势,强调变法是大势所趋,不得不变。提出要变法必须大力提倡新学,必须废旧学,强调学习西方科学文化的重要性。

各种报纸和学会如雨后春笋破土。先是康有为等在宣南创办了短命的《中外纪闻》(35天即被查封),1896年汪康年、梁启超等在上海办了《时务报》,严复在天津办了《国闻报》(1898年底被停刊)。福州也出现了黄乃裳主办、力钧参与的《福报》,以开通风气和开启民智。

理论上寻找国家出路的答案,除了社论,还有就是可以称为"引西入儒"的新书——长期曲高和寡的先觉者陡然间变成时代的大咖,乏人问津的一些西学译著变得洛阳纸贵。求新、求变在绝望和苟且中诞生。广学会的译著大卖特卖,以至于该会主持李提摩太十分开心:"本会刊书之始未能显著交验。洎乎近岁,中国读书士子,多知会中书籍之善,平居偶语,恒盛称会不置,起征深闭固拒之心,日渐融化。"张之洞捐了1000元,请

广学会译一部《西国通史》，再花 4000 元，又助其印刷……1895 年《泰西新史揽要》译作出版，印行 3 万部，为戊戌变法时光绪帝主要参考书之一。

这时的译文与同治中兴时代对比，已不仅是电光声学之类的专业书籍，而且笔触深入政治、经济以及史学、社会学的经典。

社会实践上，士民们由实业着眼寻找富强之路。此时，如陆润庠、张謇、黄思永等以状元出身的一批人率先进入实业领域，并带动全国上下绅商的群起，可视为群体的觉醒行动。尤其是张謇，"捐弃所恃，舍身喂虎，认定吾为中国大计而贬，不为个人私利而贬，庶愿可达而志不丧"，发出"自计已决，义无反顾"的宣言。他们的眼光离开了帝国的中央，务实地转向地方政务、教育、财政、经济、基础设施建设等方面。

力钧也走到这些队伍中来了。契机是孙葆瑢倡议筹资共建的"银圆局"。银圆局后期，他和他的同人们更是投入巨大的经济和精力倾注于教育，为福建的教育事业，包括中等教育和师范教育、职业教育等，走向现代化作了不朽的贡献。

这几年，是他人生最蓬勃的时期，是一个儒家学人勉力而行的理想主义践行时期，是他欲"医隐"——医治社会旧疾顽疾的奋发期。

这也是他自己的人生"长夏"，既痛苦、焦灼，又蕴含无限化育的转机。

设银圆局

中国近代史与西方入侵史密切联系在一起。这种侵略和掠夺，除了疆域领土的瓜分，还有文化侵略和经济侵略。

甲午前后，人们开始理解通商、市场等一系列新名词。于是铸路、开矿、办航运、电报邮政等，都进入了中国人的工商致富视野。

各地币制混乱，地方资本还注意到了铸币权和发行权可以产生巨大的利润。

外国银洋大约是明朝开始流入中国的，福建最早出现的是外国银饼，称重计算，大的称"马钱"，是海马形，中的称"花边钱"，小的称"十字钱"。"花边钱"有大中小三等，大的重七钱三分左右，中的重三钱有奇，小的重一钱有奇。民间通称为"洋番"或"番钱"。明末，随着国际贸易的发展，外商到本省大量采购茶叶、瓷器等土特产所使用的货币，就是外国银圆。

外国银圆主要有西班牙本洋、墨西哥鹰洋、香港银圆、日本龙洋、美国贸易银圆，还有荷兰、智利、越南银圆等多种。由于银圆具有质量形态划一，成色、重量、名称都很准确，所以不易仿制，在交易中，以币的数量计算，十分方便。银圆的价格实际上超过白银银两的价格。每只标有七钱二分重的洋钱，可换取到一两重的白银。因而大量的洋机铸币，换来的中国纹银运往印度等地再铸，铸后再回流中国，赚取大量利润。出现以银圆套购白银，引起白银大量外流，于是清廷寻求对策，以挽利权。

不是没有人看到其中的商机和利润空间——早在道光年间，林则徐任江苏巡抚时，就曾奏请朝廷，警告说"洋银通行以来，内地纹银日耗"。为抵制这种洋银，以及利益流失，他请求朝廷自铸银圆——"欲抑洋钱，莫如官局先铸银钱，每一枚以纹银五钱为准"。

提出了铸制的样式——一面以清文铸上制造发行的官局名称，一面用汉文铸"道光通宝"四字。

提出铸钱的经费问题解决途径——暂将官局铜钱停止，改铸此钱。其经费比铸铜钱省至10倍。

最后，他还提出了新铸银圆的成本分摊和流通方案——先于兵饷搭放，使民间流通使用。即照纹银时价兑换。而藩库之耗羡杂款，准以此上兑。

但清廷是不愿意做出变动的："改变祖宗成法，不成事体，且洋钱方禁之不暇，岂有内地亦铸银钱之理？"

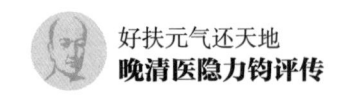

《清史稿》这样写:"总督林则徐谋自铸图抵制,以不适用罢。"

清廷首任驻英大使郭嵩焘1877年从伦敦写信道:出乎他的意料之外,铸造银圆的权利也是主权国家的利权。鉴于外国银圆对中国经济的破坏,他极力主张中国收回这种"利权"。

洋务派人员也提出,若夫鼓铸银钱可以充国库,可以裕民用,朝廷富足,万邦敬仰,是铸造钱一端,国之宝亦民之本也。

在这50年间,也曾有民间私铸、部队为急用军饷抢铸,福建流通过以"银币"称的中国银圆,翻砂所铸,工艺、质量均甚低劣。

在本书第二章曾提到,清咸丰时,因财政支绌,官府为解决困难,先后铸造大钱、银钱、铅钱,发行官票(银票)、宝钞(钱票)。为便利以钞兑票,以钱兑钞,以钱票兑银票,户部于咸丰三年(1853年)建议各省一律设立官银钱局。

1858年"铁钱案"后,福建官钱局全面危机,铁钱拒用,铜钱不敷。

而且福建产铁多、铜则无几,铜钱制作需要大量的铜、铅、锡比配,要铸铜钱需要去广西、湖北、广东三省购买。路途远运费重,核算起来,每串铜钱的成本需要约一两一钱多的银子。所以铸铜钱不但利薄,甚至还会赔本,借"银贵铜贱",宝福局停止鼓铸铜钱。因而市面上私铸的小钱充斥。还有一些钱店乘机虚出钞票,因滚支(闽语,意即挤兑)钱店时有倒闭,商民受累匪浅。

1886年张之洞调任两广总督,任上,地方经济拮据,他费尽心力搞好财政收入,甚至不惜大开"闱姓"之赌、利用海外捐募,从中抽税百多万两,用于修复船坞建炮轮和办织布厂等。1887年,张之洞提交了一份报告,指出外国银圆扰乱了中国货币体系。不仅在广东,在内地其他地方大量流通,外国货币已经霉黑破碎不可辨识,但民间还是争相行用,导致利归外洋,漏卮无底。提议要通过新式机械铸币来驱逐洋钱。而市面上的外洋,既已遍布全国,朝廷也没有办法下令禁绝洋钱,因为那样会引发外交纠纷。所以，万全的策略是"不禁外国之洋钱，又不强其必用官铸之银钱，于市面民情两无纷扰"。

1889年，他在广东大东门外黄花塘建立广东钱局，引进了英国伯明翰喜敦厂铸钱机，还引进了西方工匠和西方管理技术，于广东钱局先后试铸两套"龙洋"。改成后，因币面上有"光绪通宝"字样被英文所环绕，遭到部分官员的非议而禁止发行。到1889年张之洞离任，李瀚章接任，报请朝廷议准，少了阻力，不久（1890）就正式开铸发行了。

当这套被称为"广洋"的大清龙洋流入福建后，时任闽浙总督的卞宝第（字颂臣，江苏仪征人），发现了它的便利之处。

光绪十七年（1891），卞宝第饬令严禁私人钞票，并委员前往广东购运小银圆，颁发市场，与制钱相辅流通使用，一时民商称便。只是闽、粤路途遥远，往返既费时间，又需运脚盘缠，长此以往终非良策。

这是一个极大的商机，况有成例在前。

孙葆瑨就瞅到了这个商机。自中举继而捐纳入内阁中书后，他长期生活在京沪一带，交往均是名流政要，外洋的商务资讯丰富，另外，他的父亲孙翼谋曾任御史，历官安庆知府、两淮盐运使、浙江按察使、湖南布政使兼按察使，代理安徽巡抚，在恭亲王被慈禧太后整顿开除差使时，曾经上过一条有力的奏折，吁请不可行。另外，他长期对国家财政税收颇有心得，上层社会的关系网也给他先知先觉了解政策的优势。

孙葆瑨敏锐察觉，除了在广东施铸龙洋，迁任到湖广总督的张之洞，1890年被准允成立湖北银圆局。依葫芦画瓢，照此在福建办理银圆局，他感到似乎有这种可能。

广东铸币大银圆面值一元，可是实际重量只有0.72两。既然银两的计算方式一是重量，二是纯度，那么在纯度上，大银圆为0.90，小银圆却可以为0.82，这样算起来，小银圆的铸造利润岂不有两次折扣。一次是重量上先占有近三成利,二是在纯度上又可多得近两成利润。要从国家民族来讲,且不说民族经济利权,洋元从中赚取的利润丰厚,就是市面上短少制钱,民间不便,小银圆也可缓解制钱不足的困扰,另外,小银圆的余利可以弥补制钱的亏损。民间私铸之风亦可得到遏制……

1891年,孙氏即向督署上了条陈,建议筹划办机器、设局自铸。但张之洞是张之洞,其他人想染指铸币,绝非易事。况且,一下"商"门深如海。彼时,称"商"者,究竟还是体制之外,要承受一定的风险。绅商者,可以是亦绅亦商,也可以是由绅而商,或由商而绅,作狭义理解,此时的绅商,应当是职商,即有职衔和功名的商人,这是一个独特的社会群体。

卞宝第算起来也是跟孙葆瑨沾亲带故——徐郙的儿子徐迪祥娶了川督刘秉璋的女儿,卞宝第的女儿又嫁给刘秉璋的五儿子。虽然是姻亲,但卞宝第为官有威重,收到孙氏的建议,出于政治的谨慎,他没有为此事正式向朝廷申报。但这也并不表示卞宝第反对此举,因为倘若制币利权归属当地政府,历年闽省军费费饷之巨要上书裁勇裁兵,仅船政署,经费支绌异常,至光绪十五、十六两年,连闰月共25个月,实际只解到4个月。欠解21个月,他正头疼不止。如铸银圆可成,岂不是可以大大纾解财政困难吗?但一是困囿于地方政府无资本购买机器,二是怕朝廷驳斥,最终只能睁一只眼闭一只眼,让孙葆瑨自行集资商股,仿效两广总督张之洞在广东设局铸造"光绪元宝"的办法,开始自铸"光绪元宝"龙洋。

因为没有得到正式的支持,孙葆瑨所进的机器设备为洋行代办,这一两年新铸的银圆虽然超越了旧式手工借助原始机械浇铸的生产模式,但生产的银圆质量非常一般,又因无法把握朝廷对此事的态度,因此银圆推广发行业务并没有真正推行起来。

继任卞宝第担任闽督的是谭钟麟。他从吏部左侍郎兼署户部左侍郎,到工部尚书、闽浙总督,与孙翼谋、徐郙一朝为官时,就多有往来应酬,自然对孙葆瑨并不陌生。早年他在陕西巡抚任上(当时林寿图为陕西布政使），正逢大荒巨灾，又得想着为左宗棠西征的款项和后勤。一方面，他压住灾情不得使上闻；另一方面，他对能帮着筹饷、捐解和采运，如是解燃眉之急的大商人胡雪岩极为看重，甚至感激，还曾与左宗棠一起出奏"破格奖叙道员胡光墉"。

他到任闽督后就有一件棘手事：前督卞宝第订购了洋人的铁甲快船。原先总理各国事务衙门已经有定议，轮船炮位都应由湖北厂铸造，但现在，与外洋已下定议，追究起来，自然承办的各位官员都属疏忽。只是合同已定，不得不准如所请，以免又引起外交的争端。

到任三个月，首先要还一笔上任借洋款商款的利息。自中国开始向外国借款，几十年间，都是"借银论镑"。因为西方各国转向金本位后，朝廷向洋人借款，借进来的是金本位的英镑，还回去时，多是随着时日，银价已经下跌，银价再折算成金价还给洋人，又吃亏一次。百计绕算，中国受累无穷（金银没有固定的比率，因此有汇率之差。例如，甲午战争中国对日赔款二亿三千万两，日本人坚持要用"金镑"计价，如加入未来银价对金镑的贬值，那五年的赔款额就可能增加一倍）。谭钟麟上奏朝廷请饬各省以后不准再有借银论镑之事。华商非无银，地方官能取信于民，借款亦自易易。拟设总局，按部章月息七厘变通办理，以周年七厘还商国，留一分四厘充局费。

同时谭钟麟还有一项头痛的事，就是闽省的盐厘税金，虽然经过屡次上奏朝廷，核准减免四成，但剩下的六成也万难完成。盐税积欠 76 万两，茶税一年要交 49 万两，海关税要交 248 万两，还有商税 1.6 万两……他硬着头皮又上一道折子，吁恳请求全免，以疏民困，以恤商艰。这个奏折由太后批下部议，军机户部议来议去都驳斥这个申请。谭钟麟的折子里还抱怨户部的造币局——宝泉局鼓铸制钱，为了图省工钱，有"买上次所发之钱，下次复行发出，并不多铸新钱……"但朝廷还是连发上谕，催解京饷，

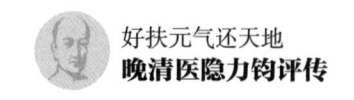

先催本年800万两，截至五月底止。又催往年积欠的京饷，各地欠银，部库支绌。应放各款均关紧要。要各令各省将军督抚各将欠银解部，倘不完解，户部随时指名严参。几道上谕都是"将此由四百里谕知福州将军、两江、湖广、闽浙、两广各总督，江苏……各巡抚"。

稳定、改革、发展，哪一项都要钱。谭钟麟也束手无策，他真想像左宗棠那样能找到胡雪岩一样的理财能人。他这次进京陛见谢恩时，已经有人向他推荐过孙葆瑨了，称孙葆瑨有办理钱局的想法。

已经有周密计划和应对答案的孙葆瑨自然进署谈了一番。关于铸币的方案、策议甚至对国家金融的分析，力钧早已为孙葆瑨辑录整理下厚实的《币制私议》，纵论社会上对金银本位、废两改元以及铸币等方面的思考和应对。除了币制，力钧还辑录有《福建矿物考》等论述，以备地方政府生财之用。

因此孙葆瑨侃侃而谈。

从政府方面，省藩库的钱局因赔累不肯铸造新钱，钱荒广泛，钱价上昂。从民间方面，私铸私销之弊，虽督以严刑但五十年民间不能止，反复查禁私铸，甚至用收化小钱的方法来遏止私铸，然而都不能见效，反而又带给商民新的困扰：每次查禁私钱，银价顿落，曾不数月私钱复出，而已落之银价不复增高，即昂之物价不能平减。

再谈民生的现实情况，现在小民工值不能增，生计日蹙。小民多是前一日得到小钱，后一日禁用小钱，真是觅食不得，号泣满路。像饼市、菜佣都相率闭门，甚至有求死的。因为昨天买卖交易得的都是小钱……

对设置钱局，孙葆瑨谈及湖北银圆局，其每铸千两白银得有20两毛利，认为这是工厂初办，各项耗费大，按照实际成熟的工艺，特别是制作小银圆，会有可观的利润。

谭钟麟眼中发光，继而约了孙葆瑨夜谈。当晚，递了手折后，谭督没有让孙葆瑨等太久，就进入内堂，屏了从人，一一问答。

第七章 维新医"隐"

当孙葆璙从督署出来，夜色都遮不住他的一脸春风。为了能批下来"由商人购机试铸"这一纸许可，他的腿毛也跑飞了好些。

但是谭钟麟不知出于哪种考虑，也未把福建创办银圆局的事正式具文上报朝廷。但亦有办法瞒天过海，就是让孙葆璙采用假名。

这种办法对于想从事商业的官员和许多想获得绅士地位的商人都很奏效。因为不同的名字在社会上甚至法律上把他们与其不相称的社会角色分离开。这也是今天，我们无法查找到许多名绅在晚清这一时节参与经商事务和经济近代化建设的原因之一。

力钧和孙葆璙寻找合适的厂房建厂。最后，择址闽江下游北港白龙江（又称南台江）北岸苍霞洲广裕楼左近的一处闲地，开设商办银圆局。这里往来洋商和洋人很多，有小洋场之氛围。南台洲由几个小洲组成，如楞岩洲（楞严洲）、瀛洲（含鸭姆洲、佬药洲、鳌峰洲）以及苍霞洲、帮洲、西部之义洲、洋中亭。苍霞原名仓下洲，位于南台南面江溪，隔江而望，南侧为盐仓前（今仓前山）。至明代时，因仓下洲土地平旷，襟江形胜，尤其是每至傍晚，夕阳落在两岸芳草碧树间，晚霞夕照倒映在江水中，常常令人驻足称叹其美景奇艳。有文人就引发了诗兴，更改"仓下洲"的名称为"苍霞"，并留下吟咏诗句，如"蓝蔚有天皆绿滟，苍霞无水不红波"等。

南台地处闽江出海口，先人因地制宜，在这里开津道辟港口。1840年鸦片战争之后，清政府被迫开放"五口"通商，福州成了通商口岸之一。南台港商船往来，人流量急剧增加。以苍霞为中心的南台地区经济繁荣，成了福州的商业中心、金融中心。苍霞一带，是城内店之外三个重要的钱庄聚集地，大约可分为直路店（今中亭街一带）、横路店（今南台三保潭尾街、延平路、大庙路一带）、桥南店（今仓前山、观音井、大岭顶一带）。同时，各地商帮云集，如兴化帮、建瓯帮、福安帮、南平帮、古田帮等，其间不乏财大力雄的经商者。这里当铺林立，也是银圆银角行销最佳处。

苍霞一带还有极繁华的消费场所。"忽忽青春客里休，半生赢得一生愁。与人会饮从沉醉，是处无家且浪游。海气夜迷灯火市，江风凉入管弦秋。不知一枕羁人梦，更上谁家旧酒楼。"自开埠以来，为适应商帮巨贾的社交应酬，这里有戏台、戏园、菜馆，还有妓院、赌场等销金窟销魂之所。

南台中洲岛上还设有福州海关衙署。主要负责监管进出福州、厦门港的所有货物、运输工具和有关人员，征收关税，管理内外商贾及商贸，签发护照与许可证，对外交涉及其他登录事宜。福建海防厅署设置有福建通商总局，统一承办对外通商交涉事务。

孙葆瑨和力钧购置一块厂房，筹资买了几台机器，按照洋楼的格式，仿大阪厂车间布局，虽然不能面面俱到，却也小具规模。开始试铸，仿照广东办法试铸小银圆，缴官发铺行用。

力钧实际上承担了铸币局会办工作。虽然省里同意了商办，但孙葆瑨还是小心地用了化名，总办其事——在其后两三年，又有几个省份开办银圆局，而他们的"总办"一般是由本省的藩司兼任。

在会办银圆局中，力钧其实是身兼了银圆局总经理、生产总调度、伪币打击办总指挥等工作。

理想很丰满，实际操作中还是碰到了各种难题。

厂址择定后，以布政司为督办，设有坐办、提调，并有文案委员和雇用的英匠数名。原料的采办是一件比较重要的事，其中利益关系也较为重大，督署和福州府里都递了条子，不得不安排几个人员进局。

铸币厂的管理初现现代管理方式。工厂严格进出制度。厂中壁上挂有自鸣钟，工人上工，先在入厂时向看厂兵勇报告职务、名牌，以备巡查。力钧按照日本铸币厂的规制，对生产材料的运输、领用登记、废次品、成品的验收，也用一个专门的账簿，记录完成后封存起来，以备每月的结算清点。

新式造币厂采用记工算酬、按劳分配的方法，工人的职位、上班工时、工作量结合，算出应得工资。

生产机器设备也是现代的。之前孙氏向洋行买到铸币机，西方铸币技术用先制作好的金属模具，再对制作好的钱坯进行直接冲压，经过强力冲压从而在面上形成对应图案。银圆局主要的产品是"银角子"，其中有"二角"币重1.44钱，"一角"币重0.72钱，半角币重0.36钱，含银量都是82%。市场流通每角值铜钱106文。但铸币之初，小银角的发行却不是很好。

力钧征询多方意见，说是鼓钱太小，银圆的龙纹不明晰，银色将就。还有的认为小银角比值太低。

谭督任内，曾向朝廷提出：外商在他们的国家财政中扮演主要角色，而华商虽在公共事务上做的贡献并不亚于西方同行，但皆处于最低地位。因为害怕官方勒索，他们隐藏其聚集的财富，不敢公开声张。建议应该做一次商人资本的调查，在对资本雄厚的商人以全面保护的同时，授予他们各种官衔。

就在这种主张下，孙葆璋使了一笔钱，捐纳给户部，有了盐运使衔、浙江候补知府的身份。力钧也得了拣选候补知县的身份。力钧的胞弟力锵，也得成了候补知县。

银局沉浮

1896年，福建银圆局所铸银角为户部所知。此前，基于地方留存余利的想法或其他，谭督并未向朝廷奏报此事。

同年，户部发文规定：无论金、银、铜任何一种钱币，统归官局铸造，不准商人附搭私股或私自铸造。行闽遵照。

为保住银圆局的生存，银圆局绞尽脑汁，终于想出一条办法，那就是请求把原商办的改为官办，官办的负责人如果是孙葆璋保住了，银圆局也

就保住了。

在督抚衙门折腾一番。

此时新任的闽督又换人，新总督是边宝泉。边宝泉早年间成名是因为平反了经若干级审问的"杨乃武与小白菜"的"奸杀"案——对公牍文字，他是深得其中三昧的。他还曾是马江海战中督战张佩纶的岳父。

经历过三任闽浙总督的幕府里有位名幕朱棠。朱某原来早年在闽中任过官，后来改习申韩术，这是一个奇怪的选择。但改为文幕，与他人不同的是他以清廉自矢——很多官员都是由幕府起家，幕府容易造孽，按中国逻辑，它也是修行的好地方。朱先生先是由在台湾署理布政使张筠臣早先在任太守时礼聘。几年下来，张筠臣由太守而藩臬，始终依靠朱先生出主意，而朱先生在张藩伯的虚衷延纳下，也颇有"民间称颂"之称。谭钟麟到任后，罗致幕中，也礼他为上客。到边宝泉任上，朱先生也得到盛情邀请。

边宝泉请朱先生主稿，具了文上呈。文辞十分有技巧，当然，它首先要帮着掩盖银圆局开铸银角子的事情。其文称，闽省前因制钱短缺，筹款汇交广东善后局代铸小银圆，相辅而行。另外，文中提及银圆局准办日期和已铸银币。又说"嗣据商人孙利用禀请在闽自备工本，购机设厂，仿照广东开铸，缴官发铺行用。即经批准试办。正在具奏间，接到部咨，当饬该商停办，改归官制，以收利权"。

"惟闽省现在候补各员，于铸造银圆事宜多未领会，且购机设厂需费不赀，难以筹此巨款，若仍由广东代铸运闽，未免往返周折"。继而话锋一转，报文称，"兹查有浙江候补知府孙葆瑨，籍隶闽省，于制造银圆及地方行用事宜颇熟悉，拟先向商人租用机器厂屋，改为福建官铸银圆局，由善后局饬委该员认真试铸，仍责成该局提调督同办理。"很正式地推荐了孙葆瑨。"一切分两悉照广东章程，不准轻减……并由局筹银三四万两，饬发熔铸发铺作用。"这最后的"筹银"之说，为"官办"改为"官督商办"

埋下伏笔。

经过疏通，由边宝泉于1896年十月向朝廷具报，并请求将福建银圆局改归官办（实际仍是原班人马，只换个名称）。

银圆局总算是有了正名。有了正名之后，除了开铸业务外，还多了查办私铸的事项。

这是一个制钱混乱的年代，特别是民间私铸。一旦有官方承认的制钱出来，民间纷起仿冒此起彼伏。为了消除仿冒，银圆局与藩司、按察司、盐道衙门、福州府密切联系，求得切实的整治。

发现私铸，主要靠社会举报和地方治安管理的缉查人员，以及公估局的举报。

银角子开始流通不久，市面上就流出一种"以铜为质，外镀以银"的银圆，而币面上龙纹一如银圆局所铸，新钱出来，竟致乱真。当然，仿制者踪迹诡秘，无从拿捉。

力钧和孙葆瑨一面派人访查，一面向上宪汇报，因此几个部门联合，密饬地方文武访拿惩办。力钧在银圆局左近的中洲岛附近一家茶叶店却访得信息。一位洋人拎着一袋几斤重的串钱数了数，一串有大钱95个，一串有98个，其中有几个是假冒的，一碰就会碎掉。洋人啧有烦言，向店主抱怨中国的钱币太复杂，假的又多，串钱里的数量常常不够，当场数钱又麻烦。店主向他推销银角，洋人说，看到在义利洋行里，有人铸造这种钱。

洋人吐露，有人在义利洋行贴邻空屋内开铸，用的是行东名义，毫无忌惮。义利洋行就在苍霞洲对江的仓山番船浦。

银圆局禀告了福州府秦炳直太守。秦炳直带兵勇过万寿桥、仓前桥，来到乐群路的英国领事署找到新任领事阿林格同商此事——上一年（1895年）古田教案发生，11名外国传教士和家属被杀、5人受伤，这些传教士除一位美国人外，其余都是英国人。秦太守与英美领事贺格森、满思礼打过交道，秦炳直曾对洋人开列的长长名单予以拒绝，表示不能株连无辜。

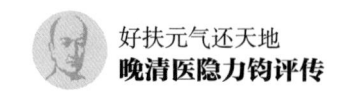

朝廷深恐又会开罪洋人，最后教案以处斩26人，判刑60余人了结。

领事署里有翻译。阿林格接待了秦太守，并认为义利行的行主断断是不会预闻此事的。同时也同意中方秦炳直带领营务处亲勇8名，从观音井，到大岭顶，从番船浦后街围抵该行。

洋行挨着"舍人庙"，果如洋领事所言，行主接到消息，立即回到洋行等待秦太守一行，随即协同清兵开锁来到后院，后院原来是放置茶叶等物的仓库，因船主现在拟改航运业务，所以原来业务已经停办许久。后院场地空阔，洋行内有人透知消息后，一些奸民遂设小机器于此处，秘密铸币。秦太守先派两勇将后门堵住，当场抓获了私铸人员3人，数人逃走，连机器一网打尽。带回后，收押交保看管。

接下来，连日提审假银钱案。经审问，查实被抓的私造犯人为林鸿福、陈发发、陈坤坤。供认他们所用的私造小银钱机器约须数千金。供出首犯为侯官瓜山人（福州南通）潘炳龙。官方出票拘办。

又一天，某甲持伪洋四角至公估局。估看局伙都是经过长期训练的火眼金睛，看出这银角也是伪造的，与银圆局的银角相比，显得更精美，而且银色也不错，足以在市场上鱼目混珠。

然而，局伙毕竟经手多，有识别的专业经验，仔细辨认后又与同伴一同参详，这才告知某甲：这个银洋是伪造的，你从哪里得来的？某甲懊恼，告诉局伙，这是从"鼎丰苏广店"来的。此时某乙也持小银圆来验查，都是假钱。结过旁诘打听，乙告诉他这也是从鼎丰局换来的。公估局的伙计将银圆扣留，禀知布政司和按察司下的善后局。

没等善后局部署侦破此案，很快又有新案件——有熟人来到银圆局，向孙葆瑢咬了一阵耳朵，禀报某绅家有私造伪洋情事。

因此孙太守饬令地方官闽邑守寇大令、俞其昌等，与鼎丰案一并提讯。

接二连三的私铸伪造案件，使力钧也深感有改造银圆局的必要。

为了这个问题，力钧和孙葆瑢以及股东们商议，以为铸币的工艺仍需提升，如果提升到一定精致程度，仿冒就不容易了。币厂原来聘请的洋人要回国，并告诉他们原因是机器不够好。这是孙葆瑨早年通过日本的福岛领事从日本购回的，现在日本国用的机器已经更新了。

经过磋谈，股东们决定引进新式的铸币机提高铸币技术水准，同时也准备扩大生产。坐办此事的力钧乃受众人委托，出行日本，考察和购买大阪造币厂造币机。

1897年，力钧从上海赴日。

在上海期间走访了陈季同兄弟。此时正值中国启蒙思想爆发期，报纸和学会纷纷设立。而陈季同兄弟、陈衍、洪述祖等人正在创刊《求是》报，译述格致实学及法律书。在上海，力钧还与陈氏兄弟共同创设戒烟公会，一面向人们演说烟毒之害，一面附设戒毒社帮助祛毒。这是力钧在当年所参加的为数寥寥的公会。戒烟公会也属于清末立宪团体。为实行新政和立宪政治创造条件，要求全国上下有好的精神面貌。但戒烟到禁烟，直到慈禧太后去世，推行工作并不果断。直到国际禁烟大会在上海召开，监国载沣痛下决心，禁烟才真正在全国全面展开。兹不赘述。

力钧此行，经日本三井物产派驻福州的职员前田彪（后改名前岛真，彼时其真实身份之一为日本海军派在福州活动的间谍）介绍认识了中岛真雄。在中岛的关照下，来到大阪造币局，造币局长长谷川为治接待了来自中国的这位客人。

大阪造币厂创办于明治元年，明治四年完工。大阪一直是日本的商业中心。由于当时的日本刚刚开始明治维新，还没有重工业，所以造币厂的所有重型机械设备都必须进口。采用西方的设备，这在当时的亚洲是划时代的。此外，造币厂还生产其他工业产品，比如硫酸、纯碱、煤气和焦炭等。而一些轻工业设备，比如天平、时钟、油墨则在日本本地制造。以上这些都是机械铸造钱币不可缺少的。因此大阪造币厂带动了周边很多工业领域的发展，为日本明治维新开了个好头。

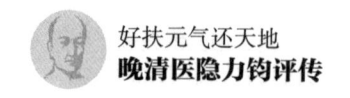

在日本铸币局，力钧还看到，由于大量引进了西方的机械设备，大阪造币局也雇用了很多欧美国家的高级技师，同时注重培养本国的技师，造币厂采取职员和雇工制度。

制作银币主要流程是先将原料银、铜等按精确比例称量，投入大型坩锅中熔化。

雕刻机是造币厂制模的主要设备，利用几何比例，将工艺师设计的浮雕作品缩刻成模具。造币主要是用模具制作。

将配置好的金属熔化后注入浇铸模具，铸成条片，经过碾片机轧制成规定厚度。这道工序需要经过多次轧制才能完成。条片再通过自动进料机轧进冲模，冲床每分钟可冲出若干枚的坯饼，而边屑自动裁切后，再过秤，退回熔炼处。

坯饼再经烘炉，达至软硬适合于压制花纹，其后经过防磨损的直齿边冲压以及最后的成品检测。

除了考察造币改良之术，力钧还考察了日本碳矿和铅矿，以及日本高山、西京、大阪等地的蚕业、织业、农业、医学和藏书的发展现状。同时考察日本维新之后的医学成果，购回大量医书、药具和药品。

力钧究竟购买了多少书呢？有一则1900年3月19日文廷式《东游日记》或可提供想象："……是日，偕中川至浅草'朝仓'书肆，阅购书籍。闻近年有福建力钧者来购旧本书斥三千余金，故列肆中所存已无多矣。力钧曾撰《槟榔屿志略》，余见其书……"

购买了设备，力钧带了日本作山铁工所师、匠、徒三人回到福州，请他们帮助安装机器以及调适、监理运行的状况。

除了更新设备之外，在"售后服务"上，力钧对比好坏银圆，提议，要做得出色，必须把前面制作的银钱回收，重新加以制造。所损失的无非是些人工费，但此举将对银圆局声誉有一个极大的转变。回收旧钱，集资绅商中有人赞同有人反对，孙葆瑨本是一个挥金如土的公子，想着自己办的事要是不美，与其让人长短议论，不如漂漂亮亮地把这件事做好。况且行销更远利润更丰。这么想着，他即同意了。于是，1897年福建银圆局还是做出一个重大的良心之举，回收旧钱，银色加意增足后，重新铸造。

在力钧和铸办人员认真督办之下，新银角在福建民间广泛使用并受到欢迎。闽人不称"银毫"，而称为"官角""银角仔"。铸办厂所在的位置，人们改称为"银局里"。行销中国南北的大报《申报》称"（福建）银圆局日来精益求精，龙文明断字画端正，银色亦光亮异常。远近通行，市廛称便"。

到了1898年3月，省里才开始向朝廷说明银圆局"因局库支绌，无款拨给"，并非官办，请求允许有正式的官督绅办身份。

1899年六月初三，朝廷发上谕："各省铸造银圆设局太多，徒縻经费，是以谕令归并湖北广东两省代铸，其余一律停办。"官督绅办的福建银圆局又一次陷入困境。

其时，已经经过了戊戌政变。在政变之后，极力反对变法的礼部尚书许应骙（力钧曾为他治过病）因曾阻挠维新分子们的上书而被撤职罢斥，历史的手翻云覆雨，现在这成了他的政治资本，因此得到超擢，于1898年底升任为闽浙总督兼署福州将军、船政大臣。

传说中，他到福建督署时，在广东曾看中的一个名妓来到福州，他亲自前去接迎，满面堆笑："咯咯咯，你咯肯来了！"鄙薄的故事中可以想见其人。银圆局要是停办，那铸币的余利岂不是全然损失。许应骙立刻派了新任藩司张曾扬、盐法道杨文鼎督办局务，并选派人员驻局经理。经过几番谈判、核算，孙葆瑨等将私营之官铸银圆局移归官营，资本为台平银51296两。

机器、厂屋也都收归，鼓铸运费等成本由司道核算，铸成发商行用，收回本银，再行周转。为了扩大银角的发行，许应骙总督还向省内发了一

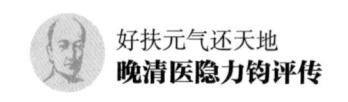

则通知,即各衙门、钱粮、厘金、税局准许搭收银角(以前只收纹银),发放薪俸饷糈和各项杂费,一律搭放银角。

三四个月整顿之后,许应骙上奏,申请把官督绅办的银圆局收回官办,同时向朝廷说明,当初实行官督绅办是一时权宜之计,窒碍甚多,自应改归官办,以符政体。银圆局现状已是官办的格局。他要求朝廷允许继续由本省铸造银币,其理由是:从商办到官督绅办,所铸银角原为利便商民起见,迄今五年,行用过程中没有发生倒闭情况,得到百姓依赖,也说明了银圆局铸币是卓有成效的。"臣自到任以来,察看闽省情形,地方瘠苦,银色低,制钱日形短缺,实非有银圆相辅行用不足以挽救市面。若令赴粤购运,徒多周折,且耗运费,不如仍就闽局铸造,因利乘便,以收已成之效……不独补制钱之缺,而外国洋银占销之漏,亦藉以隐为抵制,挽回利权。"并请允准"闽省兼铸铜元"。从中也可知孙、力所主持的银元局对地方造福不少。

两项请求都得到了批准,遂将银圆局改名为"福建官银局"。因铜元更为急需,于是暂停铸银角,着手扩建厂房,添购机器。

清光绪二十六年(1900)8月,官银局建有厂房12座,办公室和宿舍仓库等11座,安装熔炉51座,水井5口。发动机7架,锅炉8台,辗片机20架,光边机10架,印花机28架……竣工投厂,每日可铸当十铜元60万枚。该币正面文铸"光绪元宝"4字,上有"福建省造",下有"当制钱十文"等字样(后又增加当二十文1种),背面有蟠龙图案。

光绪二十七年(1901)12月,清廷下令:近来各地制钱不敷周转,福建、广东两省所铸铜元,轮廓精美,流通使用方便,命令广东、福建、江苏3省将所铸铜元,速解送户部各数十万元,以便转发全国各地使用。

官银局盈利丰厚,仍不足举办新政的支出。故而自1904年新任总督魏光焘始,又设西郊洪山桥原厝村制造局内铜元新厂,每日能铸当十铜元31万枚。而福州将军崇善也跃跃欲试,想从铸币中分得一杯羹,因又奏请在船政局衙署另立铜元局,是为闽关铜元局。其币面别于前两厂,有"闽""关"字样。

孙葆瑨、力钧等人的银圆局前后经营五六年,为福建货币的稳定、福建地方财政做出了贡献。当然,银圆局事业相关的道、局、府、署也从中得到极大的利润。孙、力离开银圆局时,铸币被视为利薮和摇钱树,大家纷纷打起铸币厂的主意。这再一次引起混乱——1905年一省有三个铸币局,各自独立,蔚为奇观。生产自然开始出现了过剩,为了行销,大家都争相降价甩卖,铜元贬值大跌。福建币制到了崩溃边缘。1907年,陈璧弹劾福建官钱局,奏请裁撤东局(即海关铸币局)、西局(即洪山桥铸币局),保留南局(即苍霞铸币局)老厂,并改厂名为"度支部造币闽厂",隶属中央。

窥斑见豹,全国先后有17个省份参与铸造银钱,饮鸩止渴,私铸和无序的官铸竞争,把滥铸铜元推向了登峰造极的地步,也把国家财政金融推到崩溃的边缘。

苍霞精舍

边宝泉督闽时,银圆局得以继续存在,是多方角力的结果,其中一个原因是在很巧合的时间,1896年,与王仁堪同榜进士的陈璧因丁忧回到福州。

陈璧是闽侯南通人,于1874年中举,许应骙为举主。1877年中进士,为宝鋆门生。自1882年入都供职,寓南横街路南,迁椿树头条胡同。1889年任湖北乡试正考官。

在力钧第一次入京参加会试那一年,陈璧就他在京城组织了福建在京的官员,倡修福州新馆并南下洼老馆。1892年升授礼部铸印司员外郎,充学政全书馆纂修,南苑天坛工程监督,稽查京通十七仓事务、万寿庆典总

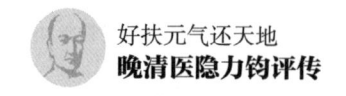

办。1894年成为礼部补祠祭司郎中兼掌精膳司印，加三品衔。后又任湖广道监察御史、刑科给事中、吏部掌印给事中，属于台谏人物。1896年起在京城管理街道时，办理过前三门外官沟淤塞，只花了8000两开通万余丈。商民称便，但也为本来接手工程可以获大利的集团所憎恶。他在回闽之前有请整顿船政，办矿，仿行印花税疏。很多条陈为朝廷接纳。

翰林出身的陈璧回闽，自然受到当地乡绅的热情接纳。上一年，他上奏朝廷的奏疏中，就有"台地碍难畀敌""筹台暨请保护回华侨民"等疏，试图能挽回割台，尽力地庇护在割地台彭后的侨民，台彭一向闽人居多，因而民间向来对本省出身的、能够看得见本地疾苦的他多怀感激。

这年6月为母卒奔丧回闽，他在守制期间，考察了福建船政，一口气上了"船政整顿管见""海防善后局要变通""开矿必须慎选富商严禁规费""添设各项机器以开利源而备御侮折"等整顿船政的折子。对船政改革提出很多有益建议和改革探索。他的主张先后被采纳施行，对促进船政局经营发展起到重要作用。

在"海防善后变通折"中，陈璧陈述了闽地的煤铁矿藏，以及罗源西洋岛的铅矿，认为要饬福建船政开铸洋钱。折中这样写"查福建自左宗棠奏准，正供粮赋变通洋银解库，是以海口市易通行洋钱，近年广东开局熔铸，著有成效，惟创办伊始需费颇巨。若就船政现成之厂地，少增炉器，事半功倍，所得必赢，去岁谭钟麟在任，派员赴粤查探谋办伊始，为东方告警，遂以中止。如果试办得法所入之利于局用不无少补……"，也有意无意间，为银钱局的存在做了个极为巧妙的铺垫。

陈璧回乡的第二年，为边宝泉总督礼聘主持凤池书院。

任山长期间，他于经古课中增加了时务论。策论卷骤增，凤池学风一变。

不知出于何种考虑，已经年逾不惑的力钧拜入陈璧门下，成为他的学生。

第七章 维新医"隐"

甲午之后,各省的条陈"自强大计"的奏折纷纷上至朝廷。1896年,先有刑部左侍郎李端棻上奏《推广学校》,继有盛宣怀的奏议"条陈自强"和"请设学堂片"。12月,朝廷批复,提议练兵、印花税、开设银行、招商集股和办学几款,由户部暨各将军督抚等,查明议准各节,实力举办。特别是办学,"育才为当今要务,节经谕令各直省添设学堂。京师上海两处既准设立大学堂,是国家陶冶人材之重地"。特地宣明,大学堂的经费由户部筹定的款按年拨给,毋庸由盛宣怀所管招商,电报两局集款解济,以崇体制。

朝廷深怀戒备或深有感触地在谕旨中这样提醒道:"总之办事须求实际……该将军督抚等,奉到此旨务须脚踏实地,见诸施行。毋得粉饰因循,一奏塞责……"

办学育才,也许将是未来中国的唯一指望。

这次办学堂的,绝异于以往。

一次次政府借洋债来发展、来还清战败的债务,虽然是迫不得已,但事实上,中国正要与外国打越来越多的交道。再者,即以一串福州船政早期学子的成就来看,不走科举也有其他上升"出路"——如罗丰禄此时任李鸿章随从,参加了李鸿章的沙皇加冕、与德国名相俾斯麦会晤、谒见英女皇以及法国、比利时、美国等外交活动,1896年获二品顶戴记名海关道,又出任驻英意比三国钦差大臣。詹天佑,此时出任北洋官铁路局帮工程司,率队修建津卢铁路,次年报捐州同。严复自留学归国后,出任北洋水师学堂总办,并创办了俄文馆,任总办。王寿昌,法国留学归来,回船政学堂任教法文,1896年从天津洋务局改任奉天署翻译。陈寿彭留学日、英,回国后成为两江总督周馥的幕僚,此时正与其兄一起勘测疏导永定河。其兄陈季同曾因私债而成戴罪之身。之前历任驻法、德、意等使馆参赞,在欧洲时,曾为李鸿章商借洋债三千万修芦汉铁路,一度为总理衙门炽热红人……彼时因穷困上不起学,考不了科举的而被迫进了船政的,或其他新

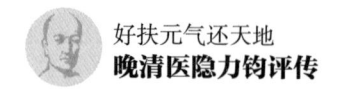

式学堂的学生，现在都成了国家与社会迫切需要的人才。

这是时代的裂纹里透进的光。

必须要办新式、与洋人可以打交道的学堂。

西学，此时突然有了耀眼的光，仿佛可以照亮中国未来人的路程。这也标志着在西方压力面前，在中西文化激烈冲突中，援西入中，中国士林出现了一些前所未有、新知所物化的巨大力量，成为新的文化资源，被社会认可，以为小用可安身立命，大用则能经世致用。

中国的南北，出现了中国最早的两家由中国人自己办的新式学堂。一为南洋公学，一为通艺学堂。

南洋公学创设于上海徐家汇，隶于招商局和电报局，设有师范等4个院，盛宣怀为督办；而在1895年10月，盛宣怀还改办了博文书院（英文称吞纳学院）为北洋西学学堂。这两所学校，分别是上海交大和天津大学的前身。

自甲午开战后，京官张元济、陈炽、徐世昌等10多位京官在北京陶然亭附近常聚集，他们不喝酒写诗，而是痛议时政，谈改革，希望在议论中撞出思想的火花。到了1896年，张元济集资筹设一所西学堂，主要招收官绅子弟，重点学习西文，聘请了时任北洋水师学堂总办的严复，严复将其取名为通艺学堂，聘请英国人为教习。

1897年开始办学的还有一所学校，乃是浙江的求是书院。浙江巡抚廖寿丰提议，由杭州知府、福州乡贤林启（1839—1900）总办。这也是中国近代史上所办的最早新式学堂之一。求是书院后来成为浙江大学的前身。林启与乡人往来联系频频，幕僚也以福州人居多，如林纾、高氏兄弟以及后一辈的林白水（林白水之母系出永泰白云麟峰黄氏家族）等。

苍霞精舍的办学时间与求是书院是一样的。

1896年，陈璧、孙葆瑨、力钧即筹划以官绅的私人力量兴办新学。

1897年2月底，力钧、孙葆瑨买下了银圆局附近的林纾的房子作为办学地点。此地是1882年林纾中举后迁进的，多年来教授生徒，从者甚多。因为此时妻子生病很重，林纾觉得自家住所地势太低，潮气太大，不利于妻子养病，故要迁居他处。

苍霞精舍原有屋五楹，前轩种竹数十竿。买下来重新整理后，维新时期福州第一所兼习中西文化、科学知识的新式学堂——苍霞精舍就正式成立了。精舍开设的课程有经义、史籍、经世策问和时务等国文课程，也有算学、地理、英文等西学课程。外语课是其办学特色。

苍霞精舍师资力量有文科总教习、举人、大挑二等教谕林纾；另有两位教习为闽县学生员邹经邦、侯官县学生员林廷弼；英文科教习有何天增、许世光，英文兼算学教习为升用同知、奉天候补知县王庆熺；监院为闽县监生谢维藩。

在管理上，苍霞精舍不设山长、校长，而称为"主理"。主理有三人，为三品衔、前湖广道察院陈璧；盐运使衔、浙江候补知府孙葆瑨；举人、拣选知县力钧。副理为举人、拣选知县力锵。其后，陈宝琛与任鸣珊等也进入学校重要管理层。

陈璧家、孙葆瑨家、力钧家、福州光禄坊刘家还"贡献"了一大半学生。第一期学业结束共有40名学生肄业，陈璧家有陈缄、陈绖、陈维、陈绎、陈霖5人，孙家有孙葆琦、孙昌运、孙昌寯、孙昌荫、孙昌源、孙昌枬6人，力家有力嘉禾、力舒东、力降寅3人，力钧姐夫、陈庚焕的后人陈声骏家族中也有陈祖谋、陈祖训、陈祖海、陈祖诰4人……

入学后，学生即分月、日为程，每天早晨接受英文及算学课程，日中温经，逾午治《通鉴》。学生们晚上还有自修，燃烛复治算学。在苍霞精舍的首批学生中，每次考试都是刘腾业（南后街"电光刘"家族人）第一名。而其他学生也均各勤勉，在国文、历史方面都有"得其关键"的考评——这大约与林纾的学养与教育方式有关。

维新教育以创办新式学堂为基本内容，是中国近代教育体系确立的重

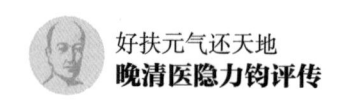

要一环。苍霞精舍虽然规模不大，但在中国教育史上占有举足轻重的地位。

在办理苍霞精舍的这段时间，汉文总教习林纾还完成了中国翻译史上的一部巨著《巴黎茶花女遗事》，事情的发生竟然与一段风花雪月的逸闻有关：在搬离苍霞精舍旧屋不久，妻子刘琼姿很快辞世。早在他母亲生病后，林纾因哀毁过度，吐血过几次。更兼妻子去世，心情抑郁，他为亡妻写下的《亡室刘孺人哀辞》，不意广为流传。这竟感动了南台下杭附近歌妓谢氏。谢氏同情他中年丧偶，又爱慕他的才华。打听知道他是一个情深而义气的人。又打听说，曾经有一个色绝一时的妓女庄氏曾夤缘求见林纾，林纾最终还是没有答应见面。

谢氏就想出一个体面的方法向林纾表达自己的心迹。她派人打探林纾的行止，几次都等林纾外出时，派仆人前往林家，敬送亲手制作的各种美食点心。林纾家的仆童不知东西是谁寄来的，也不告诉林纾，每次都把这些美食分掉吃光，唯有林纾一人蒙在鼓里。

而谢氏不知道她送的美食等都落入童、仆的口腹之中，以为林纾已经心照不宣地默许了。这样过了一段时间，郑重约请林纾到酒楼小酌，多有亲近之意，林纾心中很惊疑。

这些事情被力钧、孙葆瑨他们知道了，就深为谢氏的多情打动。当他们前前后后将她用心筹划的事情告诉林纾，劝他接纳这一份情感时，林纾虽然心中甚是感动，但还是歉然拒绝了。朋友们不解，同时也要一份解释来向谢氏说明，林纾深深叹息说："我这下可能要出门躲一阵子了。这也并不是为了要反情为仇，是因为我本人的性格褊狭善妒。假如我对她动了心，一有所亲昵，那我至死也不会易志更改。这样相处，像谢氏又未必能谅之，所以还是趁早自我解脱为好。"在朋友们不解的目光中，为了怕谢氏再托人说情，林纾因此想要"避爱"躲一阵子。

长乐高氏三兄弟（大哥高凤岐为林纾、孙葆瑨同年，此时为杭州知府林启的幕僚；二哥高而谦与王寿昌同在船政，曾一起留学欧洲；小弟高凤

第七章　维新医"隐"

谦又名高梦旦）均与林纾时就游宴，往往几天一起或者同游鼓山，或者同游方广岩，慨谈时事。高家兄弟有时也邀请表兄弟、时任马尾船政工程师的魏瀚同游。好友王寿昌也加入他们的集体聚会。王寿昌，船政学堂毕业后，曾到法国留学。留学期间，法国小仲马的《茶花女》走红欧洲，名气超过了他的父亲大仲马。王寿昌带回好多法文小说。回国后，王寿昌进入马尾船政任法文翻译。他的侄子王庆熺，就是苍霞精舍英文教习。

一日，王寿昌和魏瀚一同来看望林纾。魏瀚为谢氏与林纾的故事叹息，也突然想到，法国的小说故事很多，可以翻译一些。特别是《茶花女》女主人公与谢氏出身背景一样，如果由像林纾这样情感真挚、笔触优美的人翻译，应当是会很动人心弦的。

提议让林纾破颜而笑："我不识法文，怎么翻译？"

王寿昌说："……不然。又不需要一字一字硬译出来。我读严几道（严复）先生的《天演论》，多有己意畅发。我可以把故事告诉你，你润饰意译呀！……"

和王寿昌同在船政的魏瀚也赞同王寿昌之说。林纾被他们说不过，就玩笑道："如此，你们须请我游石鼓山。"

"易事耳！"魏、王二人见他允诺，十分开心。

由王寿昌陪同，在马江上，一只小船欸乃，徐徐行于江面。夏天的江风，让人心情放松。谁知道，当王寿昌开始凭书口译授予林纾，林纾竟不知不觉被茶花女的命运打动。刚刚悼亡的林纾，想起妻子艰辛苦难的一生，又想起这一年来遇到的堕入风尘中多情的庄氏、谢氏，耳受手追，心游万极。为着茶花女的命运，林纾竟然搁笔痛哭。

一哭开来，就不可收拾了。译书过程，两人边译边写边哭，竟至两人抱头痛哭。弄得为他们撑船的船夫十分不解，等到知道他们是为书上的人痛哭，船夫也呆了，他抱着他的橹桨，呆了很久，十分可怜这两个读书人……

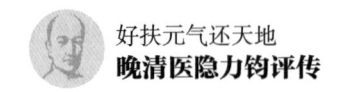

《茶花女》译完，定名为《巴黎茶花女遗事》。小说向来称稗官野史之类，不登大雅之堂，因此他们不敢署自己的原名，林纾改用笔名"冷红生"，王寿昌也定笔名"晓斋主人"。译竣后，为时人所盛推，索阅者众。1898年魏瀚以木版刻印此书。从此而后，风靡几十年。

苍霞精舍创办二年，专课英文，社会各界反响良好。学生投报人数渐多，又据社会需求，开设了日文课。

大家渐渐发现，英文学起来比较慢，而日文则因东亚同文，有速效。学日文的人日渐多起来。苍霞精舍的校园不敷足用了。

1897年10月，孙葆瑨、力钧等向督辕递禀，请求振兴泰西算法、测量诸学，借乌石山范公祠积翠楼，为肄习之所，并求政府拨款以充经费。边宝泉批饬不准，大旨谓船政局已专设学堂为培植人才之地，正无容节外生枝也。碰了钉子后，力钧他们并未退缩。所谓的尽力，不是自己努力完不成功就算了，而是要调动各种资源请求帮助。

1898年戊戌变法后，学生更是日益增多，林纾旧居处的校园狭窄，更显局促不敷应用，苍霞精舍遂迁址于城内乌石山麓蒙泉山馆（今道山路尾），并改名为福州绅立中西学堂。

力钧于1903年离闽，而"苍霞精舍"延续到今天，成为福建理工大学与三明学院的前身。其间历程，除了外语教育有较快发展外，苍霞精舍一直沿着新式教育和实业教育的方向不断前进。特别是1904年清政府颁布《奏定学堂章程》后，苍霞精舍在陈宝琛的带领下朝着实业方向发展。光绪三十三年（1907），苍霞精舍更名为"苍霞中学堂"，另外"加课路电两科"，并且"伏查该堂路电两科学生，皆在精舍肄业多年，外国文、算学均有根底"，可见该学堂对于实业教育颇下苦功。光绪三十四年（1908），又"授路电本科功课"，由天津大学堂铁路工程科学生高善姜、台湾电报学堂毕业生陈起彪分科教授，"颇有成效"。

苍霞中学堂实业教育的特点亦可见一斑。

东文学堂

办学有社会需求，学堂也有力量再扩大招生，因此同仁们扩办的决心也很大。更为重要的是，因力钧赴日本考察造币改良之术，目睹了日本国的发展。此时，他完全改变了1891年在南洋时对日本的看法——从前是以为"西法不可恃，日本自行西法，上下离心"，把它当作前车之鉴，谁知道人家竟然是前车先进。没有比较就没有伤害，没有比较就没有转变，亲眼看到日本"治政之美备，学校之振兴，骎骎焉方驾欧美"，力钧的震撼是久远的，他没有停留于心灵思想上的震撼，他要寻找国家走出与日本并进甚至超越的路。

力钧此时的教育思想，用他回国后向同人转述的一句话就是："国家之盛衰视乎人才。人才之盛衰视乎教养，有不得诿诸世运者也。"

回国后，他一次次向同人陈述所见闻。同人也都是士林分子，同有感慨，称他的话对大家"有振聋发聩之思"。

他订购来的大阪制造银圆之机器告成，运送至闽省时，为了能保证机器正常安装、运行，机器局还特地安排了作山铁工所的师傅、匠人、徒弟三人随同前往中国，暂留监管机器的运行磨合。

铁工所的师傅是个技术工人，但是儒雅嗜学，长得颇类书生。他的徒弟年仅十七八，工作之余，在机器边，常常手持一卷书籍。力钧和同人常常围观他们的作业，工余偶尔也与他们聊天。看到日人少年读书，觉得很好奇，几次走近了看，原来那个孩子在读的是《支那历史》《老子》《墨子》《荀子》《列子》等书籍。只是上面的内容都已经译为和文。力钧考校他书中所说的是什么内容，那个孩子都能简要回答。

力钧问他为什么读这些书。那个孩子回答：这是我们工业学校高等课本。我本来就是学这个的，课本内容是我们学校校长所授的。

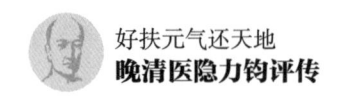

银圆局的同人听了孩子的回答,个个心有所动,都不禁互相对视。

回到公所,大冬天的,力钧因为心情激荡觉得很热,把帽子取下来放在桌上,就忍不住首先议论起来:

"我们福州颖秀子弟,怎么会不如这个工徒呢?如果颖秀孩子都去考科举,一条道走到黑,一年全省不过能中三百来个举人,三年能中三五十个进士就算是非常好的成绩。那些没有考取的难道就一钱不值吗?

"再说中国的典籍之繁复,就是善读者也是一生难以读完的。

"先说字,部目偏旁或积数十画始成一字,而四万万人之中,识字者,一千人中不到一个;再说经义堪深,文词典奥,能够真的弄通其中旨意的,恐怕一万人中还不到一个。

"不讨论选官制度,仅就读书作为志趣而言,因为读书人少,所以书就特别尊贵,读的人就更少。而不读书的人既然变多了,那大家都不读书,也没有对读书这件事视为生活的必需,甚至不会认为不识字是一件可羞耻的事情、愚蠢的事情。

"从社会的阶层来看,大致符合一个逻辑,那就是:愚斯穷,穷斯弱。如此循环就是积弱。个人如此,社会、国家也如此。

"弱而迫于强,穷而凌于富,愚而役于智。亦积势之所必至也。丛林世界,严复翻译编写的《天演论》中,不是写得明明白白的吗?

"当国家百废之时,万择无一当。文字仅仅是其中的一端耳。但是所有的学问不都是从文字中萌芽吗?学问为人才之苗秀。其起点引线之所至,怎么能够轻轻放过不把它放在眼中呢?"

同人都十分赞同。表示他的话极有见地。

力钧接着又说:"福州船政学堂,旧有英、法文二斋,俄、德文则尚阙如。日本国近年来广译西书,我们又再把日本人的译书译成中国文字。日本从战争赔款中获取大量资金,又破坏我们土地的完整。要说我们是要恨他们的。但既然是弱肉强食,败了也没什么好说的。关键还是我们要自强起来。两国比邻，距离这么近，可以称为击鲁柝闻于邾，取径至捷。又好比是虞道之假晋。所以我想，我们如果直接设立东文学堂，就可以培养一些需要的人才，尽快掌握日本经验。以后他们长成，国家必有需要之时。即或对各位的事业，一旦养成人才，也会良有裨补。"

听了力钧的话，大家议论也很热烈。

大家补充谈到几个必办东文学堂的论据，像1896年光绪皇帝的一份上谕也说过："讲求新学，风气大开，唯百闻不如一见，自以派人出洋游学为要。至游学之国，西洋不如东洋，诚以路近费省，文字相近，易于通晓，且一切西书，均经日本择要翻译，刊有足本，何患不事半功倍。"还有人提到康有为宣讲的"彼与我同俗，考其变政次第，鉴其行事得失，去其弊误取其精华，在一转移间，而欧美之新法，日本之良规，悉发现于我神州大地矣。""近采日本，三年而宏规成，五年而条理备，八年而成效举，十年而霸图定矣。"……

作为闽人，他们还议到甲午以后，中东交涉之事渐渐繁多。但言语不通，相对会谈常常是像哑巴聋子，靠比比画画，或者用笔交流，或者请人翻译。更不要谈善政良法，即使遇到了著作者，连通名达意都办不到。中、东同种，距离又近，文字又有渊源可近之处，再有饮食习惯也是相近的，还有台彭割让，而对福州来说，台澎向来审熟。国耻怎么会没有？只是都深深藏在心底，是静水流深，一旦触及翻涌，大家的感情如大江奔涌。的确，甲午败后这几年，已经很久没有畅快、倾情地议论一件国家的未来的事情，虽然是卧薪尝胆，也未尝没有以后报仇雪恨的意愿，再度崛起的憧憬……

今天反思历史，中国在维新时期学习日本，就像是甲午战败后命运诡异的馈赠，学习日本比起学习西方，似乎是因为日本是一个更具可比性的成功样本。既然日本是学习西方战胜了中国，日本的维新花了三十余年，

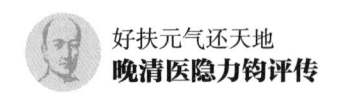

那学习日本岂不是更抄近路？也可见，彼时有志者，都是怀揣着只争朝夕，抓紧进场、速成速效的心态学习。"速成"特色，为中国日后变革提供了"速成"人才，当然，"速成"就国家政权而言，也埋下了速成的苦果。这是后话。

说办就办。况且他们的苍霞精舍创办以来已经有了很多办学经验，学日文的学生也日众，办学前景良好。

同人们当即就预租了苍霞精舍西侧的公所，也就是银圆局隔壁楼屋，拟刊招生启事和招募同志者。启事说明，学堂将于7月21日开学。第一期招收学生30名。条件是年龄在15~30岁，文理通顺的学生。城内报名地点是鳌峰书院和凤池书院（两个书院的山长陈宝琛和陈璧也都是学堂筹备组重要人物），城外报名地点是银圆局、闽报馆。

闽报馆设在番船浦的广东会馆里。此时，它刚刚被日本人收购。它的前身即是创办于1896年的《福报》。创办人为黄乃裳，闽清县人，累世乡居，习于家事，长而治学。17岁时接受了传教士薛承恩和谢锡恩的传福音，归信基督，使他认为"从儒家经典里找不到有关形而上学问题的答案，而基督教提供人生在世的意义"。成为基督徒，并随许扬美牧师在省内各地讲道。两年后，被任命为福州东大街教堂的牧师。其后二十年，黄乃裳一直在传教，并协助多位传教士将宗教著作译成中文，并帮助教士创办了福建第一份期刊《郇山使者》。

1894年，黄乃裳与力钧的兄弟力锵、叔叔力捷三、永泰白云的黄燊（族名黄乃燊）同中一榜举人。在下一年的公车上书中，他与力捷三以及黄燊一起联名反对议和。《马关条约》签订后，黄乃裳回闽开展维新事业，重要之举就是创办《福报》。

报纸首版于1896年4月28日问世。《福报》是福建省开办新闻报纸的第一声。一年以后，即告停印。黄乃裳曾得到力钧的赞助，但赞助有限，运转到第二年4月，再也无力负担发行费用。尽管他四处招股规复，但绅商无人应和。

驻厦门的日本领事梅田氏就与台湾总督儿玉民商量，由日政府津贴经费，每月100余元，将其收购，改名《闽报》。负责前往接谈购买的就是力钧曾在日本认识的中岛真雄。中岛熟悉中国，早年就在由日本内阁赞助的上海日清贸易研究所学习。甲午战争期间研究所被毁，但该所曾招收一批日本学生，培养在华扩张的人才，实际上也是培养了很多间谍，其中不少人担任了甲午战争侵华日军的翻译。中岛真雄即是其中一个。

1897年11月，中岛真雄回到福建，收购了由黄乃裳创办的《福报》。在中岛真雄眼中，"闽省与台湾关系甚重，意欲籍此以宣力于邦交也"，即看中在占有台湾后，东南福建"其可用心"处。收购后，报纸改叫《闽报》，体例照《福报》，也是汉字，但其中宗旨已大相异趣。作为日本经营福建的一个机构，日本方面又派来前岛真、井手三郎等主持馆务，伺察中国官场动静和民间气氛。

因为与报馆比邻而处，银圆局又与日本国有商业活动往来。而中岛真雄又刻意结交乡绅，常以"笃雅温纯"的面目与闽人相处，因而关系不错，亦商量为代为报名之点。

东文学堂设立，经费起先也都是由绅商捐助。

孙葆瑨太守向东文学堂率先捐巨款台伏二百圆（台伏，光绪年间发钱的钱票"台"，即指南台，"伏"者指番佛，即银圆。是"台佛"简写作"台伏"——出票者为南台的钱庄，其币值最初是以番佛为标准。这种纸币俗称为直票。），大家也纷纷解囊，力钧、陈宝琛、王仁东、孙葆琳、刘崇杰各捐台伏一百圆，比他们晚一辈的王孝绳也捐出二百圆。但这也不足开办持续。绅董们商议互保向钱庄息借应用续筹。另外商议各家再行捐助图书，等以后经费充足后由学堂购买添置。

日文教员的事宜，由中岛真雄帮助从日本东京延请教习。6月中旬，福冈县冈田兼次郎应聘而来。日本教员的工资每月龙银50元。另发路费

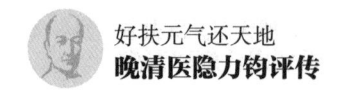

龙银 100 元。待遇上有住房、仆役等。

日本官商闻知消息，也对东文学堂进行捐助，这一年捐助的共有三人：陆军大佐楠濑幸彦捐了龙银 15 元；大谷派本愿寺大谷莹诚捐龙银 50 元；海军少将参谋长黑冈带刀捐龙银 25 元。

1898 年七月二十一，银圆局东，隔着"荔枝树下"街与"文成衕"，不过百来米，东文学堂开学。一条条红绸布悬挂在银圆局、苍霞精舍与东文学堂的院子内外。到场的人员学友，有先期延订学堂绅董、学友父兄，他们也慎重地按照学堂的要求，长衣冠帽俱全，最醒目的是日本官商俱着西式礼服。

胜友如云，嘉宾满座。

学堂的讲堂里早就设好了至圣先师位。开学仪式上，先是东文教习冈村田次郎拈香行鞠躬礼，接着是汉文教习兼监院等人拈香行一跪三叩首礼。学生依次行礼。礼毕焚帛三束。汉文教习兼监院与东文教习行宾主礼，各学生向东文教习三揖，教习答礼。次向汉文教习兼监院三揖，教习答揖。

接着就是互相致贺、致谢。

再由冈村田次郎等人向学生发表演说，先向在场学生及家长等介绍的中日教育形势，勉励以东文文字入手，将来在各行各业得到深造，直至强国富民：

"强国富民之道，莫急于养人才，养人才之法莫先于兴实学。方今中国，名流之士频倡讲习实学之说，学堂学会之设，起于直省，刊报译书之举行于内地。孜孜矻矻，讲实学论时务，风气一变，声达九重。遂至扩各省书院之制以举新学，变科场之例以求人材。十一行省之地实用之人才盖将自兹起正焉。虽然非在上之人设备得宜，就学之徒黾勉不倦，使斯千载一遇之革新徒归空论，岂可不慎重哉。

"窃思日本三十年间之历史，总系革新开国之事，亦有可采以为模范者。日本之立学，别为二门，曰普通学，曰专门学。普通学者，圣训、修身、史传、文章、算学、格致、外国语言文字诸学,他日各执专门修学之资,科总要习养小学、中学之制,皆属之矣……

"现在我们东文学堂应时而建,起于福建省福州府省会之区,欲讲求实学而取范于日本,以习东文为宗旨,用意亦良美矣……吾党奋然立志以学东文,不徒言语文字小效而已,习得普通学课之后,举凡政治、法律、财经、文学、医学、理学、化学、天文舆地、农学、商学、工学,从所自择,修之习之,以究实学之真,以讲强国富民之道。庶几使千载一遇之革新不归空论,而后以实用人才待之,而无愧也……"

东文老师的勉励和寄望也很打动人心。而这也符合彼此日本提出的东亚同文的利益。不管其动机出自何种,他的言辞还是让在场的很多绅董们有"言之谆谆"的启思。

开学仪式完毕,全体师生还一同合影。出席的人员,有当时日本驻福州领事丰岛拾松、《闽报》馆长前岛真、东文学堂东文教习冈田兼次郎以及福州道台、学堂发起人以及学生。

学堂分两门,一门是预科,一门是本科。预科一年,本科两年。

预习科的日文课程最初半年学习内容为日文、读书(小学读本及万国地理、历史等)、习字、数学。后半年学习日文的常用语、文言、记言、发语实演(日文口语)以及日本文典和日文汉文互译、公文写作,以及数学等。

汉文课程是治经通大义、讲理学正人心、考史明治体、读本朝圣训和名臣奏议、审朝政、阅外国史、达时务。毕业后(本科)习经、习《通考》、兼习《通典》《通志》《续三通》等,以及政治专书、外国史、西国专门之业、新译书等。

学堂参考南洋公学的学规管理。学生的收费定为每月4元。管理上,聘请一位东文教习以资教授东文,并制定章程。聘请一位汉文教习,在开办初期暂时代理监院；公推一位常川驻堂董事，没有酬资。学堂有事，随时联系诸位绅董商酌办理——大家一致推举了状元王仁堪之子、年轻的王孝绳担任驻堂董事。

因为基本是采用贴钱的方式办学，办学三个月，经费上即捉襟见肘。10月，日本大谷本愿寺的大谷莹诚亲自来到福州，企图收购东文学堂作为其在华南传教的所在。但学堂发起的几位绅董一致反对。

1899年初应社会要求，开办"不住校、专门学习东文"的课程班，收取学费每月2元，兼习算学的2.5元。从1898年7月开办到次年4月，核算下来，所有的学费收入不过是开支的三分之一。

原来一二班规定要30个人以上才开班，到了次年年初，局于形势，学堂改为8个人即可开班。加开班、减少学费，也是东文学堂有其良苦的劝学用心。其后学生额数诚如办学的绅董所望有所增加。申请乌石山一带的公地做学堂未得到批准，东文学堂的同人租了南后街光禄坊的三官堂民宅。

在时人笔下，三官堂风景秀美宁静：堂中三楹房屋，堂前有一湾水池，池畔围着阑干。池中游鱼历历、莲叶亭亭。堂中的西偏，有一株老树，老干数十围，数百年物也。树干上瘿瘤交抱，枝柯夭矫，状若蛟蟒欲乘风雨飞去。盛夏时，绿阴荫庭。堂中围墙有一处破了，有人在缺处墙外种蕉补之。

环境极幽静，极适于读书。只是还是地方太小了。

1899年4月，学堂董事再开会筹办续议，一方面请求董事们继续"乐捐"。捐募的范围也不肯泛滥，指定是本省或地方公费划支，个人赞助只限于本省官绅。此外有义举乐捐的，只是书写衔名，随时登载在报纸上致谢。另一方面在学生出路上也尽量想办法，包括禀请学政参考京师大学堂的做法，将优秀毕业生或者保送出洋留学或者跳过县考、府考，直接参加院试等等。

第七章 维新医"隐"

6月，四川总督奎俊受日本军方的邀请，指派两名文武人员前往日本观阅秋天的日本兵操，奎俊把名额派给了船政局道台衔的沈翊清。省里允准后，迅速挑选了6名船政生随之赴日游学。这6名学生中，有两位是许应骙的子侄。

当从船政工程师魏翰观察处得知这一情况，东文学堂也积极行动，学堂中选出两名学生，一是林棨，二是刘崇杰，作为东文学堂派出的学生，另选出刘荃业作为自费游学生，向省里请求随船政沈翊清一行游学，得到了批准。

1899年秋天，东文优等学生游学日本，并赏给六品顶戴的消息传遍城中。宏奖后进、并有赏戴的鼓励，使城内外民众开始兴起报考东文学堂的热潮。

报考东文学堂的学额激增。然而，按照之前的学费，学生收得越多也意味着贴钱越多，但是，孙葆瑨、力钧以及各位绅董认为，如果束修收太贵，则又会把寒畯的学子拒之门外，亦非他们所设想的。

但经费不足，办学支持难久。

1900年开年，倒是有个好消息。经孙葆瑨和江西直隶州知州刘学恂出具，督署批准了将乌石山积翠寺官建洋式楼屋，并左隅憺训堂、望耕亭及垣内余地租给东文学堂，承领为专设学堂之地官地有两亩多。破屋危寺，封闭年深，墙柱久圮，亦有可愁处：必须花去千元维修费。

经年办苍霞、三官堂的两个学堂以来，学堂已垫资五六千元，其间他们也有过中止的打算。但为了"上报国恩，下光闾里"，各位绅董硬撑着源源不断给予支持。他们发了一道请求赞助的启事，请"我闽省绅商巨族，居乡近市，不少殷实之家"者，"乐赞斯举，遐迩勿遗。他日者，斯堂济济后学蒸蒸，有其事必有其功，受其惠敢忘其德。吾闽人之幸也，亦吾闽人之责"，情辞动人，得到一些望族的赞助。

由于学堂创办时间是在皇帝宣布维新变法之际，谁知政局突变，不到

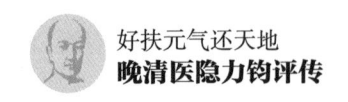

百日，变法失败，六君子惨死，给维新派以沉重的打击，绅商的捐款意愿也趋低潮。而日本则因辽东半岛无法到手，改变了扩张策略，以台湾总督府第二任总督桂太郎的"南进论"为代表，"以台湾的地利，欲在华南培植我方（日本）势力，不仅不困难，且有地理优势……因此福建一带扶植我方潜在势力以备他日……"，其侵华蚕食心迹可见一斑。本此理念，日本自1899年起对学堂赞助力度加大，增至台伏996多元，是上一年所捐款的10倍之数，也比福州当地乡绅多出1倍。到了1900年，台湾总督府民政长官藤新平来到福州，接待他的是陈宝琛，最后商谈，向学堂捐300元龙银，并每年由台湾总督府资助龙银2000元，用于支付日本教习工资和优秀学生留日费用。

1901年底，庚子联军中任日军少将指挥官的福岛安正经过福州，专程拜访东文学堂。力钧作为学堂的负责人接待了这位传奇人物。福岛安正，少年时家穷买不起词典，借了《英日大辞典》抄了一遍。凭着这种克己忍耐，他精通中、英、法、俄、德五国外语。他数度来华侦查，在《天津条约》谈判时，成了日本全权大使伊藤博文的重要幕僚。1892年他已是日本驻德国武官。在俄国西伯利亚大铁路开工后不久，福岛安正从波兰向俄国徒步出发，从莫斯科开始沿铁路，在零下50度天气里牵着一匹马向海参崴行进。几度遇到猛兽，或者病伤，在冰天雪地中几乎丧生，历时480多天，穿过无人区，最终预测大铁路将于十年完工，掌握了俄国陆军的一手情报。日人之忍毅可从福岛身上可见一斑。也正是这般忍毅，支持了日本在19世纪后期强大。

力钧和福岛及学生的合影刊于次年的日本《太阳》杂志。

诚如当时有识之士所谓，日本对中国之"爱"并非无缘无故。他们也在寻求机会夺取学堂的教育权利，培养日本在华的爪牙。

幸而，学堂的绅董一直保持某种警觉，把教育权掌握在自己手中。学堂先后由陈宝琛、孙葆瑨、刘学恂、力钧、王元穉、王孝绳等人主持，陈成侯、林宝崑等任监院，王孝绳、林志钧等任驻堂董事，日本人冈田兼次郎（1900年曾任监院）、桑田丰藏、中西重太郎、矢泽千太郎、向后顺一郎等先后任东文总教习，陈成侯任汉文教习，王幼玉、刘功宇等先后任算学教习；学堂每年选2—3名优等生送往东洋游学。1901年后，因王孝绳赴鄂入张之洞幕，王孝缉继任其职务，并聘请林志钧任驻堂办事。

历时五年，东文学堂培养了一些人才。例如，林棨，后赴日本早稻田大学学习政治学，曾进进士馆，任学部参事、京师法政专门学校教务长、教育部专门教育司司长等职；刘崇杰，进日本早稻田大学学工业，后任福建法政学堂监督、中国驻日公使馆一等秘书和代理公使、驻横滨总领事、驻西班牙和葡萄牙公使，国民党政府外交次长，翻译《日本法规大全》。

另有林志烜、方兆鳌、陈宗蕃、程树德、陈遵统、李景铭、施景崧、黄懋谦、王振先、张运枢等，多赴日本留学，成为新政期间知名人士，并在商、学界有所建树。

1902年政府要求"壬寅学制"改革。为了解决学堂师资紧缺问题，闽浙总督陈仰祈与陈宝琛商议："造就高等学生必先从小学、中学层递而上，庶几各生学术整齐，教授管理方能划一。然办理中小学堂又必须先培初级师范之才，然后授受有资，学派无虞歧异。""将省城乌石山旧有绅设之东文学堂改建全闽师范学堂，俾福建全省士人均得入堂肄业。"

"温故知新可以为师，化民成俗其必由学。"又于光绪三十二年（1906），全闽师范学堂改名为福建师范学堂，至1909年，已有简易科毕业生700人，完全科毕业生100人，大大缓解了全省小学教师紧缺的困境，为其后福建基础教育的发展做出了重大贡献。

蚕桑公学

1897年初，杭州知府林启曾派浙江第一批学蚕桑的官费生汪有龄和嵇侃赴日学习蚕桑技术。高凤岐在林启处协助办书院和蚕学馆。彼时，林纾虽然亦动念往杭州却因妻子正生病，不能成行。次年三月十一，杭州知府林启创办的蚕学馆在杭州西湖金沙港正式开学。蚕学馆以"除微粒子病，制造佳种，精求饲育，兼讲植桑缫丝，传授学生，推广民间为第一要义"。

栽桑养蚕是中国的传统产业，进入近代后，蚕桑业面临着新的突破和发展。

1897年，力钧赴日考察造币机、术，还担负了一个任务，那就是考察日本的蚕桑业和林业。力钧回国后，撰有《高山蚕业记》《西京织业记》《大阪织业记》《足利藏书记》《札幌农业记》《日本医学调查记》等。

在筹办东文学堂的同时，陈宝琛、力钧、魏瀚、林纾等人也着手准备开办蚕桑公学。1898年他们设立了蚕学会，通过"募集捐赀，为置蚕具，购桑秧及一切饲蚕种桑之用，以期广开风气"，三个多月时间，筹到经费千余金和常年经费500金。并在南台择地一方，教授以蚕桑学理和实务，招收16岁以上30岁以下略通文墨的学生，以"试办蚕事"。开办时有饲蚕工和种桑工等。试办后期因选址未定，又暂借九彩园方氏屋（即北后街方家）为公学，不出赁租，所有修理蚕房各费，由方氏自筹，不从公学中另外支出，开办公学。

1898年，林启的蚕学馆刚刚开学，当月就接到福州乡绅的集款。原来是托他代在石门购桑秧1万余株。运闽后即分种各乡。

另外，林纾所译的《巴黎茶花女遗事》，先经魏瀚出资刊印，时人盛推。《昌言报》及《中外日报》的创办者汪穰卿向高梦旦访书。1898年林纾与高凤岐同往赴礼部试，不第，在杭州娶扬州女杨道郁为妾。1899年林纾应林启和仁和县令陈吉士之邀移居并讲学于杭州,曾赠送两本《巴黎茶花女遗事》给汪穰卿。

此时汪穰卿办报,亏损缺口较大,得书后拟印推销,以弥补办报亏空。就在报上广告,称以巨资购来原稿云云。林纾在杭州见了大为诧异,致信说:"在弟游戏笔墨,本无足轻重,唯书中'冷红生'三字颇有识者,似微不便。弟本无受资之念,且此书刻费出诸魏季渚(魏瀚)观察,季渚亦未必肯收回此款,兹议将来资捐送福建蚕学会。"王寿昌也不愿受酬资。最后汪穰卿以"板费"40元并酬新印书200部,捐入蚕桑公学——因为公学主要出资人就是魏瀚。

蚕业公学馆开学之初,设"饲蚕"和"种桑"两科,同时"用显微镜制春秋蚕子,分售同志,以开风气",并且还开门办学,允许有心致力于蚕业事业的乡亲"尽可来公学观看,并研究饲法"。初创时,蚕校极其简陋。"教习未聘","局所未定",至光绪二十六年(1900),该公学已经"颇有成效",经过两年多的初步发展,蚕业公学的各项事务也逐渐走上正轨。1901年,改名为"福州蚕桑公学",迁到屏山贤良祠。并于光绪二十八年(1902)颁布了《福建蚕桑公学章程》,详细地规定了"总则""教习总则""生徒规则""赏罚""招考规条"和"学科课程"等一系列翔实的规章制度。其中,"总则"有言:"本学以提倡全闽风气,开辟间阎利源为宗旨。"

该公学的办学目的,清晰明了地反映了该校作为实业教育的务实性。再观其课程设置,蚕桑公学的学科课程设置一为本科,一为别科。本科课程有学理(包括养蚕法、蚕体生理、蚕体解剖、蚕体病理、使用显微镜讲义、查验法、缫丝法、桑树栽培、土壤学、肥料论);有实务(使用显微镜、解剖蚕体术、制蚕种法附贮藏蚕种法、养蚕术、缫丝手法、检查蚕卵蛹蛾法、用肉眼鉴定)。别科的学务有养蚕术和缫丝手法。

从学科课程设置来看,蚕桑公学采取的是理论和实务并重,特别是对本科的实务课程设置尤为细致、全面。1902年，总督许应骙奏办农桑总局，其址设在现南公园的"耿王庄"——左宗棠曾设福建蚕桑棉总局的旧址。总局下附设浙股粤股蚕务学堂。该局设屏山贤良祠，与福州蚕桑公学一起办公。在望海楼题有楹联：此地话桑麻，十亩间间，聊借耿王旧墅；分科研学术，诸公衮衮，不忘左相初心。

算是福州人对左宗棠抚闽的致敬。

福州蚕桑公学是福建近代史上第一所实业学堂，一方面"开辟闾阎利源"，另一方面"开全闽风气"，为近代福建培养了一批专业的栽桑养蚕技术人才，进而促进了福建桑蚕业的发展。之后，福建的实业教育逐渐发展起来，各种实业学堂开始陆续出现。

曾几何时，福州蚕桑公学名闻遐迩，1921年，中国学界胡适、蒋梦麟等人以北大、尚志学会、中国公学的名义，邀请20世纪美国著名的哲学家、教育家、心理学先驱、美国思想史最具影响力的学者约翰·杜威在中国科学社演说"科学的教授"时，他举了福州蚕桑学校作例，说那个学校是中国最好的学校[1]。

维新余绪

1898年2月，德国强租胶州湾，4月，香港扩租界至九龙。5月，英国租下威海卫……中国遭受到世界列强的种种欺凌。当时舆论领袖康有为认为形势迫急，要求各省志士组织学会以振厉士气。在康、梁等人的引导下，在京的福州士子也积极活动，沈葆桢的孙女婿林旭"遍谒乡先达鼓之，

---

[1] 《胡适全集》29卷，安徽教育出版社，2003年，第302页。

一日而成"——用一天的工夫，同张亨嘉等就在福建会馆组织了"闽学会"。闽中名士皆集，林旭自然成为闽学会之领袖。除了青年知识分子开始关心政治并积极参与外，开明的官员也认为，中国如果不能吸取战争教训，后面还会有更大的政治危机。政府的内部开始酝酿变法图强的情绪与主张，维新成了他们的共识。

1898年5月，康有为第八次公车上书，林旭动员闽籍366名举人率先响应。

光绪皇帝在各方力量的推动下，维新意识与愿望越来越强。这时候，朝廷上年轻的光绪是很兴奋的。慈禧太后在颐和园里颐养天年了，甲午年复出的恭王，因国事忧心，于1898年5月去世了。

没有那么强的掣肘，皇帝决定变法。他这次下了极大的决心，他对刚刚领班军机的庆王说过："若太后仍不给我事权，我愿退让此位，不甘做亡国之君。"曾经让慈禧动怒，彼此都说了负气的话："他不愿坐此位，我早已不愿他坐之。"经庆王劝解，慈禧才说："由他去办，俟办不出模样再说。"

6月11日，光绪帝发布《明定国是诏》，变法从此正式开始。

1898年7月5日，光绪帝发布了《举人才诏》。福建人中，林旭、严复、郑孝胥、陈宝琛等人都被推荐到皇帝的案头。被迅速起用的是23岁的林旭。8月29日，光绪帝召见林旭；9月5日，林旭被任命为军机章京，参与新政；在清人笔记中记录：召见时君臣二人言语不通。因为林旭的官话里尽是闽腔口音，皇帝只能半猜半听，只好命林旭将奏对的言语誊出后呈览。

为了提高效率，皇帝索性整顿吏治，任裕禄、李端棻代理礼部尚书，王锡蕃、徐致靖等代理礼部侍郎，又任命内阁候补的侍读杨锐、刑部候补主事刘光第、内阁候补中书林旭与江苏候补知府谭嗣同等4人在军机处行走，参与新政事宜，并赏四品衔。

四小军机没有辜负皇上的希望，改革方案很快接连出台。任上的林旭

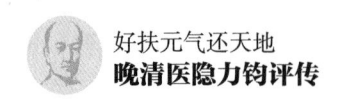

"陈奏甚多"，不少"上谕"如裁撤詹事府等衙门、处分某些守旧官员等，多由他代拟。因此顽固守旧的大员对他衔恨颇深。

急切的皇帝在103天里发布了110多道诏书。超常规密集地发布政策，使谙于官场规律的地方督抚以及一些重臣都习惯性地观望等待，不敢跟得太紧。

9月4日，因为礼部主事王照上疏建议皇帝游历日本的奏折被礼部六位堂官，包括尚书、左右侍郎等拒绝代递，皇帝震怒，一气开除了这6位堂官。其中就有尚书许应骙。10天后，皇帝又提出要开"懋勤殿"——名义上为顾问机构，实质上，皇帝会把它设成一个置身于军机处、总理衙门等机构之上的决策机构，以避开旧体制的牵扯。

二品以上官员任免的权力是太后自己掌握着的，皇帝开除六堂官，破坏了先前的游戏规则。在"懋勤殿"问题上，太后与皇帝间进行了一次激烈的争论，最后，太后说出以皇位存废为要义的干预之语。

这也使皇帝为首的维新派感到要抓紧行动。终于有了康有为等密谋要"围园杀后"。

早在变法前，慈禧太后就安排了荣禄为直隶总督兼北洋大臣，刚毅为兵部尚书兼军机大臣、崇礼为刑部尚书兼总理衙门大臣领步军统领，同时将准备去四川任总督职位的裕禄召回北京。

如果认定太后"挖坑"等光绪皇帝来跳，虽然是过于恶意的猜测，但是，对慈禧来说，她之于光绪，仍然是有"一切尽在掌握中"的把握。

一听到围园动手这种大逆不道的消息，慈禧太后从颐和园赶回紫禁城，直入光绪皇帝寝宫，很快地将光绪皇帝囚禁于中南海瀛台；然后发布训政诏书，再次临朝"训政"。接着，命步军统领衙门兵役到各家搜捕维新先锋康、梁及四章京以及外交名臣张荫桓、翰林侍读徐致靖。

康、梁成功逃脱，余下6人全部被捕。

其中，就有深度参与戊戌变法的福州人林旭。

第七章 维新医"隐"

1898年9月21日凌晨，当时的林旭躲在同治皇帝的帝师，亦是福州长乐人林天龄的家中，此时林帝师已经去世。其子林贻书既与林旭有戚属之谊，更是他的好友。慈禧发出懿旨时，还顾恤着林帝师的情面，因此嘱咐，只抓犯人，勿惊着林师傅一家人。

未经审判，被捕的四章京径直被押解到菜市口。由提督衙门派来哨弁兵役200人护行。到了法场，先杀康广仁，接着是谭嗣同、林旭、刘光第……行刑结束已是薄暮了。康广仁便衣无服，被杀后刽子手将他的尸首扔得远远的。林旭还穿着补服，没有挂珠。其他人都穿便衣。

刘光第的夫人带着女儿在现场，晕厥醒后便要以身相殉，幸而众人救之不死，后来由同乡同事凑了钱将他归葬。

菜市口中距广东会馆很近，但康广仁后事没有一个人敢来过问。

林旭的尸殓比较迟，因为他的亲属不在京，他的仆人朱贵请了亲友林贻书、沈翊清等凑了千金，二人布置一切。遗柩都停在了三官庙。

从林旭入军机到被杀，前后不到一个月。接着朱贵扶灵归其丧，灵车回到福州城东门老家时，东门一带的小儿在附近唱一首歌谣：断头旭，血化碧。日未落，河水涸！这一年秋深，福州也格外萧索。

李宣龚在自己家里为朋友林旭设了奠堂。李宣龚的家也在南后街。林旭妻子沈鹊应落款的一对挽联道尽了世间这种生离死别的哀痛、沉痛：伊何人，我何人，只凭六礼传成，惹得今朝烦恼；生不见，死不见，但愿三生有幸，再结来世姻缘。

知道他们姻缘由来的人无不叹惋：沈鹊应（1877—1900），字孟雅，是沈瑜庆的掌上明珠。定亲时，林旭还是一个小秀才，沈瑜庆嫁女后，林旭果中福建乡试解元，曾经传为一时佳话……

维新变法就这样无声无息地落于沉寂。此后一年多，中国政治进入对维新的"反动"，其中包括科举考试重新恢复，经济特科停办等。也许，

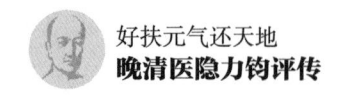

不身处那个时代，很难描述他们的感受。人心世道迅速败退，那些局部、有限的成功又被围堵得千疮百孔。

维新变法虽然落于沉寂，但戊戌维新，时代的裂缝中，出现了像力钧这样的一代新知群体。他们听到了时代的号角，在漫天风雨中，他们试图补上天裂，使中国在近代化的路上可以起立、奔走、角逐。他们的作为，从政治、思想、经济、文化、教育等方面，尤其是社会公共领域内，成了时代演进的助推力量，也为后来续的新政提供了基础和储备。

这场夭折的运动，是中国由上而下的一场革命，是中国人在找一条出路的必然碰撞。它虽然短命无果，却在这个时代给了某些人寻找出路的机会。力钧创办东文学堂时，曾深有感触地说起国运、世运，其中有国家兴盛，要重视人才、教养，"不得诿诸世运"的不认命的倔强。其实未尝不是他个人之前走过的人生。在福州，能有数年办理银圆局、共同办理数所学校，为国家为地方作育人才的成就，其中个人的努力固然占有很大原因，但也是其时的世运给出这个机会。这也是维新之花结出的果实，尽管不是华枝春满，不是秋实累累，甚至果实都不能算成熟。但其中孕育的种子，散在了中国。

它们也一样等待一个新的春天来发芽、茁壮、蓬勃……

力钧于1899年迁居阳岐，他买下了玉屏山庄——他依然记得少年时说过的，有钱了要把玉屏山庄买下来的话——玉屏山庄第一任主人叶滋森已去世十几年。他的儿子叶大庄（1844—1898）先是在张之洞幕中任文案，离幕后，1898年，在邳州任知州，邳州大雨，为了救灾，叶大庄积劳成疾，他在邳州不忘吟咏，给过从甚密的好友陈衍寄的一首诗中有句：螺女江归陈学士，猫儿窝属叶邳州。不想在福州的几位诗友都觉得这个句子有不好的兆头。陈衍读了心头不舒服，说，螺女故事已不甚高妙，到猫儿窝有什么好处，必欲据为己有耶？

叶大庄在苏北邳州数月,为邳州做的事就是赈灾,风雨如磐中,终于卒于邳州。他去世前,叶家就已有败落之象,很多藏书都流入书商手中。他去世后家人便欲脱手玉屏山庄。

叶大庄曾经写过《玉屏山庄记》:

"……人少屋多,夜深异鸟鸣于树巅,小儿女甚怖,余兄弟恒读书至曙。其后先君岁寄俸钱,又增屋数楹。龙眼蔚且尽,既垩既髤,花木翳如,房栊疏爽,山光常在几案间,意甚得也。乃署其东曰'陶江书屋',插架万卷,屋前皆竹。竹尽曰'疑雨亭'。又东曰'绿天对雨庐',老榕过墙,上不见日。庐之前为水槛,庐之后为'小玲珑阁'。尝得太湖石,高丈四五尺,置此焉,阁以石名也。阁之后为方池,山泉微温,荷花早开,循廊上山,曰'石画楼'。楼与石为向背,下楼拾级再登磴曰'南台'。闽江西来,永阳江南来,风帆渔火,朝夕集于台下。下台出石门,过梅崦,曰'归来草堂'。初,先君得文衡山书《归去来辞》,藏此,寄退休之志也。其西曰'写经斋',余往年写《阿弥陀经》《普贤行愿品》于此,凡百余册,分舍佛院,祈母病,别有记。先君归,喜曰:'吾得养闲娱老之所矣。'

惜乎!春秋佳日召觞邻里者,仅四年。孤露以来,伏处田间,人事推迁,行将复出。子侄从师入城,岁时一归。吾恐吾庄之荒也,乃拨李垞田池十二亩,岁取其入,以为修缮之资。且为之记。"

玉屏山庄,当年叶滋卿因爱这里"流水数曲注于午桥,流沫成轮烟波邈然",橘洲附近人家种蛤佃鱼为业,满山龙眼的景致便以三百缗购买此园,共花3万金,4年筑了前后五楹,名之玉屏山庄。在叶大庄时期,这里是同光派诗人集散地。往来这里的诗人有名藏书家龚易图、陈宝琛、张元奇、严复、陈书陈衍兄弟、沈翊清等人。曾经,拥有福州数座园林的藏书家龚易图还曾试图用一万两银子购买玉屏山庄东偏的一处叫里垞的,足见其风景秀丽、水木清华。

买下玉屏山庄后,力钧还曾在这里创办玉屏女塾。囿于资料,无法考

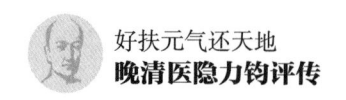

证该女塾的规模、学制，仅从创办时间来看，力钧对女子教育的理念也是先进的。因为在迟至6年之后，除了洋教会办的女学堂，才有被称为福州第一所女子学堂的乌石山女塾。它是1905年陈宝琛的夫人王眉寿创办的。

戊戌政变后庚子拳变，太后与朝廷不但没有遵约保护外国使馆安全，还发出公开与列国宣战的上谕。但东南各省的督抚们以"矫诏"的说辞拒绝参加，并与英美列强达成"东南互保"。事实上就隐含着旧体制伴随革命动荡而生发的现代国家自我构建的前奏，试图在一个行将崩溃的旧制度框架下开启新模式，以使国家不至于因为"乱命"而全盘倾覆。

因为东南互保，在中国东南的福州城市中，这几年，力钧和他的同人依旧在办学事业上奔忙。偶尔，三五诗友聚在他的玉屏山庄，虽只有寥寥的酬唱，却也为年逾不惑的岁月增添一些诗情。特别是庚子年（1900），陈衍一家人从武昌返乡避乱，借居力钧的玉屏山庄，家人在此长住数年，陈衍则经常小住。陈宝琛也时有过从。

1899年，东文学堂得到闽盐法道余联沅的赞助。余并将他的两个儿子送入东文学堂。余联沅，1895年补授建盐法道，1898年署理福建按察使，1899年署布政使，以办理洋务出力，赏二品顶戴。同年5月，调任江苏苏松太道，即上海道。这是东南第一美缺。1899年，东亚同文会会长近卫笃麿出访欧美，顺访中国，结识了余道。在近卫的上海通信中曾道："余联沅系持日本主义之人，其二子余祖钧、余逑在福州东文学堂学习日语八个月，虽尚难运用自如，但阅读释意已无大碍。此二人皆有将来留学日本之意愿。"1900年，他的儿子们成了高官子弟中首批留学日本生之一二员。此时力钧在莆田、仙游经营盐业也十分得心应手。作为商人的反哺，力钧在仙游创办过仙游学堂。

新政倾轧

戊戌政变后，慈禧有废黜光绪的意思。她先立大阿哥傅儁为储，这种明显违反祖制（自康熙后不立储）的做法，引起了朝议纷纷，又使政治进入新的动荡期。各地名流也纷纷抗议"名为立嗣，实则废立"的建储行为，由此引发了经年延续的"庚子保皇"运动。而各国公使、领事纷纷向朝廷官员打探皇帝废立的消息。疆臣刘坤一（他在维新中曾对皇帝的新政持有异议或者消极推行）在与太后最为倚重的荣禄沟通后，慨然上奏："国家不幸，遭此大变。经权之说须慎，中外之口宜防。现在谣诼纷腾，人情危惧，强邻环视，难免借起兵端。伏愿我皇太后、我皇上慈孝相孚，尊亲共戴，护持宗室，维系民心……坤一受恩深重，图报无由，当此事机危迫之际，不敢顾忌讳而甘缄默……"，其"中外之口宜防"终于使慈禧在立了傅儁为储之后，没有动手废掉光绪。

在慈禧一心预防着拥护光绪皇帝的各派势力时，北方饥饿的农民沦为"拳民"。在抚、剿中，社会深层次危机总爆发，并酿成1900年的"国难"。

自1897年德国强占胶州湾，威海卫被日本占有3年后，又被英国强租，英国还圈占了文登、荣成等县，强迫农民完粮完税。农民们加入了各种拳教组织，以反抗命运的压迫、列强的压迫和朝廷的压迫。

在反抗当地教会教民借洋教为护符、凌轹乡里过程中，多地爆发了大规模冲突。在处理拳教组织大刀会、义和拳与教会冲突中，地方政府采用了"会、匪区别""惩首解从"的政策。这不是他们一味的慈悲，而是希望利用反教会的民间力量来制衡教会的跋扈和列强的野心。

对义和团的或剿或抚成了朝廷头疼的问题。先是为了教会洋人的抗议，连续撤换了几任剿"匪"不力的山东巡抚如李秉衡、张汝梅、毓贤等。

1899年，黄河流域的大旱，加深了农民的痛苦，加入义和团的农民越

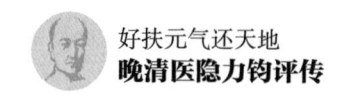

来越众。为抗衡基督教的信仰，义和团依靠各队伍发明了一套套不同的神灵附体的魔术式的把戏，自称"神功护体，刀枪不入"——这些护体的神灵或是玉皇大帝、八仙、哪吒、孙悟空等道教相关人物，或是关羽、诸葛亮等忠臣义士，或是黄天霸之类的民间英雄。价值混乱，却并不影响他们的法术噱头裹挟民众集体疯魔。

清廷派袁世凯署理山东巡抚。袁世凯亲自对义和团所谓"大师兄"（头领）进行了肉身试验，在洋枪枪响之后，大师兄们纷纷应声而倒。戳穿了法师们的把戏后，袁世凯在山东大办剿杀拳众。义和团奔窜直隶。

在袁世凯还没到达山东时，被撤职的山东巡抚毓贤正在北京的各王府里表演义和团的神功，据说他亲自吃了两条活鱼——他向端王载漪（他的儿子刚被立为大阿哥）的兄弟们表示，义和团的神功比这个厉害许多。这竟然也得到了急着让儿子上位的端王和他的团队的深信。

喜欢看戏、文化程度不高，特别是科学知识缺乏的慈禧太后选择了相信端王。不完全是愚昧，因为她复杂的心思里还有一个考虑：利用义和团、民心，来对抗一切对她最高权力有威胁的"政敌"，包括列强。

1900年初，一道紧急上谕称"近来各省盗风日炽，教案迭出……若安分良民，或习自卫身家，或联村众以互保闾里，是乃守望相助之义。地方官遇案不加分别，概目为会匪，接连滥杀，以致良莠不分，民心惶恐，无异于添薪止沸，为渊驱鱼"。表明了慈禧的态度。

于是，直隶总督裕禄打开衙门，让义和团大师哥在衙门内设坛作法，让三万义和团演练刀枪不入，甚至把总督府的军需仓库打开任团民取用。潜入京城的拳民遍贴揭帖，称中国的混乱是洋人在各地传邪教、立电杆、造铁路，亵渎天神招致的，号召国人"天意命汝等先拆电线，次毁铁路，最后杀尽洋鬼子"。近畿一带，相继发生焚教堂、杀教民等多起事件。被突然纵容的拳民，已成乌合之众，到了5月时，又爆出小高潮：保定一个村里的所有教民30户人家遭到洗劫，全家老幼被杀。5月下旬，洋人们发现，义和团反洋教已演变成了反对一切外国人。"今天不下雨，乃因洋鬼子捣乱所致""消灭洋鬼子之日，便是风调雨顺之时"。

失序后，端王为掩饰招抚政策的失败，开始不断吹嘘义和团的神勇忠诚。太后任命端王为总理衙门新任首席大臣。

被针对的列强从中嗅到危险的信号。5月20日，从英、美、法、德扩展到俄、日、意、奥、西、葡、比，11个国家，召开了一次会议，形成了联合照会，要求镇压义和团，限清廷5天内给予答复。同时，他们做好了武装登陆天津港的准备。

超过5天，没有等来清政府明确的回复。第8天后，洋人们等来的是丰台车站被毁、京津铁路的路轨被拆的消息。此时，有一份来自大清镇压义和团的《公告》草稿送到洋公使处。这份草稿被扔在了一边。当晚，各国公使给了总理衙门一份照会：各国向北京派遣军队，要求清政府提供运输便利。

洋人们根本不在乎清政府的反应，同意或者反对，声明或者警告，他们已经懒得再在文件的往返之间做任何周旋。国际法规定，各国互派驻外使馆的保卫由所驻国负责，进驻国不得以使馆安全名义或其他借口向所驻国派遣一兵一卒，除非受到邀请。在洋人军队登陆天津港后，才向清廷宣布：无论清政府许可与否，各国军队进入北京的现实不可更改。紧急会议后，总理衙门屈辱地同意每个国家来京保护的兵力不得超过30人。

5月30日，6个国家的12艘军舰进入天津港。当天联军共300多人登陆天津，并在傍晚时登上开往北京的火车。进驻北京东交民巷，这是联军的第一批人员。

6月1日，在保定工作的36个欧洲人（主要是比利时人）因担心局势混乱，逃往天津。路上，遇到义和团，发生冲突，失踪了9人。后来证实死亡6人。

6月2日，欧洲人遭遇困难的消息传到天津，俄国公使派了25名驻天

津的骑兵，前往救援。路上被义和团众包围。冲突中，双方各有伤亡。

6月11日，联军2000多人强占火车，驶往北京。

6月12日至18日，清军与义和团联手抗击八国联军。联军24艘兵舰、2000多人，集中渤海湾、大沽口一带，宣称准备"帮助清政府"，"代为剿灭"义和团。

列强不仅仅是为保护各国使馆、侨民，可能还将试图干预中国内部事务，尤其是"皇帝之位"。这才是慈禧深为揪心和怀恨的。

在洋兵入驻京城时，义和团、教民也纷纷进入京城。

义和团入京城后，朝廷的剿抚政策不定，此时已成尾大不掉的情势。更兼，在端王为首的主抚派诱唆和欺骗，整个京城"盈廷惘惘，如醉如痴，亲而天皇贵胄，尊而师保枢密，大半尊奉拳匪，神而明之，甚至王公府第，闻亦设有拳坛。拳匪愚矣，更以愚徐桐、刚毅等，徐桐、刚毅等愚矣，更以愚王公"。他们攻击城中商业区大栅栏内一家德记洋货店和屈臣氏药房，称此火具有神力，只烧洋店不连烧民屋。结果，纵火失控，三日不灭。连正阳门楼洞及城门建筑物都毁损，又连日杀害教民。

义和团恣意劫掠，很多高官，如"贝子溥伦，大学士孙家鼐、徐桐，尚书陈学棻，阁学贻榖，副都御史曾广銮，太常陈邦瑞皆被掠，仅以身免"……义和团的骚乱不论对朝廷，还是对百姓而言，都是一场灾难。原来从西苑调防北京的董福祥甘军、武卫军等，也加入抢劫民众的队伍之中。

6月21日，清廷以"内阁奉上谕"的形式，发布了宣战诏书，并五百里加紧发往各省。因不是正式宣战，这给了各省督抚李鸿章、张之洞、刘坤一，甚至福建许应骙等封疆大臣筹议"东南互保"的时间。各省以"乱命""矫诏"等回复朝廷，拒不奉诏领兵北上与联军作战，又乘着"南北消息断绝"时间内，迅速与各国领事签订了互保。既成事实，又是实力督抚的集体态度，朝廷也无可奈何。在史称"东南互保"的事件中，依靠盛宣怀、余联沅、沈瑜庆等人的"智慧"——"惟有稳住各国或可保存疆土"稳住了东南局势。事实上，在两宫逃难又回銮之后，正是依靠东南疆域的太平，清政府还继续统治11年。

朝廷没有等来各省的援兵，只得依靠甘军、武卫军、虎神营的兵力与洋兵打守城之战。

7月20日，听闻联军已破外城，慈禧挟光绪仓皇西逃。临行之前，把光绪的爱妃珍妃推入乐寿堂后院的井中。因此前，慈禧曾向群臣"力谕并无（西逃）此说"，且还严责各部院离职出京人员。这一匆匆出逃，连祖宗都没告知，当然连对京城的留守事宜也未做布置。

联军进城，先是捕拿义和团，以搜查军械为名进行抢劫；愈演愈烈，外国军队和在北京的欧美平民都卷入了抢劫的狂热之中，几乎无人置身事外，英国公使窦纳乐的夫人将价值连城的财宝装满了87箱，而她还惊叫"还没开始装箱呢"。

再有就是莠民土棍纠约匪徒抢劫商铺。庚子年间著名的戏曲理论家齐如山回忆，除了这些穷民之外，连"儒雅体面之人亦乘间随众抢夺"。

在义和团蹿入京城时，以山西道监察御史身份"巡视中城"的陈璧就多次上疏，请求镇压义和团，但"忤朝旨"的建言，遭到了以端王、军机处刚毅等为首朝廷力量的数次打压申斥，差一点儿被抓起来。

原来，他自1898年9月服孝期满，于次年回京。1900年2月奉旨为巡城御史。当时北京城管理城市地面权力的机构有顺天府尹及大兴、宛平知县；有步军总领；有五城兵马司指挥；有巡城御史。巡城御史有五城，各设分局力主剿匪。

时局混乱中，大小官僚和家属出逃出京，但还是有一些行动不便或有责任心的人留在京城。

陈璧就是其中一个，不但不逃命，而且还"骑马衣冠巡于市"，因此被德军抓后，令做苦力，或者被遣拉车，或者被迫运尸，或者被召负石，

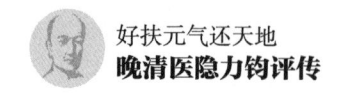

稍一违慢，立施鞭挞。

后来，还是经过毕业于同文馆的、会讲德语的齐如山前往营救才被释放。

在离京西逃路上，慈禧曾发上谕，着荣禄、徐桐、崇绮留京办事。但因通信系统破坏，慈禧等一行也不知道留守大臣的情况。事实上，徐桐已在破城日自缢身亡，荣禄逃出京城，崇绮逃出京城后，听到家中20余口全部自杀殉国，也在逃亡路上悔恨交加，于莲池书院中上吊自杀。其他王公大臣，殉死者不计其数……后慈禧改派庆亲王回京善后。

华屋不留三片瓦，良民尽作九州人。五色旌旗成列国，万国灯火尽夷人。

寓居在宣武门外烂面胡同的张亨嘉（1847—1911），早期致用书院学生，翰林出身，曾任湖南学政、广西主考。此时任太堂寺少卿。张亨嘉侍母极孝，因母亲年逾古稀，大乱之中无法安置老母，遂留京。他家住宅宏敞，一些来不及离京或未离京的福建京官，都一起住在他家中。陈璧也是其中之一。这里共有12户京官。张亨嘉家对面有一位曾广国，是曾国藩的侄儿，精英文。一位美国兵官与他相熟悉，一日询问：我们联军入城是为保护侨民，不想骚扰民间，但是民间不开市，无从得食。你有什么方法，能让民间开市呢？

曾广国说：要让民间开市，必须有管理地面的机关发布命令，人民才能照办。但谁敢出来担这个责任呢？据我看，对门张家，有个巡城御史陈璧，他是个有胆有识的，我陪你前去拜访他，和他商量一下吧。

听完来意，陈璧慨然允诺，提出的条件就是告示中要用光绪年号，不用西历。

美国军人听后答应了要求，并通知各国兵官。因此，陈璧联合9位地方权责的同人，并在街衢张贴安民告示："洋兵入城，和好在即；居民官宅，各安生业。匪徒抢掠，格杀勿论；拿送到城，立即正法。"率团勇百名分守平粜局、练勇局。捕杀抢犯十余名，人心赖以定。

陈璧还联合了滞留在京的官员33人，联名电请李鸿章来京以定人心。33名京官，多是东南人士，中有福建省的郭曾炘、张亨嘉、黄曾源、郑叔忱、陈懋鼎、林开章、卓孝复、傅嘉年等11人。这11人，多是寓居北京宣武门南地区的。

米道不通，电路不通，内外城洋兵把守，城中劫掠……他们同很多京官一样陷入困境，这些官员本有积蓄，但劫后余生，只能靠省吃俭用勉强度日。

庚子年间，为援救本省京官，各省民间都有所行动。救济善会在上海成立。陈季同在陆树藩筹办善会时，在天津，遇德兵抢夺所坐的东洋车，与德兵拔刀相向，最后还是被抢。陈季同自谓生平遍历五大洲，从未受如此之辱。陆树藩安慰：我辈立意求人虽受种险厄，止求办成此会，此等横逆之来，不足为怪。

善会和福建地方官绅捐款约有80000元救助在京受困官员。

局势搞成这样，流亡在途的慈禧也不无悔恨。1900年8月20日以皇帝的名义下了"罪己诏"。1901年1月又颁布上谕，"世有万祀不易之常经，无一成不变之治法"。令全体大臣"各就现在情形，参酌中西政要，举凡朝章国故、吏治民生、学校科举、军政财政，当因当革，当省当并，或取诸人，或求诸己，如何而国势始兴，如何而人才始出，如何而度支始裕，如何而武备始修，各举所知，各抒所见，通限两个月，详悉奏议以闻……"

4月，慈禧太后又下令成立了以庆亲王奕劻、李鸿章为首的"督办政务处"，作为筹划推行新政的专门机构。

秋风宝剑孤臣泪。李鸿章在病榻上上奏朝廷："臣等伏查近数十年内，每有一次构衅，必多一次吃亏。上年事变之来尤为仓促，创深痛剧，薄海惊心……"经李鸿章与庆亲王两位谈判大臣与各国多次商谈，最后李鸿章作为"全权代理"，于1901年签订了《辛丑条约》。他的遗折中除了这些

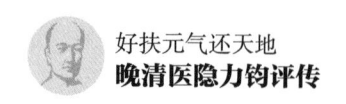

国政要务外,还推荐了庆亲王:"庆亲王等皆臣久经共事之人,此次复同更患难,定能一心效力,翼赞讦谟。"

签完条约后,11月7日,前来贤良寺看望他的部下周馥看到已穿上寿衣的李鸿章"忽目张口动,欲语泪流",知他有多少未了心事,痛哭许诺:"老夫子,有何心思放不下,不忍去耶?公所经手未了事,我辈可以办,请放心去吧。"李鸿章这才瞑目溘然。

条约中规定了12款,另有附件19款。

正款中赔款各国4.5亿,分39年还清,本息合计982238150两,以海关税、盐税担保。每年2200万两。还有惩凶、谢罪,以及镇压与诸国为敌的组织,划定使馆区,拆炮台等约。还有一项是要求设立外务部。西逃路上共历时511天,签约之后,两宫回銮。

经此庚子一役,清政府更陷入空前的财政与政治危机中。在西安时,太后就以光绪皇帝名义发布"预约变法"上谕,决心"刷新政事",回京后,深感数十年来"积弊相仍,因循粉饰",以至今日惨败。为维护千疮百孔的统治,中央又擎起改革大旗,以求挽救危亡。"一种求生本能或王朝自救意识终于把一个油干灯枯的颠顶王朝推上了改革之路"(陈旭麓《近代中国社会的新陈代谢》)。1903年,清朝实行新政。

庚子事变,庆亲王表现出他的政治经验与个人能力,加之亲贵中多是年少不更事的,回銮后的朝廷大改革开启时,他自然成为慈禧的倚重人选。外务部取代了原来的总理衙门,排名六部之首,庆亲王在李鸿章去世后,成了清廷名副其实的外交部长。李鸿章去世后,所开的缺中,直隶总督由袁世凯替补。回銮后一年多,太后的亲信重臣荣禄于1903年4月去世。

新政主要内容为行宪、练新军、商业、教育、改革官制和筹蒙改制。新政意味着清政府试图脱胎自救,实施"振兴实业发展工商业"的经济政策。

因此设立商部为新政一等要务。它是社会经济发展的产物,也是清廷救亡图存，解决财政危机的手段。

庆王的大儿子 26 岁的载振，曾于 1902 年代表清廷赴英国祝贺爱德华七世加冕，回国后著有《英轺日记》，得到国内舆论的高度评价。1903 年，载振再赴日本，考察日本劝业博览会，观看了日本的实业建设成果。深叹西方和日本在工商业的成就。回国后奏请设立商部；皇族中，还有光绪皇帝的弟弟载沣，出使德国担任道歉大臣，他得体的举止，得到了德国人，也得到了国人的好评。回国后，载沣也提出设立商部；作为改革舵手的庆亲王奕劻也极力主张设立商部，以规划全国商务活动。

1903 年 9 月 7 日，商部正式成立，并裁撤路矿总局，将所有路矿事务划归商部处理。

载振本人因两次游历外国，且有成果，被目为亲贵中少有的具有世界眼光的青年才俊。商部成立后，载振补授尚书、伍廷芳补左侍郎、陈璧补右侍郎。

商部创设伊始，差务繁要。

按照《商部章程》，商部中央机构设四个司一个厅，初期正式官职数 26 名官员。其中绝大多数为思想新进、精明能干之人，故而舆论认为"商部人才，极一时之选焉""部中人才极盛，办事颇有朝气"等。

四司一厅为保惠司、平均司、通艺司、会计司和司务厅。

保惠司，专司商务局、所、学堂一切保护事宜，并负责赏专利、文凭、译书报和聘洋工程师，及部内司员的升调补缺。

平均司，专司农务、蚕桑、山利水利、树艺、畜牧生殖事宜。

通艺司，专司工艺机器制造，铁路、街道行轮、设电、开采矿务，聘请矿师招工事宜。

司务厅，专司收发文件、缮译电报事宜。

从各司职责来看，商部的职权涉及了农、工、商、矿、交通等有关经济发展的各方面，承担了近代化国家的中心机构职能。无论是朝廷还是民

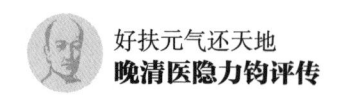

间，都对它寄予了厚望。

天气炎热，京城各部院只是清晨入署办公，午后即散。商部一改作风，以本部事务多，全天照常办公，以免贻误。

载振的宗室身份、务实思想和较强的进取精神，以及对人才的爱惜，又加上为人"开爽灵敏，干练有为，兼谦恭下士"，使他"颇以能洽商情"被称道。他在任商部尚书时，使脱离旧体制的新机构——商部在特殊的历史转型期，在促进中国近代工商业经济发展事业中能够取得一定成绩，一度得以推动中国工业化的进程、促进了商人阶层变化和社会观念的变化，促进了中国近代转型中阶层的分化与重组。

力钧，作为福建省思想开明、有与知名华侨华人往来、有良好的工商思想和实绩，经省督抚保送至京参加考试。"考试司员用商务论、策各一篇，不限时刻，不尚词藻书法，俾得各抒所见，各竭其才而收实效"。中间，自然有老乡、老师、商部右侍郎陈璧推荐。由载振出奏，请调人员以资任使，1903年7月，力钧以遇缺即选知县的身份入都。商部司员考试过后，试用3个月，留部补用。力钧正式进入商部司务厅。同时入商部的福州人还有刑部主事卓孝复、分省补用知府工部主事沈瑶庆。

1904年，力钧全家迁居北京，暂住在北京东珠市口冰窖胡同。

力钧实现了幼年时期带父亲去北京的梦想。不过心有所憾的是母亲此时已去世6年。弟弟力锵于维新失败后不久，即与友人黄乃裳到南洋马来西亚沙捞越的诗巫垦荒建场，改称垦区为新福州。因垦场新辟，环境恶劣，力锵不幸得了脑疾。1901年5月回国就医，竟殁于厦门。

一家到京不久，离宣南琉璃厂不远的下斜街一人家偌大空屋出租。经商议，力钧租下此处。当年年底，力钧补保惠司主事。

但在商部还没半年，部里就掀起了惊涛。

正月时，户部奏请开设中资银行，即户部银行，以整顿币制，推行纸币补剂财政。但户部银行的股份认购者无几。2月，御史蒋式瑆弹劾军机领班和外务部尚书奕劻敛财挥霍，同时揭发他在汇丰银行存 120 万巨款。"军机大臣庆亲王奕劻素有好货之名，入直枢廷以来，曾几何时，收受外省由票号汇集之款，闻已不下四十万两，其在京师自行馈献者尚不知凡几，贿赂公行，门庭若市。""臣风闻上年十一月二十二日，俄日宣战消息已通。庆王奕劻知华俄与日本正金银行之不足恃，乃将私产一百二十万金送往东郊民巷英商汇丰银行存放。该银行明知其来意，多方刁难，数次往返，始允收存月息仅二厘。鬼鬼祟祟，情殊可怜。该亲王自简授军机大臣以来，细大不捐，门庭若市。上年九月，经臣据折参奏在案。无如该亲王不自返，但嘱外官来谒，一律免见，聊以掩一时之耳目。而仍不改其故常。是以伊父子起居饮食、车马衣服，异常挥霍不计外，尚能储此巨款，万一我皇上赫然震怒，严诘其何所自来，臣固知该亲王必浃背汗流，莫能置对……命此款由汇丰银行提出拨交官立银行入股，俾成本易集可迅速开办。"

蒋氏弹劾庆王，要他把在汇丰的存款存到官立户部银行入股。

朝廷派出调查组，以查无实据结案。蒋御史因诬蔑亲贵重臣被训斥。

御史张元奇上折劾奕劻子载振宴集招歌伎陪酒，生活糜烂堕落。上谕，令载振"当深加警惕"，有则改之，无则加勉，算个口头警告。

御史们的背后站着另一位军机大臣——瞿鸿禨。

在瞿鸿禨与庆亲王斗法中，刚刚开始的新政又陷入阵营的争权倾轧之中。

第八章 "太医"生涯

太后垂青

　　光绪三十二年（1906）四月二十八日（公历 5 月 21 日），力钧来到庆亲王的别墅承泽园，谒见庆亲王。四月的京城，天气比南方还要暖，燠热得很像是福州的夏天。到北京生活了三年，力钧已经适应了这个气候。

　　一脸清癯的庆王向他讲述了圣躬欠安，病势沉重。力钧询问太医院的诊断，庆王告诉他，太医院诊脉断症，以为光绪皇帝虚脱。谈及此，庆亲王忧形于色，长吁短叹。

　　从承泽园回家，力钧反复思考，按庆王所述的，皇上的病症似乎并非疑难症，何以太医院会反复治疗不好？如果自己有机会为皇上治病，想来是有把握的。但转念考虑到庆王所述还不够详备，要找机会询问庆王的儿子载振贝子，让他帮助了解到皇上的详细病原。

　　也许是出于对皇上的敬爱，也出于对医术的自信，力钧很快写了一封信禀告载振贝子他的想法。

　　入宫为两宫看病不是一件简单的事。

　　清朝设有太医院，属于礼部管理。它大体承袭了明代太医院的旧制，是隶属于礼部的独立机构。一般由一名王公大臣领衔管理太医院院事，下设院使（相当于院长，一般为正五品）1人、左右院判（相当于副院长，一般为正六品）各1人、御医13人（正八品）、吏目（八品或九品）26人、医士（从九品）20人、医生30人，另有制药人员若干。人员的定制是根据太医院工作量的大小和宫廷中的需求随时有所增减。太医之建制虽不满百人，但人才荟萃，能在太医院为最高统治者服务，绝非医术平庸者所能胜任。

入太医院选拔都有标准的次序。除了皇帝钦点的御医，其余人都是从科举中挑选的精通医理的人才。为了充实力量、提高医疗水平，经常还从各省选拔、保举一些具有真才实学的民间医生进入太医院。这些民间医生由各省巡抚举荐，到北京太医院进行考试，合格者根据学识授以吏目、医士等职。

作为医生，他们的日常工作，自然就是看病。看病的对象，除了皇帝，还包括嫔妃、太后、宫女、太监，有时还外派给王公大臣看病。看病的时候，如果是皇帝、嫔妃等，还要专门建立一个档案，对于患者信息、医生信息、用药方子等都需要详细备案。这个做法，自然是担心太医用错药误诊。"伴君如伴虎"，为皇室成员看病是一件风险很大的差事，更何况是为皇帝看病。清廷制度，凡是皇帝服用的药剂，先由御医拟方上报，然后把同样的两剂同煎，分装在两碗中，一碗由御医或太监先尝，一碗由太监送皇帝服用。为皇帝、皇后看病，往往是几个御医同时诊治，各拟一方，然后经协商后再拟一方为准。有时为一个病会有六七位御医同时会诊、商讨治疗方案。

另外，太医进宫看病，必须由太监引领到各宫请脉并制药饵。太监的管理部门是内务府的一个部门，叫敬事房。内务府的全称为总管内务府衙门，是清代独有的中央行政机构。长官为总管内务府大臣，简称内务府大臣或总管大臣，满语称包衣按班、包衣大，专管爱新觉罗一家的日常生活等皇室事务。宫里还有一个专管药物的部门叫御药房，属于内务府的一个部门。

除了太医院的御医们之外，清廷向来还有向民间征召名医的惯例。早在康熙年间就有此例。又如光绪六年（1880），内忧外患之际，垂帘听政中的慈禧太后生病，太医久治无效，就在全国范围内征召良医。各省督抚先后荐医，李鸿章李瀚章兄弟保举山东济东泰武临道台薛福辰，曾国荃保举山西阳曲知县汪守正等人入宫请脉。皇室用药审查非常谨慎，医案中、药方中所有用药，均要太医院查出处，以便审阅。但由于进诊诸医太多，对病理分析各有各道，各说各理，各持己见，所以会诊时医生们常会发生激烈的斗争——有时候这种斗争来自学术学理方面，有时候这种斗争来自宫廷内监、太医院受到威胁的地位的争夺。能够被荐到皇宫当差看病，他们自然都有自己的一套医理医术。在诊病开方中，虽然都是胸有成竹的名医，但也不免有时会受到倾轧。这两位当世名医果然手段高强，药到病除，慈禧格外赏拔，薛福辰授一品顶戴任顺天府尹（相当于今天的北京市长），汪守正授二品顶戴任天津知府，其中薛福辰更在演耕盛典上（皇帝为表示重视农耕，每年开春要亲自扶犁耕种）为帝递鞭，堪称殊遇（此前为皇上递鞭者多为亲王或领班大学士）。当年，孙葆瑨跟力钧提到过薛氏。还有一位江南名医马文植也受江苏巡抚吴元炳推荐入宫，虽然药理高妙，但最后还是称病告辞。在同治、光绪年间，由亲贵大臣为皇上、太后推荐名医渐成惯例。

经过载振的斡旋，也通过庆亲王奕劻的首肯，议事会上讨论了力钧入宫为两宫请脉的事宜。

在这几年与力钧的交往中，奕劻对他印象颇佳。因此在军机大臣公议荐举会议上，商部主事力钧的名字也被列为备选医生。

此时在军机处的大臣是奕劻、瞿鸿禨、孙家鼐、徐世昌等。

事情进展得很顺利。经庆亲王和瞿中堂鸿禨交章荐举，闰四月初二（公历5月24日），宫中让军机大臣传旨，召工部尚书陆润庠及商部主事力钧于初三入内诊治。

238

第八章 "太医"生涯

力钧于下午三四点又来到承泽园谒见庆亲王。这一次庆王仔细讲了皇上服药后的情形,知道是因为误用药所致。因为这次太医院开了许多补益的药,但吃了这些药非但无效,反而增添了新病症。

庆亲王最后说:"这一次召你前去为两宫诊脉,这是特达之知。这是由军机处的几位中堂为你举荐的。你一定要敬谨将事,不得瞻徇他人。"

力钧垂手侍立,答:"是。"

庆亲王又说:"虽然是军机处公议的,几位军机大臣都评议过,但是奏对是由瞿中堂陈述的。所以你要先去拜见瞿中堂。"

告辞出来,前往瞿家。

瞿鸿禨,22岁中进士入翰林。翰林大考时,他考列一等第二名,此后20余年多充考官、学政,后调回京城任礼部右侍郎。在八国联军攻打北京时,军机大臣中因有四位"庇拳"支持义和拳被黜,瞿鸿禨补入军机。后历任工部尚书、军机大臣、政务处大臣、外务部尚书、内阁协办大学士。

到了瞿中堂处,见中堂面目清秀。传说中堂因为长得特别像同治皇帝,故此慈禧太后对他别有好感。瞿中堂将自己听闻的力钧的医案向力钧本人求证。谈到病案,力钧就很从容了。他详细地向中堂讲解了那几个病例的治疗特点。中堂频频点头嘉许,然后向他详细讲述了皇上生病的过程:

四月二十三,那天皇上出城,在宫门前跪接太后慈驾,受了暑热。入宫后,因为太后赏食粽子,吃了两个,又兼积滞。太医院由张仲元和姚宝生为皇上开了药方,不外是参术归芪,以及菟丝、枸杞诸补剂。实者转实,以至雍闭不出。吃了五天,到了二十八日,胸膈饱闷,呕吐自汗,颇觉不支。太医照前方加吴萸、川连等数药。吃了药,皇上大吐后觉得胸满稍松。

力钧听后说:幸好得此一吐,病机大解。这是暗合从治之法,是皇上之福。

瞿鸿禨又陈述:"现在皇上精神疲倦依然,又还有口干诸症,你明日一定须仔细把脉,让两宫早占勿药。"并勉慰了一番""有此机缘,一定要好好珍惜，勿懈勿怠。"

当晚，力钧睡在商部公所。到了晚上，唐文治侍郎、顾肇新侍郎、熙彦参议也来到公处，就力钧要为两宫看病的事聚在一起聊了一会儿。将近八点，公所的役人送来了工部陆润庠尚书的信。

这封短札的内容即是庆亲王和瞿中堂讲的，准备进宫看病的事。陆尚书告知力钧，在颐和园刚刚开过军机大臣会议，会议决定，次日早上由陆润庠和力钧一同去颐和园为皇上会诊。因为不知时刻，陆尚书还特地又去内务府大臣处，得旨于次日军机处叫起之后入内廷。因此，他特地写了手札通知力钧，嘱其于次日七点半钟到宫门外等候。为了让力钧有所准备，陆尚书还抄了一份当天太医院所开的药方供力钧参考。

力钧看药方，果然都是补益的药。围着这张药方，大家又议了半天。

对于太过用补益的药，力钧不止一次从病例中看到相反的效果，他对此是曾有过腹诽的，在大家的讨论中，也谈出自己的看法：六腑以通为补。用补无有不兼泻者。王道无近功，膏丸之调理也。阳则六君有橘半，阴则六味有苓泻。谚云，药补不如食补，这就是有鉴于蛮补的害处了。

大家又讨论陆润庠的医学。说陆尚书是同治十三年的状元。他出生于世医之家，其父陆懋修少攻举子业，累试不售转而承学家业，致力岐黄，精内经伤寒之学，是一代著名的医家。不过陆尚书之看病，取道中庸。

初三一早，力钧刚起来，贝子载振也早早地从城内赶来到商部的公所，人是他推荐的，自然他也有几分上心，再说，这次如果治好皇上也是有功国家的。载振一来，就告诉力钧今天晋见两宫的各项礼仪。叮嘱他，与坊间诊脉不同的是，没有得到允许，不能随便询问两宫病情。叮嘱他记牢，不致到时候举止失措，闹出笑话或者殿前失仪。力钧一一领教。

辰时，力钧就来到南书房，等陆尚书一到，就先来到军机处见过各位军机大臣：庆亲王奕劻、鹿传霖尚书、瞿鸿禨中堂、荣庆中堂、徐世昌尚书和铁良尚书。然后来到内务府的公所，见过内务府的几位大佬：世续中堂、继禄尚书、大臣庄山和增崇。

清漪园改建成颐和园，原本就是为了太后安享之用。从1889年3月4日开始将大权移交给光绪皇帝时，太后其实也才只有54岁。她妙龄的时候入宫，最早是在清漪园受到咸丰皇帝的宠幸。这开启了她人生从政的开端——在皇帝身边，有时候皇帝还让她看奏折批奏折，还有什么学习起点能比这更高的呢？当然，更关键的是她热爱权力，又秉性坚毅，好争强。"狠"，这个从政的素质她是有的。清朝的王祚自咸丰开始就衰微，只有一个儿子。也亏得有这个儿子，在"大清祖制"之下，她有条件垂帘听政。皇帝长成，垂帘的条件就消失了。尽管有万般不舍，也得做出开心挥别政权的样子。第一次，亲儿子同治皇帝接手政权亲政时，曾提出修圆明园工程，但这招致包括恭亲王等大臣软硬的抵制并最终未得遂愿。1889年第二次交出权力，作为补偿，光绪皇帝的亲生父亲和一班满汉大臣以及皇家建筑师奉命竭尽所能满足太后的要求。

按照她自己的安排，醇亲王和李鸿章等人配合支持，太后被安排在颐和园颐养天年。为了让退休后的太后过得安逸，他们安排专门的负责人，提前做了各种各样的准备。1891年，当颐和园还没有完全完工时，慈禧就偶来园中居住。园区分设听政区、生活区和游览区。她的寝宫在乐寿堂，为皇帝准备的寝宫在玉澜堂，皇后的寝宫在宜芸馆。结束垂帘听政的慈禧除了去皇宫中的寺庙祈祷国家风调雨顺、自己健康长寿外，很少再公开露面。后来干脆搬出了皇宫，转而住进了颐和园。

这座皇家园林位于北京城西北方向大概19公里处，里面最著名的景观就是万寿山。为了方便太后前往颐和园，朝廷修建了专门的御路，路面由青石铺就，沿途做了景观绿化，收获季节还可以看到成片的麦子和玉米，走在上面的感觉远远好于这个国家的其他道路。置身这座皇家园林，慈禧满可以安安心心地养养花、画画画。

如果没有光绪出一个变法维新的岔子给出的机会，她会不会再度回到

紫禁城的东暖阁——本应是皇帝专属的办公地方？她会甘心终老于颐和园的泉林山水和殿阁画栋吗？不好说，也不可说。

历史没有如果，总之，在1898年秋天戊戌政变之后，慈禧重新掌握了政权。她再进紫禁城时东暖阁依旧是她的地盘，她也常常在颐和园的"仁寿殿"议政。往来之间，均有太后、皇帝、皇后的专用马车。

巳刻，军机大臣由宫门出来，传出口谕：先请皇太后脉，再请皇上脉。

觐见是有一整个程序的。像力钧为两宫诊脉，需要由内务府安排指引。内务府大臣世续带力钧上仁寿殿请脉。

颐和园仁寿殿，原是勤政殿，在园东宫门内。此时重修后改名为仁寿，是慈禧和光绪住园期间理朝政的听政区。殿内高悬金字大匾"寿协仁符"，殿中放着慈禧、光绪朝会大臣的宝座，宝座由极名贵的紫檀木精雕而成，椅背上雕有9条金龙，宝座四周设有掌扇、鼎炉、鹤灯等。仁寿殿内最吸引人的是一只蹲在石须弥座上的铜制怪兽，龙头狮尾、鹿角牛蹄，遍体鳞甲，即为传说中象征富贵吉祥的麒麟。

满室辉煌中，皇太后的宝座靠着北墙，面前一条香案。香案上已预先安好了脉枕。世续向两宫引见他们。陆润庠和力钧先向皇太后请安，再向皇上请安。

高坐在仁寿殿宝座上的慈禧太后和侍立在她左侧的皇帝点了点头，示意可以开始诊脉。

先给太后治病。太后是头晕口干的毛病。

禁宫里法度森严，帝后患疾，无论病因还是病证，多有隐晦难言之词，多数情况下御医亦不敢或不便细问病情，常凭三指脉诊探其症结所在。若要通过望诊、问诊辅助辨证，须经患者恩准，否则可能招致祸端。鉴于此，清太医院医家均重视脉诊，并以之作为主要的辨证手段和立法、用药的依据。外请的名医也无一不是精于脉诊的。

太后的双手平放在脉枕之上，陆润庠诊右手，力钧诊左手。诊毕对换。

力钧仔细地为太后诊脉。太后的脉实，左关稍弦，右寸关弦大，重按有力。两位医生表示太后的脉已诊好。

这时皇太后开口问话了。她对陆润庠是有所了解的。这位状元，是她亲儿子同治皇帝的最后一位门生。中状元后入翰林院修撰。这是1874年的事情。不过两年，同治皇帝撒手归西。光绪年间，陆氏派为乡试考官，入值南书房侍读，后督学山东。因父死服丧，接着母病，乞假归养。归养期间，他和另一位状元张謇设立商务局，各自经办纱厂，张謇的纱厂在通州，叫大生纱厂，陆创办的是苏州的苏纶、苏经纱厂。戊戌变法中又回朝廷，署理工部。慈禧西逃到西安时，陆氏随后也奔赴西安行在。还京后，陆氏出任左都御史，署理工部尚书。新政中官制改革，陆氏的工部被裁撤，他以尚书衔领顺天府尹。翌年授吏部尚书，参预政务大臣。

慈禧问陆润庠的近况："陆润庠，你现在有常常给别人治病吗？"

陆润庠答道："臣自入了南书房后，就不再给人看病。"

皇太后说："你们家家学渊源，我想你的脉理一定是精通的。"

又转过头问一旁垂立的力钧："力钧，你是哪一个省的？"

力钧答道："臣是福建人。"

太后又问："你在哪里当差？"

力钧答道："臣在商部。"

太后微微点头："前年商部尚书载振生病，听说是你医好的。听说你的脉理很好。皇上的病，跟载振相似，你也给皇上好好留心调治。"

此时，太监在太后的案前西边安好了另一个宝座，座前放了一张小横案。让皇帝可以坐下来接受诊疗。

力钧眼中的皇上"颜色清癯，精神疲倦"，36岁的光绪在皇太后面前时的神色，不像传闻中那种生无可恋的颓唐怨怒，到底是保留着几分乐观，这也是一种表达，以示他对太后征召名医的好意的积极配合。

好扶元气还天地
晚清医隐力钧评传

光绪入座，同样伸手让两人诊脉。皇上自己开口陈述病情，皇上说自己口干、胸满，夜不成寐，日不思食，腰酸腿软。得食即微觉胀满，另外还有干呕、头晕。

力钧搭上皇上的脉，左三部均细、弦，右寸、关脉沉而滑。两人请好脉又来到太后案前覆命。太后问："你们看，皇上的脉如何？"

力钧回答："病中不免虚弱。"

太后于是又说："皇上再说一说病因。"

皇上停了一下，才开口说："向来还有遗精的毛病。你们说这怎么调治？"

力钧回答道："要先把这次病治好了，再行固本调理。"

太后于是吩咐他们："如此下去开方。"

出了殿外，世续说："去军机处开方，照南书房的仪注。"按例，如果不是太医院医生诊治，而是外召的御医，开方是由太医院带领去内务府的太医院开方。但这次因为有陆尚书同诊，所以破格，去军机朝房开方。

军机处的朝房就在殿外不远，世续又带他们回到军机朝房。这时军机六大臣都等着想听他们两宫的脉象和病情。于是二人详细告诉了一番。然后安排座位，先让他们写出医案。由力钧执笔。这份医案是要存档的。

接下去就是开方。

庆亲王奕劻对他们说："你们两个准备开方吧。如果你们合议意见一样的话，只开一张方子，不必每个人开一张。除非你们意见无法协调，那就各开各的。再最后由军机大臣裁夺。"

很快，两人交谈商议了一下，对太后的病情做出基本一致的判断。陆润庠所拟的太后的药方力钧没有意见。这张署了力钧名字的药方上，谨慎地拟了凉解清热的方剂，方子是：金银药2钱，天花粉3钱，山栀壳1钱（生），连翘1钱2分去心，桑牙1钱（鲜），枳壳1钱（生），粉丹皮10钱5分。用鲜玫瑰2朵作引。

第八章 "太医"生涯

开的方子很雅，无峻烈之药。如果有峻烈的药，不要说是两宫的病案，就是王公大臣的药方中出现这种情况，也是需要向两宫禀告并由军机处商议通过的。

接下来在光绪皇帝的病情上，两人无法取得共识。陆润庠执笔开了一个药方，力钧接过来仔细一看，颇为诧异他的药方只是比照之前太医温补原方加减。"这怎么成？"他脱口而出，随即注意到自己的口气太急，昨晚在公所时与唐文治等人才谈过一番"补药"用得不适当的坏处，此刻意识到说话场合。因此换过一种"请教"的口气，与陆润庠讨论。

相比陆润庠的态度，力钧显然还是初出茅庐。他并非不知因循是官场的惯例，但这是看病，难道也要如此因循？在他读书时，他的老师林寿图说过，要"正学以言"，庆亲王找他谈话时，要他珍惜这个机会，"不得瞻徇他人"。治病就是治病，哪能管到其他枝枝节节的关系？因此，他意识到这一点，却依然提出异议，认为原方有害无益。

这个表示无疑让陆润庠有些微不安，他对力钧的异议也提出自己的看法，显然他是很有官场涵养的。争执不下后，力钧提出，他要另外单独开一张方子。陆润庠不言语了。他想了想，没有坚持自己原有的意见，经过合议，由力钧写病案，提出用和中消积祛热之法调治。

方子写好了，此时，陆润庠取过方子阅读后，又听力钧解释，知道他意不可夺，争论太激烈显然有点驳了庆亲王的面子，他随即改变态度，做出被力钧说服的样子，附和说极好极好，并也签上自己的名字。方子呈交给了军机大臣审阅。阅后再交给内务府大臣，世续他们会派出一位笔帖式用黄誊正。原稿由太医院存案，抄本交送军机大臣。

这份存在宫廷里的《皇上病案》是这样的：

闰四月初三，陆润庠、力钧请得皇上脉象：左三部均细、稍弦，右寸关沉而滑。精神疲倦，后天不足，脾不健运，谨拟和中消积祛热之法，尽心调治。

北沙参 2 钱，云茯苓 3 钱，瓜蒌皮 3 钱，橘络 1 钱，枳壳 1 钱 5 分，川贝母 2 钱，竹茹 1 钱 5 分，麦芽鲜薏仁米 3 钱，引用荷叶一小片，鲜。

据力钧日记，当日他还为皇上开过"荷叶煎神曲汤"，为太后开过"柴胡大黄"药。而恰恰他们服用的是记录在他日记中的两服药。

次日初四，这一天下着小雨。一早来到朝房，陆润庠已经先到了。

军机叫起，散了以后，瞿鸿禨才派人来请，叫两人一起前往殿中见驾。权势赫赫的二品总管太监李莲英陪随同往。李莲英告诉他，皇上服用了昨天的荷叶煎神曲汤，病已大愈。

皇太后服用了柴胡大黄后，十分通畅，昨晚睡得极安稳恬静，是这几个月以来所没有的。李总管向力钧伸出夸奖的大拇指。因为有效果，所以今天还要请脉。

接着从内廷中又跑来一个太监，匆匆而来，原来是为了宣太后口谕："力钧同陆润庠入值，准其张雨伞。"这是一份殊遇。

力钧和陆润庠听了李莲英的话，先是心中松了一口气，此时又听到小太监传话，心中受用，谢了恩，赶紧前去内廷请脉。

太后脉息左关弦象较平，右寸关仍微觉弦大。头晕见轻，口渴未止。谨再拟凉解以清余热。皇上的里积也稍微消解，外热也渐消，只是还有口渴头晕、胸满，诸症未全除，但一天的药方吃后，皇上感觉自己吃饭的胃口有所好转。他们为皇上开了平胃消积的药。

太后的睡眠好了，心情也大好，让初五再来诊脉。初五这天请得太后脉息平和，头晕和口渴的毛病都没有了。拟照前方再服一剂。

请脉毕，太后告诉他说："最近两天胃口突然好起来，很想吃东西。但是吃完不容易消化，老打嗝儿，舌苔厚而口渴。多吃就感觉到饱闷，少吃的话觉得心里嘈杂，这是什么症候，你看怎么治才好。"

力钧回答说："这是胃消化力缓，食料积滞。现在看还是要先多吃流质，来帮助消化。最好的办法是每天喝鸡汤。一天喝上三次。"

慈禧太后听了就转头看李莲英，吩咐说："按照力钧说的，叫他们去准备鸡汤吧。"停了一下，向来精明的慈禧突然又想起一件事，叫住李莲英，"我知道内务府他们要是出去买东西，总会勒抑百姓。你去告诉他们，出去买鸡，不准再这样。要是宫里吃个鸡都闹得百姓折腾，他们要在背地里诅咒的。那我吃个鸡汤有什么好处？"

又为皇上诊脉，现在经过两天调理，头晕口渴都轻减了，大便通畅，里积外热都得到缓解。因此力钧很快开了一帖和肝平胃的药，并请皇帝要注意饮食调养。

初六，这一天是内务府大臣增崇值班。

皇太后接着几天见力钧，现在已经很熟悉了。

太后问增崇："我听说外边买鸡，多是按照官价给款，而且有的还少给人家。我现在已经派人去密查了。果然查出来，你给我重重地办理。"

增崇悚然答道："是。"

太后说："你要管束好内务府的那些人，谨慎奉公。慈膳房的人员，个个要约束管理，按章办事。"接着又说，"力钧治法，神妙极矣。不服药而病愈。我生平最怕吃药，闻着药味心里先就怕了。也是这个原因，有时候我有病也不敢说。一旦我说有病，左右人就叫太医院来诊治，太医们开了一个几十种药味庞杂的药，大大熬那么一碗浓浓苦汁，闻着都想吐，心中要恶心半天。我的肠胃几乎都被填满了。前天力钧开的方很好，只有三味，服下以后病好像就好了。昨天我倒是没服药，每点钟吃一次鸡汤。日夜共饮了十二次，不渴也不饿。临睡前喝了葡萄酒一杯，一觉天已大亮。睡卧极安适，痰、咳嗽也好了。近几年来从来不曾睡过这么好。我看用力钧的饮食营养的法子挺好，自今天起我不吃药了。陆润庠，你南书房里还有差事，不必上来了。以后就力钧每天诊脉一次，研究饮食卫生，期于身体有益。鸡汤如此有益，胜人参燕菜多了。"

力钧因受到高度表扬，诊脉出来后心情很好，遂回到朝房见军机大臣，他们都在等候听他传达诊脉的消息。

正当力钧细细讲述时，只见二总管崔玉贵，腆着大肚子，一脸怒容来到朝房中。军机处虽然是全国最高枢政机构，但这里并不宽敞。崔玉贵入内，也不跟群臣打招呼，大喇喇一屁股高坐到桌上，调整了一个舒服的坐姿，竟盘腿瞋目，高呼："老佛爷听了力钧的话，一天不吃饭，只喝鸡汤。像这样办法，那农家人不要种稻，只要喂鸡，真是天下奇闻。万一老佛爷的胃气被弄坏了，这个责任由谁来承担呢？"

力钧听了这话，他虽初来宫中，但对崔二总管的行径风闻已经很多，见他如此趾高气昂，想着跟这种人论理也是鸡同鸭讲，况且见他那个气焰，心里就觉得烦闷，遂垂眉低首也不言语。几个军机听到这些话，没有人回答他。这是不搭理的意思。只有徐世昌愣了一下，正色说道：鸡汤补益，胜过五谷多了。外国医院，病人多是吃鸡汤牛奶的，流质的东西养胃。

崔玉贵见这班大员并没有人买他的账，这才悻悻走了。

初七的待遇更是盛隆。

皇太后说："我喝鸡汤后，感觉血脉通畅，精神焕发，咳嗽、痰疾还有便秘都不治而愈了。你也喝一碗御厨的鸡汤吧。"

因命李莲英将所蒸的鸡汤倒出一碗赐力钧喝。上令他不用谢恩，就殿上饮。只见一个内廷太监捧了个大银盘，盘中托着一个金盏碗，上罩黄绫。打开时便有一股清香扑鼻而来，没有腥味，看来御膳房的厨子确实有一手。原来是用瓷罐封密后，用蒸法上锅，然后又用棉花过滤，稍加盐油糖姜汁和丁香桂末。

太后的病症主要是头晕和口干，经力钧治了几天，头晕口干症就好了，最重要的是，药没有原来那种各种味道杂织在一起，引起内心的惧怕和反感。力钧清疏的药方和食疗方案对了她的脾味。病人对医生的信赖也强烈影响了医疗效果。

4月治好太后的症状后，力钧开始对太后身体进行调理。太后的肝旺胃实，力钧为她分析，肝旺是由于胆热，胃实是由于脾湿。肝疏则脉管动，肝血入胆，旺则胆热解。胃和则管通，胃液入脾，足则脾湿解。到了5月底，太后的中气开始渐渐恢复。6月初，太后气血调和，血脉渐调。

6月14日，两宫康复。

一药既安，大勋便著。太后赏赐绸缎、布匹以及宫中珍玩，出手十分大方。

赏赐还不止于此。6月，农工商部尚书载振为力钧请功，光绪皇帝手谕："以圣躬大安。赏工部尚书陆润庠蟒袍大缎，商部主事力钧、太医院院判姚宝生食四品俸，张仲元花翎。"

接下去，力钧停止了给皇上诊脉，专门为太后研究养生。太后热爱政权，因而对生命的热爱在她60多岁后开始越发明显。

太后在颐和园的主要活动除了议政，还有不时泛舟昆明湖。

颐和园里大湖叫昆明湖，湖中心有个小岛，汉白玉的十七孔桥连接着小岛和湖岸。湖心岛被大理石的围栏围住，岛上有黄琉璃瓦的亭子，人工修建的假山，以及美丽的花园。大湖连接着直通北京城的运河，运河跟湖面的界线是一座被称为"骆驼背"结构的石拱桥，整体都是汉白玉建构而成的。慈禧如果走腻了陆路，就可以从北京城坐船沿着运河，直接进入颐和园的水面。随后，喜欢新鲜玩意儿的慈禧还为颐和园的水面增添了蒸汽小火轮。需要说明的是，颐和园的大湖是专属慈禧一个人的，能够陪同她乘舟泛水的只有特定的随从人员，以及提供各式服务的宫女、太监。

万寿山居北，东西横向昆明湖居南，北宽南窄。庚子之变后，外交显然也已经成为太后的重要心事。为改变在各国中的政治形象，园的东宫门外设立了外务部公所。她在园内也多次接见外国使节。

据说，太后是从小女孩时期就喜欢看戏，当上了太后，她在这方面的爱好得到了极大的发展。颐和园常常开戏唱戏，戏台两侧还有"山水协清音，龙会八风，凤调九奏；宫商谐法曲，象德流韵，燕乐养和"，这是太

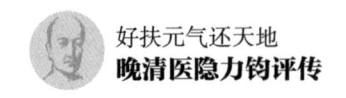

后 60 岁的自撰联。

太后对力钧的保健工作十分中意，因此格外恩典。她自己喜爱玩乐，政务闲暇，赏赐物品外还有自己的字画，并赐力钧听戏，又赐力钧同舟游昆明湖。"宜膺荣宠之加，于斯为盛。"

5月，他独自一个人为太后看病两次，然后又和陆润庠、张仲元、姚宝生等一起合诊。5月中陆润庠还有两次参与合诊，其后，全年的脉案，陆润庠不再参与。而是由其他三人负责。

尽管不是太医院的人，但慈禧对他的医术和用药、食疗的信任，使他在宫廷内外一时成为炙手可热的红人。这一年，他为诊疗慈禧的脉案记录有近 50 则，平均每周一见。脉案至今留存收藏在第一历史档案的清宫原始医药档案中，也许奏事处的疏忽或者其他原因，有一些为慈禧诊疗的医方则只记录在他的笔记中。

是年慈禧太后的病主要是中焦不调，表现为肝胃不知或脾虚湿蕴，或脾胃不调，反复出现胸脘不舒，头目眩晕，饮食不香，为太后治病，力钧每每强调"气血未充""血尚未充"等，多治以益气健脾和血通络之法。后世研究者就认为，力钧将其所掌握的肝胃解剖、生理知识和中医肝主疏泄、脾行胃液理论相结合，阐释慈禧太后肝胃不和、肝脾不调之症，治以平胃散燥湿健脾、行气和胃。

后半年时间里，这是力钧在宫中研究饮食卫生，恩宠有加的悠游岁月。最明显的是，以前并不正眼看他这样一个小主事的达官贵人，现在哪怕路遇，也无不对他含笑点头。

除了治病，为着喜好鲜衣美食的慈禧太后保养，力钧曾经拟过这样的中药沐浴方：精草 1 两 2 钱，茵陈 1 两 2 钱，石决明 1 两 2 钱，桑枝 1 两 2 钱，白菊花 1 两 2 钱，木瓜 1 两 5 钱，桑叶 1 两 5 钱，青皮 1 两 5 钱。

又有：宣木瓜 1 两，薏米 1 两，桑枝叶各 1 两，茵陈 6 钱，甘菊花 1 两，

第八章 "太医"生涯

青皮1两，净蝉衣1两，黄连4钱，共为粗渣，盛布袋内熬水浴之。这里有抑菌的如蝉衣，还有清风热、清头目、利湿热的如桑枝叶为主，以及解毒活血之品。熬水借助水和药的双重作用，保护皮肤，防治疾病。

还有一种疏风清热的洗药方：红花2钱，防风3钱，白芷2钱，羌活2钱，桑叶2钱，杭菊2钱，薄荷2钱，僵蚕1钱，开水煎一沸，兑花露水一匙。这是有一段时间，为慈禧得了皮肤瘙痒症所拟的沐浴药方。

现代运动科学表明，沐浴本身可以得到松弛肌肉和增进血液循环作用，而中药药浴可以通过皮肤在水温作用下的强渗透作用充分吸收中药成分，疏通筋骨关节，改善水液分布和血液循环，达到祛病护肤美容的作用。

力钧的药方，同时也使中医学的皮肤外治疗法在宫廷医学中得以较好应用。

除此之外，一些军机大臣和王公贵族，也向他敞开了高堂华屋，邀请他到家，为他们治疗那些因为过度享乐而带来的痛苦和疾病。

像肃王善耆，长得又黑又矮，体肥胖而虚，病多痰喘。力钧用二陈加丁香一剂，愈。但愈后不戒酒，喝了酒又会老病重犯。一日两人在西苑门内遇见，肃王匆匆告之：戒酒而病除，唯两足皮痒，搔则出水，且有脓。力钧认为是酒毒入血而下注。所以药方中用加播匿酸（acid carbolic）和黄蜡膏擦之，愈。

肃王的儿媳妇是亲王那彦图的格格。肺病经年，住在那王家里。那王家在安定门内宝钞胡同。那王府院内殿堂亭阁，飞檐翘角，相当富丽堂皇。力钧往诊，见其瘦弱异常。检视前后所服数十剂，每剂二十余味。以八珍六味凑合成方。力钧告诉那王，格格的病不可治了。因为她药积肠胃，胶腻不化。后来果然不到一个月，格格去世。

……

如果不是在第二年的7月遇到皇上，力钧的命运可能不会这么陡然转折。

光绪病由

1907年6月的一天,力钧在宫中辇道旁正走着,迎面突然来了皇上的圣驾。道旁无从趋避了,力钧当下跪在道旁。皇上却瞧见了他,而且还记得这个一年前的诊脉医生,他难得地露出微笑:"力钧,你给朕看过病的。听说你现在在禁中供奉,我知道你医道很好。"力钧就在道边脱了帽子叩了个头。皇上也没有更多的话,就此擦肩而过。

过了一个月,来了一张皇帝的手敕召见力钧。

力钧踌躇了。

太后驻跸在颐和园的日子,皇帝的囚室也从皇宫的瀛台移到颐和园玉澜堂。玉澜堂切断了与宜芸馆的通道,东西两厢的配殿室内砌了砖墙。除了见太后,随太后进出,必须要有皇帝致祭等不可替代的事项外,其他时间皇帝就禁闭于玉澜堂。

皇帝现在要去仁寿殿。在慈禧的训政下接见军机或者处理政务,他现在只能做一个行尸走肉式的人肉木偶。而且,每日卯刻,需要去乐寿堂母后的住处向太后请安。

皇帝的病,各种病案都称,从1887年算起,已经有20年了。因为病得如此蹊跷,以至于皇帝的病成了中国近代史一个谜,一个清政权的隐喻。

但真正让皇帝的病暴露给全国甚至全世界,是因为十年以前的戊戌政变后,朝廷向民间征召医生来治疗"病重"的皇帝。

在慈禧太后心中,皇帝这个痴儿是病得不轻。

病根就埋在他要变法开始。

戊戌变法前,1898年1月24日上午9点多,康有为应召来到总理衙门,与总理衙门五大臣翁同龢、李鸿章、荣禄、廖寿恒(刑部尚书)、张荫桓(户部左侍郎)面谈。兵部尚书荣禄先发问:祖宗成法不能变,你听说过吗?

康有为立即回答：祖宗成法是用来治理和保卫祖宗之地的，现在连祖宗之地都快守不住了，还谈什么成法？再说成法也应该因时制宜，比如，以前朝廷只有六部，哪有总理衙门？要说变法，仅凭这条，你们都已经变了。

接着廖寿恒尚书问他打算怎么变。

康有为说出了他变法的核心思想是设立"改革办"——制度局。是总揽变法的顶层设计机构。但它"只负责议政"，不涉及具体行政。执行的机构是由制度局下辖的地方"十二专局"如法律局、税计局、学校局、农商局、工务局等。

按此设想，意味着军机处、总理衙门、六部九卿，包括地方督抚等原来的各个要害部门都要被架空。

李鸿章一语不发。

五大臣中只有一个翁同龢心思不同，他问：要是变法得有财政经费支持，康主事对此有什么高见？

康有为答：各国变法都有自己筹集经费的办法，日本人发纸币，法国人实行印花税，印度征收田税。中国只要制度变革，税收至少可以增加十倍以上，还可以借洋人的钱来办中国的事。

当翁同龢把他眼中不世出的奇才康有为推荐给光绪皇帝后，皇帝也被他的想法深深鼓动起来了。

变法就这样大张旗鼓地开始了。官制变、军制变、考制变以及商业政策变化，眼花缭乱。康有为还建议皇帝直接下命令，乾纲独断，以推行涉及政治、经济、军事、文教诸方面的改革。

"礼部六堂官事件"终于迎来了对手的反击。慈禧太后直到此时才出手，宣布了三道旨意：一、凡是任命二品以上的官员必须得到她的批准；二、任命荣禄为直隶总督兼北洋大臣；三、罢免翁同龢。

皇帝曾为这突如其来的袭击"惊魂万里，涕泪千行，竟日不食"。

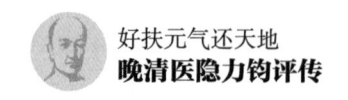

但擦干眼泪，他次日就召见康有为。

这是他们唯一的一次见面。这是六品的康有为破格得到的见面。当康有为走进朝房，等候宣旨进殿时，遇到了被提拔为总督而进宫谢恩的荣禄。侧身相遇，两个人的谈话至今还为史学家们津津乐道。上一次在总理衙门的相见，荣禄中场就因厌烦而提前退走，没有听完康氏的雄心壮志。

荣禄问他，以子之槃槃大才，亦将有补救时局之术否？

康有为答：非变法不能救中国也。

荣禄说：大家都知道法是要变的。但是一两百年的祖宗成法，恐怕也不是一下子就能变过来的。

康有为用他特有的宣传家的笃定说：杀几个一品大员，法即变矣。

朝房里的群臣无一不感到一股嗖嗖的凉气伴着铁兵器的冷，掠过后颈。

维新变法失败的基调由此一言可以看出。

奇怪的是，他这个设计，对于久经官场的这一批大员们来说，暴露了康氏野心和不现实的设想，没有得到应有的、及时的、正面的批评、反驳、斥责。

说他们洞若观火并非言过，他们也并非不关心自己的地位，但他们宁肯坐壁上观其败，却并不出手阻止。等这一句话传到慈禧的耳中，慈禧连连冷笑，她的态度尤其如此："俟他办不成，我自有办法"。这个"他"是指她的不听话的嗣子光绪。三个月之后，她拿出了"办法"——政变。

政变是她长期掂量加上此刻愤怒的选择。她愤怒，光绪竟在康有为的怂恿之下，试图"围园"——这是什么？这是逆子要弑母啊！她经历的宫廷事件难道还少吗？

她看准了光绪骨子里是个怯弱的人。这么一来，光绪的行为就更为可恨了——一个从4岁开始抱入宫中，抱着曾经以她坚毅到冷酷的爱带大的孩子，像亲儿子同治一样叛逆也就罢了，她真不曾想象到他会有危害她生命的想法，并将施诸行动的举止。人生一步一步走来，她从来没有后悔，咬碎钢牙，她的念头里只有行动。

甚至都不用动用荣禄的军队。1898年9月21日（八月初四），她得知围园消息后，立即带太监直奔西直门，直抵皇帝的寝宫。在太监们动手搜查了一大堆的奏疏后，她厉声斥问："我抚养你二十余年，你竟然听从小人之言来谋害我？"皇上战栗，不发一语，良久才嗫嚅："儿子没有这个意思！""呸，"太后唾道，"痴儿！今日无我，明日安有汝乎！"立即传了懿旨，直接对外宣布皇上生病，不能理政，现在开始太后临朝训政——这就是戊戌政变的发端。

继而，在仁寿堂或者在紫禁城的朝堂，身处囹圄中的光绪被迫以自己的名义发布了一道又一道有违己意的旨意。那些曾经协助他维新变法的年轻人被捕了，光绪则必须在处死他们的命令上盖章、签字。那位把光绪安置在龙位上的女人，那个应该被他称为伯母或者大姨妈以及嗣母的女人，如今变成了个称职的"典狱长"。她把他囚禁在与世隔绝的小岛瀛台的涵元殿上，任命那些冷漠麻木的太监充当看守。

太后临朝次日，原是皇帝要接见日本伊藤博文的日子，她恩准了接见照常进行。

接见中，当伊藤博文赞扬中国变革并对光绪表示敬意时，光绪皇帝转移了话题。

23日之后，慈禧召见了王公大臣和军机御前大臣，他们跪在案右，皇上跪在案左，设竹杖于座前。慈禧疾声厉色，讯问皇上：天下，祖宗的天下，你怎么敢任性妄为到这个地步？各位大臣王公都是我多少年拣选培养出来辅助你的，你又怎么敢任意处置不用，听信叛逆康有为的话。他的法能胜祖宗立的法？你是我们大清的不肖子孙。

25日，《申报》刊北京来电：中国皇上迩日猝然不豫，以致京师中甚为淆乱……

26日，在菜市口，为皇帝维新而提拔的六位军机章京悉数被杀，而且

连审问都不曾有过。历史上称这六人为"戊戌六君子",只有罪魁祸首康有为跑了——变法从6月11日算起至此共103天。在这103天里,皇帝发布过280多件诏令,平均每天三个改革令。因为官制改革的变动,所有的衙门都陷入混乱——其倡议者就是康有为。

其后,宫中传出皇帝病重的消息一波接着一波。

现在关在瀛台,每每一想到当天朝廷上的责问,光绪皇帝还是会浑身哆嗦,按照对她性格的理解,皇帝觉得她会用竹杖打他,甚至打死他。然而竟没有——毕竟历史上没有一个太后母亲当众打死皇帝儿子的成例。最后他被关到了瀛台。

他还常常为1900年的元旦那一天而战栗。元旦,那是西洋人的新年。那天的紫禁城里,残雪覆盖着涵元殿前那条小桥。太液池的河水也结冻成一层薄薄的冰。

他来到劝政殿。但是慈禧没有允许他进来,让他在殿外等候。殿中的炭火温暖从窗格的橙红火焰中可以瞥到。他在殿外越发觉得冷。殿里慈禧正召见王大臣和六部九卿,讨论废黜皇帝的事。

太后一半是真情,一半是表演,声泪俱下,痛说皇帝"不合于继嗣之正",但是自己"立他为帝,亲手抚养,以至于今",而现在他竟"不知感恩,反对我,种种不孝,还跟南方的奸人共同谋密要构陷我"。很快,收了泪,问大家怎么办。太后的口才便给,思路敏捷,一出口都是问到事件的最痛处和人情的难堪处。

六部九卿的大臣都知道太后心底已经有了主意。她果然说出废黜皇帝的话。并说,她已经择定了惇亲王的孙子端郡王载漪的儿子溥儁,先做大阿哥,再做新皇帝。不过大阿哥登基的事还没想好——可先为储君,再行定夺。

所有在场的大臣王公没有一人开口。要说祖宗家法,这就是不合家法的。从康熙开始,建立秘密建储体制,在皇帝还活着的时候,要是谁议论皇储的事，那是大逆不道的罪行。朝臣们感受不到室内炭火和薰香的温暖气息，太后冷若冰霜的脸色却让他们感到一阵阵的寒意。太后的声音、太后的眼神像一片薄薄的刀刃，随时嗖嗖地贴着人脸掠过，挟着天威与冷酷。

目光扫过之处，没有一个朝臣脸上露出表情，只有那个徐桐，对改革认为比挖祖坟还难以容忍的"理学家"，但真正的理学家们又认为他是"假道学""假理学"，他建议把皇帝封为"昏德公"。这是在表示他对太后旨意的赞同，这种赞同让群臣感到不齿。慈禧也没搭理他。等了寂静的片刻，看到没人说话，她吩咐跪在案前的端郡王以后要常入宫，监督大阿哥读书。接着让荣禄"写一道旨意来"。

这道旨意她与荣禄早已商量过。它就是立储书。

仅穿着薄薄棉衣的皇帝从殿外被传了进来。慈禧把她的意思说了一遍。光绪苍白着脸，却因绝望而激发出毅然之情，他叩头说，此凤愿也。

慈禧把荣禄写好的立储书叫太监递给皇帝："既然愿意，这是诏书，你缮写出来，发布吧。"

皇帝不知道是寒冷，还是心情激荡，抑或两者兼有，颤抖的手执起了曾经的御笔。立储书是用他的名义，向天下人表示，他自小继承皇位，在太后的教导下亲政，但因为身体原因，只能请求太后主持国政。而且直到现在，他还不能生出儿子，为了祖宗，特别是同治皇帝的后代继嗣着想，他要立溥儁当同治皇帝的儿子来代替自己……他用全身的体力支持着写完了，然后就是一阵发晕，扑倒在地。

他什么时候被人抬走都不知道。醒来时，他发现自己身在涵元殿。

政变后，他就被关在了小岛瀛台上，关于他的健康状况的消息不断地被释放出来，还有通告——征召天下名医来诊疗皇帝。世人都知道，他的健康恶化，已经无法正常执政。上谕的全文是这样：朕躬自四月以来，屡有不适，调治日久，尚无大效。京外如有精通医理之人，即著内外臣工，切实保荐候旨。其现在外省者，即日驰送来京，勿稍延缓。

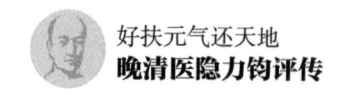

因为堂而皇之的征召，原意不过要扩散消息。谁知道，皇宫里应召而来的不只是各省的督抚们所推荐的医生，竟然还来了一个外国医生。因为外国人不相信中国皇帝有病，他们认为这是政治斗争，他们担心中国政局的变动会影响他们在华的利益和以后的外交关系。

就有这么奇怪的事，曾任英国驻华公使的窦纳乐爵士领着数位驻华公使向总理衙门联合提出：要派出一位外国医生，"代表整个西方国家，用当今医学领域最新的技术"，给中国皇帝进行"肉体上的体检"。

听到这个消息，太后气得满脸铁青地拒绝了。

庆亲王为首的一班总理衙门人员与西方野蛮的要求者几经切磋和争执，但英法两国公使立即给总理衙门再度施压，并递过一条简讯，称"我们推荐医生并非要给皇帝吃药治病，只是觉得贵国宣布皇帝生病的举动有些离奇，颇骇听闻，各国商定验看大皇帝病症。为释群疑，我们奉我们国家政府的指令必须检查中国皇帝的身体。不能不看。"

"不能不看。"英法公使曾强硬地说。

太后生气令人害怕，只是洋人并不怕。她可以在宫中国中发威作怒，唯独面对洋人，她无计可施并吃过多次苦头。那就让洋人来吧，倒要看看他们能看出什么花来，不过到底不安，她吩咐太监："可别让洋人看出别的病来！"

1898年11月17日，法国驻京使署医官多德福蒙诏赴瀛台涵元殿，给光绪帝进行西医诊治。事先，他得到皇帝的"病原"。

由皇上自述自写再由太监缮抄的病案叫"病原"。这相当于今天的病人主诉。这是皇帝的发明。早在逃难西安时，皇帝自己也阅读了很多医书，久病成医，他对自己身体的怀疑也是横梗于心的。他何尝不知道做一个贵如天子的病人，面对医生时，不能被询问会影响治疗效果。但是宫中的规矩是不能问病情的，一切靠医生的脉术和医术。这是他刚刚开始被囚的岁月的开启。他没有想到其后十年，他因疾病而得到御医或荐请名医诊疗者，将会达到至少924次。这些诊疗中，他的"病原"起到了沟通医患的作用。

多德福也"熟思面答之语"，在心里多次排练这一次会面。

在领路太监的指引下，多德福来到了一个阴暗潮湿的小房间里，他看到皇帝"身体虚弱，颇瘦劳累，头面淡白"，了解到病人皇帝"饮食尚健，消化滞缓，大便微泄色白，内有未能全化之物，呕吐无常，气喘不调，胸间堵闷，气怯时止时作"。他无论如何也无法将这个男人和大清朝的最高统治者光绪皇帝联系在一起。

多德福医生脱下了光绪皇帝的衣服，扒开皇帝的眼睛看看。这个举动本身就是足以骇人的——在中国，只有临死的人或者死人才会被人翻开眼皮查看。不过太监们保持了足够的克制，没有人失声惊呼，也没有人进行干预。多德福从他的诊箱里拿出听诊器和压舌板，给光绪皇帝检查身体。

根据光绪帝的自述，以及他的临床诊视，多德福发现光绪皇帝体虚、消瘦、疲倦，不过，心肺听诊未见异常。"而运血较乱，脉息数而无力。头痛，胸间虚火，耳鸣头晕，似脚无根。加以严寒，而腿膝尤甚。自觉指木，腿亦酸痛，体有作痒处，耳亦微聋，目视之力较减。腰疼，至于生行小水之功，其乱独重"，还有视力和听力下降等症。

在体检中，皇帝的小水（尿液）也被法国医生取了。经过分化检验，"详细察悉皇上圣恙，定知由于腰败矣。按西医名曰：腰火长症。"这是在中国宫廷医疗中，首次使用化学诊断的方法。光绪皇帝还存在遗精和阳痿。

腰败，使人体中排泄的渣滓不能随小便排出。血液又把这个渣滓运达身体四肢。遗精，是因少腹皮肉既虚而无力，不能阻精之妄遗。宜先设法治腰，然后止遗精。

最后，多德福提出他的治疗意见："总宜不令腰过劳累，而能令渣滓合小水同出之。"建议光绪皇帝养身，要大量喝奶，人奶牛奶都行，但要每天6斤，连续多日。如果喝牛奶，就要加"辣格多思"（乳糖），要吃上几个月。若用药"则用外洋地黄末"，另外，腰疼的话就干擦，多德福建

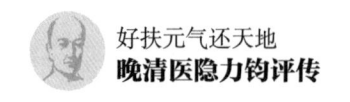

议光绪皇帝也可以用"西洋吸气罐","成效亦然"。吸气罐,疑为拔火罐。这种拔火罐,据说是起源于古希腊医学。

光绪身边的太监不断向慈禧报告关于洋人的古怪举动,关于他古怪的工具,她面无表情,她生气的时候总是面无表情,说:你们小心着,别让洋人给皇上看出别的病来!

想象着至尊的皇帝被洋人脱了衣服,再被一个闪闪发亮的钢饼子一样的东西带着长长的橡皮管压在胸前背后摸索,想象着被洋人要求张开嘴,拿东西压着舌头,拿一个发电的灯照亮口腔的深处……在群臣、万民眼中心中尊严的龙体如此被洋人"施虐",她也有羞辱感,但直接被羞辱的人是皇帝,隔了这么一层,她的心里也平静得很。

让她不平静的事情是多德福最后体检结果是皇帝身体无碍。

他向他的公使说,皇帝没有病,是清朝的政治病了。

至于宫廷内,多德福的建议要么是无效,要么是没有得到信任和执行。在1898—1900年,当时有御医、名医卢秉政、朱焜、陈秉钧、庄守望和范绍相以及李德昌、李秉昌、姚宝生、张仲元等,他们基本上未间断为皇帝会诊或分诊近百次,从他们的医案上看,基本上是对多德福的方案持反对意见的。

如果不是洋人们和一些督抚地方大员多次发声警告朝廷说:假使光绪皇帝就那么稀里糊涂地死了,必将引发严重的国际后果。那么光绪也许早就死了。

继而义和团起,端王为着大阿哥能早早登基,怂恿太后做了一件一生最后悔、最愚蠢的事情:向八国开战。那么精明的太后,她是太好胜太好强了,不然怎么没识破那些大师哥的假功夫?开战之后,就迎来了那个仓皇不及辞庙的"西巡"。她倒周全地考虑到,西巡时光绪皇帝绝对不能留在京城,以免他跟洋人勾结,于是挟持上路。临行之前,太后命令把他最钟爱的女人——珍妃——由太后最猛的猎犬崔玉贵动手,推入井中。不要说皇帝不在场,他就是在场,也无非是个君王掩面救不得的局面。

从八国联军开始入侵而被挟持一同"西巡",皇帝和慈禧有了一次在野地荒郊的互相靠着背坐在一条长凳上的凄楚夜晚。这才是真正的相依为命的夜晚。

对维新变法失败后的光绪而言,生与死真的没有那么重要了,因为即便可以活下去,也是纯粹的苟活。这位年轻而充满热情的改革者从此只能待在与监狱无异的宫殿里,眼睁睁看着慈禧把那些关乎清帝国生死存亡的改革措施逐条推翻,"让中国立足于世界列强之林"这句维新变法初期由光绪提出的口号至此彻底成了白日梦。

直到与八国联军签订了《辛丑条约》,西巡结束,回来以后,太后才对他的态度有了一点的改变。也许,支撑光绪继续活下去的唯一寄托就是等待复仇的那天。在时人的笔记中,光绪反复表示自己终将以牙还牙、以血还血,尤其不能放过袁世凯。以致人们都相信只要光绪可以等到慈禧归西的那天,所有背叛过他的人都将付出代价。

这也使得日子得这么过着。十年过去了,皇帝还是这么病着。大家心里默默认定光绪皇帝身体的疾病是政治压迫的一个过程。只是谁也没有说出来。

把脉龙体

皇帝直接向臣子发这样的手敕并不是正式的程序,慈禧太后之前停了力钧和皇上接触看病,并独占了力钧的医术和治疗,不知道是出于什么思考。而皇上的这份手诏也不知道是否经过与太后的商量。力钧唯一能够讨主意的是奕劻。无论如何,军机处是绕不过去的。

庆亲王的态度是微妙的。力钧将要为皇帝看病,如何处理好与慈禧太

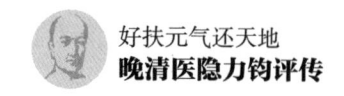

后的关系就是一个难题。其实治好了皇帝的病，太后此后依旧可以垂帘；倘若皇帝不好，再立新皇，如果想"国立长君"，太后的权势必然会有所削落，即便是再立个小皇帝，那么毕竟也只能成为太皇太后，这也必得部分削落权势。也有跟庆王非常亲密关系的人私下议过庆王的儿子载振也有机会当皇帝，使庆王心里不免警觉。

至于为皇上看病的"御医"，想来是两头不讨好。倘若治好了皇帝，皇太后未必高兴；倘若治不好，天威难测，到头会受什么样的处分？太医是世人眼中医术精湛的名医，各处征召而来的名医也莫不想治好皇室人员，至少可以博得医名留世，但宫廷章程本身就制约了他们医术的发挥。因此到来的名医，也多持"不求有功，先求无过"的思想。精于此道的陆润庠对"多人合诊功过难分"之议就说过：内廷之事向来如此，既不任功，亦不任过。

但是庆亲王不能这么宣示，只能勉慰他尽心治疗，治好皇帝也是万民的福分，功莫大焉。

力钧向庆亲王说明，自己已有咳嗽症状，似不太合适。庆亲王知道他心中有怯，还是安慰他尽力为皇帝诊病。

七月十九（公历1907年8月27日），力钧开始为光绪皇帝诊治。后世可以从医案中发现，力钧都是独自一个人开方。这说明，要么他与陈、曹的意见不一致，要么就是分班。

照例，内奏事处的太监发钞了一份当日的皇上病原先给力钧。

第一天的"病原"，皇帝写了几种病。

第一项是遗精之病。遗精已经近20年。早几年的遗精是每个月发生十几次。这几年的每个月发生两三次，皇帝认为这并非好转的迹象，而恰恰是肾经亏损的结果。而且他现在还增添了不举、无梦即泄的情况，这多发生在冬天时节。以前所泄的精液比较稠浓，现在则比较稀薄。以前白天、晚上听到锣声会觉得心动而遗精，现在白天听到锣声不会反应，倒是晚上还会犯此病。

第二项毛病是手足腿膝永远发凉。恶风越来越明显。

第三项是耳鸣脑响。这毛病也发作了10年。

第四项是腰腿肩背酸痛。也有20年了,需每天按摩才稍觉舒畅。

第五项是消化不好。大便结滞,小便有余沥。

第六项是晕眩。夜间睡卧时觉得所冲欲晕或偏身作抖。睡着时老是张着口,所以醒来口舌喉嗓都是干的。以及近来有时眼皮发青发红,眼白微有黄红色。

第七项是四肢俱冷,尤其两手,手指还有胀感。感觉走路不稳,步履欠实,若稍一旁视或手中持物,就觉得足下欹侧荡摇。

在病原陈述后,皇帝加了一段指示性的"总论诸症,似非峻补不可。然禀赋大伤,上盛下虚,素有浮热,多服补剂,唯恐上焦虚火更盛,而下部之虚弱并不能愈"断语。指示"用药总宜于补益剂中稍佐以养阴泄火之品,俾虚热渐渐下引,兼实下焦"。

首日诊毕,回到军机处,在递交的脉案上,力钧写道:"皇上的脉息左郁右濡滑。病由运动少而消化缓,消化缓故血不足,血不足故胸背串痛。而咳嗽无痰即头之右疼左晕,亦血虚所致。"拟了和肝开胃的方子"川贝母三钱,天花粉二钱,生麦芽二钱,当归尾三钱"。

次日复诊,开的方子是当归、川芎、杭芍、人参、桂枝、附子。

该方疗光绪帝之血虚,主要是行血、行气、补气和温阳。采用甘温益气、养血和行血的同时,力钧还拟请皇帝重视饮食,也用鸡汁食疗,以培补后天,健运脾胃,说:"虚寒之体,必借饮食补养""补养之法,仍在饮食"。

力钧说明开方的道理:

皇上的症候总体上都是由于肝气不舒、胃气不健。

滋补周身之液全借胃肠。如果胃肠气弱消化就不好,不能运化提取滋

补的物质来供血。这是皇帝体质衰弱的最根本原因。

周身血管由肝脉管出，汇总回到血管，出心右房，过肺通心左房。胃弱则肝虚。肝虚则血少，血少故心跳。

上身左右血管循左右胁而上，肩膊上血管虚，故肩胁牵掣作痛。

下身左右血管循左右小腹而下膝，下血管虚，故语言则小腹抽痛，腿足酸软而懒于行动。

头疼在右边，晕在左边，因心房之血右入左出，入时血行之力较旺，上激右脑筋，故右疼；出时血行之力渐减不能上激左脑筋，故左晕。这些都由肝产血不足所致。

至于大便干燥是由于胆汁少，有时糟粕不化，则大小肠吸收功用不足。

胃弱则肝郁，肝郁则气亏。肝郁气亏，所以有心跳、脊背疼痛、肩胁牵掣痛、肚子抽痛、腿足酸软而不爱动。

胃弱肝郁，还产生头疼头晕、不爱言语、身体疲倦、梦遗自泄、耳鸣脑响等诸症。所以治病以行血益气为主，另外还得加以饮食补养。

光绪皇帝自己略懂中国医术，力钧的脉案则用中西医的理论来分析，这份脉案中出现有"血管""心右房""心左房"等——这些最早来自1891年力钧读到的《全体阐释》的西医专业术语。这些年，西医在中国其实已有相当的传播。

西医在中国从19世纪七八十年代已经有所认识和接受。同时，在通商口岸的城市，已经开有西医院，接受西医治疗的人"实多佩服，惟不敢就医者亦多"，"西医之法众人不信"。经过20年，随着西医本身的发展、中国社会的开放，以及通商口岸华人对其医理学理和实用性的认识，它逐渐被沿海一些城市接受。

在信奉了西医的中国人中，有的转而成为信仰，把中医视为"不足据"，如鼎鼎有名的桐城派大家、为严复翻译《天演论》写过序的吴汝纶，就认为《灵》《素》《本草》等医书不足据。西医解剖学相当准确，药品又多化学家所定，所以"百用百效"。他甚至认为宋以后的一些医书"尽可付之一炬"。

还有一种主张中西医会通，如李鸿章、郑观应等人。李鸿章的夫人在1879年染上重疾，让直隶总督头一回和西方医学界打上了交道。她之前就病了一段时间，但是接近年底时，中医认为她的病无药可救于是放弃了。英国领事馆一位官员为他推荐了伦敦传教会天津医院的马根济医生，欧文医生也被请去了，医学博士霍华德小姐在一旁护理。治疗生效了，李鸿章任命妻子的专用医师马根济和欧文医生为其家庭医师。

对西医科学产生兴趣的李鸿章为此修建了医院，起初设在一座庙里，后迁紫竹林后海，马根济被任命为院长。后又改扩建为总督医院，又称施医养病院。在此基础上设北洋医学堂，并设北洋医院为实习医院，以培养军医人才。这就是天津军医学堂，也是中国举办西医教育之开端。李鸿章还为医院题写对联：

为良相，为良医，只此痌瘝片念；
有治人，有治病，何妨中外一家。

作为西医教育出现之前的中医名家，力钧是靠自学而非系统地在尝试阴阳五行的中医理论参表以西医，早在1891—1893年，他在槟榔屿就开始尝试过了。他的西医理论也并不深奥难懂，光绪皇帝对西医除了多德福的强行体检之外，虽接触少，但也不觉得太突兀出奇。

他对力钧的理论暂时没有异议，但他对力钧提出的"饮食补养"——鸡汤并不认可。他要的"泻火"，这鸡汤在中医中却是"扶阳抑阴"的温补之物。他当场向力钧质问：鸡性属"纯阳""动火"，力钧何以不知？他要力钧说出个所以然来。

力钧开始向皇帝解释，他体弱、血虚、气虚，所以要开补养之法。当天皇帝的质问也许口气相当急而且严厉，力钧在天威之下，不禁冒汗，也许是福建口音解救了他，皇帝让他下去开方子，在太医院里，太医们跟他

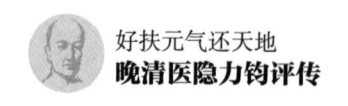

搭讪，力钧是谨慎缜密的，从他们貌似轻淡的聊天中，他听到了对鸡汤饮食方的轻慢。但他还是坚持他的药方。

其实他的内心是不安的。刚才与皇帝对话时，天威不测，想起来还是肉跳心惊的。他寻思必须要把这件事情讲清楚。隐隐地，他感觉到太监和太医们对他说了坏话。在上一年他进宫为慈禧和光绪治病，因为慈禧的欣赏，而大大出了风头的同时，也使这些人丢了脸面。这当然会遭到一些忌恨。保不齐，这两天皇帝突然挟鸡汤质问他，是背后有人唆使和调拨。

内心纠结中，不自觉又想到了庆亲王。

庆王疏通

老庆王府坐落在北京地安门外定府大街，原是乾隆时的权臣和珅的旧居。和珅被诛后，其宅被赐给第一代庆王永璘做府邸。

到了奕劻时，庆王族系所能承袭的爵位已由亲王降至辅国将军（除了铁帽子王世袭罔替外，亲王以下随继爵位按亲王、郡王、贝勒、贝子、镇国公、辅国公等依代递降）。

由于他是将军爵而住在亲王府内，不合规制。咸丰元年，他的府第被"官为经营，赏给恭亲王居住"。奕劻迁到定府大街官房一所。这里原是道光间大学士琦善的宅第。

奕劻虽是皇族，却是远支，他少年时日子过得也相当清苦。在芳嘉园与慈禧太后的弟弟桂祥结识后，人生开始转折。

经过30多年经营，奕劻由辅国将军升袭到庆亲王，而且是"亲王世袭罔替"。他除了有这一处大兴土木扩建的庆王府外，还有承泽园、泄水湖、苦水井花园三处别墅。

奕劻由于取得慈禧的宠信，自同治六年后，历任都统、宗人府左右宗正、宗正，五次得到崇文门正监督这一肥差。创办海军后，会办海军事务，充任过陆军方面的武备院、神机营、火器营、虎枪统领、八旗骁骑营和练兵处的要职，1884年起开始总理各国事务衙门。经戊戌变法、庚子事件，他不仅没有受到任何牵连，在慈禧西逃时反而被授以全权大臣，会同李鸿章与各国议和，签订了《辛丑条约》。总理衙门改外务部后，仍派他总理外务部事务，总理练兵、管理陆军部。慈禧的左膀右臂荣禄病逝，奕劻起用为领班军机大臣。从那以后，他就是帝国的首辅了。

力钧现在在庆王府算是常客。

对于力钧的医术，庆王府上下都是十分信赖的。特别是他的长子载振对力钧颇为赏识。

这几年，庆王府内的医事，虽有太医院，但遇上疑难，找力钧医治的次数还不少。有的病症在力钧治疗后常常有奇效：

最早是治疗载振。年轻时他的腰肾不好，就是力钧几服药给治好。

去年夏天庆亲王生病。新政以来，各项改革，尤其是丙午年的官制改革，让奕劻身心俱疲，领导小组要对付抵制反对派的势力，要均衡领导小组中不同势力的利益分配，以及要在太后预定的框架里运筹，都是考验身体、精神、毅力、智慧和能力的一场场看不见硝烟的战斗。

他又负责着外事，这几年日俄在朝鲜和中国东北不断挑事，还有方方面面的外交事务等大事，让他绞尽脑汁。备经劳累，却奇怪地感觉身体渐瘦渐健。以前常常有的头疼脑热很少有了，只是新添了小便秘和不寐两个症状。这是因为有时遇上外事交涉时，军机商议，不得请假，又必须按时议决，只能扛着一直撑到出结果。他想自己应该是过劳了。

除了国事之外，庆亲王在这一年春夏之交，在太后荣宠上也大遇阻折。

瞿鸿禨和他在军机处同值，慈禧对瞿既信且爱。

在西安时，瞿鸿禨冒着风雪抵达行在，两宫召见后，太后让他在军机处学习行走。还京时，补授了军机大臣。新政筹办，厘定官制中，他与庆

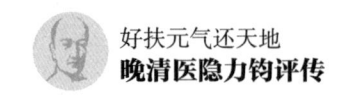

亲王奕劻为地方督抚、军权和财权方面问题发生了嫌怨。因为在逃亡途中得到岑春煊的千里驰援护驾，回京后慈禧太后对岑春煊也极有好感，便有各种拔擢。与瞿鸿禨交好的两广总督岑春煊调补云贵总督，旨意下了后，岑春煊却留在上海迟迟不行，又奉旨改为调补四川总督。虽然朝廷的谕旨叫他不必来京请训，但岑却出个"奇计"设法入都并成功见到慈禧太后。

春三月末，岑春煊入京后，像一门愤怒的炮弹，四处开炮，弹劾许多人。第一次见到慈禧，他就面劾庆王父子和陈璧等人。他被发布任命为邮传部尚书时，即在发布次日谢恩召对时，又面劾朱宝奎。朱宝奎也是邮传部新到任的侍郎，和段芝桂道员升为黑龙江巡抚都是夤缘贿赂，贿赂对象是庆王。岑春煊的举动，使庆亲王和袁世凯一党为之震惊，当然，在朝的群僚也为之恐慌。

太后也深为震动，对庆王大加申斥。传闻中，诃责后，太后还尖厉地问他："你要是这样欺蔽朝廷，不如用麻索缢死我母子，岂不更好！"

吓得奕劻跪在地上，不停叩头，等停下来时，发现两宫都已退入寝殿。

每个人心中惴惴，因似有波浪要大作。果然，第二天段芝桂被罢斥的消息已见邸抄。当天御史赵启霖和张元奇又弹劾段芝桂在东三省改制中"以道员赏布政使衔，署理黑龙江巡抚"的违规事实，指出这是由于把歌妓杨翠喜献给载振，并在庆亲王生日那天（四月二十九），送了10万两白银。折中有"今日何日，载振何人"等语。

慈禧下令醇亲王载沣和大学士孙家鼐成立专案组确切查明。

不过一个月，从庆王生日宴上的两宫赐寿，歌舞连宵之盛况已极，到这时父子连番交困，报纸、台谏、严旨交相究诘，几乎无以自容，狼狈至极。

但庆王父子根子到底还是深厚。因此，与其说是查办，不如说是帮着洗刷。一番折腾，"真相大白"，说是没有的事。慈禧转怒为喜："我想尔受恩深重，万不能做出如此荒唐之事，嗣后务要勤慎公事格外小心，勿得贻人口实，不但有碍个人名誉，即与全国之名誉亦有关系。"赵启霖反落革职，张元奇原内定的奉天民政使也给耽误了。

载振心知肚明，只瞒着太后。此时也自觉惭愧，奏请开去农工商部尚书本缺及各项差使，请本部的左侍郎唐文治代草了一纸极诚恳的奏折，"……虽水落石出，圣明无不烛之私，而地厚天高，局促有难安之隐。所虑因循恋栈，贻衰亲后顾之忧，岂惟庸懦无能，负两圣知人之哲，不可为子，不可为人。思维再四，辗转彷徨，不可为臣，不可为子，唯有仰恳天恩，准予开去御前大臣、农工商部尚书要缺，以及各项差役。愿此后闭门思过，得长享光天化日之优容……"

为了敲打庆亲王，太后准允了"姑准开缺"，也慰勉"稍事休养，以备膺任，为国效力"，算是留了面子。

庆王刚被削过一顿，不料时局兔起鹘落，庆王又很快翻盘——岑春煊和瞿鸿禨被排挤出了京城——因两广同盟会多次发动起义，钦州廉州、防城、镇南关等多地抗捐抗清，庆王和袁世凯就借"革命党"闹事需要派"知兵以及有威望"的人前往镇压，把岑春煊夸了一通，说动慈禧，授岑春煊两广总督，将其轰出京城。至于瞿鸿禨出京，更是意外。慈禧太后在瞿鸿禨面前抱怨过"奕劻爷俩，闹得不像话。时时给人指摘。再不好好地干，我要叫他退出军机"。消息又从瞿家走漏到报馆，《泰晤士报》登出"军机要换人了"的消息。慈禧大怒。

五月初二，岑春煊离京。初九，瞿鸿禨被开缺，黯然离京。

老天帮忙，办定了这些事，庆亲王心情与精神骤然松弛，才感觉到身体有不爽了。

这一天前去给庆亲王看病是大热的夏天。力钧来到在王府的别墅承泽园。园庭临池，芙蕖盛开。力钧从内廷出来，烦热不可耐，衣冠束缚，汗雨如注。坐定不久，便觉得心目俱爽，接着为庆王看病。庆王口渴，心跳。力钧诊了脉，脉象急且面赤，知王爷操心太过，血热上炎。因用荷梗一尺，莲心五十条煎汤，藕汁一茶碗冲服。服后渴止，小便通。昏昏睡了。次日

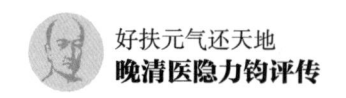

载振见面，便笑：都是那么清香的雅药，王爷说像是在喝茶，就这么着，人就感觉毛病轻退了。又服了两三天，王爷就好了。

这年11月的庆王又患不寐。他为王爷拟了栀子豉方，服三剂。因为力钧去了城外，载振又不在跟前，家人就让别的医生来看。这个医生认为力钧的药方子轻凉且寒性，改用天王补心丹。服后病情增剧。载振将军并不知道改服他药的事，找来力钧问：向来你开的方没有不效验的，这次怎么不但不效验反而会增剧？力钧也莫知其由，无话可答。

过了一天，有人告诉载振将军，说庆王爷服的不是力钧给开的方。载振转闷为喜，下一次见到力钧，拉着他的手，告诉不是他开方的毛病，还是要吃力钧的方剂，吃了才好。

庆王的二侧福晋曾经患痰嗽病，侧福晋自己都不知道为什么生病，就以为是上火了。力钧看见她的屋内几案上有鲜果几种，且书桌上还摆着些说部书。二侧福晋没有生养小孩，身体素来健实，力钧就猜测她夜坐观书迟眠，又啖鲜果，问了侧福晋果然如此，因此力钧很快判断她的咳嗽是因为冷积各致。以川朴、薄荆介各一钱，煎汤加姜汁服，愈。

庆王的五福晋素患头痛病。力钧就用川芎、蔓荆子浸酒，让她临睡服，喝后过一天就好了。有时发，再服即愈。

庆王的六格格被太后指婚，新嫁后，进皇宫内谢恩。哪晓得下丹陛时，侍候的女仆没来得及扶，跌倒了。那天没等回家腿就不能动了。急忙请了力钧来，诊了一下，格格的脉象洪大。力钧急忙用硝黄下淤血，服石膏若干而愈。好了以后，再以人参燕窝滋养，得以恢复。

因为这些关系，力钧写了一封信向庆亲王求助。这封信中，他说明药物如化学之材料，而原质仍在饮食补养。皇太后被鸡汤治愈就是一个例子。继而他向庆王倾诉了当天看病开方，皇上和他关于鸡汤的对话，他认为这是有人向皇帝进了"先入之言"，所以向他发了天威。他因内心害怕，在与皇帝的对话解释中有"意不尽言，言不尽意"的遗憾。希望能通过庆亲

第八章 "太医"生涯

王查鉴他的愚笨和忠心,能够代为表达出他内心说不出来的话。另外,想到皇帝对鸡汤有所反感,作为妥协的方案,他又另外开了一方饮食补益的方,就是用牛肉、羊肉,去掉皮、筋、膜,各6两,加生姜2钱、绍酒1两,用瓷罐蒸出原汁,加胡椒末少许,其他调味如盐、豉、糖可随口味。请庆亲王代为转奏。

不知道庆亲王是怎么跟皇帝沟通成功的,皇帝果然按方服用。并且其后的两天没有再在病原中做指挥。但力钧还是未能获得他需要得知的皇帝的治疗效果。比如皇帝服用的蒸汁分量和次数多少,蒸汁是否合口?以及心跳有无加减,是什么时间?头晕有没加减?还有关于口渴、睡眠、大小便、遗精的情况。请脉的时间总是有限的,更不能乱发问,又怕皇帝会不耐烦,另外他对自己的福建口音也相当不自信。所以他制作了一份症状的表格,请求庆王帮他把这份表格送给皇帝,皇帝只要在上面做一些勾选就可以。这样可以帮助他参酌,以更有把握地开出病方。

医患双方的退步和相互谅解似乎提升了医治的效果。到第四天,奏事处转来的皇帝"病原"中,皇帝感觉他的一些症状随着连日服用补养之剂已经改善,背上的串痛似乎也减轻了许多。心跳也没发作,咳嗽也减轻了,没感冒着凉也不头疼。遗精的毛病好像要发作,最后没有发作。只是头晕还没好,肩颈酸疼、口渴、耳鸣、下肢冷等症状还是依旧。新添了一个令他很不爽的毛病是口舌间似乎要起泡长出溃疡。他用比较缓和的口气问力钧,是否药味要重新计算,略加清凉之口,脾虚热不至上攻。

患者部分症状减退,力钧受到鼓励,在这一天的脉案中,详细把为皇帝施治的先后、分别已效未效之故,缕析陈述。

头晕、头痛、手脚冰冷是中医所说的"阳虚",也是俗称的冷底或寒底。西医血液循环理论认为是心血管系统功能障碍会影响血液的运行输送,造成手脚冰冷。这些可以通过药物、饮食和运动来调节。

皇上"心跳减少,此系饮食补养之效,但血管初通,阳气未足"。新

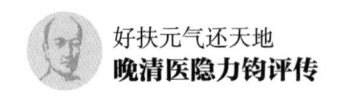

血初生，左右心房出入气畅的原因。咳唾轻，是过肺血充而肺润。向右卧时咳唾觉得重，且气冲头晕，是因为新血虽然生出来，但在静脉里还不足，所以向左顺行，血尚流转自如，诸症见轻；右则血不足。

可以看出，力钧所运用的西医理论是血液循环理论。这是英国哈根维根据大量的实验、观察和逻辑推理，于17世纪提出的科学概念。

他认为皇帝包括遗精自泄、下部萎弱等病，是因为心身过劳，而且诸病已非一日，需要耐心等养到血行全舒、气运益实时，就会见到效用。力钧对气血病的关系也有说明，有时血养好了气却反弱下来，还有重新发作的病例。这是因为食物不得宜、调摄未周详。

他向皇帝表示，自己会小心斟酌皇帝的气血病情的细微变化，不会让某一方面偏胜。他对皇帝病人提出的希望（要求）是"安心摄养"。具体来讲，就是已经有食物消化迟慢的感觉，吃饭的时候，要择煮烂的柔软的又有腴润的、煮熟的又还保持鲜嫩的食物，这才合乎"卫生"（养卫身体）。他还特别告诉皇帝，这一阵子，所有生冷油腻的或焦脆香酥的食物，暂时不要进用。

关于口腔中似乎要起泡的问题，力钧的解释是正说明了用药有效，现在已使"行血初通，阳气未足，转觉虚热上浮"。所以打算开"补中寓泻"的方来调理。其方是：当归2钱，生地黄2钱，川芎7分，杭白芍1钱，锦纹大黄5分。

这是以《局方》"四物汤"来养血和血，佐用大黄，取其消食、清热、活血之功。

7月24日，为皇帝看病的第6天，皇帝说，因为前一晚间似乎得了风凉感冒，只觉得通身作冷，肉皮发热，遍身酸麻，直至中夜冷感才停止。但肉身仍觉得发热，所以当晚咳嗽更厉害，特别是躺下以后。肩背胸胁腰间的痛也都觉得比往常重了一些。皇帝说，这种体内发冷的感觉近一个月常常这样。因为这些症状，夜晚睡不好。

力钧开了柴胡、桂枝、干姜汤的方，是"拟行血而兼和解之法"。25日，皇帝睡尚好，但出汗、头晕，头右微疼。左卧时咽口水左肋及胸旁隐痛。诊脉后，力钧以为有新血渐充行血渐畅之象。只是染了外邪发热，需和解汗出，邪气驱出体外，自然诸症可全愈。于是开了桂枝附子汤的增减方，这是"拟行血益气之法"。

26日，皇帝总感觉口腔中要起水泡，并连日觉得口唇干燥。皇帝指出连日是用了附子、桂枝等热剂造成的。以后用药需"使下部渐暖，清气上升，滋养真阴，方无流弊"，责成要力钧开出"引火归元"之方。

力钧请脉后以为，皇上前几天的其他症状好转是表明皇帝"行血通畅，病机大愈之候"。"拟行血和中气之法"。但作为对皇帝意见的尊重，这一天力钧开的方子中出现了"黄连五分"。

27日，皇帝把前一天力钧所称的"病机大愈之候"的一番话作了批驳。作为"人主"，他对力钧的病案中有着把病症稍为转好有归功于自己药效之嫌，他是又警惕又反感。恩出自上，这是必须要有的规矩。光绪情绪并不好，他常常会被一些小事情突然激怒，像那个将出未出的小泡就是。于是，他就用并不客气的语调指出，身上其他一些病症减轻未必是因为力钧所开方的效验，而有可能是天气的冷暖原因。因为像去年4月开始的头晕足软、消化慢、脊背痛等病，都治了一年多，都不见效，力钧把这些症状好转归功于自己这几天的治疗是可疑的，并有争功之嫌。而像心跳、咳嗽、睡眠、遗精等并没有明确的好转。他用皇帝的口吻，而不是病家的口吻吩咐说，"今后立方，但当专顾本原之病，详细推敲。务令身体渐渐强壮不致畏劳而又不使虚热上浮，使全身合畅，能耐寒暑，是为至要。"

皇帝自从感觉口腔要起泡以来已经忍耐了三天——"附子"是皇帝反对的。皇帝也不止召见力钧，宫廷中还有庞大的太医院系统。太医也为皇帝开了其他的药方。可以想象有"正式编制"的太医们即使不会公开诋毁力钧的药方，但在治病过程中的质疑，或者用一家一派学术的理论解释皇

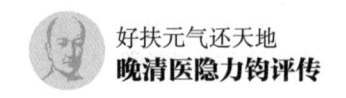

帝的病情（不是同一个系统，常会产生相反解释），会使皇帝的疑虑又加重了。

中医本身就具有复杂的门派，他们对同一种病可能做出或是广义伤寒与广义温病的不同解释。只有真正的大中医学家并不囿于学派而排斥伤寒法或温病法，因为在临床上确实也不可能分得太清。言寒言温，或因地域、个人体质、病情变化都可由寒化温，有湿但内伏燥等，这些医学本身的争论就够不在场，也并不能当面做出辩驳的力钧吃了一记闷棍。

就"桂枝附子"，皇帝拿药方遍问军机、太医，鹿传霖面奏："圣躬不但宜附子，且须加入肉桂、鹿茸。"但这也没消释皇帝的成见。力钧于是去见醇亲王，醇王也不敢定夺，令力钧和庆王商议。但显然力钧被这次"桂附风波"吓到了。他不敢辩解，默默地开出新方子，方子里，他撤了附子，改用了黄芪、生姜。第二天加入黄连，第三天用了补骨脂。补骨脂是用来代替附子的。

这是力钧在皇帝的指令下做出的退步。他曾经告诉过皇帝，"万一误服一剂，则前功尽弃"，尽管他心中依然如此相信：皇上要用桂附。

力钧被吓到还有一个证据，即从这一天起，在其后一个多月给皇帝的药方中，再也不见力钧用过附子。

作为医生判断明明要用附子、桂枝，却不得不开出甚至和附子相反的药，力钧的内心是撕裂的。多年以后，力钧才发觉，光绪皇帝频繁改动太医的药方，如曾在药方中擅自加上乳香、紫花地丁、白芷。皇帝还不喜欢杜仲、菟丝子，凡医生有用此二药者，必圈去不用。光绪皇帝虽然没有亲手改他的药方，但是关于"附子"的多次口谕和疑问，跟亲手改动药方有什么差别呢？他的"业务指导"使力钧纯粹的医疗变得复杂甚至狼狈。而像附子、菟丝子、杜仲（它的果实名逐折）之所以为皇帝不喜，会不会是因为这些字眼和生长属性里有着刺激皇帝神经最深处、不可言说的意味？

至八月初二（公历9月9日），病案上虽有"作冷"多次，但从未出现"疟疾"字样。而在一封八月初二向庆亲王求助信中，力钧透露，皇帝多次疑心自己患疟疾。他求助庆亲王，诉说医患的信任与病情发展的关系："服药之理，心有所疑，往往无效。"医生和病人之间应当同心，才能性命相托，共同面对疾病。无信任意味着孤军不能独战。

是不是疟疾，自己的话不能说服疑心的皇帝。力钧再次写信请求庆亲王，应当再往东南各省电召名医来京会同请脉，好求得第三方"江南名医"为他做个见证，好解释皇帝的疑惑，好共同断定皇帝的寒热虚实。

同时，他恳切地要求庆王说服皇帝，先停了皇帝的药，既不服力钧的药，也不服用太医院的凉药，先用饮食培养，等江南名医陈秉钧和曹元恒二位到时，再辨定是不是疟症，辨定后再议方定治。

因为经过近半个月的治疗，皇帝的病有所转机，像心跳好了，脉息也调养了，遗精的病也有好转。正是拨乱反正转危为安的好时机。此时必须再用温补药去寒补虚。另外加以饮食调养，不难在短时间内报安。但是太医院固执旧见，开以力钧所反对的凉泻药。力钧怀疑，皇帝在上月24日得的寒热病，就是吃了那些凉药所致。但皇帝却在太医们的众声喧哗中，疑心是得了疟病。

到了八月初七，皇上脉息左濡右缓。昨晚又是身冷两点钟之久，后即发烧，皇帝更疑心是得了疟疾。

力钧的解释是：（病）实因血管甚虚，外感寒气，内热不足以御。初起觉周身酸麻思卧，此即内热为外寒所胜，血管窒滞，脑筋之运动不灵。胸胁腰背血管虚，故串痛。肺血管虚，故咳嗽。至于头疼口渴，此由内热与外寒交战，寒解而热出之候。臣恭请圣脉半月有余，详考先后所见诸症，皆由血虚。现时外感初解，食物不香，口渴无味。力钧谨拟和中益气之法调理：结茯苓三钱，薏苡仁三钱（土炒），生谷芽二钱，桑寄生一钱，广橘络一钱，引用黄芪一钱。

力钧一直陈述是血虚原因，用的这张方也是以血虚立论，采用补气血、通经络之法。方中茯苓、黄芪、薏苡仁补益中气，生谷芽健脾开胃消食，桑寄生补肝肾、通经络，广橘络理气通络。

八月十六（9月22日），皇帝对昨晚再次发冷后发热已经出现愤愤的情绪，称自己这个症状"频频发作，屡问是否疟疾，总以非疟对"。严命力钧"若真疟疾，又当现何病象，应即明白具陈"。

力钧说不是，原因是，疟疾的发寒或发热将在每一周期的同一时间段发生，周期或者是每天，或者隔天，或者隔两天。但皇帝情形并非如此，而是因"血管甚虚，外感寒气，此即内热为外寒所胜，血管窒塞，脑筋运动不灵"。又说："似疟非疟，为血虚之见症，由微丝血管之血不足。"疟疾尚是外因，可由表解，内虚之体只宜和解。血气稍调，即须补固。

从七月十九（8月27日）开始到八月十六（9月23日），每天力钧为光绪诊疗时都是单独一人，但皇帝与太医们的密切交流或者从皇帝处流露出来太医院的药方，都表明，此时皇帝并不信赖他的医术。

的确，在皇宫这样的医疗环境中，出于趋利避害的心理，不求有功但求无过，热衷于开无风险的药而非治病的药，从众诊断，忌讳独立见解等，早已成了太医们的生存技能之一。这是其一。再者，皇帝病有寒热虚实不定的情况。这也要求所用之药温清补泻也不能分得很明晰。用温药又担心会伤阴，滋补营养又担心气滞，所以开方不得不左右趋避，只能开出平淡的方子。但皇帝已病多年，体虚身弱，平淡的药怎能奏效！

太医们的生存依赖于太医院这个体制，也试图压制侵入这一系统的医学新知和"异教徒"。而后世医家在研究清宫御医医案中认为：力钧融会新知、中西医结合的诊疗特点在诊疗光绪帝治案中体现得尤为明显。虽由于时代的局限，力钧对现代医学的认识较为粗浅，甚至有较多纰漏，然其采用中西医结合的诊疗思路和方法，值得今人学习和借鉴。他的医疗特点还有脏腑辨证，善调肝脾胃、组方精当，味少量轻以及善用经方等特点。还有一个重要的特点为善参以饮食调摄，采用药、食结合之法补虚培元、补益气血，调和脏腑，促使病愈。这且不表。

八月十九（9月26日），"第三方"来了。名医曹元恒（1849—1931）和陈秉钧（1840—1914）终于到京，进宫请脉。皇帝问他们的第一个问题就是他到底是否患了疟疾。他们的结论与力钧一致，回答说是"营卫不和，营争为寒，卫争为热。微寒微热由此而来"。否认了患疟之说。

但这并不意味着他们的诊治思想和力钧是一致的。

陈秉钧，家传十九世医，1898年就曾在两江总督刘坤一、湖广总督张之洞的保举下入京充御医，值御药房事。其后十年间，有五次被征召入宫请脉。现在的清宫医案中，还存有他为两宫及李莲英、崔玉贵等患者诊治的医案。再后来，他被封为三品刑部荣禄大夫，赐"恩荣五召"匾。

陈秉钧为人朴实，所用处方上皆有"庸工"之印，戊戌年第一次应召入宫后，改为"戊戌征士"，取应召不禄之意。1900—1906年，他悬壶上海，因西医影响日广，中医趋衰，遂合创了上海医会、上海医务总会等，曾公开讥嘲西医。

由此可知，陈秉钧是有排斥西医扩张的倾向。

曹元恒是第一次入宫，这次北行，与陈秉钧同路。乡谊兼同行，入宫后，二人自成一个小团体。和力钧分两班为皇帝看病。

皇帝也有向力钧诉苦的时候，九月初八（10月16日），皇帝说，这么久以来一直服药，只有去年四月二十八起至闰四月初八短暂的十来天的药是有效的。然后服了各位医生的药，温清补泻，丸散汤膏，方剂杂投，不但无效，而且他病丛生。如串痛，寒热恶风、咳嗽等，都是由药而得。直至今日，用药更难，且服药并不见减，不服药亦不增。似乎病归病，药自药，两不相干。可是若从此不服药，又怕病势终不能痊愈。唯有隔数日服一次，以验病之进。

皇帝对药物也是很厌烦的了。力钧却不能告诉皇帝：你不能乱吃药。

自从陈秉钧他们来到宫中，向皇帝表示了否定患疟之后，皇帝再也没

有提及疟病了。陈秉钧的药方秉承中庸，虽然排挤西医，但也并没有对力钧的医案、医术有何排挤之意。

例如，（光绪三十三年）九月十三日（10月19日），他们在病案中称：皇上脉左部仍然静软，右部弦浮未减，且兼数象。似阴虚于下，阳浮于上。所以今昨肌肤有时发燥，有时微汗，虚炎（火）有升少降，头眩略增，咳嗽未减，耳鸣脑响，种种见证。天热阳不潜藏，又恐天寒气阳又为不振。胸背串痛，肢腰酸软，本未见除。防恶寒恶风，不能不先事绸缪。考阴虚生热，阳虚生寒，阴阳两亏之体，症情随时更动，详审再三处方用药。谨拟和卫调营，养心润肺：北沙参一钱五分（米炒） 当归身一钱（土炒） 抱木茯神三钱（飞辰砂拌）西绵芪一钱五分（淡盐水炙） 生白芍一钱五分　川贝二钱（去心，勿研）　引用橘络七分、红枣三枚。

该医案指光绪帝因虚阳上浮而自汗。体虚之人，腠理开泄，更易外感风凉而加重病情，故陈氏治以益气养阴，止咳、通络，兼顾调和营卫，"先事绸缪"，因人、因时制宜。陈氏所述"详审再三处方用药"，亦体现了其临证用药谨慎周全的治疗特点。

而当日力钧所诊的脉象是左静右弦。拟的是行血益气之法。开的方是当归一钱五、黄芪一钱、杭菊一钱、杏仁二钱去皮，引用陈皮。堪称删繁就简，用药精当，辨证准确，组方用药严谨。

九月十六（10月22日），他们还开出同样一味药，玉屏风散。益气固表，未病先防；备以替代方药，考虑周全。

九月十九日（10月23日），力钧最后一次为皇帝留下了一个脉案和诊方后，因病休息在家。

这一休，就此离开宫廷供奉生涯。

其后，由曹、陈二人接着为皇帝看病。一周后，九月二十六（11月1日），皇帝突然停止召见任何医生。曹、陈二人每在清晨入宫候宣，但直到次年三月，光绪没有传宣过他们。也可以这么认为：在力钧离开宫廷供奉之后，皇帝病情大致稳定。直到次年三月，陈秉钧也曾为皇帝开出牛羊肉汤滋补之方。

"吐血"有计

力钧离开宫廷供奉生涯，固然有医术未能施展原因，最重要的是力钧对社会上政治谣言的恐惧。真正脱身，也费了他和朋友们的许多脑筋。

1907年3月，一直在湖广总督张之洞督署文案、会办商务局和帮办洋务局、官报局的好友陈衍，来到京师入职学部。1906年，嫁在苏州的陈衍女儿陈蘋生病。陈衍正好从武昌携妻子萧道管游焦山、上海。听说女儿病了急往探视。女儿身体荏弱，回苏州后，因为丈夫要去天津武备学堂，心中发愁自己生病无人调护，因成瘵疾，当时喉咙痛，吃东西难以下咽。等陈衍到的时候，陈蘋已卧床。陈衍请了当地名医陈秉钧诊治。陈秉钧说的一口土腔谁也听不懂。好在陈蘋十分聪明，尤其是对方言有特殊的敏悟。当下与陈医生问答，彼此都能了然。陈秉钧诊后，很高兴，当时抚着陈女的背说：你放心，吃了我的药方，十剂包可治愈。谁知道，还没吃上几剂，陈蘋竟然撒手而卒。陈衍夫妇只得黯然垂泪，认了这是病入膏肓非医所能救的命运。几个月后，湖广总督张之洞接到学部的咨文，要商调陈衍到部，夫人萧道管因夜间失眠，咯血百十口不止，人很委顿。陈衍赴京就任新职得到张之洞的批准。但萧道管却不愿他赴京。

此时，因军机处缺员，新政改革，又议到宪政改革的事宜，瞿鸿禨遂荐举他的门生福州人、时任广西巡抚的林绍年调入军机处学习行走。

原来，早在1904年2月，日俄战争前夕，林绍年与云贵总督丁振铎就曾联名电奏朝廷《为日俄战争，中国对策事》奏折，认为，新政虽然进行了两年多，但不论是经济教育军事还是政治改革，均没有"悉符各国最善之政策"，中外差距之大"政法与各国不同故"。他奏"以貌小不及中国十分之一之日本，而敢与大逾日本三十倍之强俄抗，且能使俄有退让，慎生，不敢遂战之心，是何故耶？亦实行变法已三十余年之效耳。"认为日本因变法而强大。又恳请朝廷，"事危至今日，间不容发，守望局外，既无可守；惟命是听，亦不足以图存，为今之计，似惟有急宜上谕，誓改前非……一切即尽行改革，期于悉符各国最善之政策而后已。""我力行改革，期于不数年，我悉如泰西各国而后已"但一切如泥牛入海。

四年后，在朝廷征求新政改革意见时，林绍年又上了一封《遵旨敬陈管见折》提出，东北危机，"罪固在人，亦未始不由于法"，国中少熟知国际新法的人，加上中国地大辽阔，各地情况不一，同时改革难度太大，提出改革试点，以东三省为试点，"三省改制果致富强，再推他省，势如破竹"。林绍年在奏折中还明确提出立宪主张。中国必变法，始足以自立，今欲收回东三省，尤必先定变法之计，方足以对日而拒俄。并且强调说，中国实行新政改革，最关键的就是改君主专制为立宪，"而尤有所最要者，则无如改专制为立宪法，实足以固似而维国祚于无穷也"。他是地方督抚中最早一个提出立宪变法的。

林绍年入京取道武昌，说动陈衍同行到学部就职。陈衍入都暂时住在奶子胡同的外甥沈丹曾家中。第二天学部长官即派他在总务司审定科兼参事厅行走。

三月十五，陈衍移居到宣武门外上斜街小秀野草堂。绕屋老树扶疏，有古藤一架及丁香、海棠、枣树等，还有叠石老槐。这种古雅，加之初至北方的夜色，让萧道管流连不忍睡。自此后病更重。因此到京后，没有怎么与朋友来往。唯一的一次出门，就是去力钧家。

到下斜街老墙根力宅很近。力钧家里有一个极幽静雅致的花园。坐在花园绿荫中，力钧和陈衍免不了一番叙温叙寒。萧道管是诗人性情，喜欢力家的清润适意。

第八章 "太医"生涯

没几天，力宅中的家眷杨氏等携女来拜。萧道管在送她们时，突然足软几跌，后来就卧床不复出户。

萧夫人生病后，陈衍拜托了好几位朋友上门为她问诊。如沈雨人右丞、朱桂莘学士、力轩举、陈仲勉两郎中，均诊视下药不效。

这段时间中，一谣言传说颇广：力钧将要为慈禧太后药死光绪。说慈禧太后几年来一直拉肚子，对外是秘而不宣，光绪皇帝稍有不适，朝廷上下就张皇求医昭告天下，唯恐人之不知。就是希望皇帝死。

八月到九月，一年中的长夏，是最难熬的。又是在被这么恶毒的猜忌四围中给皇帝看病，力钧度日如年，饱受煎熬。

传言还有，之前皇帝对很多各省保奏的名医们，总是愤懑不言，或将手背给他们去诊而不说病症。力钧请脉时，光绪写了十二个字给他：遍体无一是处，每日无一是时。诊了后，他面请"屏药勿御，调卫得宜，自然日健"，并开陈服食鱼肝油、葡萄酒、牛肉汁之类的数种食疗之方。接着他出来后对其家人私云：皇帝没有什么病，笔墨却甚好，能将无病之情，作有病呻吟，信手拈来，极见天分。

传闻中，力钧开的鱼肝油、牛羊肉汁一方，似乎表明了他"把假病说穿了"。力钧退值后，慈禧那边的各种赐赏遽然间全部停止了。再往后去宫里，那些太监们见到他的态度全都不一样了。

以上的种种传闻并非全部都错，比如皇上笔墨甚好、力钧开过鱼肝油方，只是偏偏有一两个细节不对，就使事情全然向着他想象不到的方向引去。

接着又听到一条对力钧最有打击力的：当力钧为光绪治病的脉案上呈后，慈禧见着了，骂道："力能回天，尚不能死？"[1]

当辗转听到这句含有歧义的"天语伦音"后，力钧竟不知道太后是不

---

[1] 杨叔禹：清太医院医家研究：人民卫生出版社，2015年版。

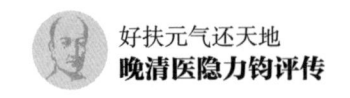

是说过这句话。这句话是指他医术好,使穆宗皇帝(光绪)又延续生命让她生气?还是指他力钧为什么到现在还没死?

还有一条活生生的传言称:力钧受太后指使入宫进了一利剂,使皇帝遂泄泻不止。次日,钧再入视,上怒目视之,不敢言。

力钧听到这句话时,惊惧之情可想而知。谋杀皇帝!受太后指使!

这也是力钧为光绪看病的障碍。可是他无以自白,也无从自白。

八月时,每隔几天,好友林纾总向他电询皇帝近日服药有无见效。力钧回信,将这一个多月医疗经过告诉了林纾,提到了"桂附"争执的前后,并说,在回这封信的前一天,袁世凯宫保请他诊脉时也问到了皇帝病势。力钧答他说:"虚寒已极,宜服桂附,配以鹿茸。只是皇帝身边的近侍都不以为然。像这样,我恐怕也很难措手。"袁世凯听后动容。最后,力钧哀叹道:"钧智尽,解索只有请假,以辟贤路。老天如果保佑我大清,那么鹿尚书之议(前文提到的'不但宜服桂附,最好服鹿茸')可以行得通,那将是国家的幸事,臣民的福分。"

辞职终成必然。他熟知历史,尤其是从6岁时看到的扁鹊。他的幼年和少年时曾在勾画这位心中的偶像,可是他出入医门十几二十几年的求学中,从来没有过遇见长桑君,没有任何奇遇,有的只是埋首典籍,比较印证,一步一步走到今天。即使如扁鹊,也只能做到"越人非能生死人也,此自当生者,越人能使之起耳"。

想起光绪皇帝对他医疗效果的质问,正像桓侯一样的责备:医之好治不病以为功。作为医生,他的痛苦是他所有曾经给出的施治是符合他医学良知和政治良知的,但这会使他失去一切,包括性命。他口中不由地念出幼年时熟读的扁鹊传里的话:"使圣人预知微,能使良医得蚤从事,则疾可已,身可活也。人之所病,病疾多;而医之所病,病道少。故病有六不治:骄恣不论于理,一不治也;轻身重财,二不治也;衣食不能适,三不治也；阴阳并，藏气不定，四不治也；形羸不能服药，五不治也；信巫不信医，六不治也。有此一者，则重难治也。"

但这个辞职哪有那么容易！

力钧的回信，笔下如此愤懑，陈衍与萧道管闲谈，说起力钧的苦恼。萧道管问：你的好朋友，不打算想个法子救他一下？

陈衍多智，却也一时没想到。

萧道管笑着说，以前有个隐士叫甄济。陈衍想起来，安禄山征召时，为避祸，甄济设计，当面吐血而得免。"此为良计！"陈衍十分热心，次日便告诉了力钧。

力钧苦笑拊掌。不过要实施这个计策也需有一段时间的准备。

十月的时候，在给邮传部侍郎唐文治的回信中，他特地提到当日在仁寿殿上大咳，"唾沫满地，红晕散溅（痰中有血），痰喘之声达到殿中两宫的耳中。"因此，连日内五个太监受责。最后，一次在给皇帝诊脉时，皇帝见他喘成一团咳嗽大作，恩准了他请假在家服药。回家后大病卧床。

而对于讳莫如深的宫廷秘密，他只提供以自己的感受："回想供奉以来，危险之境困苦之境，至今手足犹颤。""诚以难言之隐，不测之变，无可如何之事，不忍形诸笔墨，而亦非笔墨所能形容者。"

力钧"病"了。当年为慈禧看病的马文植在惊惧中以"摔倒"的方式得到出局的机会。力钧要用的是萧道管所献的"计"。

九月十九给皇帝看病时，力钧就在御前喘咳。因此请了两天假。皇上则面谕说：等病一好，应当即时上来。

力钧在家休息时，崔玉贵带着小太监上门来，说是皇帝见他生病了，赐了两石御用白米。力钧心想，崔玉贵是太后跟前当差的，何以这次会因皇帝的差而来呢？

崔玉贵用他特有的尖嗓子说，皇上说，这是御米，专意用来病后调养的，不必分与他人。

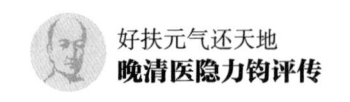

力钧心中感触，挣扎起来叩了头。

崔玉贵左右睃巡，一眼看见痰桶，果然上有红星。

力钧向他解释近来咳喘事项。"崔总管，前两天，我在承泽园回事处等着见庆王，十分失礼，咳成那样！"力钧提醒他想起当天在承泽园也是在场的，亲眼看见过他咯血。当时，崔玉贵在场看见了这一幕，便开口说："像力大人这样的病体，必须好生调理。"力钧向他拱手称谢："崔总管说得极是，可是我请假不好请下来，如果见到庆王，请崔总管帮忙说句话。续假的手续我赶紧办。"

崔玉贵回道："力大人，你多保重吧！"走了。

九月二十二（10月26日），以肺病咳血为由，力钧给内务府大臣奎俊写信请假。力钧曾拜入他的门下，称"受业"，向他请假。称自己已病了两个月，并多次咯血。一次是在仁寿殿为慈禧治病时，咯了几口鲜血。皇太后见到肺病病人出现在宫里，十分震怒，问明力钧已经告知太监，太监不信，因此杖责太监。第二次是在内务府公所，两宫赏饭后，又咳嗽呕吐一次。第三次是承泽园咯血。

他向奎俊说明，他已经见了庆王和醇王，二王问起力钧的病，力钧回答说，必须要续假。上次进城就诊西医，西医说：肺叶有病，痰嗽太久血管破裂，必须静养服药才能奏效。若再震动，恐不易治。到现在还会咯血，感到疲惫不支。另外皇太后和皇帝已知道力钧病根很深。咯血之后，稍稍行步，胸胁觉痛。必须请假十日以资静养。

请假的手续一层层办。先是从庆王醇王那里专禀请假。然后要请奎俊告诉奏事处和军机处王大臣。

经历一场外表上风和日丽，实质上惊涛骇浪的生死劫，终于离开了宫廷。一拜而辞，从这段关系中超拔。力钧如同释下加身千钧万钧之感的枷锁，深深吸了一口气，又深深叹了一口气。

他的休假开始了。其间，包括醇亲王载沣等人来召两次，还有几位邮传部的同僚上司的病想请他去治疗。可是，载振告诉他：你现在是休病假期间，绝对不可以去他处诊病。

早在上一年（1906）9月，随中央官制改革，不过一个月，邮传部设立。力钧也借调到邮传部。邮传部分为路政、轮船、电信等专门机构。它的设立析出一部分农工商部的权限。第一任尚书是张百熙，但不久病逝于任上。继任者岑春煊，他和瞿鸿禨在与奕劻、袁世凯两个派系斗争中失利，不到一个月便被排挤出京，改授为两广总督。前后不到一年，首脑倒换了七八个。

新创的邮传部连像样的办公地点都没有。先后暂借东城的京铁路总局、理藩院旧署和东华门外灯市口路南的民房为临时办公所。1907年4月18日陈璧补授尚书。陈璧继任伊始，邮传部仍处于"诸事草创无成法"的状态。

陈璧上任，办公室移到西长街怡王府迤西的公园屋地，营建衙署。着手为商部定制度，另奏请调借农工商部、度支部和吏部三部人员襄办一切。得旨允行。

力钧遂于1907年6月调借邮传部。

新的邮传部办公地，原来是民政部的公园，要来以后，陈璧增建了堂舍数重，十月工竣迁入。还修建了图书馆，十月，力钧好友陈寿彭亦调到部里通译馆。陈璧在邮传部总以振兴实业，挽回利权为宗旨。在他的努力下，作为筹集路政和邮电资金的交通银行成立，且利用银行这一近代金融改革所筹资金，实现了"路已成八千里而远，电报所达六万里有奇，邮政则在都会郡城大半设立，航业则长江内海渐次推行。虽发达未敢骤言，规模实已初具"。

陈寿彭入京，一时没有住处，就被邀请住在下斜街的力家。二人再聚欢欣鼓舞，陈寿彭还有妻儿同行，一并安排在力家后宅花园的西院住屋。一室如舟，八窗向日。纵谈分手以来种种，良多慨叹。

陈寿彭是老友了，他们有很多相同的爱好，学于古训，同年中举，又

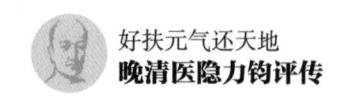

都对图书有异样的喜好，同样有域外生活的经历。两个人都曾经胸罗武库五兵，誓欲击楫中流。1900年陈寿彭开始辑录、翻译《中国江海险要图志》（1906年成书32卷，地图208轴）和《格致正轨》10卷。陈寿彭从1895年开始在上海以卖文、教书为业，继而1898年又在宁波储才学堂讲授中西文。他的哥哥陈季同身为出洋公使的参赞，花钱如挥土，他的一笔债务也是陈寿彭夫妻合力卖掉资产才凑齐还上。其时，陈季同又生病住在弟弟家，"药茸参饭羊酒，日费数十金"。次年去世。薛绍徽又常年生病。经济上入不敷出，常常典质为给。为了生活，多在上海、河南、广东等地或办报或译书。

邮传部调他入京，精于卜算的妻子薛绍徽并不赞成，因为觉得"陈寿彭才大气高性直，宜古不宜今，居宾师则有余，若为仕宦，恐不足"。但敦促的电报又再催。

他们从广东乘船。到香港时，陈寿彭患了血痢疾，又找不到药，薛绍徽依靠祷祝，最后陈寿彭病得到稍愈。

但薛绍徽却在入京后不久，因北地天寒地冻，得了喘病。幸而力钧就是名医。

陈寿彭进了图书处。陈璧又拟定试办图书馆编书，特别是有关铁路、电政等一切合同报告，非秘密可以通晓于人者，缀载之。由陈寿彭拟定了试办规则。为了丰富图书处，陈寿彭还开了书单，备向西洋购买。至12月时，陈寿彭被任为图书处副总纂。

陈寿彭还是能与他一起探讨西医的好朋友。这些给力钧以很大的慰藉。

皇帝之死

1907年秋深时，力钧离开宫廷供奉后，为光绪皇帝接着看病的陈秉钧可遭了罪。皇帝甚至直接谕示他"所用之药，总不相符，每次看脉，忽忽顷刻之间，岂能将病情详细推敲，不过敷衍了事而已。素号名医，何得如此草率，仍当尽心设法"。"名医伎俩不过如此，可慨也夫！"

申斥之严厉，可见一斑。

在光绪严加申斥后，陈秉钧约15天未被召诊，朝廷又换请了忠勋，或忠勋与曹元恒分别或单独为光绪诊疗。

忠勋的治疗让皇帝感觉还不如陈秉钧。于是，再次令陈、曹二人再为自己治疗。因此两位御医合诊约有三个月，一些不适感再次感觉有所减轻，但其脏腑如脾、胃、肝、肾之主症依然没有好转，甚至有时感觉在缓慢加重。

身体的不爽和病痛让皇帝的脾气比以前更坏了。生病之中肝气大发时，无所泄恨，在宫中，有时竟以手扭断某太监顶戴，有时或者以足踢翻电气灯。太监们把这些情形告诉了慈禧太后。

这些情形让他本人和军机大臣们感觉到甚有必要另找名医。

转眼，到了次年的五月初六（1908年6月4日），皇帝破例没有到慈禧太后的宫前请安。原来是三个月前皇帝觉得脚疾，一阵一阵发作，进入四月下旬以来已经越来越厉害，连走路都觉得不能胜力。太后听说了半晌没有说话。想起四月时，两宫同幸农事试验场，她自己已是七十老妇，却在偌大试验场步履甚健，不肯乘轿，场中周围十余里，尽皆步行，连李莲英都跟得直喘粗气。光绪皇帝则以两人小舆随后——因为皇帝的脚痛，也因为他的气弱。

五月初九，陈秉钧请脉说："皇上脉左右皆软，两尺尤甚。由于夏季损气，气失运行。经云：百病生于气，表虚为气散，里滞为气阻，冲和之气致偏，气火上升则耳病，气痹不宜则足病。气之所以亏者又归肾，肾关久不为固，所谓精生气、气化神之用有所不足，腰胯之痛有增无减，且神倦无力，心烦口渴，食物运迟，大便见溏。总核病机，按以时令，拟甘温其气，参以柔肝养心……""皇上足疾尚未痊愈，时觉酸软作痛，耳鸣亦

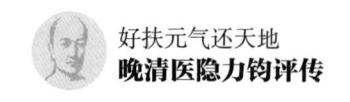

未平复,脘中作胀作嗳,更衣(大便)溏结不常,又时觉眩晕",所定之方不外野生于术、川续断、西洋参、杭菊花等品。"盖因虚不受补,故斟酌于虚实之间,藉以镇肝息热也。"

连日每晨入宫诊脉,除了进潞党参、杭甘菊等煎剂之外,陈秉钧又请服三才封髓丸。每日用三钱,早晚开水送下,颇觉见效。

但一周多后,又不见效了。皇帝病的程度似乎比前更厉害了。军机大臣们发现,现在皇帝更不能耐久坐、不能用心。所以外省督抚件和折件,常迟到第二天才开始批复,这样,军机大臣的拟批、内监发钞等事宜,一概往后延迟,就是说办公的时间,亦已渐渐迟至九钟十钟(原来六七点钟),每遇召见大员,未能多语,故日来召见者寥寥无几。

等江南召来张彭年和吕用宾后,和陈秉钧三名医轮流为皇帝请脉。起先渐觉安豫,每日早晚进药后,必让身边太监扶行缓步,借资活动。每每诸大臣请安时,皇帝还是必要殷殷垂询各项要政。

皇太后下慈旨,让他暂宜安心静养,不可劳神,"以期早日痊愈"。

陈秉钧经再三研究,用上下分治之法,于煎剂之外并进丸药调理,上部则用真珠二钱,研成细末,每天午后酌进二三分,开水冲服;调理下部则用芡实、莲子、莲须、山药、茯神、茯苓、藕节各二钱为末,以金樱膏酌量多少为丸,每晨服一次,开水送下,即金锁固精丸方。

皇帝向来服药是有自己喜好的。这些药丸究竟服用与否也未见说明。

继而,江督所保御医施焕到京,由陆尚书带领进内请脉,拟了一方,仍交太医院及陈、张、吕三御医参酌。施焕刚入宫时曾经在请脉后对别人说:"圣上诸病均渐平减,惟近日天寒,不过稍有腹疾耳。"

七月中旬,请来的名医都已相继入京。现在供奉为皇帝看病的名医六人为:陈秉钧、吕用宾、周景涛、杜钟骏、施焕、张彭年,轮班为皇帝看病。

特别值得一提的是周景涛。他和杜钟骏都由一纸电稿召来:江苏阜宁知县周景涛、浙江候补知县杜钟骏脉理精细,人极谨慎,堪备请脉。属饬旨下即迅速来京，由内务府臣罗干带领请脉。

周景涛，字松孙，号洵生，福建人。世医出身，与力钧是致用书院的同学兼己酉科乡试同年。中举的第三年（1892）中进士，入庶常馆成为庶吉士。历官刑部主事，此时任江苏如皋知县。因精于岐黄，受两江总督端方的推荐入宫为御医。

当年，力钧苦于生计所迫，一时不能继续学业时，周景涛写诗与他相互慰勉"何处不可读书"，温暖了寒灯下刻苦的力钧。

与周景涛已暌违多年，听到周景涛入京消息，又兼先后为皇帝治病，力钧心有千言万语，却不知从哪里说起。周景涛也如是。

1908年8月22日（七月二十六）《申报》对此亦有详尽报道，并谓："江督所保御医周景涛，所开药方与陈、曹各医所开者不甚相同。据内监云，近两月来，各医所开之药，圣上辄不愿饮，十剂之中仅服一二剂，独周医之药，颇得圣上欢心，故四日之中已诊三次。"

在初期周景涛请脉时皇上问："汝看我脉象如何？"答曰："皇上左尺脉弱，右关脉弦，乃先天肾水不足，后天脾土失调。"皇上又问："汝用何药疗我？"答曰："宜归芍六君子汤意。"皇上笑曰："汝言极是，即照此开方，不必更动。""六君子汤"如此合皇帝之意，让人想起戊戌的旧事，想是直指到了帝心。

为皇帝看病是各位名医轮班。最初的轮班法为每位名医六天一请脉。

六天一请脉，朝廷还不断给予各种赏赐以及每月的优俸。条件是很优越，但名医进京为皇上治病，哪个不是想着为皇上治好病，至少"以博微名"，往大里说更是有功于社稷苍生。

新进宫的杜钟骏提出每天轮流诊脉，各抒己见，前后不相闻问，对治病效果会起反作用。

但内务府的人回答他说：这是内廷章程。

太后最后还是接受提议，对章程做出调整。

八月初八（9月3日），新的轮班制度定下来，外来的名医分为三班轮值，轮值时间延长到两个月。张彭年和施焕为头班，陈秉钧和周景涛为第二班；吕用宾与杜钟骏为第三班。

皇上发下来两百多份的太医院脉案给六位名医参考。并且发下一纸上谕中如此说明：予病初起，不过头晕，服药无效。既而胸满矣，继而腹胀矣。无何又见便溏遗精，腰酸脚弱，其间所服之药，以大黄为最不对症。力钧请吃葡萄酒、牛肉汁、鸡汁，尤为不对。尔等细细考究，究为何药所误？尽言无隐。著汝六人共拟一可以常服之方，今日勿开，以五日为限。

杜钟骏也如周景涛，初期治病颇受皇帝青睐。若干年后，名医杜钟骏在回忆这一段供奉生涯时，记录了大量的细节，撰写《德宗请脉记》，这样记述了他为光绪诊病挽救的过程，并称新入宫时颇受皇帝青睐：一日我正入值，在院子里遇见一个太监，他向我翘起大拇指说：你的脉理可真好。我问：你怎么知道的？他说：我听万岁爷说的，你的脉理很好。我一发告诉你吧，太医开的方子，万岁爷往往不吃，你的方子可吃了三剂。说着便飞跑而去。

《请脉记》还揭示继续外召名医与太医院医生之间依然有着尖锐的矛盾：

"……八月初八，皇上交下太医院药方二百余张，病情一纸。在那纸病情里，知皇上病初起时，不过头晕，继则胸满，再继则腹胀，其后便溏、遗精、腰酸脚弱。罕其所服之药，热的如干姜、附子，寒的若羚羊角石膏，攻的如大黄、枳实，补的如人参、紫河车，应有尽有……如果皇帝尽数服下，可能早就不治了。"

有一天，六医会商中，十年间被五次征召来宫廷的陈秉钧曾想直抉太医院之误——陈秉钧被皇帝痛斥的原因之一，就是得罪了太医院。现在他反正是想要南归，无所顾忌，而其他几位医生均害怕太医院将来报复，不敢明白点破。

杜钟骏想了个折中之法：各位，如果谁自认为有足够把握治好皇帝的病，那我觉得即使揭出太医院的短处，也无可厚非。如果不能，这样揭穿撕破，只让太医院太医获咎，却留了个以后报复祸柄，我觉得这个并不可取。

大家点头称是。

杜钟骏继续说：陈先生这次乃是朝廷直接召来的。我们几个却不同：由各自省里的官长保荐而来，不能不为保荐人留几分面子。所以我想，我们的公议中，以陈先生的意见为主，但其中指摘太医，特别是之前各医生所开方剂的悖谬，不可以明陈。

因此，这份公议中，把前面所有热寒攻补的诸药，敷衍粉饰一番，称"诸药应有尽有，可谓无法不备矣。无如圣躬病久药多，胃气重困，此病之所以缠绵不愈也……"众家称善。

于是，六名医生分为三班开始轮值。

两江总督端方还以报纸上的皇帝脉案为题目，考较医生，取中二十四卷，差人送到北京恭呈御览，赏识哪一卷，即派进京请脉。慈禧太后一笑置之。杜钟骏看那些卷，也是五花八门，有说当补命火，要用金匮肾气丸；有主张先补肾水，用六味地黄丸；有主先补固脾胃用归芍六君汤；有主当气血双补用八珍汤之类，或者阴阳并补用十全大补之类。杜钟骏看后摇头，纯是意揣之辞。

一大堆医生看来看去，光绪皇帝指责他们"总因治不得法，病久迁延，致成种种痛处，变幻离奇，有非笔写口述所能形容者，故曰腰疾日深一日，难望见愈也"。

此时的力钧早已是局外人，却居然在一年之后，被皇帝提起，而且是用"病原"的体式，告诉新来的御医们，他的病，原先不重，治着治着"期

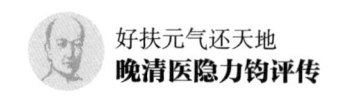

间所服之药，以大黄为最不对症。力钧请吃葡萄酒、牛肉汁、鸡汁，尤为不对"。

皇帝忘了一年前力钧的治疗吗？去年七月，力钧用饮食补养法治疗，因此使皇帝一度在心跳、遗精等方面得到很多改善。并且，力钧在用药上因持议用附子等"热性"药，而遭到他的多次诘问，最后在天威之下，力钧违背自己的医学知识，增加"大黄"，以至于不能自解，为此还上书给庆亲王，浩叹"皇上尚不能无疑，中国医学不明一至此极！"

时隔一年，皇帝为什么要极力否认力钧的疗法有效？并有发动名医批评力钧在内的"前医"们的"何药所误"的用意？

如果力钧当时不是特地以"上书庆亲王"的方式留下几封信，借由说明自己受到太医院的排挤、谋害，以及光绪皇帝作为病家对医生的不满，最后迫使自己不得不"挂壶"而去，他恐怕很难证明自己。

当周景涛和林纾、力钧等谈到皇帝新发病原时，力钧蓦然知道，当初所有的恐惧和不安、害怕和挣扎，是来源于对宫廷、圣上和他们将可能施予的一切恩典的一腔眷恋。而今回头一看，便愈望得清晰。"诚是无妄之灾，或系之牛，行人之得，邑人之灾。"陈衍说。假如当初有所恋栈，他逃得了干系吗？

那一晚，力钧喝得酩酊大醉，大违他原有的养生意趣。

进入九月，光绪皇帝又一次看了西医。西医的饮食调养洗刷了力钧的"不对症"之说：九月十四（10月8日），毕业于北洋天津医学馆后留校任学堂医官的屈桂庭，是京津各位显贵如庆亲王、张之洞等人的西医医生。经张之洞等奏保，屈桂庭于当日入颐和园光明殿为光绪诊脉。这一次是皇帝坐在正中，太后也在场。行礼后，太后问他：西医看病怎么看？屈回答：按照西医规矩，须宽衣听察。太后允许。于是皇帝宽衣让屈桂庭用冰冷的听诊器听其心肺等。根据屈桂庭的判断：皇帝患遗泄，头疼发热胃口不进，面色苍白，脉弱脊痛，似肺中有痨——因为没有化验无法确定。因此开方后让病人注意饮食。光绪皇帝平时就不肯轻易服用中医方药，倒是听从了屈氏的劝告，病情稍有起色。不久，两宫同返三海居住。从此，每天屈桂庭到南海的勤政殿为皇帝诊脉。当皇帝得知自己患了肺结核大惊失色，请他救命。但屈桂庭"深知两宫矛盾，觉得治好皇帝，太后饶不了他。"因此，敷衍推说并没有特效药，只能安心调养。

根据杜钟骏、屈桂庭及周景涛的说法，皇帝在八月到九月间病情大抵为肝郁脾弱，无奈各医杂进、各药杂进，拖了两个月转眼已是秋深的十月。

光绪皇帝这一天一早走出殿外仍然是要往太后处请安。入深秋的紫禁城天高云渺，湛蓝的天空望着竟有几分忧伤。再过两天，就是慈禧太后的生日了。她的生日前后，皇帝是要陪着看一台接一台的戏。想起戏台前的锣鼓声，一阵惊怕就涌上心来——小时候就怕打雷声，心惊中似觉无所遁逃的恐惧。而近些年侍立太后跟前听戏，一听到铜鼓铜锣的声音，脑袋即时就会嗡嗡作响，心慌眼晕。这是自己元气不足吧。宫商角徵羽，五声配五脏，自己每个脏器都如此不堪了吗？他努力让自己情绪好一些。这几天，他觉得自己越发身体无力了。昨天奏事处抄来一个脉案上有"退酸"，他怔了半晌，叫太监调来原稿，方始知道是"腿酸"字的误写。"这腿竟然一点肉都没有，不成其为腿了。"他想。

这一天皇帝和几位军机大臣和内务府奎俊等商量太后寿宴事，说起过两天就是太后生日，怕病重未能带领群臣叩拜庆贺，焦灼之下，情见于外，眼泪不知竟流淌许久。诸位军机见此情形，也并无良策，只陪着皇帝垂了几滴眼泪。事后据说有人托了慈禧太后身边最为她怜爱和敬服的荣寿公主（当年是作为笼络恭亲王的手段、把他的女儿封为公主，后来感情日深），婉言劝讽太后让自己爱新觉罗家的弟弟光绪皇帝免于陪侍听戏。太后倒也怜惜，并说了些很体人情的话："保养身体最要紧。我希望你的病能够痊愈，比叩头的事情重要得多。"

11月2日（十月初九）《申报》称光绪已是"步履其艰，上下殿阶须人扶掖"。

次日是慈禧74岁大寿。这天一早，皇帝拉肚子还没好。但太后生日，他还是从中南海步行入德昌门，扶着太监的肩膀，以两足起落作势舒筋骨，以便到时候率领百官贺寿跪拜太后。忽然从太后宫中来了懿旨，说："皇帝卧病在床，免率百官行礼，辍侍班。"

皇帝闻之大恸。不知这眼泪是为自己而流，还是为不能孝敬太后侍奉身畔而流。

初十这天，慈禧在仪鸾殿受贺，接着照例在宫中唱戏庆祝。因恃体健，平时也自负好强，且听说英国的维多利亚女王活到了82岁，以为自己必会超过这个岁数。一时高兴，太后又打扮成观音，又带着宫女太监们乘船游湖，吹凉风，吃水果，尽管李莲英等太监规劝，却并不听。再御膳之间，劳腥杂陈，唯性所喜，漫无节制。到晚间就开始拉肚子。

医生进药，考虑她年纪大不敢用下剂，防她虚脱，仅以祛暑清痢之方。因此过两天病就更重了。

十月十六（11月9日），两宫均抱病来西苑勤政殿，接见臣工。最后一位受接见的是傅增湘，他是新任命为"直隶提学使"，官员任命或升官赴任时，总会向皇帝太后"请训"。当时见到的光绪皇帝天颜癯晦，声音低微，御座上塞着几只靠枕，强自支持，而话也不多。大部分是太后向大臣发问说话。太后的神情疲惫，听说此时太后也是病得厉害了。

几位医生的脉案以及他们后来或者回忆或在谈话中均表示皇帝在十月十七日之后病情急转直下，突增腹痛一症。

先看杜钟骏的《请脉记》中所记：

十七日夜，杜钟骏被人敲门叫起，原来是内务府派来的太监，说是皇帝病情转急，快去请脉。来不及洗脸，杜医生便匆匆上车。车到前门时，看见一个太监骑车再次来催。到了内务府公所，看见周景涛刚刚已请脉下来，只说了皇帝病重。内务府大臣增崇便引他往瀛台去。

只见皇帝在炕上右端，面前放着一张半桌，一手托着腮，一手仰放在桌上。皇帝气促口臭，带着哭声问切脉的杜钟骏：头班的药，吃了全然无效，问起他们，他们回话又没有决断，你有什么方救我？

杜钟骏回答说：臣已经两个月没有来请脉，皇上大便如何？

皇上说，九天了没有大解，痰多，气急，心空……

杜说：皇上的病，实实虚虚，心空气怯，当用人参。痰多便结，当用枳实。但都很难着手，待下去细细斟酌。

又做了舌诊，杜钟骏便退出房外，到军机处开方。

内务府大臣继禄看见他在脉案中所写"实实虚虚，恐有猝脱"，便吓了一跳，问杜大夫，你这么写脉案，不怕皇帝看到了害怕吗？

杜钟骏回答说，皇帝的病不出四天，必出危险。我来京以后，不能为皇上尽力已经很惭愧了。现在皇上病重，如果我还是看不出来，我对自己都不能自解……不照这样写，原无不可，要是后来发生非常事，我得声明在先，我是不负责的。这个可不能不预先说明白。

听到他这样讲，奎俊和继禄也不能决断，就带着去见六军机大臣，申述后，领班的醇亲王载沣对张之洞中堂说："我等知道就是，脉案不必写。"杜钟骏就遵办而退。

再来看西医屈桂庭口述"请脉"细节：

十八日（11月11日）日间，屈桂庭来到瀛台诊病。见皇帝患腹痛，正满床乱滚，看到屈来了，就叫说肚子疼得了不得了。这时请脉的太医、中医都已走了，殿中只剩下两个太监。其他人都因为太后病重，乱如散沙。屈桂庭诊得皇帝的病状是：心跳、面黑、神衰、舌黄焦、便结，夜不能寐。屈桂庭心中诧异：其他各种症状虽然没什么特别之处，但腹痛太怪异了。因为今日之前，皇帝的病症都跟"腹痛"绝少关联者。"格于情势"，屈桂庭只得让太监用暖水熨热腹部。

这是屈桂庭最后一次入宫诊病了。"格于情势"——依然是和上一年力钧一样的不敢言、不忍言的心情。

白天诊过的中医名医都不敢开方。

十九日夜里，名医们全部被促起。来到军机处等消息，听到宫中的电话传出，预备"宾天"的仪式。宫门外，文武自军机大臣挨次排立，守卫森严。

是谁要"宾天"？皇帝？太后？有记忆的宫里老人回想起1881年某一个夜晚，当宫中传出预备"宾天"消息时，人人以为是生病许久的慈禧太后，因为她几次濒危，情形十分不好。完全想不到，会是身体一向很好的慈安太后突然暴卒。当时令在宫门等候的左宗棠听到消息失声惊呼！翁同龢更是在日记中直呼难以相信。

这一回，她年岁已大，且已经下痢多时，多半是她——军机处里，几位名医或者如坐针毡，或者眼观鼻鼻观心强自镇定。门外，太监们走来走去，窗子的棂条被阳光映在桌子上，朝窗外望去，即能感觉太阳十分和煦，然而气氛却有点肃穆。两宫如果宾天，有人想究竟自己有无愧疚，有人想将来会落得什么样的处分？没有人敢出去打听些什么。太后如果宾天，那将来皇帝的病可能就会好得快一些。

到了日头将午，继禄来了。向各位医生致意：各位老爷，久候了。待我到奏事处打听一下，里头到底几点请脉。

又过了很久，继禄回来，说：奏事处说，皇上今天没有讲话。你们老爷几位看怎么样？我不能做主，何妨你们先再坐坐吧。

一会有太监来请，说是请医生们进宫请脉了。杜钟骏、周景涛、施焕、吕用宾四人一起进入。只见皇上卧在榻上，合眼静卧。

杜钟骏是第一个诊的。手刚刚按到皇帝的脉，光绪就瞿然惊寤，口耳鼻一时皆动。这是肝风之象。杜钟骏心中很害怕，怕他一晕而绝，因而即时退出。

周景涛的眼中，皇帝东床仰卧。瞠目指口，意欲得食，而其时内监只剩下一个。而且周景涛注意到宫中的器皿,都被太监们盗窃殆尽了。只剩下一些鼎。正彷徨间,光绪转侧,看见了他,招手让他向前,却没有一句话。想起前一天,也是他单独切脉,当时为皇帝诊切后,奏曰:上下焦不通。皇帝喟叹一声:我一辈子不通了。不禁为之恻然。此时的情形看是连话也艰难说出来。周景涛上前切诊,不料皇帝忽然口中吐血盈床。周景涛跪近了诊视,发现皇帝没什么声息。

午时,醇亲王到,问病状,周景涛说,恐怕已去世。醇亲王探手入怀取一面镜子放在皇帝鼻口之前探测呼吸,见没有出的气了。

军机处开方间。施焕医案谓光绪"睑微启而白珠露,咀有涎而唇角动"。杜钟骏说今晚必不能过,可无须开方,三公曰:总要开方,脉案无论如何写法均可。于是杜钟骏写"危在旦夕,拟生脉散"。

二十一日(11月14日)子刻,张仲元、仝顺、忠勋请得皇上脉息如丝欲绝,肢冷、气陷,二目上翻,神识已迷,牙关紧闭,势已将脱,谨勉拟生脉饮,以尽血忱。

张仲元、杜钟骏等人的药未进,申刻时,龙驭上宾矣。因为隆裕皇后在皇帝身边亲侍,医生们谁也没有见到皇帝的驾崩时刻。事后听说,皇帝死的时候,连寿衣都没来得及穿。

皇帝去世前,慈禧太后也已病危。她的病是拉肚子。毛病出自"西巡"逃难,回京后,时好时坏。每年入秋以来,她就患疾,可是好强如伊每日依旧强撑病躯上朝不辍。1908年,还有一位外国公使夫人入宫,见她拉稀,劝她服用西药,服了以后还颇有效果,病渐渐有所好转了。

谁知初十生日未免太乐过头,调养下来,没有转势,病情一日剧甚一日。这次生病,她已经预知自己身体不好,派了庆亲王去验看普陀峪工程——那将是她的陵园。

后来太后病情发展,以致病危,庆王于十月十八被连夜召回,同几位军机一起在她的寝宫仁寿殿拜问,只见她已残喘余气了。但是慈禧的心里

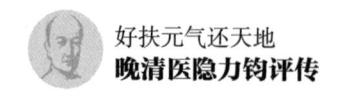

是明白的,听到庆王回奏告诉她那一块陵地为万年吉地,已修建停当。慈禧太后点点头,她说这一次自己是不行了。趁着最后一点精神,她指派醇亲王载沣——光绪皇帝的亲弟弟为摄政王。预备载沣的儿子溥仪承嗣为同治的儿子、兼祧光绪皇帝。

因此军机处立时草拟了一条上谕:醇亲王载沣授为摄政王,载沣之子溥仪住在宫内教养,并在上书房读书。交由皇后抚养。

办定了这些事,她还发了一道遗诰,备述经咸丰册立,因同治年幼继位,她与慈安同心抚训、夙夜忧劳,在内外臣工的支持下,使国家局势转危为安。光绪即位后,因内忧外患纷至沓来,不得不再行训政。前年(1906)宣布预备立宪诏书,1908年颁示预备立宪年限,万机待理。到今年夏秋以来,身体出现不适,但因政务殷繁,无从静摄,犹未敢一日暇逸。现在又遇上光绪皇帝去世,悲从中来,病势加剧,到现在成了弥留。

"回念五十年来,忧患迭经,兢业之心,无时或释,今举行新政,渐有端倪。嗣皇帝方在冲龄,正资启迪。摄政王及内外诸臣,尚其协心翊赞,固我邦基。嗣皇帝以国事为重,尤宜勉节哀思,孜孜典学。他日光大前谟,有厚望焉。丧服二十七日而除。布告天下,咸使闻知。"后世读起来也让人心酸。

这是她生命中最后一道旨意。把新皇帝溥仪推上了宝座。

二十二日(11月15日)下午太后崩逝。与皇帝之死前后不过22个小时。

在后世眼中,她是中国历史上极有争议的一位统治者。中国近代历史进程与她密切相关。她在遗诰中所说,"夙夜忧劳"也并非太大夸饰。清朝的大多数皇帝都是一年到头很早上早朝。她不是皇帝,却承担了皇帝的职责。每天天不亮起床,即使是七十高龄的晚年依然如此,即使冬夜寒冷也要坚持看完文件。

她的支持者认为,她敏锐、聪明、好强,非常有自制力。从某种意义上来说,如果戊戌变法不是维新派先打算要慈禧的命,她可能也不会被迫

"自卫"。

在政敌眼中，她就是一个性格残忍、反复无常、野心勃勃、道德败坏，以及愚昧伪善的人。例如在戊戌政变中，在对待光绪的问题上，展示了她冷酷无情的一面。她的狠和忍是无法区分的，关于她的"忍"的毅力，从时人笔记中可见：慈禧本人原来是一天离不了"福寿膏"，咸丰帝用以为振奋之药，慈禧因而沾染成癖。光绪三十四年重申烟禁后，慈禧皇太后自我克制，一点不沾。因为她的"行宪"目的要于图强，图强之要，莫急于禁烟。做臣下的要戒，老佛爷岂能自外，因此她也发狠戒烟，绝口不吸。只用药茶来吃，70多岁的人结果病倒了。等到夏秋发病时，庆王劝她开禁，并以一只小金盒进奉，说："太后为天下臣民主，朝野攸赖。日来慈躬弗豫，艰巨益增。今以戒烟致疾，万一不讳，恐非所以重苍生之寄也。"慈禧太后变脸，把金盒掷于地上，且对庆王严加申饬⋯⋯

相隔一天先后宾天的蹊跷，也留给后世至今未能消解的话题：光绪皇帝到底是不是死于谋杀。

光绪的死因历来众说纷纭。为解开这一历史谜案，从2003年开始，中央电视台、清西陵文物管理处、中国原子能科学研究院、北京市公安局法医检验鉴定中心等单位科研人员，组成"清光绪皇帝死因"专题研究课题组，历时五年，利用"中子活化"等系列现代技术手段，在光绪的头发、遗骨、衣物中发现高含量的砷化物，鉴定为三氧化二砷，即砒霜。2008年11期《清史研究》上刊登了以"中央电视台清史纪录片摄制组钟里满"为第一作者的《国家清史纂修工程重大学术问题研究专项课题成果：清光绪帝死因研究工作报告》，报告称，研究结论为：光绪帝系砒霜中毒死亡。

所以，迫害者是慈禧太后团队，那么谋杀者也是慈禧吗？

1898年镇压维新派，慈禧与其说展示了自己性格中最邪恶的一面，不如说展示了极权统治者邪恶的一面。还有，在慈禧的一生中，曾4次遭到谋杀"指控"，受害者包括她的丈夫咸丰、儿子同治、儿媳阿鲁特氏，还

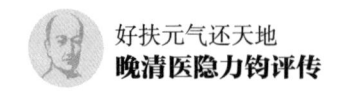

有同盟者慈安太后。光绪之死，也成了她一项新的指控。

但实际上，庚子"西巡"，母子一同受难，体验到真正的生死相依。加上她亲身穿上民妇的蓝布衣逃难，感受到民间的疾苦，也感受到为外强凌辱的羞耻，慈禧太后对光绪的戊戌变法之举已经有所接受。所以在回銮途中，有了惩办端王载漪为首的义和团支持者，赶走储位的大阿哥之举。太后一旦想清楚之后，就会实施行动。清朝的贵族，头脑昏庸难识大体，就想听任气数，顺其自然，根本不想振兴图强。而西太后则是不知便罢，既然知道了，就要努力前行，这是西太后和清朝贵族的不同之处。回銮后，虽说是由于《辛丑条约》规定而倒逼政府从上到下的改革，实行"新政"，但新政中的一部分步子迈得比戊戌变法时的规划还要更大一些。

应该说，此时母子之间的关系已稍有缓和。这并非完全因为光绪皇帝的绝对顺承，而是因为慈禧自己思维上的一些改变——她好强，当外国公使夫人进入紫禁城，为她摄影，与她交谈甚欢，虽有敷衍的部分，但从她们口中知道维多利亚女王，与外国女王一样受到公使夫人的"尊敬"，她也就获得了一些心理上的满足。所以从这一角度来讲，她似乎并没有一定要光绪死的必要。另外，在国政上鼓励皇帝振作精神，顾恤之意从皇帝请安的事情上可以看出来：她严厉斥责太监，说今后皇帝过来请安，不允许让皇帝在外面长时间等待；还下令会议讨论国政时，免除皇帝跪地迎接的大礼。等等。

在光绪病危之际，杜钟骏说，皇太后有谕：皇帝病重，无论何人，不得以丸药私进，如有进者，倘有变动，唯进药之人是问。

这样看起来，似乎太后也并没有存着一定要光绪死的主意。

但要完全排除慈禧太后嫌疑，也很难，因为她的利益不是她个人的，而是维系了政局中的贵族以及一班以李莲英、崔玉贵等为首的太监们的共同体的利益。

看她病倒将至不起的样子，她身边的太监也打起了各种算盘。宫中，向来不是西风压倒东风，就是东风压倒西风。太后一旦一瞑不视，他们的日子是想象得出来的——出来混，都是要还回去的。随着崔玉贵的得势，慈宁宫的太监在宫内威福自擅自不必说，而且他们对待皇帝全无应有之礼，他们无视他，又监视他，他们的所有行为也许要在将来付出双倍的代价。像崔玉贵，他亲手把珍妃推入井中，当"西巡"回来，从井里捞出珍妃的尸体时，光绪皇帝是连最后一面也没有去看。他的泪已经流尽了。胸膛里一半是冰，一半是火。而一旦见龙在田，皇帝一手掌握政权，他们将在火龙愤怒的飞焰中化为灰烬。所以必须赶在太后去世之前，让皇帝先死，庶几可以免却他们将来的被清算。

为了体恤皇帝的身体，慈禧免了他的跪拜和侍戏。但这也能给太监们造谣的机会。传旨的太监回来吞吞吐吐、遮遮掩掩地说皇帝的反应时，敏感的太后便起了疑心，细问一番，那个太监就做出不得不出卖皇帝的样子，隐约地说出老佛爷病了，皇帝面有喜色的这么个意思。慈禧的神经又被挑动了。据《崇陵传信录》说，慈禧因闻言，说了一句"我不能先尔死"的毒话。如是，光绪皇帝的命迟早系于太监之手。

英国人濮兰德在《慈禧外纪》中说，日处忧危之域的皇帝，若一旦得以总揽大权，其必为彼李莲英辈所不利，固一事实上之势也。且当时深密之计划，或尚有为太后所不知者，亦意中之事。太后所以不知，盖当时诸人以为太后将先皇帝而薨，故密为布置。

烛影帷灯，宫闱中从不鲜见。

可疑的人还有袁世凯和隆裕皇后。

慈禧病重或去世必然皇帝重要执政。最感不妙的应该是跟光绪皇帝有着最直接仇恨的人。那是谁呢？一是戊戌变法中曾被认为告密的袁世凯和慈禧亲密的战友荣禄。荣禄已经死了，袁世凯这时候是军机大臣。是他们和慈禧的联手致使皇帝被幽禁十余年；但据现在历史学家考证，袁世凯并无告密之举。他是在慈禧和荣禄已经知道围宫的消息并做了部署之后，才

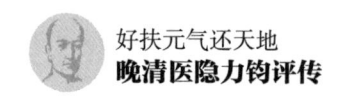

向荣禄做了坦陈。

第一个指控是袁世凯下毒的人是康有为："冬来后病奄瘵，人命危机，宫车晏驾，不日不时；袁世凯铤而走险，力荐学西医者速发毒谋，西药性烈，微剂分进……我舍身救国之圣主，遂毒弑于袁世凯之手矣。"

根据他们的推测，下毒者为袁世凯和隆裕。中间是通过李莲英、崔玉贵等太监，是西医为他们动手。

……

隆裕皇后，是慈禧的内侄女。当年选后，是慈禧的指派。这实在也是光绪皇帝和太后不和的一个原因。也因此皇帝皇后之间，没有感情没有太多闻问。在珍妃得宠时，隆裕甚至要托珍妃向皇帝求人情。西巡回都感情更薄，皇后跟他不用每日行礼，就是年节中也是连虚文都没有。

根据王小航《方家园杂咏纪事》中"德宗遗事"中所记，袁世凯入军机后，每日出入太后宫中。崔玉贵为他介绍了隆裕太后宫中的首领太监小德张。1908年，太医或名医的开方进药，皇帝"从来未饮一口"。皇上知防毒，哪料彼辈不在于方药中置毒。又说，隆裕自甲午以前，即不礼皇上，虽年节亦无虚文。十五六年中皆然。皇帝去世前几天，皇后奉太后命，以侍疾的原因而来守寝宫。崔玉贵在两宫生病危笃期间奇怪地告了假。皇帝去世时隆裕仍然守床畔，一直到移至乾清宫大殓后才离开去太后宫。因为她的在场，君臣大礼也就在场，这使得亲贵大臣甚至是皇帝的亲弟弟载沣，都没有办法揭视、瞻仰最后的圣容。

皇帝的死，讳莫如深。光绪三十四年十月二十九（11月22日）《申报》"紧要新闻"记载一条上谕：外城巡警总厅通谕京师各报馆云，各报登记新闻，凡内务府传出之御医脉案准其记载，除脉案药方外，不得据传闻之词，遽行登载，用昭敬惧，仰即遵办，勿违此谕。

第九章　隐庐耆年

斜街隐庐

商部的宦海,宫廷的争斗,四品衔的力钧宦情越薄了。

1908年两宫驾崩后,工部此时已被裁撤,一部分营造事业归邮传部接管。陈璧和溥伦被选查勘陵寝工程,为的是他们都还算年轻,可以爬山越岭。他们带着力钧等属员一行一同前往查看东西陵等处。等到了奏复,派出承修陵工大臣时,陈璧却被一脚踢开。

谁都知道接工程是一件很有油水的活。当溥伦等奏请要1200万两银子修崇陵时,陈璧在朝房里公然表示,如果由他负责,那么只需费用700万两。承事的溥伦、鹿传霖等人脸都绿了。晚清积习,修圆明园、颐和园等工程,虽然有的是烂尾工程,可是其中贪污的钱也不在少数。再加上1901—1902年陈璧主持修东西陵、1903年修正阳门工程等,办理费用均比原估价减约三分之二。因此,在事的王公大臣,没有不归怨于陈璧的,再就是估建摄政王府,也因费省,而"不中王意"。这个是陈璧个人遭受排挤的原因之一。

陈璧,这位能臣,先是在新政初被猜测以巨额的金钱贿赂庆亲王,又传说他拜了庆亲王为干爹。其后,报端攻击他阻挠黄思永观察所办的工艺局，是出于忌贤妒能之心。事情的起因是，黄氏的工艺局所里"有寄屯米石、成做豆腐两事，于艺事无涉"，且与开局宗旨"全在养民不同谋利"相违背。其行为是"假新政以济其私"。尤其是工艺局所占的琉璃厂义仓，原是"官绅合筹积谷地，虽所储无多，遇有荒歉之年，实足济赈抚所不及"。陈璧请求将黄的工艺局速移他所。受此打击，工艺局合股的绅董颇为衔恨。再者庚子之乱中，留京的一些京官出于维持社会秩序，自己也设立了"公所"，与洋官通融联络，陈璧的"五城办事公所"设立后，逐渐收回地方官办事之权。在收复官权的过程中，限制和裁撤了其他绅董设立的公所权力。这是矛盾的真正原因。

早在新政之初，两江总督张之洞就曾称："今欲行新政，得数人亦可举耳：陈璧、张百熙、李盛铎、钱恂及座间郑（孝胥）、黄（仲弢）二君。用此六人，可成小贞观矣。"对陈璧的才能之欣赏可见一斑。陈璧于1901年升太仆寺少卿兼顺天府尹，会办五城事宜及主持修建东西陵。不久升尹京兆。他先后创办了京师工艺局、农工学堂、织纺局以倡实业。改金台书院为校士馆以储才之用。辟五城学堂及顺天中学，为北都有官立中学之始。两个学堂洋文教习由留学英国海军的王劭廉担任，汉文教习多是福建人，其中，林纾为五城的总教习。陈璧在顺天实践着在福建实践了一半的教育救国梦。工艺局，是新型半工半读学校，招收少年流民编织、制作木器、刻字、制景泰蓝、织布等。同时，又腾地创办农务学堂，举凡桑、农、水利、养殖等均聘请了日本教习。另在南苑建农业科学试验场，并计划在迁安试验科学养蚕。种种举措，确足证明他的才干。1907年，陈璧为参预政务大臣、任邮传部尚书后，航、路、电、邮四大政推行改革。电报局等原为官督商办，陈璧部署，收赎电报事业中商股，将电报局改为完全官办。电报局向来为盛宣怀一手经营，且他在商股上占较大比重。邮传部为商股定价每股110元，而股商有提出220—300元。陈璧先派员往各省大量买收商股，到了手上有足够商股时，再用180元收回两万多股的商股，而全国电政归为国有，事业蒸蒸日上。京汉铁路也如法收赎，改归部办（史学家陈遭统曾发出这样的疑问：川粤汉铁路如果照此稳健收回，或不至酿成革命？）其余如邮政、航运，都有具体办法。

报社甚至攻击他创办五城学堂、顺天中学堂中多收福建学生无非亲故。对同乡关系也进行指责。

还有一个原因是高层的政治斗争所累。

1907年，在慈禧的主持下，袁世凯调离北洋，任军机大臣兼外务部尚书，解除了他长期统领军队的权力。慈禧去世后，摄政王载沣在少年亲贵们的怂恿之下要排挤汉人势力，尤其是袁世凯。摄政王载沣当政后，趁着官制改革，先是让自己的两个兄弟成禁卫军大臣、海军大臣，封了一些亲贵少年。1909年1月，康有为为载沣一众提供了一枚攻击袁世凯的炸弹，他在致书梁启超时称，在伦敦时，有人告诉他，袁世凯曾以三万金贿买御医力钧下毒。康有为建议揭发此案，查讯力钧，并曾准备发动各埠华侨签名上书，施加压力。劝载沣要有"讨贼之举"，又历数袁世凯罪状，要求将袁"肆之东市"。不能赶走了事，因为他有"潜伏爪牙，阴谋不轨"，会给清宗社留下大患。当权者也动了心思，但最后没杀成，而是以宣统皇帝的名义称袁世凯患有足疾，开缺回籍——这是亲贵少年集团和保袁世凯集团角力中，双方都有一定妥协的结果——保全袁世凯的有庆亲王和张之洞等人。加之，此时袁世凯已然做大做强，并得到外国势力支持。等赶走了袁世凯，下一个环节，就是剪掉袁世凯的羽翼。与袁世凯往来密切的陈璧、唐绍仪、严修、杨士琦、蔡乃煌、朱家宝等也先后受到排挤。

陈璧与袁走得很近。亲贵少年因此认他为眼中之钉。

1909年正月初二，御史谢远涵就迫不及待地弹劾陈璧"滥用私人，糜费公款"等。"滥用私人"，其中之一指的是农工商部庶务司员外郎力钧，谓力钧是陈璧的同谋。电报又有传言，称陈璧的案件已经查实，力钧将被革职……

正月十六，朝廷派出以大学士孙家鼐为首的专案组查办复奏：该尚书才优于德，办事操切，不恤人言。

至于原折加力钧的罪名，难以查实。陈璧交部议处。月底，议处的结果是陈璧被撤职罢官。

陈璧移家苏州。

力钧此时安安静静隐在了下斜街莳花种竹。偶尔有一些朋友或同好前来拜访探讨医学和文字，或者偶有求医者。似乎生活是一下子安静下来。从力钧学医者中，后为京城四大名医之一的汪逢春便是其中一人，另有萧龙友、赵树屏等人也常有交流。住在西河沿的汪逢春是在法部新考入的检察官兼医官。

这种安静的生活似乎又是生命中欲望的消退。为了弥补这种消退，需要把热情和热爱倾化到某种有生命象征意义的事物或事情上。他的院子里种满了花，最喜欢的太平花还没有开放，还有刺梅、海棠、菊花、木芙蓉、茉莉……靠着东西厢房前分别种槐树、香椿等。

下斜街原来就是宣南有名的花市，自从1903年入京后不久，力钧就从冰窖胡同搬到下斜街，这一处原就聚集着很多福建同乡。这是北京城南的一块古老、偏僻又相对贫困的区域。他刚刚到北京的时候，曾听到一首旧民谣："平则门，拉大弓，过去就是朝天宫；朝天宫，写大字，过去就是白塔寺；白塔寺，挂红袍，过去就是马市桥；马市桥，跳三跳，过去就是帝王庙……火药局，卖细针，过去就是老墙根；老墙根儿两头多，过去就是穷人窝。"据说，老墙根的"墙"，比完颜阿骨打建国还要早一百多年。等到阿骨打的大金在这里建了中都，老墙根成了中都禁城的东北角，那墙根，不知是不是就是中都外墙的一部分。

他看中这里，一部分是因为宣南的文化人。他对北京最早有记忆的地方不是会试的殿堂，而是有着古意的宣南。琉璃厂的那些书坊仿佛南后街的书坊，陶然亭的野旷天低树，仿佛也有着故乡白云的苍茫意味。

当然，还有一个原因是房子典下来时，价格并不高，而典租的年份，房东答应是 99 年。那个刚刚经历过庚子年的混乱，家财破败的房东急着用钱，愿意把这个院子典给力钧。四合院起先并不大，经过五年的经营，破败的院子收拾整理出一个模样了。和大多数坐北朝南的四合院一样，大门开在东南角，"紫气东来"嘛。大门楼，其实只是一道高墙，上面的飞檐翘角，门口两侧蹲着两尊圆石鼓，其上雕的是螺蚌状的"椒图"——龙生九子的最小一子。取意是镇宅辟邪这不用说，更喜欢的是它的性好僻静。

力钧名其家为医隐庐。但是这块牌子只设在院子之内，他的居室额上。医隐庐也是藏书庐，藏书数万卷，其中却没有收藏什么诗集。坐拥书城的力钧近来因为有福州诗友如陈衍、林纾等人的常聚，始有"诗集阙如"的遗憾。他年轻时也有被邀请加入诗社的机会，却以自己性情原因而拒绝——其实那个焦灼的年轻时代也没有心情作诗。现在他要补上这个遗憾。他买了《全唐诗》及《香山》《剑南》两集，有空亦自揣摩、咀嚼，聊以遣此官场生涯带来的无趣和幻灭。

医隐庐，门虽设而常关。更何况是各种谣诼一直没有平息。

幸而在 1909 年，几位好友还可重聚在北京。先是陈衍到了学部；接着，被压制了 20 多年的陈宝琛重出，为礼学馆总纂大臣，毓庆宫行走，为宣统皇帝授读，成了小皇帝的帝师。

这天与陈宝琛见过后，力钧突然想到他的一句旧诗："苦依桔槔事浇灌，绿阴涕尺种花翁"。这是陈宝琛出局后，回到福州时写的。其实，万字平戎策，化作种树书，也是很好的结局。他在花园中修剪枝叶时这么想着。

林纾，在陈璧办五城学堂时就来到京城，虽然陈璧要举荐他为学部官员，却抵死不肯，宁可在教职上工作。周景涛也住在下斜街。

另有苍霞学堂、东文学堂、蚕学馆很多学生也都来到京城，进入政、学、法、商、农、外交各界。如学生林棨、林志烜、刘崇杰、方兆鳌、程树德、陈耀西、陈祖海、孙昌润、林志琇、邓萃英……成为新政时期的骨干，也将在后来岁月里成为各界的翘楚。例如，林棨，代理了溥仪皇帝和婉容离婚案；林志烜，曾中解元，在末科科举中会试第一，殿试卷差点成就了"连中三元"的佳话。刘崇杰，后任驻日公使、巴黎和会代表团专门委员、驻西班牙兼葡萄牙特命全权公使、驻德、驻奥地利公使等。

他把自己种植的花卉分送给几位老友。爱作诗的陈衍也喜欢花花草草，写了好几首诗回赠给他。有《长夏将阑医隐送茉莉两本小竹数丛栊触平生，成两绝句》《医隐送木芙蓉两本》《医隐送菊花数十盆报之以诗并作还山之约》《医隐又送菊》《题医隐所藏蜀石经左传残本》等。

在自甘或不甘的淡泊中，或许是修陵的酬劳，也是载振对他的信赖，他突然得到一次随贝子衔镇国将军载振出使英国的机会，参加英皇乔治五世的加冕礼。与他同行的有农工商部的两位同事，外务部的周自齐以及华伦大药房的西医韩珍山。

此次出行，游历了德、法、奥、意、俄等国，所至必参观医院、医校设施，又得以亲见印度学者在本草方面的考证与研究试验的先进。

在力钧出国之际，中国东北暴发了一场规模惊人的鼠疫，引起了社会恐慌。日俄政府以保护侨民为由，强调要将防疫大权交给日俄。

受清廷之命，天津北洋陆军医学院副监督、防疫专家伍连德博士出任东三省防鼠疫全权总医官，到东北增援。

伍连德是广东人，出生于马来西亚槟榔屿，在力钧游历南洋时，从南洋的学校考上英国剑桥大学。1907年应直隶总督袁世凯的邀请，从马来西亚来到中国，出任天津陆军军医堂副监督。

1910年12月底，北洋医学堂首席教授法国医师梅尼来到哈尔滨，他戴了帽子、橡皮手套、工作服，却没有戴伍连德发明的口罩进入传染病房，不幸感染鼠疫。6天后，死亡时，面部呈现典型的紫色，同时细菌学检查检出了鼠疫杆菌。医学专家的死亡引起了政府和群众对防疫工作态度的转变。地方官员开始配合防疫行动。

1911年1月6日开始，大规模鼠疫防疫工作开始，即抽调所能调动的陆军军医学堂、北洋医学堂和协和医学堂的医师、学生、助理医官开始对东北区群众援救。陆军军医学堂细菌学教授方石珊率医学堂的10位高年级学生由天津派来，力钧的小儿子力舒东新婚不久，亦前往山海关。他们被派到伍博士实行封锁的分区成立临时防疫站，担任消毒、进屋搜索甚至是处理尸体等工作。在封锁疫区，隔离患者一个月之后，终于有效地使鼠疫死亡人数下降为零。

崇陵病案

在东北鼠疫大流行时，清国的政坛在很多人眼中，也如一场瘟疫，郑孝胥发出"吾视京都如疫尸场，王公大人如微生物，震旦如烧毒火，吾身躯命如石炭酸"的诅咒。

的确，在民国的门槛前面，力钧和他的许多好友都是步履踉跄而踟蹰。他们犹疑、惊慌，却遍寻不见风涛中可以渡的舟车。然而时局却不容在门前流连，时代的潮水已经涌到脚下。

1911年春天，各衙门薪水都减半，各京官几乎不能自活，纷纷离京。

寓居在下斜街的林纾和陈衍早都在大兴的鹅房买下了大片田地。大兴属于顺天府宛平县。鹅房，是一片水草丰美的地方，村子紧挨着永定河的干渠。早年间，康熙皇帝巡河，常常在此驻跸。田地很大，旁边还有陈璧的田。田的四周都有树木、池塘，可以栽藕养鱼。

力钧先为林纾擘画，七月前就招了一些农人为他广大的一片田布种。族中侄儿力树基因父亲早逝，只得与姐姐力佩珊相依为命。1900年投靠族

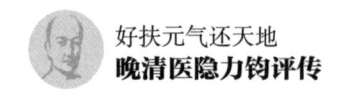

叔力钧时年方7岁。力钧入京时，全家携力树基姐弟也一同前来北京。力钧培养他，让他赴日本学习农业。现在已学成归来，正好把这些地交给他经营。力钧自己这几年对下田的兴趣也很浓厚。先是在家中修置了两个大小花园，培植各种花卉为乐为趣。他对植物的热情也让朋友们触发了从《诗经》开始的幽思。另外，他在南苑一带"治水田，规沟洫课，晴雨萧然，无异村居"。在庚子乱后，北京死了那么多人，许多无主的地都荒置了。成了顺天府尹的陈璧在处理大批无主的荒地时，力钧和朋友们陆续买下来了一些地，再加上太后赏赐的，力钧现在是北京的一个地主了。

看到力钧自己的田地因为人手少还没布种，而这么积极先为自己的田考虑，林纾心中很感动，常向儿子、家人念叨。有一天，力钧下田时滑倒，竟然不小心摔坏了左手手腕。好在自己会调养，校正后将息了半个月。

时局使乡人们更常聚在一起，谈起来除了新闻，更可咀嚼的是往事。

往事中，为皇帝治病诊疗的御医，特别是后期多位御医与外荐名医，无论从医疗技术还是态度上讲，可以说一无责任事故，二无医疗技术事故。但当光绪帝死后第三天，朝廷发了一道谕旨："上谕：前刑部主事陈秉钧、分部郎中曹元恒、江西玉山县知县吕用宾、江苏阜宁县知县周景涛、浙江候补知县杜钟骏、江苏候补知府施焕、候选道张彭年，均着降级、留任。"

林纾是最早得知周景涛抑郁离世的消息，他们是儿女亲家。这天他在国钧家聊起涵元旧事，谈起周景涛自出宫后受到的降职惩罚和他自己无以自解的懊恼，曾经就有自殉以谢光绪皇帝的念头，这念头被朋友们劝得打消了，只是心境一直很糟糕。林纾念了几首周景涛近年的诗作，如《贺岁》"储粮三月尽，簪笔一生空"，又如《闲居》：欲向何人罪陆沉，强移栖息学盲瘖。自磨短墨消英气，偶爇名香验道心。好睡未妨来日永，闭门便觉敝庐深。书生槁饿由来旧，肯为穷愁损素襟。《不死》：平生言死何曾死，今日奇穷未觉穷。数米为炊仍腹果，量钱沽酒亦颜红。夜深忽梦先朝事，病起真成隔世翁。黄土待人归宿处，董公健者料应同……此时回来，更感异常萧索、不祥。

说到周景涛的死，旧友们不免为他惋惜，而又替力钧感到庆幸。

这些谈话总会触动他，让他想起那些在宫廷诊脉的日子，却是欲辩已忘言，想起了一生中最无奈的事，心上便有落花无言坠落。

朋友们追问和设想过，如果有医生坚持自己的医学观点给皇帝最后看好病，光绪重新政归一柄，岂不是可以更改清朝的方向而国家趋强？他唯有报之以苦笑。国家的命运正像中医中玄之又玄的"上医"的话题。医界外的人以为"上医治未病，中工治已病"，也就是说病症没有发作就可以发现它、治疗它就是上工。力钧则摇头，说出另一番认识：所谓的"治未病"，是指病还没有传经时，防患未然，阻断这个传递，病就不会发展。

旧事是闲下了心事的回顾，身在时局波涛中，大家真正更关心的是时事。

其后不久，又听到了南方广州的红花岗起义。闽省很多留学生参与了这场革命，也牺牲了许多人。很多是他老朋友家的孩子，有的是他的孩子在日本留学的同学。林觉民、方君瑛、方声洞、林文……消息传来的时候，京城一片风声鹤唳、草木皆兵了。谣传步军统领桂春要闭城，搜杀汉族，连京师大学堂的东西洋教习都纷纷请假求去。大学堂不得已挂牌停课。

从林纾的口中得知这个消息时，力钧正在家中小花园侍弄花草。

他最爱的是一株太平花。太平花是乾隆时的贡品，风雅的皇帝还因花建了绛雪轩，赐名太平花。花似春海棠，色都丽而气芬馥。传说盛世时全树着花，否则不开。这株太平花，是他进宫给太后看病而得到的酬劳之一。原来只植在紫禁城，御花移出来的时候，他是那么欣喜。多好的花，多好的花名！太平！

微风下，一阵袭人的花香从太平花丛中传扬而出，两人都不知不觉沉默了。

后院的太平花开了，满树是花。盛世呢？春天这么好，那些年轻的生

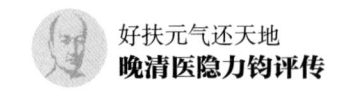

命像花期正开的花朵一样的生命却不在场。还有什么比生命更美好的呢？

春天这么好，仿佛有一种魔力让人想起很多事。想起年少的"为万世开太平"的梦想。于是他一路从乡间的阡陌走出来，从福州的小乡村那江滨的小镇走出来，一路奔突，一路发愤，终于到了庙堂——他以为他可以在庙堂实现他的太平理想。而盛世呢？

他走回自己的书房里，摸索出两三年前的旧文档，那是当时每次为两宫请脉后回来记录的，还有的是涉及皇帝病情谈论的信件，还有一些是关于王公大臣的病案……

1911年，力钧成书《崇陵病案》，主要是关于1907年他为皇帝治疗的记录。它是一本大约4开大的剪贴簿，写下文稿，内页部分用了有约百页大张的白报纸，上面粘贴各种文件手稿，粘贴好相关材料，然后秘而藏之，所见的不过是三五好友。

而又过几十年，他的儿子力嘉禾和力钧的弟子们重新整理、写序、题跋等等，终于使这一书稍微完整呈现。后人们加序，再经手工装订而成书。书分前言、本体与附录。前言五页，由力嘉禾所写小传。称世愚侄的李兆年，后学赵树屏以及受业汪逢春的序或跋。这本病案，多呈原样保存，内中时见红笔修改的字迹。不管是附录还是后辈的序跋，在指向一个共同的主旨，即力钧也寄望读者在看过此书之后会同意，光绪皇帝在他调治下已见起色，若能让他继续发挥，光绪必可治愈。可惜，由于宫廷斗争，以及太医院和太监的阻挠，无法施技，结果皇帝回天乏术。

这是后面的事情了。

1911年秋天，他被任命为农工商部工务司郎中。工务司"专司工艺物料、机器制造暨调查全国矿产，准驳事宜"（由原商部通艺司改置，设郎中三员，员外郎、主事各四员及额外司员、艺师、艺士等。职掌管理工艺物料，机器制造；调查并管理全国矿产，发给勘矿、开矿执照；延聘矿师，劝工招工，组合工场，及一切工政事宜。统辖京内、外各工艺制造、矿务等学堂及各公司、局、厂；兼管实业学堂、艺徒学堂、工艺局、度量衡局、首善工艺厂、工业试验所等。司内分科治事，设有矿务科、劝工科、惠工科）。

京城自革命起，各党各派纷扰不停，林纾和力钧又同往天津租界避乱。不只是他们，福建任京官的老乡们基本都往天津而去。如果京官担任的时间足够久，他们会记住庚子年的困境，会记住满街狼奔的兵勇，凌乱丢弃的衣物以及街上的陈尸，记得住那些朱门高墙里的静好的人家却在一夜之间，或上悬房梁，或下跳花园里自己挖掘的深坑。那些宋版明版的发出古老气味却又年年在五月节经过太阳的热晒，等热气消散后再收拾起来的线装书，那些插在古瓶里的名人手迹字画，那些在轩堂高室珍藏的古董珍宝，在兵荒马乱中，谁也保不住。即使皇城的威严，不过被荒废数月也长满了摇曳在斜阳余晖残月晓风之中的野草。

在天津的侨寓，长日所闻，均是悲愕之事。天津有洋兵，洋兵们是操练还是演习，有几次吹角伐鼓，从寓所的门外达达而过，这使力钧像很多逃难的人员一样，常常要疑心自己是身沦异域了。不过幸而很多诗人同乡都又聚在这里，偶然还可以遇见或者小聚。

岁月已经使他们的青丝变成白发，还有渐趋老去的身体和不愿意老去的渴望。

在天津，力钧在听戏时认识了一位女伶黄安。年轻的黄氏被力钧赎身，纳为妾室。

10月，川乱未平，鄂乱复起。迫不得已，摄政王决定起用袁世凯。武昌起事，是奕劻找到最好的请辞时间——这是他第七次请辞，说"业经贻误至此"，请求朝廷"立予罢斥"，另简贤能组织完全内阁，以挽回危局，这样稍能减轻自己的罪戾——他推荐了被迫在洹上治疗的袁世凯出来主持新内阁。

新陆军大臣荫昌是载沣刻意培养的亲贵军事人才之一。但荫昌毕竟没有实战经验又无能力指挥军队。而时局已是湖北、湖南、陕西、江西九江纷纷独立。荫昌也请朝廷起用袁氏。袁世凯被任命为钦差大臣，节制所有海陆军，各省督抚都要配合。

袁世凯的北洋军开战，湖北革命军节节败退。12月开始，双方从秘密议和转而公开议和谈判。谈判结果是：停战，召开国民大会，议决国体，是君主立宪还是共和民主制。

但是1911年底，独立各省在南京选出临时大总统孙中山。革命党允诺如果袁世凯使清廷退位，还是由袁世凯担任大总统。

在袁世凯的威逼和利诱之下，特别是主张与革命党一战的宗社党首领骨干良弼被革命党人炸死后，清廷选择了退位。革命党和袁世凯承诺皇室将得到优待。

1912年2月12日，隆裕太后率同清帝宣统退位。退位诏书称，民军起事各省响应，生灵涂炭，南北暌隔，彼此相指，既然全国人民心里多倾向共和，"人心所向，天命可知，予亦何忍因一姓之尊荣，指兆民之好恶""将统治权公之全国，定为共和立宪国体"。宣布退位，"予与皇帝得以退处宽闲，优游岁月，长受国民之优礼，亲见郅治之告成，岂不懿欤！"

几天之后，力钧见到《申报》这样报道：清后颁诏逊位时之伤心语。报道此次宣布共和的"清谕"系前清学部次官张元奇拟稿，由徐世昌润色删订，由袁世凯进呈。清后阅未终篇已泪如雨下，随交世续、徐世昌盖用御宝。

2月13日，袁世凯发表声明赞成共和。孙中山向南京临时参议陆军提出辞呈；15日，袁世凯被选举为临时大总统；3月10日，袁世凯在北京就任临时大总统。4月1日，孙中山正式解职。4月5日，参议院宣布迁都北京。至此，袁世凯实现了各方政治力量中的最后胜出，也占有了革命成果与清朝268年的天下。

奕劻去了天津租界当起寓公。前清遗老的臣子，包括曾经属于"庆记"

的人员却没有人愿意与他来往。

1912年8月，北京政府成立农林部。其时，政府对"林业国有"有所期待。1911年9月留学日本东京帝国大学农科归来的妹婿孙葆琦经游学生考试，被授农科举人，由农工商部派至黑龙江中等农业学堂任教。1912年2月孙葆琦撰拟《上农林部书》，讲述国有林之有益经济，保安林有益于水利，以及设林业试验场、注意森林教育等四条数千言。

早先，清农工商部收到不少这样的上书，要求国家统一规划和官府切实营办农林事业。尤其东北地区有丰富的林业资源，当地官员对国家经营林业林政也抱有很大希望。而且东北广袤的林地如果经营管理得当，也有利于维护边疆秩序。12月27日，农林部和工商部改组为农商部。同时颁布《东三省国有林发放暂行规则》，将东北边境地区无主荒地和原生林划归国有林区，收归农林部，直属农林局统一管理；除林务局自营森林外，其余国有林对民众发放。

农商部在吉林、黑龙江部分地方县市酌设林务分局和驻在所，所有林务官员由农商部统一派驻。为了加强对奉天国有森林的管理，农商部又单独在奉天设局管辖。1915年5月，周自齐（曾任清华学堂监督，1922年署理国务总理，摄行大总统。力钧曾与他一起陪同载振出访英国等欧洲地区）派部林务顾问力钧前往奉天，筹设奉天林务分局。地处沈阳的奉天林务局单独掌管奉天省内国有山林，在安东、本溪、安图和抚松等处下设分局和驻在所。同年7月，农商部下令改"奉天林务分局"为"奉天林务局"，力钧为首任局长。

在森林国有化的过程中，关于森林产权纠纷有"包套报领""盗伐国有林"等，国有林报领产生了勘测费、照费、领取林照必须缴纳的保证金、木税、山分和木植票费等多种新的费用。而通过审核与发放国有林照的法律程序，农商部垄断了东北地方实业开发中最基本的天然森林采伐权，也拿走了地方官署本该共享的国有林所有权和管理权。从民众角度看，也分去了他们的一部分权益,中国传统社会"无主山林"的社会救济和缓冲功能至此不再适用。这引起地方政府与农商部的矛盾,还夹杂着国家与私人,村民与地主、跨村跨县的各种纠纷。由于力钧所任职的"前线"林务局肩负勘测林场、添设各地林务办事处和筹办森林警察等任务,急需经费支持,而原来由各省税局支持的开办经费遭到抵制。

农商部和东三省财政厅之间有了多轮交锋。木税虽然是黑龙江省财政的重要来源,但在财政连年赤字的状态下,黑龙江省并不愿意负担新的林务机构办公费用。1915年7月,黑龙江巡按使朱庆澜要求撤销林务分局。

袁世凯死后,中央政府被迫对东北国有林的管理实施放权。1916年10月,谷钟秀任农商部总长。半年后谷钟秀宣布正式撤销农商部东三省林务总局。原奉天林务局继续进行,由奉天省省长公署接管。1917年,力钧离开"内讧外侮"交迫之下奉天林务局局长职务。

晋安耆年

1912年5月,京师大学堂改名北京大学。北京大学首任校长严复请林纾和陈衍来校就职。一个任经文讲席,一个任史学讲席,都寄住在力钧的下斜街家中。因为他们的在场,文酒之会的诗情画意也更丰富。

1914年盛夏时节,林纾出主意,与福建同乡陈宝琛、傅嘉年、叶蒂棠、曾福谦、林孝恂、李寿田、严复、卓孝复、郭曾炘、陈衍、力钧、李宗言、张元奇、孙葆瑨、郑孝柽共16人组成了晋安耆年会。这是仿唐朝白居易的"香山九老会"、宋代司马光的"洛中耆旧会"而设立的同乡耆旧会。这些人的年龄在51岁到67岁,陈宝琛年纪最长,林纾刚刚63岁,属于中坚力量。最小的郑孝柽51岁。

16位同乡聚在一起,彼此都感到非常亲切。他们中有几位是庚子年留困京城的，有的人，则是庚子中曾援助留京人员的。辛亥年，他们又多是受过乱离逃难之灾难，再相聚首，倍感珍惜。福州的诗人集体原就有各种诗社，而专为"耆年"所设的老年作诗俱乐部也是有很悠久的传统。如明末时的曹学佺、董应举等人办的耆年会，最年轻的是81岁。当年梁章钜请病假开缺代理江苏巡抚一职，回到福州重修黄楼，其"芝南山馆"，即隐喻"知难而退"，回福州后，同里诸耆旧以诗酒相往来，后来辑成了《三山唱和集》。有人退得更早，如两任鳌峰书院的山长孟超然、陈寿祺，差不多都是42岁从京城退回福州，原因是要尽孝。孟超然晚年也组织了一个规矩可爱的耆年会。

这一届的耆年会，取名晋安，自有深意。福州叫"晋安郡"时，在晋太康年间，在太守严高等的支持下，文教大兴。晋安还是风雅的同义词。明时，有郡人徐𤊹曾修《晋安风雅》十二卷，编录有明代200多位诗人的诗选。

林纾谓，"晋安与会诸公均长德君子，乱后又幸得长聚于京师，虽年龄未及富弼、文彦博洛中耆旧，但可同臻高寿"，之所以组织这个诗会，是有点复古意味和倡导古谊，复倡道德。"方今俗尚污骜，少年多塞纵，其视敦尚古谊者，往往恣其欢丑。敬长之道，既弛而弗行。吾辈尤宜聚讲道德，叙礼秩，为子孙表式。"

1914年，林纾曾绘《晋安耆年会图》，是图为福建诸老小集燕都之作，一时题咏甚多。卓芝南（林孝恂儿女亲家）与他少小同里，题诗：钓龙台畔与君游，四十年来各白头；此会哪堪兴俯仰，横流未忍计沉浮。樽前腰腿谁称健，图里园林总觉秋；偷得闲身在人海，西风飒飒满高楼。

晋安耆年会，维持有十余年，最开始每月一会，后改为各人生日前后一聚。起先的16人，逐渐凋零，后又有陈璧、陈恩焘、林灏深、柯鸿年等人加入。其时可谓长矣！

进入民国，在这一段历史里，常常会有令人战栗的发现，比如"昔为异族，今为同气；昔为专制，今为共和"，眼花缭乱的变动中，骨子根本没变。他们发出了"民国之征何在"的天问。在目不暇接的"城头变幻大旗"中，在各路政党、军阀不断内战中，人的心是纷乱无着的。

力钧和这些已经走过大半个岁月城池的旧人们，他们选择了诗。在与友人们的酬唱中，力钧留下了一些年轻时不常作的吟咏。总是这样，诗和文句常常能为僵硬的世界留下一些婉转的柔情和深情，也能为苍白和痛苦的历史写下自己心里的暖意和温情，即使那些句子充满泪水和忧伤。

参加耆年会的诸人中，陈衍、林纾、陈宝琛都与他有数十年的交情，下文就此交谊，作一略述。陈璧已在前文多所介绍，兹不赘述。

陈宝琛与力钧

陈宝琛，字伯潜，号弢庵、陶庵、听水、桔叟、桔隐，别署听水老人、沧趣老人、铁石道人、听水斋主人。21岁登进士第，35岁获授内阁学士兼礼部侍郎衔。敢言敢谏，"好弹劾，间言朝政得失"，与张之洞、张佩纶、宝廷等同为中国近代史上声名显赫的"清流党"领袖人物。因荐人失当，连降九级后赋闲乡间20余年。20余年里，他把热情倾注在办学、为国储才上。他提出"国势强弱，系乎人才，人才之消长，存乎学校"——富国图强，抵御外侮，意图通过教育实现其救国救民的爱国愿望。1895年他出任福州鳌峰书院山长，后与陈璧、力钧等共同办学苍霞精舍、东文学堂、蚕桑公学等。

1909年，陈宝琛复起，为礼学馆总纂大臣，毓庆宫行走，为宣统皇帝授读，为末代帝师。辛亥后，陈宝琛所为诗不离屈子之渔父、卜居、怀沙、哀郢、天问、远游者……他改叫桔隐、桔叟，陈宝琛有诗集《沧趣楼诗》等。他的诗作水平基本上代表了同光派诗人的最高水平。

陈三立在陈宝琛诗集序中评价说："顾所为诗终始不失温柔敦厚之教。感物造端，蕴藉绵邈，风度绝世，后山所称韵出百家上者，庶几遇之。然而其纯忠苦志,幽忧隐痛,类涵溢语言文字之表,百世之下,低徊讽诵,犹可冥接遐契于孤悬天壤之一人也。"

诗言志。诗在多数中国人的心目中,它就是宗教,或者具有一种宗教般的力量。前人云:"古人绝妙诗文,多在骨肉离别生死间。"故国摇落,在陈宝琛的笔下,其伤其恨更甚于个人沉浮,因而更哀感顽艳,窈情摇荡。

陈宝琛复回朝廷时,力钧已经在经营鹅房田庄。在京期间,他们唱答交往甚频。力钧还曾请陈宝琛同往鹅房观看新农田试验成果,看到力钧下田依然有像在陶江为人家佃农时矫捷的身手和气力,羡慕不已。

鹅房观穫示轩举

慰情涉林坰,乘霁得观穫。人烟广莫野,十数即墟落。
黄云错蒲苇,弥望际丛薄。沮洳自古然,潴防恃力作。
物穷例返本,敦俗孰农若?耕耔以俟天,操蹄愿已约。
营田有遗迹,稍稍事芟斫。犹似陶江佃,羡君好腰脚。
平生习畴垄,老顾无住著。休日亦自难,相从一宿乐。

陈宝琛的《力轩举医隐庐》一诗,是题画诗,画作为林纾所作《医隐庐图》。

力子治小学,而以通于医。五十守田里,不与金门期。
偶为人海游,想望中兴基。儒术世弗尚,顾被方技知。
维时急变法,二圣方宵衣。宗袤非间平,硕辅无韩琦。
大患讳自养,责效剂和微。传宣无虚晨,赏赉使遝驰。
郭玉之所怖,越人固见几。有庐城西南,爽垲于病宜。
花竹与果蓏,适情兼疗饥。我来已改元,相见余赍咨。
正有栋榱惧,岂徒弓剑悲。省君插架书,犹是俸入遗。
窥源证诵籀,订赝穷轩岐。此理东西同,新故何常师。
医国匪吾事,活人聊自怡。每从谈姬岩,安能忘阳崎?
一壶处处可,所冀太平时。

此数首诗概括了力钧的学术成就,从小学、儒学到医学、农学,也描述了力钧进宫后跌宕人生和政局起伏,以及二者之间的微妙关系,以及二人从永泰姬岩,福州阳岐直到京城的深厚交谊。从诗中也可以看出,力钧晚年归隐生涯的志趣和爱好。

1925年,当69岁的力钧于京师逝世时,已经77岁的陈宝琛挽他曰:乌石旧经生,晚遇竟归方伎传;鹅房同田舍,全归自齿子遗民。

陈衍与力钧

陈衍,近代文学家,字叔伊,号石遗。同光派代表诗人,对近代诗坛产生广泛影响。陈衍学问渊博,除了文学成就,在经济学上也是引进西方经济律法、经济学著作最早的翻译者之一。他在《求是报》任过主笔、《商务报》任过总编,与力钧人生交集最早是在致用书院。其后,不管是在福州阳岐的玉屏山庄还是北京老墙根的医隐庐,他们过从甚频。尤其是在北京,陈衍曾多次住在医隐家中,力钧为陈衍及其家人看病,以及在力钧为两宫看病却受到猜忌之时,陈衍的夫人萧道管还为力钧出主意,装吐血,瞒过上门验视的太监。

1911年住在力钧家中,在学部任职的陈衍很想回南方——他对乱世有很惨痛的记忆。庚子年,他的二儿子陈声渐考入北洋大学,在天津已读书两年,乱作时,匪攻学堂,洋人封锁大沽,音讯不通。陈声渐避居在一位袁姓同学家中。袁同学刚刚结婚不久,洋兵想要劫掠袁家年轻少妇,被陈声渐说退。不过走了后,洋兵想起陈声渐的警告"你敢这样胡为,我会告诉你们的将领"的话,又回头来到袁家,开枪杀了陈声渐……

拿不定主意的陈衍打算去井儿胡同找陈宝琛询问归计,走到皇城根西的灵清宫时遇见了刚刚回城的力钧。力钧告诉他,自己刚从载洵处归,而载洵的消息是,袁世凯得到一些条件,愿意复出,率队镇压革命党。看着载洵如释重负的样子,不禁令人感慨,原先迫不及待要排挤袁世凯出局的皇族亲贵，此时又因袁世凯同意复出而庆幸，以为长城可恃了。

尽管算是好消息，陈衍还是决计要回南方。秋末回到福州后，有革命党人告诉陈衍，次晚福州城内也要举义了。陈衍急忙让家人避兵，一起前往阳岐，借住在力钧的玉屏山庄旧园。

这一年岁暮，陈衍写了四首陶江的村居景物诗寄给力钧。除此之外，陈衍与力钧还有姻亲关系。陈衍的儿媳王孟玉与力钧的儿媳王淑玉为亲姐妹，是他们的好友、诗人王景的女儿。王景，初名怀芬，字兰生，侯官人，光绪辛卯举人，有《秋景庵遗诗》。王景与同里陈琇莹、陈衍为总角交，专意为诗。曾在台湾林朝栋统土勇抚垦台中时受聘入幕。屯彰化万山中。因为台湾山瘴雾气浓重，不过几年，王景即生病去世。

陈衍为力钧赠诗颇多。

如己酉年赠诗：

长夏将阑医隐送茉莉两本小竹数丛，怅触平生成两绝句

玉枕纱橱白练裙，偶然簪佩思夫君。

湘帘窣地流波簟，一种芳馨可再闻。

琅玕翠袖两凄迷。疏雨听残月又低。

今日已成童子寺，维摩丈室对幽栖。

同年，因赠菊、赠木芙蓉等花木，陈衍又多次赠诗：

医隐送木芙蓉两本

思乡苦欲求陈迹，易主池台过亦墟。

似此花开人不见，当他晓睡未妆梳。

芙蓉亦是旧时妆，池上秋光几断肠。

试看此花浑不异，道人争似木人强。

医隐送菊花数十盆报之以诗，并作还山之约

薄宦京华负耦耕，买山偕隐计空成。却听朝士贞元曲，苦忆丈人田水声。

枣树扑邻感王吉，黄花压担愧泉明。南中盐豉君差有，好煮蓴丝末下羹。

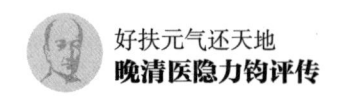

五斗曾同谢折腰，故园松菊奈萧寥。瘦无可比人何往，落到堪餐色尚饶。
传舍子猷虽种竹，金城宣武已攀条。此生更几重阳在，珍重田家鸡黍招。

医隐又送菊

故人怜我老无偶，屡送幽花作我友。岂知对花倍思人，人不可见断肠否。
肠今断尽无可断，破涕可能开笑口。花既将黄蘂又肥，拼却酒悲应对酒。
岂知痼疾酒成仇，刚制经年醉魔走。杜陵丛菊有瘦妻，陶令东篱非鳏叟。
更愁菊水能延年，潘鬓萧疏变黄耉。

——这一年旧历八月十八日，陈衍的夫人萧道管去世，陈萧夫妻情深，且二人均爱菊，陈衍曾题楹联"翠袖影婵娟，日暮天寒倚修竹；疏帘风料峭，秋深人瘦比黄花"状夫人新婚时家居形容。由此可见力钧与陈衍相知之深。

辛亥年，陈衍作《题力孝子万里寻亲图》等。

《岁暮怀人绝问》三十二首之六，即赋咏力轩举：

此老驱羊本万群，养鱼种树日纷纷。
何年一舸鸱夷去，论定《伤寒》勘《说文》。

四首陶江诗更见深情绵邈：

归陶江诗 寄力医隐

归来敛翼向江村，失喜君家剩旧园。
补葺窗棂安棐几，量移书椟启柴门。
不多寒碧聊舒眼，无主幽香渐返魂。
苦忆去年风雪里，唐花红白醉芳尊。

数畦寒菜长荒村，仿佛江关赋小园。
野菊犹花都跗地，山桃已蕊恰当门。
绝江唤渡殊耽阁，念远登高欲断魂。
天末来书聊慰藉，砺房春饼佐清尊。

第九章　隐庐耆年

　　李家山下自成村，典得君家十亩园。
　　叱犊扶犁田破块，打渔漉泽水开门。
　　蜡宾曾感官家局，社稷将招古昔魂。
　　能护全闽诗在否，称王水路一何尊。

　　楞严高处瞰山村，邱壑松篁此最尊。
　　桶水分江登拾级，爨烟绕舍入重门。
　　峰峦隐见占晴雨，池馆经过怆梦魂。
　　曾是母兄偕隐地，于陵来灌桔椽园。

　　陈衍的诗勾起了力钧对阳岐幼年艰辛生活的回忆。忆及隔了这无情流逝的40年岁月，让力钧心头柔软得一时想要掉眼泪。渐近老年，总是忙碌而无暇回顾童年，无暇检视平生的诗情，其实他也是有满腹诗情的呀！

　　他叫陈衍三兄，自然有很多共同的记忆，不论是玉屏山还是上下斜街，他们还一同畅游过京城多处胜地。一时读到诗，撩起了他的乡愁远方，也撩起了对永泰白云的思念。家门口里的李花落了吗？那些老树想必更苍翠了吧？一生奔波跌宕，虽不说成功，但也历经过艰难困苦，历经过海上惊涛，历经过宫闱风云，人生的升与沉算是阅尽了，现在每天短褐芒鞋，耕耘田垄，他是没有什么懊恼的，反而有得大自在的感受。难得的诗情迸发，力钧依韵和诗如是自道：

陈家村又叶家村，野老犹呼李坨园。
里社饮宾多父执，先畴服穑记师门（园本乡贤陈兰畹先生公产）。
池边坐数鱼吹沫，花外行知蝶断魂。
舍己芸人君莫笑（鹅房田有兼为他人经理者），何如铜镜换金尊？

　　玉屏山下水环村，四十年前此灌园。

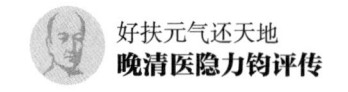

无主落花常满地，成围老树尚当门。
白云亲舍儿时泪，春草池塘客子魂。
世事升沉都阅尽，算来还是布衣尊。

上下斜街似一村，东园载酒醉西园。
寻芳览胜常联骑，破晓冲寒擅入门。
再过亭台新易主，归来环佩孰招魂？
今年春意萌芽早，独坐花前懒举尊。

力钧存世的诗作较少，这与他精医学、治《说文》，以及商、农两业和创办教育等方面所用的精力较多有关，也与他不善抒情的性情有关。陈衍收到后对向不为诗的力钧的诗大为欣赏，后收录入《石遗室诗话》。陈衍《近代诗抄》还录力钧诗7首。

1916年，陈衍应沈瑜庆之约，回乡编纂《福建通志》。而彼时，力钧身在盛京苦地，对家乡人、事牵挂颇多。如一封给陈衍的信这样写道：

石遗三兄左右：

关外早寒秋风，容易遥想故园，月好追欢，真神仙世界也。帝制取消，几道留一污点，共和总理发表，畏庐多一生路。人有幸有不幸也。去年九月挈眷来，今年九月挈眷去，预计明年三月可南归，未知届时从者在何处也。亮奇惨死痛哉。钧挽之：关外漫游陈迹在，闺中幽恨苦吟多。女妇徐小淑人尚大方，诗在亮奇上。戴圣仪闻与其夫离婚，确否？详情如何？果尔，野蛮国之女子可悲乎。嘉禾由黑龙江来视，住二日，往营口，归途又来住二日、长春住二日、哈尔滨住二日回署。钧促之回京，则云，急销差。劝其移家，则云黑龙江寒苦寂静，非人所能堪。未知淑女何时可到京？晤时乞询及示复。志局款如何，办刻如何，甚望早成。姜斋有重来信，闽人甚望其成为事实。特内讧外侮，恐维持甚不易也。耑问起居。

钧上。

（钧明日入京，赐示可寄老墙根）。

信中提到了几件事。

第一件是袁世凯称帝前"筹安会"中的严复与林纾不同的政治态度，到袁世凯帝制取消后，二人命运的分殊。对林纾的同情中，不难看出力钧的态度是站在林纾这一边的。

第二件是致悼林亮奇之死。林亮奇，字寒碧，是福州林氏家族林孝简之子。林孝简与林孝恂是兄弟，林亮奇幼年随父宦游羊城。1902年留学日本中央大学攻读政治经济学并参与反清运动。学成后归来参加辛亥革命，奔走戎马，不辞劳瘁，在革命队伍中颇有声誉。民国后积极参政，成了国民党党魁宋教仁的左右手，并被推为众议院秘书。宋教仁被刺后，林亮奇遭袁政府追捕，不得不离开上海避祸。先是赴北京，继而避难辽东，在奉天兴华书院主讲日文，并自习德语，游学欧洲。1915年袁世凯称帝。林寒碧是坚定的反袁分子，经常在报上发表激烈的反袁言论。其妻徐小淑带着5岁的女儿林惠随寒碧赴辽东沈阳附近的本溪湖避难，过了近一年的清苦生活。在此期间，与林纾、力钧来往较多。1916年袁世凯称帝失败，始返沪杭。返回上海后，林寒碧出任《时事新报》总编辑，以笔杆讨伐袁氏，抨击军阀。主笔3个月，著文30余篇。其间还约同乡林庚白等人撰写时评。8月7日夜，寒碧从报馆外出赴挚友梁启超之约，在静安寺路马霍路口被英国人克明的汽车撞死。此时，他的大女林惠7岁，小女儿林隐（字北丽）出生才17天。林亮奇的妻子、南社诗人徐小淑，是女革命家秋瑾的弟子，也是福州诗人、他们的好友王允皙的女弟子。

第三件是戴礼的"离婚"。戴礼，字圣仪，浙江台州人。祖上是从福建莆田移浙江的。从小习经，并入京拜师。1911年戴礼的《大戴礼集注》撰成，享有盛名。1912年拜陈衍门下。戴礼因求学，直至33岁才结婚，不久戴礼父母去世。

戴礼的丈夫是翰林侍讲郭立山。先是做上门女婿。见戴家妆奁不丰，

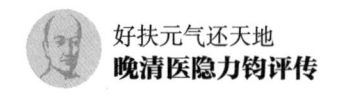

但心中不快,后勉强在北京居住。婚后生一女丧亡,郭立山听信旁人毁谤挑拨,弃家潜走。在经父母双亡、女儿丧痛、离婚后,戴礼又注《小戴礼记》等。但戴礼思想保守,反对男女平权及自由婚姻,终至成为旧礼教的牺牲品。信中亦可看出力钧为女性不平的进步思想。五四时期,戴礼因刻板封建、思想僵化,被北京女师学生(包括庐隐在内)"赶走"。

第四件是家事。彼时大儿力嘉禾在黑龙江奉系军阀处任军医课课长。黑龙江天寒地苦,又寂静苦恼,力钧劝其回京。其儿媳王淑玉,彼时在福州。

第五件是关心《福建通志》志局的情形,对乡土文献的记挂也是对文化承载的那一片土地的记挂。其间问到款项的筹措和付诸刻印的过程,"甚望早成",惓惓之情可见。

第六件是张元奇回奉天的传闻。

尽管只是一纸见字如面的问候,可以看出力钧对时局常葆有的关注。

林纾与力钧

林纾,原名群玉,字琴南,号畏庐,别署冷红生,福建闽县人,古文家、翻译家,晚称蠡叟、践卓翁、六桥补柳翁、春觉斋主人,室名春觉斋、烟云楼等。林纾与力钧同系致用书院学生。1897年他们就曾合作创办苍霞精舍。林纾与力钧入京时间差不多,而且都因为陈璧的推荐,而先后进入教育部门和商部。在闽、在京期间缔结了深厚的友情。尤其是1911年以后,住在力钧家一段时间后,林纾越发发现力钧的为人诚恳。"舍己芸人"是林纾对力钧的评价。这一段时间,林纾为了激励后辈,亦与诸多好友的后代合译外国文学。

林纾的合作者有力钧大女婿陈器,合译英国作家倭尔吞的《深谷美人》,英国作家赖其锃的《痴郎幻影》3卷。林纾与力钧次子力舒东合作译有《罗刹雄风》(1913年)、英国作家威利孙《情窝》2卷(1911年)。

林纾组织"耆年会"一为敦尚古谊,另有抵制"新"青年的意思,严复《题畏庐晋安耆年会图》有句:"苦遭恶俗不相放,儿童项领欺华皓。归来洛社聚耆英,抵制少年老吾老",亦可谓道明耆年会主旨之一。在1921年,林纾留给孩子的"家训",其第一条便是"一染学生(特指新文化学生)习气,不孝不义,立刻陷入心脾;一味先圣遗言,恶衣恶食,不足伤我体面"。

在林纾的一生中,忠、孝构成他最突出的人格。

因为这个"忠",1914年,林氏63岁,清史馆征聘他为名誉纂修。他婉言谢绝:"畏庐野史耳,不能派正史之局"。此后清史馆总裁赵尔巽又遣使来请,他再次谢绝。1915年,袁世凯授意组织"筹安会",准备复辟帝制,四处拉人入会,位以"优美闲曹"。林纾作诗骂曰:"眼底可怜名士尽,那分遗臭与流芳"。袁世凯先后遣使尊以"硕学通儒"身份,致厚币要聘林为高等顾问。林纾称病固辞,并作诗明志。他曾在信中对郑孝胥提及此事:"洪宪僭帝,万恶之袁贼曾以徐树铮道意,征弟为参政,弟毛发悚然,如遇鬼物,抗辞至四日之久。至第五日,弟无术自解,面告徐树铮:'请将吾头去,此足不履中华门也。'树铮颇重弟之为人,力为关说,得无从贼。"

林纾讲了这么重的话,自然遭到袁氏集团的忌恨。

为了躲开麻烦,1915年,林纾因力钧在关外任职农林部之奉天林业局,遂相从而行,在关外一起住了一年时间。

1916年4月正逢力钧60岁大寿,林纾为他写了《六十大寿序》,回忆了两人自壮年投契相交直至白发苍苍,交谊依旧。他用文学家的笔触详细为力钧描述出当年在涵元殿为光绪看病的旧事。对力钧全身而退,认为是智者之举。又感叹自己卖画长安,佐以卖文,萧然老布衣,而力钧究竟是得过朝廷四品的官衔,也是一身萧然,"卖医自活,得食之道乃与余同"。奉天林务事务繁重且经费困难,力钧支绌不足敷用,所以还得"卖医",最后,用调侃的口气向力钧祝寿说:"应该是我们两人都是劳碌命的原因吧,到现在身体依然强健,想必是牛马生涯未尽。"

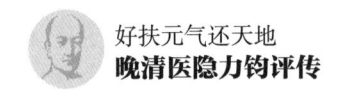

直至袁世凯去世，帝制取消。林纾才得"多一生路"，从关外返京。

1911年，林纾为力钧作祖德之述《力孝子万里寻亲记》，并依照力孝子行踪构图《力孝子万里寻亲图》。后来力钧请了很多名家诗人在此图上作记作诗。

力钧与林纾，曾被时人喻为"傅青主与顾亭林"——他们忠于明室，在明室倾覆之后，犹有光复之志。而二人之间的行谊，亦足傲世人。林纾11次谒崇陵，其间，力钧也有同往，何况修建崇陵，力钧也是勘测人员之一。另从二人所长所业来看，也颇吻合。

"牛马生涯未尽"，林纾晚年勤于作文译文卖画，陈石遗曾把林纾的书屋喻为"造币厂"，却也说"纾颇疏财，遇人缓急，周之无吝色"；林纾为亲友抚养过七八个孤儿，确有古人之风。力钧晚年也依旧行医，甚至下田，可是实实在在的"牛马生涯"了。

林纾的画得中国的正统，庚子后，他成为京城画坛巨擘。他还为力钧作《力轩举医隐庐图》，陈宝琛等在京闽人题写画诗，为耆年的医隐庐增添了诗情画意，也为力钧状写了人生的篇章和时代风云。

1924年9月11日丑时，林纾逝于北京寓所。临终示儿有："古文万无灭亡之理，其勿怠尔修。"

力钧作挽：忠孝性成，顾亭林谒陵痛哭，傅青主却聘啸歌，轩冕等泥涂，国史合增高士传；聪明天赋，朱梅崖古文学家，王麓台画笔神品。烟霞足供养，天公厚待读书人。

张元奇与力钧

张元奇，字贞午，侯官县（今福建闽侯县）人，自幼饱读经书，曾赴台教书。围棋大师"昭和棋圣"吴清源的外祖父。光绪十二年（1886）进士。历任翰林院编修、监察御史、湖南岳州知府、奉天锦州知府，以弹劾权臣载振闻名。因弹劾皇亲国戚，被西太后贬至浙江省。民国成立后，任北京政府内务部次长、福建民政长、政事堂铨叙局局长、奉天巡按使、署内务部次长兼参政院参政、肃政厅肃政使、经济调查局总裁等。位高至满洲奉天省长。晚年回乡，被推为福州鳌峰书院山长。

1914年10月，张元奇奉调奉天巡按使时，耆年会成员公饯张元奇。

不久，力钧亦调任奉天税捐征收局长、奉天林务局长兼务、将军府卫生顾问、农商部东三省林务顾问等职，还有一段时间任奉督张作霖、冯德麟的医生。当时，同在奉天任职的还有他们的好友董元亮，出任奉天财政局长；孙葆瑨为奉天交涉长。

在奉天期间，张元奇曾作《冬夜读书》：

> 际天冰雪不能春，连屋丛书我最亲。
> 欲试蓝田餐玉法，自惊沧海抱珠身。
> 贾生挟策疑年少，庄子逃虚喜似人。
> 巷北巷南何伛侧，一灯照见胆轮囷。

力钧依韵和诗：

> 冰天雪地不知春，辟债无台此卜邻。
> 旧窖花寒常断火，虚堂书积早封尘。
> 疮痍满目谁医国，荒僻逃生莫疗贫。
> 自笑万金挥手尽，行年六十又依人。

此诗可谓感怀万端，也可见此年力钧家中经济情况不足敷用，而不得不在60岁之龄依然身赴奉天的冰天雪地。但诗中，仍怀有医国之愿，可是现状却是自己"荒僻逃生"——这个"荒僻逃生"，并不指谓有人（袁世凯）要加害于他，而只是他不想与袁世凯等人共事，宁可择一处荒僻食贫。力钧虽然没有像林纾一样成为社会"贞不从俗"的处士，以十一谒崇陵的遗老自居自认，但他的内心应该对清室有着很大的同情。从尾联一句，也可想见当年在福建创办银圆局时的壮志豪情，对自己跟随张元奇有自嘲、

豁达之味，耐人寻思。

张元奇在1902年就弹劾载振听戏之余与歌女饮酒作乐。他还是1912年起草皇帝退位诏书的主笔。民国之后，张元奇成为徐世昌的家臣，后出任袁政府的内务部次长。当年年底任福建民政长，回乡时在福州万寿桥头被革命党人扔了炸弹，炸死一位轿夫，吓得立即逃回去。1914年任奉天巡阅使。袁世凯取消帝制后，颇有对称帝事情的各种悔恨，当初反对他当总统的徐世昌被任命为国务卿。张元奇不久后即奉调回京。1920年后任经济调查局总办。

郭曾炘与力钧

郭曾炘，字亲绳，号春榆。郭家是三坊七中黄巷的名门望族，有"五子登科"之名。光绪六年（1880）中进士，授翰林院庶吉士，光绪九年散馆以主事用，分礼部仪制司。光绪十七年补礼部主事。光绪二十四年任内阁侍读学士，改太常少卿，升光禄卿。光绪二十七年任工部左侍郎，调礼部右侍郎，兼户部左、右侍郎。民国成立后，清帝溥仪退位，溥仪私设典礼院，以郭曾炘为掌院学士，《清史稿》总纂。有《匏庐诗存》等。

郭、力二人交谊数十年。自力钧入京，郭家医事也多就力钧。郭在日记中曾发喟叹：（轩举）于余不可谓非第一知心之友也。

题力轩举医隐庐图

花市街南卜一廛，到头万事见机先。

华胥梦短人间世，苦记经营断手年。

壮游破浪忆乘风，谁念郎潜老寓公。

不隐山林隐城市，青囊聊试济人功。

岁岁园陵展谒还，画师著意写萧闲。

霜红龛里汀芒唤，惟有甯人（甯氏是春秋时期卫国三大宗族之一，来源于姬姓。指力钧远祖姓）契傅山（君以医供奉内廷，出处本末具详畏庐撰序。此图亦其所绘。畏庐每岁谒崇陵，有亭林之风）。

抱蔓黄台叹再三，房州事往忍重谈。

冬郎亦有金鉴记，故箧摩娑尚泪含。

林孝恂和力钧

林孝恂，字伯颖，闽县人。1898年进士，授翰林编修。曾任浙江金华、孝丰、海宁、石门、仁和、杭州等地主政。谙熟医术，思想先进，对西方政法思想颇为接受。对后代教育，主张求新还须知故。在杭州万安桥创办林氏家塾，设东西斋，教授新旧学。民国初年，投股商务印书馆。林孝恂在京时生病，曾嘱长子林长民改请力钧为治。不过，在耆年会成立不久，林孝恂即病殁。

林孝恂长子林长民，受教于林纾，两度留学日本，毕业于日本早稻田大学法律系，回国后曾任福建官立法政学堂教务长。但因与学堂监督不和，去职创办私立法政学堂，兼任福建咨议局书记长。各省咨议会在上海开会，林长民被举为书记。民元后组织统一党。临时参议院迁往北京时，被选为秘书长。在第一届国会中当选众议院议员，秘书长兼宪法起草委员。袁世凯称帝前曾封其为上大夫，官职是政事堂参议。林长民曾向人解释他入袁内阁的因由：当时他父亲去世，他在《申报》上登了一篇"哀启"，一千多字呢，袁世凯为了笼络他，曾在一次召见时，把他写的这篇《哀启》当着他的面背了一遍，遂使林长民感恩戴德，为袁所用。他认为像袁世凯这般手握大权、日理万机，还费尽心机地背诵他的《哀启》，自己如果不肯为他所用，必将招致杀身之祸。1915年任国务院参议法制局长等职。

林长民不仅积极参与宪政和咨议，而且参与实业经济活动。1910年，福州名门刘家刘学恂的五个儿子和林长民等出资创办了福州电气股份有限公司。因公司发电需要用煤，1915年，林长民和力钧、刘崇伟等7人作为发起人，预集500万元资本，向福建民政长许世英申请永（永春）德（德化）

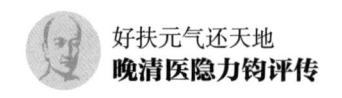

安（安溪）开矿权，以官督商办名义批准上报。但此次开矿，由于事涉华侨吴资深等人的矿权，以及地方政府官员的变动，乃告失败。

严复与力钧

严复，原名宗光，字又陵，后改名复，字几道，侯官县人，幼时曾居阳岐。近代著名的翻译家、教育家、启蒙思想家。先后毕业于福建船政学堂和英国皇家海军学院，曾担任京师大学堂译局总办、上海复旦公学校长、安庆高等师范学堂校长，清朝学部名辞馆总编辑。甲午后，他系统地介绍西方民主和科学，宣传维新变法思想，是清末极具影响的启蒙思想家。中国近代史上向西方国家寻找真理的"先进的中国人"之一。1908年，严复时任北京学部审定名词馆总纂，力钧与陈衍曾上门推荐女婿陈器。1912年严复任北京大学首任校长。1914年任参政院参政、宪法起草委员。在袁世凯称帝闹剧中，严复列名为筹安会发起人之一。袁世凯去世，国会惩办筹安会祸首，严复避走天津。严复与力钧还有一个交集点在阳岐玉屏山庄，1918年他曾于此办儿子严琥的婚事。

1921年10月3日严复在福州郎官巷去世，留下遗言：……须知中国不灭，旧法可损益，必不可叛。须知人要乐生，以身体健康为第一要义。须勤于所业，知光阴时日机会之不复更来。须勤思，而加条理。须学问，增知能知做人分量，不易圆满。事遇群己对待之时，须念己轻群重，更切毋造孽。

耆年会其他人员还有：

卓孝复，字凌云、芝南，晚号巴园老人、毅斋。翰林。能书、诗。闽县人。1895年进士，历官刑部主事，工部主事，杭州知府，兼浙江发审局总办，浙江省巡警局总办，岳常丰道。为林孝恂之姻亲。1903年曾与力钧同属商部（第一任人员）。

傅嘉年，字莲峰，福建建安县人，光绪六年庚辰科进士。曾任湖北安襄郧荆道、总署管法国股总章京傅，光绪二十八年考功司郎中。

曾福谦，1886年进士，分到刑部，被派到四川任知县。政声很好，有口皆碑。以后曾福谦以祖母年高为由，请求辞职回家奉养。曾家住三坊七巷安民巷。有"五子登科"之科举盛名。曾福谦有《梅月龛诗》传世。

李寿田，福州马尾船政第一届毕业生。与严复、魏瀚同学。船政第一批留法学生。归国后，任职于船政，担任工程师。曾建造参加甲午海战的"平远舰"等巡洋舰。

李宗言，畬曾，偿园，沈葆桢外孙，1882年举人。与林纾等为同年。家住三坊七巷光禄吟台，藏书家。

郑孝柽，字稚辛，闽县人，郑孝胥胞弟，1891年举人。曾在中国驻日本神户总领事馆，管理留学生事务，辛亥签分浙江知县。民国初为安徽省政务厅厅长。

叶苕堂：闽人，诗钟高手，一度寓居南洋。

孙葆瑨：自银圆局解散后入京。不久日俄战争爆发。1904年7月4日，清廷析科尔沁右翼，设洮南府，隶属奉天省，辖地有白城、通榆、大安、镇来及突泉等县。孙葆瑨先任奉天矿税局差使，继任奉天驿巡道。1906年补为洮南知府，为洮南第二任知府，在任内修街道，完善城内排水，并修奉洮铁路，设商界公议会所，创洮南府官立两等学校。在洮南6年，任知府4年，在城内设邮政局，成立洮南府农会，设东三省官银号、洮南府电报局等，建洮南府监狱，设劝学所，蒙汉同文初等学堂。均为洮南前所未有。洮南原来地僻多盗，孙葆瑨任内，四境治安稳定，人民安居乐业。1907年编撰《洮南府乡土志》，为不可多得的珍贵历史资料。离洮后，孙葆瑨任奉天交涉署使。赴吉林，任省长顾问和中东铁路护路军司令部参议，后病逝于哈尔滨。孙葆瑨有诗《东京雨夜》如是感慨："行踪随处总淹迟，不合时宜一肚皮。独旅何堪逢雨夜，浪游那更计星期。消除抑郁惟拌酒，

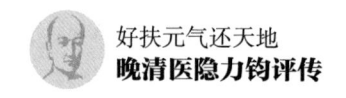

挥洒牢愁却有诗。最是欲眠偏未醉,苦将醒眼蹙双眉"。亦可见家国凋零时期,空有抱负,却一筹未能展的愁思缭绕,愤懑一腔。

陈恩焘,字幼庸,闽县人。船政学堂后学堂学生,曾在北洋水师任职,随"定远"舰参加了黄海海战。1895 年与刘冠雄一起前往德国,接收"飞鹰"号巡洋舰。庚子事变后,先后在山东、天津等地主持山东高等学堂、北洋译学馆、直隶大学堂,创办新式教育。曾任福州对外交涉委员、任闽江口要塞司令。1911 年,辛亥革命时率部起义。福州光复后,任福建都督府外交司司长、厦门海关监督兼外交部特派厦门交涉员。1914 年,授海军少将,后授海军中将。1918 年任海军海政司司长、军务司司长。1921 年,任中国海道测量局局长。

林灏深,字月溪,林则徐的曾孙。1895 年进士,1906 年任学部右参议,1907 改学部左参议。1911 年任弼德院参议。工书法,后为国民政府中将。

柯鸿年,字贞贤,福建长乐人,船政衙门织造学堂学生,留学法国国政学堂肄业,专攻万国公法,候选直隶州知州。曾在北洋船政办理铁路,曾任芦汉铁路公司参赞。后经商。能作山水画。

除了耆年诗人之外,力钧与陈寿彭夫妇亦有很深交情。

陈寿彭之妻薛绍徽,晚清著名女文人、女翻译家。与陈寿彭最早翻译科幻小说《八十天环游地球》,精易经,擅长诗、词、骈文的创作,并善绘画,精音律,为闽中才女的代表。著有《黛韵楼诗词文集》及《女文苑小传》等。

1907 年她随陈寿彭入京,在力钧家住了数月。她担心礼崩乐坏时代的到来,但时代的潮流毕竟轰鸣前涌。

尤为珍贵的是,薛绍徽曾为力钧撰《医隐园记》[1],描述了医隐园的真实场景画卷:

1　林怡点校.《薛绍徽集》,方志出版社,2003 年,第 147 页。

第九章　隐庐耆年

丁未冬，绎如夫子观政邮部，余率儿女随之北上，寄居力君轩举员外后宅西院。一室如舟，八窗向日。杂镜盒于牙签，伴绳床以药鼎。盖余舟车困顿，触发旧疾也。维时卷地风号，极天雪虐。炉火凝而不温，砚冰冻而欲裂。偶缘病间，遥窥帘隙。见夫枯树槎枒，粉墙低亚；饥鹰上下，黄沙迷漫。不辨地势方广，第觉寒威凛冽而已。

经春而后，百堵皆兴。凿井通泉，叠山垒石。半畦种诸葛之菜，矮篱挂邵平之瓜。新栽之柳都活，前度之桃又开。复有上苑枇杷，扬州芍药。来禽有帖，海棠无诗。含芬吐芳，绮绣交错。曾日月之几何，成画图之一幅。其天工之变幻欤，抑人力之经营欤，余乌乎知之？只以窗临场圃，地似蓬壶。草色入帘，花光拥榻。若邱壑宜置此子，若看竹奚问主人；若取明月清风之无禁，若对茂林修竹之有情。顾而乐之，无能名焉。绎如告余曰："此盖力君之医隐园也。"

噫嘻！力君职本农官，学通医理。辅君可成农稷之治，治人久擅岐黄之能。列十二教以植民生，遇七十毒乃见症结。黍稷稻秬别土宜，寒热温凉论药性。既熟齐民要术，兼具良相始基。况逢龙虎之时，无俟熊罴之梦。固不必隐，又何能隐哉？绎如曰："否，否。"上医视神色候，大隐略迹论心。所以伯高、俞跗，不著职官；太乙、雷公，自传息脉。抱朴求令为丹砂，太仓列名在方术。自古医无不隐，惟隐乃足成夫医耳。余曰："是已。"夫钟鼎虽尊，奚若山林之乐；官禄可慕，何如泉石之清。故张良从赤松，李泌学辟谷。名愈重则节愈高，才弥大而退弥速。《易》占肥遯，《诗》咏衡门，良有以也。力君未届引年，忽怀知止。身虽留以恋阙，赀早办夫买山。无远志之二称，让老夫之一着。思之烂熟，赋待遂初。

若兹园者，地是幽、燕，天邻韦、杜。隔松筠之庵，接长椿之寺。量来十笏，拓彼三弓。基不必广，以人传；树不在高，以花胜。葡萄、苜蓿、柑橘、芙蕖，杂然前陈，别饶风趣。奚翅张家别墅有牡丹，梁氏故引凉水耶？当夫凉雨微霁，皓月初生，力君常招绎如，徘徊花底，偕话桑麻。术辨青囊，书搜金匮。对奇石交论千古，指绿杨春作两家。可谓盛矣！然而董奉杏林，苏耽橘井；蒙庄吏隐，曼倩陆沉。虽居朝市之间，不啻蒿芦之下。臣心如水，花气长春。几疑羲皇之世，见此神仙中人。斯真隐者，医云乎哉！日者，绎如将携家具，更拟卜居。胜地不常，芳邻难再。爰引女子识卖药之例，用仿左芬赋方物之词，特写元白结邻之欢，并纪梁孟赁春之迹。自惭芜拙，聊报居停。是为记。

另外，从零碎的诗文中，亦可找到力钧与当时名诗人曾习经、史履晋等人的往来。

曾习经（1867—1926），又名曾刚甫，号蛰庵居士，进士，居京20余年。光宣之际海内名诗人，与陈宝琛、陈衍等人有较多诗文往来。

曾习经在宣统退位前一日，先上书引退。然后在杨漕买田，与三数遗民躬耕陇亩，自号"蛰庵居士"。"布衣草履，日随老农课晴雨，话桑麻，绝口不谈时事"，治田功不辍。农闲时才回京归省太夫人，往来京津，但曾习经经营田产亏损，常常卖掉自己所收藏的图籍、书画、陶瓦，并常接济亲戚朋友中之贫病孤寡者。著有《蛰庵诗存》《秋翠斋词》等。1926年旧历九月十八日殁于宣南潮州馆，年六十。有《题力轩举医隐图》：逃名择术计无余，花柱斜街旧隐庐，闻到伯休坚白晦，年来踪迹又田居。

史履晋，生卒不详，曾任御史，在掌辽沈道监察御史时奏请袁世凯复出。刑部员外郎。民国后，曾署理直隶劝业道，内务司长，后又出任实业司长。史履晋是一名拥戴"实业救国"的官员，1905年北京第一座公用发电厂——京师华商电灯有限公司创办人。大学士徐郁与其父有极深厚的渊源。1915年，力轩举和林纾还特意从关外回京为其母亲贺寿，可见交情。力钧的贺寿诗云：

备福虽有天，长生岂无诀。贤母主家政，劬劳耗心血。晚岁阅沧桑，忧愤时菀结。痰瘀交熬煎，霜暍幻寒热。和解枢机转，霍然起癯惙。苾胡能引年，闻者皆咋舌。譬如居言路，幽隐得湔雪。又如居刑曹，屈抑为判决。慈训励官常，可以通医说。我从关外来，春酒正芬烈。献寿跻北堂，老人定欣悦。

莳花弄药，谈诗词摩金石，给力钧的医隐庐带来晚晴之美。而此时，医隐庐里有20多个儿孙绕膝承欢更增添了人生乐趣。在其孙女力伯长2021年的口述回忆中，如是记得医隐庐家居生活的那一幕："我想我是咱们这辈里头唯一剩下的一个人，真正的看到过爷爷，跟他说过话，看他走来走去，他跟家里人的那个很神气的样子。我只想送给你们这个印象。我记得小的时候天天早上爷爷起来，就从后院儿出来，他是住在二太（力钧的第二位夫人，他最后是和二太黄安，即力易周的妈妈住在一起）的家，然后跟厨房的老张用福建话说话聊天，两个老人讲他们福建的事情。接着他就从厨房的前面走到我们这个院儿来，他要看太（杨瑞华），那太呢，一定有一碗什么莲子、红枣儿的，她等着他喝，他们就一起吃了这个汤。之后，他就绕着院子走到大妈家跟大姑爹家，看看每一个家庭，看院子里的每个小孩儿，然后拿手拍拍我们的头，最后他就从后院儿走到六叔（力树基）家的门口，他不进去，就跟六叔打一个招呼，就往后门儿走。光到九叔（力绍农）的院子，又往右转回到二太家。九叔的院子里头有一间空屋子，放着一副漆成紫红色的空棺材，是爷爷留着他以后用的。我很小的时候就一直在那里。我5岁的时候爷爷去世的。"

下节略述二代简况。

医隐二代[1]

进入20世纪20年代，力钧卸肩一切差使，连南苑和大兴的农事也一起交给嗣子力树基。他走过兵荒马乱战鼓咚咚的人生，走过起伏波浪怒涛潮立的岁月，他戴着盔甲走过商场、官场，有时竟至慌不择路。现在像中国的大部分文人一样，走过经山典海也偶涉诗域，又进入了学禅学佛的岁月。

他的"医隐庐"牌匾，挂在了老墙根的院子门外了。

院内，他的医隐园有前后院。前院住着小儿子力舒东一家，前院的西边叫西跨院，住着大儿子力嘉禾。后院是他和黄安、杨氏及杨氏所生子女的住处。在后院的西北角还有一个小跨院，那里有几间北房，虽然不大，但住得很舒服，因为是在大院的尽头，所以特别安静。他常常在这里诵读佛经。

他的医隐园的西边，由于亲友不断地投靠，以及家族的繁衍，又扩出了个院子。

这个西院子由几家亲人置地，特地买在他的医隐园边，显示恋恋眷眷的孺慕之意——这是丝毫不牵强的。他的为人在亲友眼中就是可以这样依恋。西院里，住着大女力织云、陈器一家，住着他的妹妹力玉华一家（他的女儿力宜秋成了力玉华的儿媳妇），住着嗣子力树基一家，还有他的好友董元亮一家。董元亮由举人而候补知县在奉天候补，历保至道员。1909年底增韫为浙江巡抚时，董元亮署理任浙江劝业道，次年女董至道嫁给力舒东。

"他的大宅院里，就形成了以他为中心的许多个小宅院。有姓孙的（六妹一家）、有姓黄的（五妹一家）、还有姓陈的（大女儿一家）、姓林的（内

---

[1] 力钧四代孙女力丽提供录音记录。

侄一家）……共有十几个小家庭单位。"[1]

力钧长子力嘉禾（1887—1983）、**妻王淑玉**（1886—1975）

力嘉禾由力钧妻林氏所生。自日本熊本医专毕业后，先是在北平女师大任校医，并在医专教课。

在日留学期间，与力钧好友王景小女王炳（字淑玉）结婚。1910年在日本生子力伯熊。

在日留学期间，嘉禾与方石珊即有来往——方石珊是福州北后街方家的一支，方家是大族，方石珊原名方擎，由于在族中排行为十三，遂以之为号（也叫拾山）。由于父亲早亡，方石珊早早入当地一中医所，跟从医生当学徒。其伯父方家澍乃是林孝恂好友，二人同宦杭州。林孝恂偶尔回乡，发现他好学善书，即请他至杭州与儿子林长民伴读。林长民留日后，林孝恂亦资助他去日本留学。因方家子侄多在1906年间就加入同盟会，为老会员，时有开会，因而使方石珊和力嘉禾还结识了孙中山和同盟会员们，并曾为他们治疗——力嘉禾的外孙李铁曾在老墙根见过力嘉禾和孙中山等人的合影。

力嘉禾是个全科医生，掌握内科、外科、皮科、耳科，乃至口腔科的知识。回国后，经力钧督促也学习中医、中药学。

1915年2月，伍连德等21位医师借中国博医会召开大会之机，在上海一家饭店正式宣布成立中华医学会，这是中国第一个全国性医学学术团体；同年8月留日归国的侯希民、汤尔和在琉璃井胡同设中华民国医药学会，力嘉禾是较早的医学会员，1935年9月所印的中华民国医药学会北平分会会员录上，第一名为丁秉铎，第二名为力嘉禾，其自办医院设址为北平宣外大街161号，家在北平宣外老墙根37号。

1916年，力嘉禾赴黑龙江省奉系军阀处任军医课长，因北地寒苦寂寞，

---

[1] 力一未刊手稿《力一自传》，力丽提供。

力嘉禾辞职回京后，即在弟弟力舒东的尚志医院任医生。后又在北京高等工业学校、平绥医院、齐鲁医院、井陉煤矿等处任医职。20世纪20年代末，在宣武门外大街路西开设了力嘉禾诊疗所，诊所只有一医一护。门面很小，诊室设备也简单，有一张床和一张诊察椅及必要的医疗仪器。旁边有个小屋是小药房，里面有药水、药粉和小天平，可以临时配药，或将药配好后，家属随后来取。因收入不支，诊所于中华人民共和国成立前关闭。中华人民共和国成立后，力嘉禾曾在101中学任校医。

力嘉禾曾编写《用药要诀》，由商务印书馆代为付梓，内容"虽牛溲马勃并蓄兼收"，但没有本草的内容。他在日本留学期间就已发觉，由外国人，尤其是日本、印度人所考、所注的《本草》，和中国人所考的本草已颇不少。但中国未有精于化验者，没有以科学证之——这恰巧是西药的胜处。为了让本草传播和在临床上更好地应用，在力钧的指导下，嘉禾在医事之余，花了几个月时间，集种类198、方例172，编写《力氏灵验本草》。此书是"民间方药之新畦，熔中西于一炉"。可惜未能在力钧在世时出版。1930年此书还在编辑删改之中，已不胫而走。1931年，该书交付出版，名医汪朝甲（汪逢春）称，希望此书发潜阐幽，推扬而褒大之，使得此时衰微的中国医学得一线曙光。1902年福州中医公会成立，方澍桐为会长。方澍桐子方行维，17岁东渡日本留学，学成归国在京行医，曾治愈袁世凯的脐漏症，列身为"京津四大名医"，也曾为吴佩孚、徐世昌等人治病。方行维以与力嘉禾四世交往的情谊，为《力氏本草》作序，认为此书除了纲目备要各书之外，"每条皆分析性质，而系以处方之分量，分门别类，精确不移"这一特点，即可自拔一帜，成为学习者的指南针。

力嘉禾有一子力伯雄，二女力伯师、力伯畏。

另因力钧曾为两宫治病、力嘉禾（一说力舒东）曾为孙中山治病、嘉禾女力伯畏为第一代中央首长保健医生，故力家有"三代御医"之美誉。

力钧次子力舒东（1887—1948）、妻董志道（1890—1953）

力舒东由杨瑞华所生，毕业于天津医学堂。曾任陆军部军医司科员。1914年赴美国辛辛那提学医。1915年中华医学会在上海召开第一次大会力舒东当选副会长。1917年，"一战"正酣，北洋政府决定"以工代战"方式参战，加入协约国。力舒东任中华医疗队队长，率团赴法助战，同行的是"中华劳工队"。回国后开办尚志医院（尚志医院原为尚志学会创办，后转让给会员力舒东），最初设址宣武门外老墙根南八九六[1]。

1925年力钧去世后，尚志医院改迁到北京西长安街路北一座四层楼，设备新颖，一楼为门诊、药房（由长女力伯美主持）、办公室，二、三楼为病房，四楼有新式照射仪器，并有一间暖花房。

1926年，梁启超患肾病，先在德国医院求治。后力舒东等坚决要求他住协和医院，施行右肾切除术，主刀者为孙中山医疗小组成员，时任协和医院华人院长刘瑞恒，力舒东旁观。1928年北伐军进入北京后，时任女一中校长的庐隐一度被通缉，躲入尚志医院而得庇护。

1935年，力舒东将力钧所藏中国医书，其中元明珍本30余部，写本40余部，日韩刊著本200余部及其他百部，共800余部以半卖半赠的方式给予协和医院。参与洽商的著名医学史家李涛称赞："其集藏之富，国内鲜见。"抗战后期，力家原有的南苑等地田产被朝鲜人借日寇势力强占。力舒东经济不好，且藏书怕无力保存，故将力钧所藏书售出。如《东冶人文》《东冶明文》等稿本17册，由傅斯年的历史语言研究所收藏，售价20万元[2]。

1937年，卢沟桥事变，日军进城后，力舒东把下斜街旧楼设为接诊处，医院改为住院病房。力舒东表弟国立北京大学教授郑天挺一个人总绾校长、教务长、文理法三学院院长、注册主任、会计主任、仪器委员长等之印，

---

1 徐珂：《老北京实用指南（全集）》，北京：社会科学文献出版社，2017年，第1252页。
2 郑天挺著，俞国林点校：《郑天挺西南联大日记》，北京：中华书局，2018年，第3236页。

处理学校撤退南方的善后工作。力舒东有个"周四沙龙",参加者多是名医、律师、教员等,沙龙中信息丰富。因听到日本宪兵队要逮捕郑天挺,力舒东把郑天挺安排在尚志医院的三楼病房(郑天挺父郑叔忱是力钧的同年,力钧、郑叔忱与董元亮三人皆为致用书院同学。董元亮娶郑天挺姑母,故力舒东妻董志道与郑天挺为姑表姐弟)。1945年前,力舒东因长期气喘等原因,医院歇业,迁尚志学会,地址在和平门内顺城街,前排门诊部分租给左克明主任开店,力舒东在后院休养。

1948年迁回老墙根。某日因杀蚊虫,其仆张德荣喷打农药DDT,引发哮喘,救治不及而去世。

力舒东有三子三女:子伯杭(力一湖)、伯皖(力一)、伯法,女伯美、伯津、伯长。

力钧三子力劭农(1911—1952)、**妻曾兰纫**(1915—1993)

力劭农由黄安所生。燕京大学毕业,中华人民共和国成立前曾在天津商品检验局工作,中华人民共和国成立后曾任油脂公司化验科科长。妻曾兰纫。力劭农有二子:子伯伟、伯伦,一女伯倩。

力钧四子力易周(1919—2015)、**妻姚殿芳**(1919—2012)

力易周由黄安所生。1935年力易周在北京31中就读高中,"一二·九"运动后,受共产党爱国抗日影响,年底在家中西跨院用白布画上马克思的肖像,由地下党领导到场,带领力易周、朱迈先(朱自清之子)、陶声垂三个同志进行入党宣誓,组成党支部。同时,中华民族解放先锋队队部就设在力易周的卧室。因家中院子大,房间多,前后门相通,联系方便,共产党上级有指示或通知都在这里联系,因可算是联络站。在上斜街以及福建会馆党支部成立后,力家大院成了西城区党支部所在地。

1936年赴延安,并进入党校学习。1938年赴昆明,8月在北平入党的黄元镇、郝诒纯也到了昆明，3人组成了临时党小组，力易周任组长。10月，3人一起考入西南联大。与北平新到昆明的徐干（徐树仁）组成临时党支部，力易周被选为支部书记。同年12月，发展袁永熙入党。1939年3月，根据南方局的指示，这一临时党支部改为西南联大正式党支部，这是西南联大的第一个党支部，由云南省工委直接领导。

中华人民共和国成立后，被派往新疆，任新疆大学图书馆副馆长（正职由新疆干部担任）。离休后调回北京教育部，关系落在北京大学图书馆。为中国图书馆学会第一届理事会理事。

力易周妻姚殿芳，为北大教授。生有三子：力群、力航、姚力三。

力钧长女力织云（1883—1944）、**夫陈器**（1882—1953）

陈器系力钧、林纾等在苍霞精舍早期学生，螺州人。1902年中举，后入京师大学堂，曾任资政院速记员，民国后，曾任福建省政务院国民公会共和实进会会员，1912年黄兴在南京留守府期间倡导、并在全国推行的国民捐活动中，陈器是福建发起人之一。曾任教北京高等工业学校。1925年春明女子中学由福州人邓萃英（福州东文学堂改立为师范学堂的学生）、高鲁等人在西四大酱坊胡同创办，初名私立春明公学，1926年，改为私立春明公学女校。1928年迁至宣武门外大街原闽学堂旧址（1920年该址原为方石珊所创的北京首善医院，后迁走）。1932年改春明女子中学，陈器任校长。女作家林海音、京剧演员言慧珠、邓小平夫人卓琳均是陈器任期时的学生。1950年该校改为"北京市第五女子中学"。

1914年陈器曾与林纾合作译有小说《深谷美人》，1918年合译有《痴郎幻影》。陈器著有《实用英文修辞学》，1953年被聘为北京市文史研究馆馆员。

力织云有三子：陈伯阳、陈伯鸥（北鸥）、陈伯沈，一女陈伯秧。

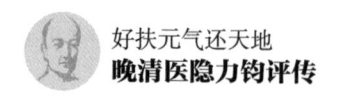

力钧次女力绣纹（1885—不详）、夫陈祖海

陈祖海亦系苍霞精舍学生，后考入北洋大学。1911年经考试名列优等，著赏给进士出身，改翰林院庶吉士。后移家福州。陈祖海曾任民国福建省教育厅五科科长。中华人民共和国成立前移居台湾。力绣纹有子女：陈伯夏、陈伯汉、陈伯辽、陈伯源、陈伯瑚（女）、陈伯珩、陈伯蕙、力伯珍（过继给力锵子力蛰龙）。

力钧三女力宜秋，夫黄勤

黄勤即力玉华与黄宝瑛之次子。清华大学毕业后赴美纽约大学，硕士毕业后回国，曾在浙江地方实业银行、中央银行、上海商业储蓄银行、香港等地银行任经理。

力钧四女力谢盐、夫高仕其

力谢盐曾任中学英语老师，后与夫高仕其曾做进出口生意。无子女。

力钧幼女力望霖（1917—1997）、夫徐明道（1912—1973）

力望霖毕业于北京大学经济系，曾任战时儿童保育委员会及青岛海港检疫所会计、中央贸易部会计、上海五金交电公司会计。徐明道，毕业于北京大学经济系。当年亦曾住在老墙根，他曾加入共产党共青团，后参加国民党，获少将军衔，在老墙根居住时，因为他的身份，以及对力易周工作不予干涉、不闻不问，对力易周从事的共产党工作给予了不少便利。

力望霖有二子二女。子徐培德、徐培志，女徐培华、徐培珠。

力钧义子力树基

力树基深受力钧教导。日本国学农回国后在南苑等地用机械耕种、种稻。在南郊龙河村，使用动力机、电滚子、电井、大稻机、砻稻机、碾米机等进行生产。力树基具有科学农业知识和生产技术。每年自行选种养苗，研究害虫防治，在附近一带农庄，他的农场经营最好，他共租地 315 亩，旱地 15 亩，雇工 14 人，还有临时工。1950 年《人民日报》报道力树基全家 8 口人，土改时其租入的土地所有权归国家，其用机器耕作的土地全部留其使用。其所有的机器牲畜农具亦全部未动，被《人民日报》称为"红色资本家"。力树基有一子力伯䇲（苏治），三女力伯良、力伯英、力伯穗。

力钧作为闽人，尤其是 50 岁之前青壮年最可作为的岁月都在福州。深受闽都文化滋养，也有较深的宗族观念。也正因此，他的"医隐庐"居住的不止力家，家里还有两个妹妹的家，亲戚朋友的家。女儿女婿也常年一同居住。由此可见，除了对朋友有"舍己芸人"之外，在家庭生活中，力钧作为一家之主，颇具人格魅力。

晚清至民国，福州出现了一簇簇以家族为单位的名媛才女群体，如沈葆桢家族中的林普晴、沈鹊应、沈莫愁；陈宝琛家族中王眉寿、陈懋恒；王仁堪家族的王眉寿、王孝英、王世琇、王世静、王世瑛；南后街林氏家族的林徽因、林北丽；北后的方氏家族中的方君瑛、方君璧、方绹、方缃等不胜枚举。在力钧家族就有这样的女性，由此也可以看出力钧对新知、新思想的开明和包容。于此，介绍两位曾在医隐庐居住并与力钧有共同生活过力家第二代女性以示意之。

一位是"五四的产儿"庐隐，5 岁时就在医隐庐成长的作家。一位是光电化学专家孙璧媦，她曾两获全国"三八"红旗手称号。

力钧的外甥女庐隐（1898—1934）

中国新文学时期大放异彩的才女庐隐，五四时期著名的作家，曾与冰心、林徽因并称为"福州三大才女"，是现代文学史女性写作的代表人物。

庐隐的童年和青少年、婚后一段时期均生活在医隐庐。因医隐庐还是

她初恋的发生地,此事无疑对她的文风和她的爱情观、人生观的形成有重要的影响,故有必要一提。

1903年,父黄宝瑛赴任湖南长沙知县,次年去世。力钧此时已入商部,并移家北京。得到消息,立刻打电报要接孤儿寡母到北京。庐隐的母亲——力钧的大妹力玉华把黄宝瑛历年积存的一万多两银子和一些东西变卖了,折成两万块现款,投靠舅父。力家家里房子多,还有大花园,表兄弟姊妹有20来个。庐隐曾撰文称到北京的第二年,不得入学,只得拜没上过学的姨母为师,开始启蒙教育。每天早晨,姨母教她一课《三字经》后,便把那间小房子反锁上,让她独自去读。待到中午,再叫她背,背不下来,便用竹板或鞭子抽打,有时还不给饭吃。她常常会遭到姨母的责骂和手心被打10下的惩罚。不止于此,满面怒容的姨母[1]托着水烟袋走后,刚刚揩干眼泪的庐隐,还得挨母亲的一顿打骂。

1915年,留日学生、同住在下斜街的姨母的亲戚"林鸿俊"父母双亡,无钱继续求学,常到庐隐的姨母处借书,因而与庐隐认识。从开始借一本《玉梨魂》,两个少年的情丝滋长。这很快被表兄弟们识破,并传扬得满城风雨。

庐隐就写信给母亲,陈明心迹,表示一定要嫁给他。收到这样的信,母亲流泪了,她对兄长力钧说:"既然如此,我只想对他们提一个条件,就是等林鸿俊大学毕业后,才是我的女婿。"这位足智多谋、能从慈禧太后手上,以假装吐血逃出性命的舅舅同意了,向庐隐转达了这番意思。后林考取了北京工业专科学校。经过一番安排,母亲借用一个亲戚的名义借了2000元给"林鸿俊"上学。庐隐心满意足。1919年她也考入了北京女高师,插班到国文部。

---

[1] 庐隐的姨母力婉轩(嫁孙葆璿的堂弟孙葆琦),在其家族人印象中她本人虽未上过学,但酷爱阅读,并对教育子女还有较独到之处。如其女孙璧媖,成长为化学物理学家,为第一任复旦大学首任应用化学系主任。

这是当时全国唯一的女子高等学府。这位身材短小、面容黄瘦的女孩，很快在学校里崭露头角。"五四"时代的新思潮、新思想冲淡了庐隐心里的悲哀，她精神焕发，时常处于兴奋之中，废寝忘食地东奔西跑，她被选为学生会的干事，积极做些社会工作，加入福建学界同乡会，因编辑会刊《闽潮》，庐隐与北大法学生郭梦良相识，庐隐说："我羡慕英雄，我服膺思想家。"相照之下，已订婚的"林鸿俊"思想平庸，不是她的理想对象。她对过往的包括订婚的旧事点评说："我当时被小说迷住了，眼睛只看见西斜街的小天地，没见过世面，接触的人实在太少了。"她提出了退婚，并要嫁给郭梦良。

女儿要退婚，并且不惜以第一代女大学生的身份，"自甘下贱"，要嫁给已有妻室的人做小。母亲力玉华难过又难堪，特别是消息在西斜街的亲友中传开时，受不了冷嘲热讽，"脸伏到牛屎堆"里了。于是，坚决要一个人跑回福州老家。回家几个月就去世了。直到母亲去世，庐隐才知道，起初她一定要嫁给无业无家的"林鸿俊"，闹得满城风雨时，是舅舅力钧劝说母亲，同意女儿的选择。同时为了培养"林鸿俊"自立自强，他们还设计了由力玉华拿出2000大洋的积蓄，托请一位亲戚出面，以"林鸿俊"有志气之名培养他——就是那场订婚席上慷慨的赞助。"林鸿俊"即家住下斜街的林为榕。林的姑母嫁孙家。孙葆琦是林为榕的大表哥[1]。

1925年，郭梦良肠病去世。1928年，庐隐又惊天动地地爱上一个比她小10岁的男人李唯健。同居、结婚，婚姻的现实与她的理想总是相差天壤——1934年，一代才女庐隐死于难产。

力钧的外甥女孙璧媁（1918—2014）

力钧还有一位外甥女孙璧媁，为力钧二妹力婉轩和力钧早期学生孙葆琦之女，小时也常住医隐庐。

---

[1] 严晓星主编：《掌故（第十集）》，北京：中华书局，2023年。

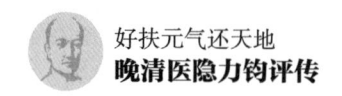

1939年毕业于燕京大学化学系,后到唐山开滦中学和淑德中学任教。中华人民共和国成立以后,在唐山北方交通大学化工系任教。1955年后,在上海交通大学任教,任应用化学系主任。是中共党员,上海市人民代表。曾参加编写高校教材《物理化学》《机械工程手册》。1983年,在澳大利亚国际太阳能学术讨论会宣读光电化学方面论文两篇。1984年,在日本第五届国际太阳能转换及贮存会议上展出论文。经常在《化学学报》《中国太阳能学报》《应用科学报》《上海交通大学学报》发表论文。1966年、1979年被评为上海市教育先进工作者。1979年、1983年荣获全国"三八"红旗手称号。

孙璧媖夫严东生,为我国著名材料科学家、战略科学家、教育家,中科院院士。

除了两位甥女外,本节上文为力钧的儿女辈直系亲属,力钧晚年第二代和第三代人丁兴旺,囿于篇幅,本书不作铺叙。

到了力钧三代,力家又走出了多位怀抱着"科学救国",而成为不同专业领域的科学家、艺术家、文学家。

力钧的孙女力伯畏曾撰文称:力钧要他的子、女、侄、甥的儿女名字都排"伯"字,不论姓陈、黄、林。譬如他的长女力织云嫁给陈器,她的儿女名字就都叫陈伯×。这样算来,他的第三代中排"伯"字的竟有49人。此外给儿女起名未排"伯"字的7人,共达56人,是很兴盛的一代。

力钧的"伯"字孙辈,兴盛不止在于数目众多,更在于人才"质量"之高[1]:

力伯雄(伯熊)(1910—2006)

力嘉禾长子(注:因出生于日本熊本,故名。力钧孙辈取名,多带有出生地或当时父辈所在地的地名),南开大学毕业后曾进入银行、进出口

---

[1] 此节人物关系、生卒、生平除特别说明外,均来自力伯畏编著《力钧家族纪事》。

公司工作。1953年调入中国工商联。曾任全中工商联服务中心顾问、中国工商经济开发公司特约顾问、天津津沽大学副教授、中国翻译工作者协会会员等，并撰有工商界人物《刘念智与刘氏家族企业》《奔向新中国——记爱国银行家资耀华解放前由美国归来》等及译作。晚年曾被选为北京市健康老人。

力一湖（力伯杭）（1911-1940）

力舒东长子。唐山交大毕业。当时中央航空委员会向意大利购到一批军用战斗机，须培养力量自行维修，在教育部航委会招考留欧飞机修理机械生中，名列第一，被派往意国学习三年，1937年5月回国。不及两个月，七七卢沟桥事变起，力一湖誓为抗战贡献，先后在衡阳、南昌等机场抢修抗战军用习机。国民党政府迁重庆后，调入重庆远郊机场任厂长。突然"举枪自杀"原因不明。厂方一次曾对家属提及他去世前曾留有一张纸条，上写杀我者某某某，但未出示该纸条。因中央航空委员会内部十分黑暗，人事关系盘根错杂，力舒东曾嘱女儿力伯长和力一湖未婚妻（二人均在燕大）请经常往来重庆的当时驻美大使、燕京校长司徒雷登代为查讯。力一湖生前对学术颇有研究，曾在《科学》上发表过一篇文章论述如何用几何方法三等分一个角——在当时是一学术创见。

力一（力伯皖）（1913-1996）

力舒东次子。曾就读唐山交大、上海交大、清华大学，北平大学工学院电机系毕业。学生时期即积极参加学生爱国运动。毕业后以电报局局长等身份从事地下党革命活动，参加"抗日救国十人团"等组织。1937年3月入党。延安时期，先后在抗日军政大学和中央组织部训练班学习，曾任延安边区工业局秘书、科长，电器修造厂试验室主任等，为创建我军和各解放区的电讯和广播事业做出突出贡献。1946年直接领导和参与了华东军区第一个广播电台的建立。

力一在原子能事业上为国家做出卓越贡献。1955年任国家建筑技术局副局长，1956年任中国科学院物理所副所长。是我国第一台原子回旋加速器总工程师、总负责人。1958年7月重水实验性反应堆与直径为12米的回旋加速器的建成运行，标志着我国跨进原子能时代，同时，物理所更名为中科院原子能研究所。1959年底，在莫斯科联合原子核研究所，力一和他的工程技术骨干在苏联专家指导下，自己设计了一台420兆电子伏的中能加速器。回国后着手高能研究机构的筹备工作。1966年兰州近代物理所兴建的直径15米回旋加速器遇苏联专家撤走，原子能所由力一负责选派工程技术人员帮助安装调试运行。力一在原子能所担任副所长、党委常委长达20多年，原子能所在自力更生建设我国核工业与突破原子弹、氢弹技术攻关中，发挥了基础与先行的作用，起到了奠基的重要作用。

力一还负责筹建我国第一台高海拔宇宙线观测站，提高了我国在宇宙空间技术的国际地位。作为国务院科学规划委员会原子能组的成员之一，他还与钱三强等人一起制定了《1956—1967年全国科学发展远景规划》等。中央电视台《东方之子》栏目组采访时，称力一为"最后走出核帷幕的人"。

力伯法（1918-1985）

毕业于西南联大清华大学土木工程系。学生时代参加过民先队，"一二•九"运动（据不完全统计，彼时力家人有9人参加运动）及抗日救亡工作。曾任北京市自来水公司工程师、副经理，北京市政工程设计院室主任、副总工、总工程师等职。是北京市第一届至第五届人民代表大会代表，北京市土木建筑学会一至四届理事会理事和第四届排水专业委员会副主任，中国建筑学会市政工程学术委员会委员。1985年住院手术治疗时，还在病床上完成留给首都建设的最后一篇论文《北京水资源的开发与节流》。

力伯鹅（力伯莪、苏冶、苏耶）（1920—1950）

力树基的独子。早年参加爱国学生运动。1935年11月在西安参加中国共产党。延安时期，自学英语和无线电技术，后在军委通信学校学习，毕业后，曾在总政治部胡耀邦领导下任文书科长、通讯学校指导员等。其利用气象台旧设备自主改装的临时广播台在好坪沟的破庙里向全国播放了青化砭战役胜利等重大消息。新中国成立的开国大典上作为大会上的工作人员，保证毛主席顺利使用升旗电动开关。1950年赴抗美援朝战场，第一次战役后，作为志愿军通信队伍的器材科长，力伯鹅在云山收集战利品时牺牲，为216位牺牲的志愿军团以上干部中一员。是新中国通信史上一位早逝的英雄。

力伯良（苏辛）（1922-1967）

力树基长女。学生时代参加民先队，1937年2月为北平培华女中民先队长。1937年加入中国共产党、参军。同年赴延安。延安抗大学习结束后，受组织派往西康从事地下工作，成立康定特支，由兰肇恒任书记，力伯良为委员，发展许多共产党员，进行抗日宣传和进步宣传。新中国成立后任中共崇文委主管教育工作、志成中学校长。1960年调往东北，任黑龙江交通学校副校长。"文革"前任黑龙江工学院党委副书记，在"文革"中受残酷批斗而去世于关押室。

力伯畏（1926- ）

力嘉禾次女，北京大学医学院毕业后参加军委卫生部，分配到中央保保健委员会办公室，1949-1966年担任首长保健医生，负责党和国家领导的医疗保健工作。当时第一代中央领导，中央人民政府副主席、数位副总理、十大元帅除朱德以外，都曾是她负责的保健对象。1954年中央保健局成立，力伯畏任保健局医疗科副科长，1958年任中南海保健组副组长兼党支部书记。20世纪60年代初，任中南海保健办公室副主任。"文革"中靠边站，至1972年回北京医院。1979年创建内科超声心动图室。1958年为北京市"三八"红旗手，1982年被选为中国共产党第十二次全国代表大会代表，1991年获政府特殊津贴。

力伯畏夫婿张履谦，中国工程院院士，出生于1926年，湖南长沙人。

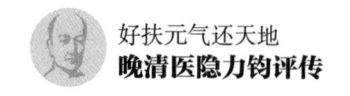

1951年毕业于清华大学电机工程系电信组。是中国雷达及空间电子学子技术专家。先后在军委通信部、国防部的多个部门担任技术领导和设计师等职。现任中国航天科技、科工集团公司科学技术委员会顾问,并任国内多所大学兼职教授与博士生导师。曾获全国科学大会奖和国家科技进步一等奖。在两弹一星工程研制中,获国家科技进步特等奖及中国载人航天工程突出贡献者奖,何梁何利基金科学技术进步奖。

"伯"字辈人数庞大,优秀者众多,本书仅举数人示之。伯字辈还有陈伯鸥(1911-1983)(陈北鸥,曾任左联执委、常委,先后任《文学月报》《文化新闻》《大公报》等刊物主编或总编,以及东北大学教授等职,创作有文学理论、小说、剧本、诗歌、译著作品等各类文集)、黄伯春(首任中央歌剧院歌剧团团长)、第一代芭蕾舞演员黄伯虹(中国舞蹈学院教授)……除了力姓之外,因为家族的兴盛,以及联姻关系、师友关系等,还有表侄孙李耀滋、李载平等知名科学家以及各界精英。限于年代和本书主旨,只能介绍这一小部分力钧后人了。

白云招魂

1925年,力钧70岁生日,医隐庐的前院搭起凉棚,棚下的院中搭了个戏台演戏请客看戏。几个已出嫁的女儿为庆祝父亲的生日,连续请了戏班唱戏,还请人来家放电影——小花园土墙上挂了一块白布,很多客人都觉得新奇。当日,家中请了照相馆的人来摄影,这个可以从左到右转动的镜头让大家惊奇不已。

他的医隐园,除了朋友们美好的诗句和那些花草树木之外,更是给他的人生增添幸福的事,还有他的男女孙、内外孙都有十来个绕膝承欢,这种其乐融融的同堂给他的晚年添上了几多温馨。

过完生日不久，力钧病倒。自知不起，他把遗产、债和田租分给儿子们，共分为360股。力嘉禾分得51股，力舒东分得82股，未成年的力劭农兄弟分得227股。他的收藏书籍全部归力舒东所有。

在析分遗产时，孩子们才发现力钧每年可收入3690元（鹅房山的田产每年收米206担，每担15元，约合3090元，房租收入600元）。同时，力钧还留下一笔10000多元的债。可知晚年的力钧的确是万金挥尽的窘迫了。

在病床前，他把力嘉禾、力舒东叫到跟前叮嘱说："学医宜多临床实践，中医学的理论欠系统化，欧美学者孜孜不倦地欲以法研究我中医学。你们要中西医兼求并进，切不可仿执一方，切戒浅学的分歧与标新立异的夜郎自大。"喘了一下，又对力嘉禾说："往年所写的《力氏本草》，花了许多工夫，可惜还没有出版，你还是要继续条分缕析，仔细参酌用法用量。只可惜我来不及亲自帮你校订了……"

1925年底快要进入新年前，力钧进入弥留状态。

他躺下，这次再不能起来了。迷糊中，他闻到了一股香，像是炉香，蒙眬中他见到随处祥云，祥云里他仿佛看到幼年时张圣君延药，睡莲盛开，在花香里，他回到他的故乡，他的白云山，他想起他在刘老师门口小溪的那块鹅卵石砚，他想起他的喊声：牛黄！牛黄！那声音飘在白云之下，满是笑意，回头看溪边，冬日薄阳下，蒹葭苍苍，在南来北往的风口无以自持。一阵清气随着薄薄的阳光悄然升腾。又似乎在北京的家中，后花园里那一簇簇的太平花花香引领着他。"香雨啊！"他心想，真像满天香雨甘霖纷纷而落，又升腾起一个梦。

真香，那个美好的梦，宛在水中央。

那么远，又那么近。

后记

宛在水中央

一

近几年来，在研究多位近代福州地方女性人物的成长、成名史时，都读到一个"背景式"的人物，这引起了我的兴趣。

晚清文坛上在全国最具有影响力的福州女性，一位是薛绍徽，另一位是萧道管。她们都生于19世纪50年代。薛绍徽，是晚清外交家陈季同的弟媳妇、陈寿彭的妻子，中国女学报的第一任女主笔。她与陈寿彭合译的《八十天环游地球》是中国第一个凡尔纳作品的译本，也是中国最早科幻小说的译本。同时，薛氏诗画俱绝。出现在《清史稿·人物传》中的萧道管，研究《说文》，著有《说文管见》一书，同时也写得一手好文章和书法。她是同光派诗人领军人物、文学大家陈衍的妻子。陈衍、林纾、薛绍徽和陈寿彭都在力钧北京的"医隐园"住过一段时间，而且薛还专门为"医隐园"写过"记"，在她的诗集里，还有赠送给力钧两个女儿的诗。萧道管还是位精灵古怪的女性，在力钧最难的处境中，为力钧出了一个主意——装吐血，得以免去在皇宫供奉任太医的职责。当然，力钧与她们的交集是由于跟她们的丈夫都是非常亲密的朋友。

除了这两位晚清贤媛之外，与林则徐同时代的、署理两江总督梁章钜编过一部反映明清时代闽地女诗人生平事迹与诗歌创作的作品《闽川闺秀诗话》，后来，福州人丁耕邻整理续编了《闺秀诗话》，力钧为这本书做过校订。

还有一位女性，我们耳熟能详的五四时代女作家庐隐，名列茅盾主编、具有文献性质的《中国新文学大系》的小说卷第二位,她是力钧的亲外甥女。

与两代知识女性的交往和文化互动有这么密切的关系,力钧就这样点点滴滴开始进入我的视野。

二

1990年,陈可冀院士著《清宫医案研究》时,力钧生平犹是未知,故书中称他为"满族贵胄,生平事迹不详"。1995年,《中医大词典》最早收录了"力钧"词条。1998年重新影印《崇陵病案》及央视电视片《光绪之死》的播出,使力钧渐渐浮出水面,重被发现、追复。但诸家研究多从"御医""医者"的身份对他进行考察。人们尤其关注的是光绪皇帝之死与他的关系。的确,在力钧为两宫(慈禧太后与光绪皇帝)治疗的故事与一年后两宫不到24小时先后驾崩的宫闱秘闻中,集中了所有的戏剧冲突的元素:生与死、忠与奸、阴谋与权力、毒药与仁心……

力钧(1856—1925)诞生于太平天国起义时期,历经了洋务兴起、甲午海战、思想启蒙、戊戌变法、晚清新政、辛亥革命、民国建立以及袁世凯称帝等大变大更,生命的终点是军阀混战20世纪20年代中期的民国。这是中华民族内忧外患日益深重、中国人民不断奋斗求索的时代。这个年代有"历史的三峡"之谓。其险其急,一个又一个变革的浪头表现为急剧的新陈代谢,涌起多少风云。一些历史人物在浪尖潮头为后世瞩目仰瞻,顶礼而敬,另一些历史人物,在世时经历重大历史事件,处身时代的旋涡中心,本人却非显要,身后时势变局,故而其名愈隐不显,其人甚至湮没无闻。

力钧便是后者。

力钧从永泰深坳的白云乡走出,阡陌之路一径逶迤至闽江渡口边的阳岐古村。自小儒医双修,不废耕读。成年后移居福州城中,中举,三下南洋行医,办理实业,继而入京,在新的体制内——商部、邮电部、农工商

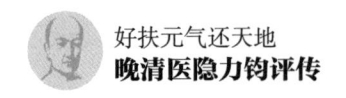

部就职，民元后挂牌，以医行世，以医为隐。

他跌宕起伏的人生大约经历四个阶段，一是战火中的学生时代及中举年代的学术、医术准备和成熟时期；二是在强国富国的思潮中，他与新兴商业、教育关联的工作时期；三是在国家高层动荡之时成了两宫的御医时期；四是辛亥革命后的医隐时期。他归隐北京南苑的鹅房山舍，兼为他人经营田庄。这期间，他挂牌行过医，也有过短暂的复出。

三

力钧，少好金石，对经学颇有造诣，弱冠制词章，再后来专注于考据学——考据学派是把儒家文化体系在微观上再进一步演绎化、逻辑化，是清代发育最好的一门学问。考据学这种重证据的学术精神和方法，显然为力钧在科举以及医学科学上取得"成功"起到了桥梁作用。

力钧留下了如《五紽五域五总解》《齐风著于庭于堂解》《书不言中岳与公羊注异义说》《文笔辨》《历代钟鼎款识考异》等经学作品，或刊于《致用书院文集》，或在去世之后刊于《国学丛刊》；另外还有各种医学医案汇集，可以看到，考据渗透在他的医学作品中。中医文献学家、中医训诂学家钱超尘先生高度评价力钧对"唐本《伤寒论》"的研究整理成果，并把力钧与王朴庄、章太炎合称为清代研究"唐本《伤寒论》"的三杰。

力钧的医学独特之处还有三下南洋行医经历，著有行医医书多种。这些经历为他成为"中西医结合的先行者"，医术"炉火纯青"、"精中容西的医学大家"（陈可冀语）奠定了基础。

他的前半生历经了与命运抗争的奋发。所谓的命运，都意味着无可选择。所谓的抗争，或有得志，是指其在当时的历史舞台上有所表现；或有不得志，则当其身跑不上历史舞台，或跑上了而其事业终归于失败。他所做的研究和建设，是为了这块土地上的人。他所学的医学，决定了他认识世界的目的必然是为苍生救济性命，他所学的经学，决定了他认识世界的目的必然有为朝廷而作刍尧献的意愿。力钧曾经以"医隐"自号——医治隐疾——上工治未病的那种。但他没有完成他的医治隐疾的任务,却成了一名真正的"医隐"——医之隐者。他曾经中过举,知县候补,又以经世致用之心,进入地方的新政事业,小试牛刀,成就了在自己家乡的一点业绩,又因此进入中央的新政试点——商部,在商部又得以再度行医,并且是为两宫治病。但面对这个机会,因为医术之外的原因,他竟无从措手,甚至狼狈到要称病的四顾彷徨,最后不得不成为"隐者"。医者在中国,历经几千年,给我们留下深刻印象的都是那些隐逸成功的人。扁鹊、华佗、秦越人、陶弘景……如果是隐逸成功而成全这些医者,那实在是医者的悲哀。

除了经学、医学成就之外,力钧在福建实业史、教育史上,也应该有他的历史地位。这也是力钧今天应该被纪念之处。

1889年中举之后,力钧开始游走四方,留心当世事。如海道往来之要、古今战守之宜,曾经想凭借这些学问进入当权者的幕府,以期得到才能施展的机会,但三下南洋行医后,他改变了此念。在新、马等地区,与一些华侨华商接触,了解到他们奋斗的历史和成功的取得,这对力钧思想上有极大的冲击。

甲午前"历史家所铺叙,词章家所讴歌,何一非我国民少年时代良辰美景、赏心乐事之陈迹哉!"的旧时光与甲午后"昨日割五城,明日割十城,处处雀鼠尽,夜夜鸡犬惊。十八省之土地财产,已为人怀中之肉;四百兆之父兄子弟,已为人注籍之奴"社会现实的强烈比照,从天朝老大帝国,到亡国灭种的大难降临,有爱国之心、报国之志的国民,对此无不如有噬骨之痛。

也正因如此,力钧能从科举的泥淖深陷中超拔,开始把目光聚集在致世经用、求富求强方面,开始了从知到行,到知行合一之路的启程。他与孙葆瑨等合办银圆局,继而创办苍霞学堂、东文学堂、桑蚕学堂、玉屏女塾、仙游学堂。戊戌维新前，他还有参与办设《福报》启蒙社会等事迹。可以说，他和陈璧、陈宝琛、孙葆瑨等人为福建的现代教育奠定了基础，布下了雏形。

力钧还留下了以《槟榔屿志略》为代表的南洋史地志多种。中年后期，他随使游历访欧洲，具有那个年代并不多见的开阔视野。

可见，力钧的成就是复合多元的，他的人生经历也是丰富而传奇的。在近代化历史进程中，他的贡献是十分有价值、有意义的。

力钧不幸生而在"巴东三峡巫峡长，猿鸣三声泪沾裳"的林寒涧肃、灾难深重的旧中国，在哀猿啼鸣中，他和一群朋友依然勤耕文化，裨补时事。可以说，笔者关注力钧，是从他的朋友圈开始的。力钧成长、成熟、挥斥方遒或风华正茂、年富力强的年代，乃是19世纪80年代到新政时期。特别是戊戌变法时期和新政时期是他的思想转捩点。章开沅先生如是定义近代中国新知识群体："接受过传统教育，因再学习而转化，投身于新式文化事业的士人，从中国自办的新学堂毕业的学生，从外国人在华开办的教会学校毕业的学生，从国外留学归国的学生。"由此四途所产生的近代福建新知群体，是戊戌年间初步形成的——这正是力钧他们那个年代。力钧和他的朋友们建构了一个社会层面上的政治主张、经济思路、教育指向、文化交流及科学发展有着共同高度和胸襟、抱负的共同体，托举着他们所能够得着的"后现代"的理想，推动近代中国社会的演进。

孟子说："求则得之，舍则失之。是求有益于得也。求在我者也。求之有道，得之有命。"这是中国文化的命脉。正因为如此，他们的求索犹如空谷足音，踏响中华民族精神魅力之路，留下一份未来不能忘却的音符与曲调，宛在水中央，宛在水之湄——将他们所有的求索，由一代代后人溯游从之而"抵达"并成为其中——如力钧重孙力健老师在《祭祖诗》中所言，"励志鹏程千万里""一门忠孝但歌行"，由一门而及一村一县，乃至更广的天地……

四

研究和评判历史人物由来已久，但并不因为历史悠久而为我们轻易掌握。幸而乡贤力钧隐含着深厚的影响力。

本书受永泰县卫计局委托创作。受命采写中，得到了中国医学科学院图书馆王宗欣老师无私的帮助和指点——大量力钧所有、后人力舒东半捐半售的图书现在藏在该馆。1991年始，王宗欣师先后主持和参与编纂《中国医学科学院图书馆馆藏善本医书》《海内外珍藏中医孤本选粹》《针灸古典聚珍》等丛书，所依据的版本大多源自力氏藏书。在近几十年研究力钧史上，他是一位大功臣。王师的好友首都图书馆的马文大老师也对力钧有深入研究，在首都图书馆，我得以瞻见力钧的《崇陵病案》等珍贵手迹。本书初稿完成时，二位老师亦提供精确、诚恳的审读意见。

力家的后人，力钧的孙女力伯畏，力钧四代孙力强、力健，四代孙女力丽，以及力嘉禾的外孙李铁，力织云的孙子陈明时，力树基的孙女马小卫接受采访，并提供了许多有益的帮助。

在采写中，还得到永泰县总医院检验科退休主任黄以胜老师的无私帮助，他是力钧的"铁粉、老粉"，陪同我到白云乡力钧故居采访，并提供幼年力钧的许多资料——生于斯长于斯爱寄于斯，黄以胜老师也积有50年研究白云乡人物的故事"宝藏"。

本书还得到福建省文史馆原馆长卢美松老师多次指点。

在此一并表示感谢。

限于学识和水平，文中舛误之处难免，敬请读者批评指正。

陈碧
2020年7月初稿
2024年4月校稿

附记：

本书初稿写作期间，正值新冠疫情爆发。初稿完成时又值新冠疫情防控从常态化到"清零""封控"期，出版事宜遂止步。而个体生命亦在疫情期间饱受摧折，尤其不幸的是，力强先生、陈明时先生、力丽女士分别于2021年、2022年、2024年去世。校对"旧作"，补充一些新资料，无限感慨。

2024年4月

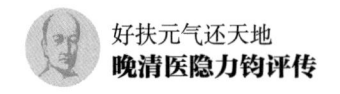